LOS COMITÉS HOSPITALARIOS DE BIOÉTICA

Elvio Galati

Los comités hospitalarios de bioética

Una comprensión trialista y transdisciplinaria desde el Derecho de la Salud

Colección UAI – Investigación

UAI EDITORIAL

teseo

Galati, Elvio

Los comités hospitalarios de bioética : una comprensión trialista y transdisciplinaria desde el derecho de la salud . – 1a ed. – Ciudad Autónoma de Buenos Aires : Teseo; Universidad Abierta Interamericana, 2015.

428 p. ; 20×13 cm.

ISBN 978-987-723-044-4

1. Salud. 2. Bioética. I. Título

CDD 174.957

Autoridades

Rector Emérito: Dr. Edgardo Néstor De Vincenzi
Rector: Mg. Rodolfo De Vincenzi
Vice-Rector Académico: Dr. Francisco Esteban
Vice-Rector de Gestión y Evaluación: Dr. Marcelo De Vincenzi
Vice-Rector de Extensión Universitaria: Ing. Luis Franchi
**Decano Facultad de Derecho
y Ciencias Políticas:** Dr. Marcos Córdoba
Decano Facultad de Ciencias Médicas: Dr. Roberto Cherjovsky

Comité editorial

Índice

Presentación

La Universidad Abierta Interamericana ha planteado desde su fundación en el año 1995 una filosofía institucional en la que la enseñanza de nivel superior se encuentra integrada estrechamente con actividades de extensión y compromiso con la comunidad, y con la generación de conocimientos que contribuyan al desarrollo de la sociedad, en un marco de apertura y pluralismo de ideas.

En este escenario, la Universidad ha decidido emprender junto a la editorial Teseo una política de publicación de libros con el fin de promover la difusión de los resultados de investigación de los trabajos realizados por sus docentes e investigadores y, a través de ellos, contribuir al debate académico y al tratamiento de problemas relevantes y actuales.

La *colección investigación* TESEO – UAI abarca las distintas áreas del conocimiento, acorde a la diversidad de carreras de grado y posgrado dictadas por la institución académica en sus diferentes sedes territoriales y a partir de sus líneas estratégicas de investigación, que se extiende desde las ciencias médicas y de la salud, pasando por la tecnología informática, hasta las ciencias sociales y humanidades.

El modelo o formato de publicación y difusión elegido para esta colección merece ser destacado por posibilitar un acceso universal a sus contenidos. Además de la modalidad tradicional impresa comercializada en librerías seleccionadas y por nuevos sistemas globales de impresión y envío pago por demanda en distintos continentes, la UAI adhiere a la red internacional de acceso abierto para el conocimiento científico y a lo dispuesto por la Ley n°:

26.899 sobre *Repositorios digitales institucionales de acceso abierto en ciencia y tecnología,* sancionada por el Honorable Congreso de la Nación Argentina el 13 de noviembre de 2013, poniendo a disposición del público en forma libre y gratuita la versión digital de sus producciones en el sitios web de la Universidad.

Con esta iniciativa la Universidad Abierta Interamericana ratifica su compromiso con una educación superior que busca en forma constante mejorar su calidad y contribuir al desarrollo de la comunidad nacional e internacional en la que se encuentra inserta.

Dr. Mario Lattuada
Secretaría de Investigación
Universidad Abierta Interamericana

Prólogo

SALVADOR D. BERGEL

Los Comités de Ética Hospitalaria constituyen hoy uno de los pilares indiscutibles en la práctica médica.

A partir de la segunda mitad del siglo XX es dable advertir que asistimos al desarrollo de dos procesos que en última instancia convergen: el creciente cuestionamiento al paternalismo médico –que acompañó el ejercicio profesional desde sus albores– y paralelamente el reconocimiento de la autonomía de los pacientes que –con toda razón– reclaman ser consultados en la toma de decisiones que hacen a la vida, a la salud y al bienestar.

En este clima –aparentemente conflictivo– nacieron los Comités de Ética Hospitalaria con objetivos limitados que con el correr de los años se convirtieron en pieza central del engranaje hospitalario.

La creciente complejidad de la práctica médica, los riesgos a los cuales habitualmente se somete a los pacientes, la constante incorporación de mayores y mejores alternativas terapéuticas, operan de consuno para hacer de los Comités de Ética Hospitalaria un componente necesario y a veces central en la vida de los establecimientos de salud.

Hoy no se concibe una decisión médica que pueda importar para el paciente algún grado de riesgo, sin la necesaria intervención del Comité. Hasta podría considerarse un supuesto de ejercicio criticable de la profesión médica si en tales casos no se convoca al Comité.

Estas estructuras son por esencia multidisciplinarias e integradas de común por médicos, enfermeros, psicólogos, filósofos, teólogos, bioeticistas, representantes de la sociedad civil, etc., convergiendo en razón de ello una pluralidad de conocimientos y de enfoques que apuntan al estudio y a las propuestas de solución para el caso concreto llevado a su decisión.

Elvio Diego Galati, destacado investigador con sólida formación filosófica y jurídica pese a su juventud, ha trabajado con éxito diversos temas vinculados con la bioética. En esta oportunidad ha asumido la difícil tarea de vincular la estructura y el funcionamiento de los Comités de Ética con la teoría trialista, creada por W. Goldschmidt. No era una tarea sencilla pero al finalizar la lectura del trabajo podemos afirmar sin hesitaciones que ha logrado sobradamente la meta propuesta, ofreciendo a los estudiosos un material que seguramente servirá de base para emprender nuevas búsquedas.

Si nos acercamos con detenimiento y con sentido crítico al tema general de los Comités de Ética, podremos advertir que la mayor parte de los trabajos publicados apuntan a enfoques superficiales o descriptivos. Por el contrario, el trabajo que nos ocupa apunta a bucear en los fundamentos filosóficos del tema para construir una crítica que sirva para mejorar el funcionamiento de los Comités en beneficio de su actor principal: el paciente.

Galati se introduce con solvencia en los problemas de la transdisciplina, de la interdisciplina, de la multidisciplina y de la pluridisciplina en el funcionamiento de los Comités.

En el primer capítulo estudia las relaciones entre el pensamiento complejo y la transdisciplinariedad desde el derecho, acudiendo a los aportes de Nicolescu, Morin y Piaget. Especialmente compara las contribuciones de Nicolescu y Morin sobre los aspectos generales de metodología.

El Capítulo II encara la distinción de lo que denomina las categorías políticas de la ciencia. Luego de analizar los aportes de Piaget, Morin y Nicolescu en el tema de la transdisciplina, el autor concluye señalando que la visión de los Comités desde el punto de vista transdisciplinario y trialista implicará aplicarles la declinación trialista y valerse de las categorías transdisciplinarias.

Considera sobre este particular que se trata de una propuesta superadora de la interdisciplina y del mero normativismo reductor de los Comités de Ética. Se trata de una "bioética compleja" que se concibe como una posibilidad de articulación para ligar acción y reflexión, experiencia y conocimiento.

Es natural que debamos valernos de categorías transdisciplinarias, ya que ello surge no sólo de la compleja composición de los Comités (en atención a la diversidad de profesiones de sus componentes), sino en la diversa construcción de los pensamientos, que sólo mediante un diálogo abierto, desprovisto de todo tipo de condicionamientos, podrá llegar a la finalidad propuesta: dar solución atendible a un problema concreto, que es lo esperable.

En el Capítulo III el autor vuelve sobre la dupla trialismo/transdisciplina, ahora desde una visión jurídica.

Transdisciplinariamente se le plantea al autor el desafío de colocar en un mismo campo herramientas que brindan tres aspectos del derecho, que se relacionan con distintas ciencias: la sociología, la lógica y la filosofía de la justicia.

Las interacciones son imprescindibles para los Comités y de ello da cuenta la transdisciplinariedad, porque si se tienen en cuenta las distintas disciplinas que convergen en aquéllos por separado, caeremos en lo que señala Nicoles-cu que la suma de las competencias no es la competencia. De allí que a su juicio sea indispensable analizar los desa-rrollos interactivos que se dan en los Comités a la luz de las relaciones que plantea el análisis trialista conjuntamente con la transdisciplinariedad.

El Capítulo IV aborda el tema de la declinación trialis-ta de los Comités Hospitalarios de Ética entendidos éstos como instancias de diálogo y no como meros tribunales de ética profesionales.

Aquí, en base a las conclusiones teóricas de los capí-tulos precedentes, el autor entra de lleno a los aspectos particulares de la actuación de los Comités, formulando críticas compartibles.

Es aquí materia de especial atención su funciona-miento, incorporando su propia experiencia con miem-bros de Comités, lo que muestra la amplitud de los enfo-ques intentados.

El libro se cierra con el Capítulo V, en el que se relacio-nan las ideas desarrolladas con la realidad del funciona-miento de los Comités, estudiando en particular lo relativo a Comités de Rosario y de París, que vivió de cerca.

Tal como comprenderá el lector resulta muy difícil referirme en un prólogo a la totalidad de los temas abor-dados en el libro, o plantear algunos puntos de disidencia, lo que evidentemente excedería la extensión de la tarea propuesta.

Sí, cabe destacar que en la redacción del trabajo, Gala-ti ha recurrido a una bibliografía seleccionada, cuya lec-tura muestra la responsabilidad intelectual con la cual se encaró el trabajo.

Estamos –sin dudas– ante un trabajo serio que muestra ideas originales para contribuir a un mejor conocimiento de los Comités de Ética Hospitalarios y aportar elementos para su correcto funcionamiento.

Agradecimientos y palabras preliminares

Agradezco al CONICET, que financió esta investigación otorgándome una beca postdoctoral, y a la Facultad de Derecho de la Universidad Nacional de Rosario. Esta investigación también formó parte del informe final que fue aprobado por la Universidad de Buenos Aires al realizar el posdoctorado en Derecho. Agradezco a la Universidad Abierta Interamericana, que me abrió sus puertas en la docencia y me ayudó en la investigación, publicando este libro. Vaya una especial mención hacia Mario Lattuada, Stella Maris Sciretta, Liliana Ponti y Laura Paris.

Asimismo, señalo un especial agradecimiento al Ministerio de Educación argentino, que financió en 2011, junto con la UNR, una estancia de investigación en París, que fue sobradamente enriquecedora de lo planeado y logrado en Rosario.[1]

Mi gratitud para mi maestro, el Dr. Miguel Ángel Ciuro Caldani, y para las Dras. María Isolina Dabove y Stella Maris Martínez. Ayudó con bibliografía Alicia Losoviz, y con la palabra, Stella Maris Morelli. Agradezco también al Centro Regional Rosario de la Universidad de Concepción del Uruguay, por brindarme un espacio de reflexión en la Epistemología y la Metodología de la Investigación Científica.

No puedo dejar de mencionar un agradecimiento planetario a dos franceses que me recibieron en territorio galo: Paolo Napoli, director del Centre d'Études des Nor-

---

[1] Sobre el tema, véase GALATI, Elvio, "Relato de una estancia de investigación posdoctoral en París sobre complejidad jurídica y transdisciplinariedad", en *Microjuris*, del 9/2/2015, en MJD 7061.

mes Juridiques de l'EHESS (École des Hautes Études en Sciences Sociales) y Basarab Nicolescu, director del CIRET (Centre International des Recherches et Études Transdisciplinaires). Vaya mi cálido afecto para ellos, quienes viven Francia a pesar de no haber nacido en ella, lo que le da una apertura y adjetivación más humanitaria a "lo francés".

Este texto es un ejemplo de que la investigación científica es siempre teórica y que además puede ser empírica, ya que incluyo un trabajo de campo de orientación cualitativa, tomando estudios de casos de comités de hospitales de las ciudades de Rosario y Mar del Plata de Argentina, y un caso de la ciudad de París, Francia. Agradezco los aportes de quienes fueron entrevistados, así como a la Asociación Argentina de Bioética y muy especialmente a Lucía Rodríguez Fanelli.

Los nombres verdaderos de los hospitales públicos incluidos en los "estudios de casos" y de los informantes entrevistados han sido reemplazados por nombres de fantasía con motivo de la publicación bajo la condición de confidencialidad establecida previamente.

Espero que este trabajo sea un aporte a la complejización del fenómeno jurídico, como lo pensaría Edgar Morin, a fin de que no sea furiosamente reducido a sus aspectos meramente normativos, al conocimiento de la transdisciplinariedad y su valor para el Derecho y el resto de las ciencias, y para la vitalización del Derecho de la Salud, nueva rama que lucha a fin de hacerse un espacio por los pacientes en las omnipotentes redes del Derecho y la Medicina.

A Martina y Carlos, mis padres
A la memoria de Elsa, mi tía

"Je ne tue pas avec ma raison
les mystères rencontrés en chemin"
(Lucian Blaga, poète roumain)

Introducción

El presente trabajo es una investigación dedicada a los comités de ética hospitalarios, asistenciales, o de ética clínica, y su relación con el trialismo y la transdisciplinariedad. No incluiré en el objeto de estudio a los comités de ética de la investigación, que son aquellos que analizan los protocolos científicos en donde se hallan involucrados seres humanos a fin de evitar abusos en la práctica investigativa y proteger a poblaciones vulnerables.[2] En Francia

---

[2] Véase, por ejemplo, LUNA, Ma. Florencia y BERTOMEU, Ma. Julia, "Comités de Ética en la Argentina", en http://goo.gl/ZYybOh (12/5/2011). Además, este comité tiene un poder de veto, en caso de pronunciarse en contra del protocolo en cuestión. Véase FLACSO, "Curso de Bioética", 2007, y AA.VV., *Contrôler la science? La question des comités d'éthique*, dirigida por Madeleine Moulin, Bruxelles, Éditions Universitaires, 1990. Es de destacar que la "interdisciplinariedad", la "complejidad" y la "multidimensionalidad" son rasgos destacados en esta obra. Véase en especial págs. 9-12. Véase también ACHÍO TACSAN, Mayra, "El desarrollo de los comités de ética de investigación en Costa Rica y su entorno nacional e internacional", en *Reflexiones*, nº 87, Universidad de Costa Rica, 2008, págs. 73-85; ACHÍO TACSAN, "Los comités de ética y la investigación en ciencias sociales", en *Revista de Ciencias Sociales*, nº 99, San José de Costa Rica, Univ. de Costa Rica, 2003, págs. 85-95, en http://goo.gl/h2JiYh (30/5/2015); GONORAZKY, Sergio, "Comités de ética independientes para la investigación clínica en Argentina. Evaluación y sistema para garantizar su independencia", en *Medicina*, nº 68, Bs. As., 2008, págs. 113-119; NOVAES, Maria Rita y otros, "Dez anos de experiência do comitê de ética em pesquisa da secretaria de saúde do distrito federal, Brasil", en *Acta Bioethica*, 14(2), Organización Mundial de la Salud, 2008, págs. 185-192; AMOR VILLALPANDO, Alberto y SÁNCHEZ GRANADOS, Porfirio, "Profesionalización de los comités de bioética intrahospitalarios", en *Revista de Sanidad Militar*, 2(54), México, 2000, págs. 102-106. Cfr. también MONNIER, Sophie, "Les comités d'éthique et le droit. Eléments d'analyse sur le système normatif de la bioéthique", Paris, Harmattan, 2005, pág. 108; BRENA SESMA, Ingrid, "El Derecho y la Salud. Temas a reflexionar", en http://goo.gl/mFBZm1 (30/5/2015), pág. 146. "[...] tienen por finalidad velar por los derechos, seguridad y bienestar de los seres humanos que participan de investigaciones, así como por la calidad científica de la investigación en salud" VIDAL, Susana, "Los comités hospitalarios de bioética. Introducción a la bioética institucional", en AA.VV., *Bioética en Medicina*, coord. por Oscar Garay, Bs. As., Ad-Hoc, 2008, págs. 406,

se llaman "comités de protección de personas".[3] Tampoco incluiré a los comités nacionales de bioética, que son
organismos que se dedican en general al estudio de problemas bioéticos.[4] En Francia se denomina "Comité Consultivo Nacional de Ética por la Ciencia de la Vida y la
Salud".[5] Se dedican a la reflexión y a dar su opinión sobre
problemas éticos y cuestiones de la sociedad provocados
por el progreso del conocimiento en los dominios de la
biología, la medicina y la salud, según la ley del 6 de agosto
de 2004.[6] La relación que guardarán con los comités elegidos en este caso para investigar es que también son plu-

---

436-439.

"[...] tienen por objetivo contribuir a salvaguardar la dignidad, derechos, seguridad y bienestar de todos/as los/as participantes actuales y potenciales de la
investigación, asegurando que los beneficios e inconvenientes de la investigación sean distribuidos equitativamente entre los grupos y clases de la sociedad,
así como garantizando la calidad científica de la investigación que evalúa" íd.,
pág. 436.

[3]   Instituidos por la ley en 1988, son organismos que se pronuncian por la validez
de los proyectos de investigaciones biomédicas. El visto bueno favorable es
indispensable para llevar a cabo la investigación. LAUDE, Anne; MATHIEU, Bertrand y TABUTEAU, Didier, *Droit de la Santé*, Paris, Press Universitaires de France, 2007, págs. 177-178. El libro no menciona a los comités de ética clínica. Véase
AA.VV., *L'humain, l'humanité et le progrès scientifique*, dirigido por Christian
Hervé, Patrick Molinari y Marie Angèle Grimaud, Paris, Centre de Recherche en
Droit Public, Université de Montréal, Dalloz, 2009. Sobre los comités de ética en
general, aunque con un acento importante en los de ética de la investigación,
véase BYK, Christian y MÉMETEAU, Gérard, *Le droit des comités d'éthique*, Paris,
ESKA, 1996.

[4]   Véase LEÓN, Francisco, "Las comisiones nacionales de bioética", en AA.VV., *Bioética general y Bioética clínica*, coord. por Francisco León Correa, Santiago de
Chile, Fundación Interamericana de Ciencia y Vida, 2010, págs. 228-235. "[...]
son estructuras interdisciplinarias de los cuerpos legislativos, ejecutivos o judicial, generalmente a nivel nacional [...] y que han producido documentos de
trascendencia mundial" VIDAL, "Los comités...", cit., pág. 407.
En Argentina hay un organismo cuyo ámbito de competencia parece más
amplio y se denomina "Comité Nacional de Ética en la Ciencia y la Tecnología".
Si bien es llamado comité de bioética y se dice que funciona como órgano de
asesoramiento del Ministerio de Ciencia, Tecnología e Innovación Productiva,
señala que se ocupa de lo que sería materia de los comités hospitalarios y de ética de la investigación científica. Véase http://www.cecte.gov.ar/ (30/5/2015).

[5]   Véase http://goo.gl/SH6XIY

[6]   Que modifica el Código de la Salud Pública. Véase http://goo.gl/5UxzK3

ridisciplinarios.[7] "La spécificité de ces institutions réside dans leur composition pluridisciplinaire, pluraliste et leur indépendance, ces trois éléments fondent la légitimité des comités".[8] Un resumen que incorpora una nueva clasificación es efectuado por una autora gala:

> [...] les comités d'éthique locaux de type pratique et les comités d'éthique nationaux et internationaux de type théorique. La catégorie des comités locaux se subdivise entre les comités d'éthique clinique qui exercent une mission de consultation au sein des hôpitaux sur des problèmes éthiques épineux rencontrés par les médecins et fixent des lignes de conduite générales internes à l'hôpital, et les comités d'éthique de la recherche chargés d'évaluer et de donner leur avis sur les protocoles de recherche préalablement à la conduite d'expérimentations sur l'être humain.[9]

Tampoco serán objeto de esta investigación los "comités de ética médica", que se dedican a desarrollar funciones deontológicas. Formados por un grupo de médicos, se encargan de velar por el cumplimiento de las normas jurídicas referidas a la profesión médica.[10] Luego de un proce-

---

7 BERTHIAU, Denis, *Droit de la Santé*, Paris, Gualiano, 2007, pág. 22.

8 MONNIER, op. cit., pág. 34. "La especificidad de estas instituciones reside en su composición pluridisciplinaria, pluralista y su independencia, estos tres elementos fundan la legitimidad del comité" (trad. del autor).

9 Íd., pág. 108. "[...] los comités de ética locales de tipo práctico y los comités de ética nacionales e internacionales de tipo teórico. La categoría de los comités locales se subdivide entre los comités de ética clínica que ejercen una misión de consulta en el seno de los hospitales sobre los problemas éticos espinosos encontrados por los médicos y fijan líneas de conducta generales internas al hospital, y los comités de ética de la investigación encargados de evaluar y dar su opinión sobre los protocolos de investigación previamente a la conducta de experimentación sobre el ser humano" (trad. del autor). Véase también íd. pág. 135.

10 BRENA SESMA, op. cit., pág. 145. "Estos comités no deben ser considerados de bioética, su constitución (se integran por los propios pares), su método (evaluación según Código único) y su procedimiento de resolución (deontológico) no guardan las características de los antes mencionados" VIDAL, "Los comités...", cit., pág. 407.

so emiten una resolución. En el caso de Rosario, los abogados tienen un Tribunal de Ética instaurado en el marco
del Colegio de Abogados, y en el caso de los médicos, hay
también un Tribunal de Ética en su colegio profesional.

El motivo de la elección de esta temática se debe a que
mi tesis doctoral se dedicó al pensamiento jurídico complejo, relacionando el trialismo con la complejidad moriniana, y la investigación postdoctoral profundiza una parte
no tratada en la tesis doctoral, que vendría a ser en este
caso la transdisciplinariedad. De ahí que preliminarmente
pensaré las relaciones entre la complejidad y la transdisciplinariedad[11] a través del trialismo, mientras que el punto
de encuentro entre la complejidad y la transdisciplinariedad por un lado, y el trialismo por el otro, es la salud, temática compleja por cierto. Una investigación sobre comités
señala la necesidad de "[...] proveer los elementos teóricos que permitan profundizar en la complejidad y en las
varias dimensiones de los problemas que se presentan en
el ejercicio de la práctica médica".[12] Va a ser una constante
en el trabajo la visión compleja de dicho ejercicio y las
apelaciones a Nicolescu, el cual señala, citando a Lupasco,
que la operación engendra el elemento y éstos se presentan como una detención del dinamismo, del devenir de
una implicación;[13] lo que aplicado a la temática de la salud
es fundamental, en tanto ésta no puede ser únicamente
captada en su aspecto biológico, médico.

---

[11] Véase BAMBARA, Emanuela, "Alle radici della transdisciplinaridade: Edgar Morin e Basarab Nicolescu", tesis doctoral, Messina, Italie, Università degli Studi di Messina, 2002.

[12] DIGILIO, Patricia, "Los comités hospitalarios de bioética en Argentina y las implicancias de sus funciones para las políticas de salud", en http://goo.gl/L2OOWg (17/12/2010).

[13] NICOLESCU, Basarab, *Nous, la particule et le monde*, Paris, Le Mail, 1985, pág. 210.

Asimismo cabe encuadrar esta investigación en el marco de la naciente rama del Derecho de la Salud.[14] En Francia puede marcarse como hito legislativo "[...] la loi du 3 de abril 1958, le Code de la santé publique acquiert valeur législative".[15] En el Derecho de la Salud se puede incluir el Derecho Médico, el Derecho Hospitalario y por qué no, la "responsabilidad médica". Pero lo fundamental es "[...] la defensa de los derechos de los pacientes ante un sistema altamente tecnificado y un modelo médico francamente paternalista".[16] Aplicando las ideas del Derecho de la Salud al campo de los comités, y expresando la razón por la cual deben ser tratados en esta rama y no, por ejemplo, en el Derecho Administrativo,[17] "[...] los comités se constituyen

---

[14] Sobre el tema, véase CIURO CALDANI, Miguel Ángel, "Filosofía trialista del Derecho de la Salud", en *Revista del Centro de Investigaciones de Filosofía Jurídica y Filosofía Social*, Rosario, Fundación para las Investigaciones Jurídicas (FIJ), 2004/5, págs. 19-32; GALATI, "Un cambio paradigmático en la salud. Consideraciones sociales de la ciencia jurídica a partir de la Ley Argentina de Derechos del Paciente", en *Eä - Revista de Humanidades Médicas & Estudios Sociales de la Ciencia y la Tecnología*, 2(3), abril 2011, en http://goo.gl/zFGDa9 (28/4/2011). "A diferencia de lo que sucede en el campo laboral, por ser la enfermedad en muchos casos transitoria, la conciencia de los derechos del enfermo no se ha traducido en normas concretas" BORDIN, Celia; FRACAPANI, Marta; GIANNA-CARI, Liliana y BOCHATEY, Alberto, *Bioética. Experiencia transdisciplinar desde un Comité Hospitalario de Ética*, Bs. As., Lumen, 1996, pág. 35. El trialismo dirá que la problemática de la salud demanda una especial exigencia de justicia fundante de la nueva rama.

[15] BERTHIAU, op. cit., pág. 17. "[...] por la ley del 3 de abril de 1958, el Código de la Salud adquiere valor legislativo" (trad. del autor). En 1997 se hablaba de "Droit hospitalier". Véase GODFRYD, Michel, *Textes de droit hospitalier*, 3ª ed., Paris, Presses Universitaires de France, 1997. Aunque no cabe confundir el Derecho de la Salud y el Derecho Hospitalario, en tanto éste tiene una impronta administra-tivista ya que se centra en el "hospital" y el otro en la "salud" (véase el punto 27). En nuestro país, fue pionero en el reconocimiento de esta rama Miguel Ángel Ciuro Caldani (véase el punto 27). En Francia, son comunes las tesis doctorales en Derecho de la Salud (véase la recopilación hecha hasta enero de 2004 en http://goo.gl/dsg6w7 [28/12/2012]). En la Facultad de Derecho y Ciencia Políti-ca de la Universidad Aix Marseille hay un Centro de Derecho de la Salud (véase http://goo.gl/r9Nrxh [28/12/2012]).

[16] VIDAL, "Los comités...", cit., pág. 421.

[17] El tema será tratado en profundidad al hablar de las relaciones entre valores (véase el punto 28 h).

en defensores de los derechos de las personas en aquellos ámbitos que se ocupan del análisis de los conflictos éticos que emanan de la vida y la salud humanas".[18]

Se espera que este trabajo cumpla las expectativas de Nicolescu cuando decía "des multiples disciplines, comme par exemple l'art, le droit ou l'histoire des religions auront la chance d'un complet renouvellement".[19] También lo señalaba Morin cuando pensaba en dotar de consciencia a la ciencia, y decía: "[...] los conceptos morales de hombre, de individuo, de sociedad, que se aplican a diversas disciplinas, de hecho son triturados o lacerados entre estas disciplinas, sin que puedan ser reconstituidos por las tentativas interdisciplinares".[20] Por ello se apunta a la transdisciplinariedad como ayuda a la articulación, por ejemplo, en el caso de los comités.

---

[18]   VIDAL, "Los comités...", cit., pág. 425.
[19]   NICOLESCU y CAMUS, Michel, *Les racines de la liberté*, Paris, L'Originel, 2001, pág. 38. "Múltiples disciplinas, como por ejemplo el arte, el derecho o la historia de las religiones tendrán la chance de una completa renovación" (trad. del autor).
[20]   MORIN, Edgar, *Ciencia con consciencia*, trad. de Ana Sánchez, Barcelona, Anthropos, 1984, pág. 33.

1

Las relaciones entre el pensamiento complejo y la transdisciplinariedad desde el derecho

Hacia un puente entre la filosofía y las ciencias

A. Ideas básicas

1. El *pensamiento complejo* hace referencia a la contradicción, la *unitas multiplex*,[21] la existencia de distintas lógicas, la insuficiencia de la razón, la jerarquización de la singularidad, el sistema[22] y las distintas interrelaciones que, como emergentes y restricciones, pueden darse en él.[23] Su relación con la transdisciplinariedad se da porque los tres pilares de ésta son la lógica del tercero incluido, los distin-

---

[21] "[...] paradigma que asociaría lo uno y lo diverso en una concepción fundamental de la *unitas multiplex*. [...] un paradigma, que en lugar de separar la idea de unidad y la de diversidad, y de oponerlas, las uniría". MORIN y PIATELLI-PALMARINI, Massimo, "La unidad del hombre como fundamento y aproximación interdisciplinaria", en AA.VV., *Interdisciplinariedad y Ciencias Humanas*, trad. de Jesús Gabriel Pérez Martín, Madrid, Tecnos, 1983, pág. 191.

[22] Véase GUSDORF, Georges, "Pasado, presente y futuro de la investigación interdisciplinaria", en AA.VV., *Interdisciplinariedad...*, cit., pág. 43.

[23] "[...] *le problème n'est pas comment nous appelons les parties, mais comment nous définissons la dynamique du tout*". (LASZLO, Ervin, "L'émergence des théories unifiées en sciences", en AA.VV., *L'homme, la science et la nature. Regards transdisciplinaires*, présenté par Michel Cazenave et Basarab Nicolescu, Aix-en-Provence, Le Mail, 1994, pág. 94). "[...] el problema no es cómo llamamos a las partes, sino cómo definimos la dinámica del todo" (trad. del autor).

tos niveles de realidad y la complejidad.[24] "[...] *la pluralité complexe et l'unité ouverte sont deux facettes d'une seule et même Réalité".*[25] Cuando se hace referencia a las razones de la aparición de la transdisciplinariedad se menciona la complejidad, en tanto la época postmoderna es una época de despedazamiento, de aislamiento, de cosificación del ser humano. "[...] apparaît de plus en plus comme une *nécessité historique*: celle d'une réconciliation entre le sujet et l'objet, entre l'homme extérieur et l'homme intérieur, et d'une tentative de recomposition des différents fragments de la connaissance".[26] Será importante para el funcionamiento de los comités valerse de la complejidad, en tanto en éstos es fundamental la "[...] irréductibilité à une forme unique, stable, invariante et prévisible".[27]

---

[24] Véase NICOLESCU, *La transdisciplinarité. Manifeste*, Monaco, du Rocher, 1996, pág. 68.

[25] Íd., pág. 81.

[26] AA.VV., *L'homme...*, cit., pág. 12. "[...] aparece más y más como una necesidad histórica: aquella de una reconciliación entre el sujeto y el objeto, entre el hombre exterior y el hombre interior, y de una tentativa de recomposición de diferentes fragmentos del conocimiento" (trad. del autor).

[27] LE MOIGNE, Jean-Louis, "Sur la modelisation de la complexité", en MORIN y LE MOIGNE, *L'intelligence de la complexité*, Paris, Harmattan, 1999, pág. 282.

Hay que destacar que las ideas anarquistas también propician la crítica a las disciplinas académicas, que encierran y delimitan el conocimiento, inmovilizándolo.[28] Lo que conspira contra la actitud de diálogo e integración que se explica en este trabajo.

2. La *teoría trialista* del mundo jurídico considera que el Derecho es el conjunto de los repartos, captados por las normas y valorados, ambos, por la justicia.[29] Esta teoría abarca y supera a las clásicas que polemizan acerca de si el Derecho debe ser sólo la norma jurídica escrita emanada de la autoridad oficial -juspositivismo- o si ésta, para ser tal, debe conformarse a un conjunto de normas derivadas de la razón o de Dios -jusnaturalismo-. No sólo la decadencia de las posturas religiosas, sino el auge de la integración y la complejidad, hacen que más que la exclusión y la mutilación, sea propicio hablar de articulación, con-

---

[28] Sobre el tema, véase la obra de Paul Feyerabend, por ejemplo *Adiós a la razón*, trad. de José R. de Rivera, Barcelona, Altaya, 1995; *Against method. Outline of an anarchistic theory of knowledge*, en http://goo.gl/vUsuKB (26/2/2007); *Contra el método. Esquema de una teoría anarquista del conocimiento*, trad. de Francisco Hernán, Barcelona, Folio, 2002; *Diálogo sobre el método*, trad. de José Casas, Madrid, Cátedra, 1990; *La conquista de la abundancia. La abstracción frente a la riqueza del ser*, comp. por Bert Terpstra, trad. por Radamés Molina y César Mora, Bs. As., Paidós, 2001; *¿Por qué no Platón?*, trad. de Ma. Asunción Albisu Aparicio, 2ª ed., Madrid, Tecnos, 1993; *Provocaciones filosóficas*, trad. de Ana Esteve Fernández, Madrid, Biblioteca Nueva, 2003; *Ambigüedad y armonía*, trad. de Antoni Beltrán y José Romo, Barcelona, Paidós, 1999; *Los límites de la ciencia. Explicación, reducción y empirismo*, trad. de Ana Carmen Pérez Salvador y Ma. del Mar Seguí, Barcelona, Paidós Ibérica, 1989. Véase también FACUSE, Marisol, "Una epistemología pluralista. El anarquismo de la ciencia de Paul Feyerabend", en *Cinta de Moebio. Revista de Epistemología de Ciencias Sociales*, en http://goo.gl/3cZLc7 (22/3/2006).

[29] Véase GOLDSCHMIDT, Werner, *Introducción filosófica al Derecho*, 6ª ed., Bs. As., Depalma, 1987; CIURO CALDANI, *Metodología jurídica*, Rosario, FIJ, 2000; GALATI, "La teoría trialista del mundo jurídico y el pensamiento complejo de Edgar Morin", tesis doctoral, Rosario, Fac. de Derecho, Univ. Nac. de Rosario, 2009, 2 t.; GALATI, "Introducción al pensamiento jurídico complejo. La teoría trialista del mundo jurídico y el pensamiento complejo de Edgar Morin", en *Revista de la Facultad de Derecho*, nº 20, Rosario, 2012, págs. 157-215.

junción, en suma, del integrativismo que planteó en 1958
Werner Goldschmidt, creador del trialismo. En el campo
a desarrollar en este caso, "[...] la bioéthique a nécessairement un caractère pluridisciplinaire, mêlant les apports
purement scientifiques ou médicaux, aux apports philosophique, sociologique, moral, juridique, voire religeux".[30]
Vemos aquí cómo esta expresión de un texto de Derecho
de la Salud trata de manera "compleja impura" lo que el
trialismo desarrolla sistemáticamente. La visión compleja
de la Bioética es una necesidad. "[...] il y a bien d'autres
enjeux que ceux strictement médicaux qui interviennent
lorsqu'une décision médicale 'éthiquement' sensible doit
être prise".[31] Como lo señala una idea interdisciplinaria que
puede aplicarse a la transdisciplinariedad, un método de
conocimiento en el objeto disciplinar puede coexistir con
otros modos de conocimiento utilizados al servicio de la
misma disciplina.[32]

   Puede verse cómo en distintas investigaciones dedi-
cadas a los comités de ética, a la hora de hacer mención
del Derecho, se hace referencia, por desconocimiento del
tridimensionalismo, a ideas complejas impuras.

> La norme juridique, bien qu'importante, s'avère en effet générale-
> ment insuffisante pour trancher de façon satisfaisante de tels
> conflits vécus dans des situations parfois très complexes. Lors-
> qu'il n'est pas certain qu'un patient a un certain droit ou qu'une

---

30 BERTHIAU, op. cit., pág. 19. "[...] la bioética tiene necesariamente un carácter
    pluridisciplinario, mezcla los aportes puramente científicos o médicos, los apor-
    tes filosóficos, sociológicos, morales, jurídicos, incluso religiosos" (trad. del
    autor). Véase también íd. pág. 21.
31 FOURNIER, Véronique, "La médiation: L'expérience d'une équipe d'éthique cli-
    nique dans la gestion et le traitement des situations critiques", en http://goo.gl/
    6DV8uv (30/5/2015). "Hay muchas otras posiciones más que las estrictamente
    médicas que intervienen cuando una decisión médica 'éticamente' sensible
    debe ser tomada" (trad. del autor).
32 RESWEBER, Jean-Paul, *La méthode interdisciplinaire*, Paris, Presses Universitai-
    res de France, 1981, pág. 42.

pratique donnée contrevient à un droit, pourquoi privilégier la dimension juridique [legale] plutôt qu'une autre pour trancher le débat?[33]

Incluso cuando se mencionan problemas como la intervención de "otras normatividades", la "ética", se las trata fuera del Derecho.[34] Y se localiza el momento reflexivo y deliberativo en el espacio de la ética.[35]

3. Los *comités* deben entenderse en el marco de la postmodernidad, en la era de la complejidad, en donde disciplina alguna puede enarbolarse como detentadora de la verdad[36] y en donde deben coordinarse los aportes de todas las pertinentes para la búsqueda de una aproximación a lo que deseamos conocer. "It is [...] more and more difficult to understand the complexity of our world today [...] an expert in one discipline is ignorant of thousands and thousands of other disciplines".[37] A la hora de instrumentalizar dicha cooperación necesaria, la idea general de Nicolescu parece aplicable a los comités:

---

[33] BEGIN, Luc, "Les normativités dans les comités d'éthique clinique", en AA.VV., *Hôpital & Éthique. Rôles et défis des comités d'éthique clinique*, dirigido por Marie-Hélène Parizeau, 5a imp. (2007), Québec, Les Presses de l'Université Laval, 1995, págs. 47-48. "La norma jurídica, si bien importante, se revela en efecto generalmente insuficiente para zanjar de manera satisfactoria semejantes conflictos vividos en situaciones tal vez muy complejas. ¿Cuándo no es cierto que un paciente tiene un cierto derecho o que una práctica dada contradiga a un derecho, por qué privilegiar la dimensión jurídica [legal] antes que otra para zanjar el debate?" (trad. del autor).

[34] Íd., pág. 48.

[35] Íd., pág. 52.

[36] No hay una homogeneidad profunda, salvo en lo relativo al seguimiento de las pautas del mercado. Véase CIURO CALDANI, *Metodología Dikelógica. Métodos constitutivos de la justicia. Las fronteras de la justicia*, Rosario, FIJ, 2007, págs. 85-86.

[37] NICOLESCU, "Transdisciplinarity – Past, present and future", en http://goo.gl/yBb5Ew (7/9/2010). "Es [...] más y más dificultoso entender la complejidad de nuestro mundo actual [...] un experto en una disciplina es ignorante de miles y miles de otras disciplinas" (trad. del autor).

[...] personne ne peut se prétendre spécialiste dans plusieurs domaines. [...] La solution serait la constitution d'organismes, de *centres de recherche transdisciplinaire*, réunissant des spécialistes des différents domaines et fonctionnant dans une *autonomie totale*, par rapport à tout pouvoir économique, politique, financier, idéologique ou administratif.[38]

Hoy hay una doble necesidad de explicación: por completar la simple legalidad por los modelos causales y por el carácter cada vez más estructural que toman esos modelos.[39] Durante mucho tiempo las disciplinas han encerrado el deseo de saber en sus límites.[40] Todo lo cual habla de un fundamento psicológico a la compartimentalización.

L'usager d'une discipline qui avait sa place délimitée sur le terrain de la science est tenté de se métamorphoser en un spécialiste jaloux de son territoire et de considérer comme des frontières inviolables les limitations symboliques tracées par la coexistence et l'interaction des disciplines.[41]

---

[38] NICOLESCU, "Nous...", cit., pág. 243. "[...] persona alguna puede pretenderse especialista en varios dominios. [...] La solución sería la constitución de organismos, de centros de investigación transdisciplinarios que reúnan a especialistas de diferentes dominios que funcionen en una autonomía total, en relación con todo poder económico, político, financiero, ideológico o administrativo" (trad. del autor).

[39] PIAGET, Jean, "L'épistémologie des relations interdisciplinaires", en AA.VV., *L'interdisciplinarité. Problèmes d'enseignement et de recherche dans les universités*, Paris, Organisation de Coopération et de Développement Économiques, 1972, pág. 133.

[40] RESWEBER, op. cit., pág. 86.

[41] Íd., pág. 122. "El usuario de una disciplina que tenía su lugar delimitado sobre el terreno de la ciencia es tentado de metamorfosearse en un especialista celoso de su territorio y de considerar como fronteras inviolables las limitaciones simbólicas trazadas por la coexistencia y la interacción de las disciplinas" (trad. del autor).

También se señala que ha habido enormes cambios en lo relativo a los conceptos de vida, muerte, salud, enfermedad y una gran participación de los pacientes en la toma de decisiones morales.[42]

En cuanto a la composición pluridisciplinar de los comités y "respecto de problemas situados en la intersección de diferentes disciplinas, ninguna disciplina general puede proporcionar la plataforma necesaria para una cooperación móvil, cuyos principios parecen incomprensibles".[43] De ahí la necesidad de investigaciones como la que se plantea aquí. Nicolescu describe el cuadro de situación disciplinar: "Le sujet est pulvérisé à son tour pour être remplacé par un nombre de plus en plus grand de pièces détachées, étudiées par les différentes disciplines".[44]

Así como la "calidad de vida"[45] no tiene un dueño disciplinar y a ello apunta en última instancia el funcionamiento del comité, lo propio ocurre con la transdisciplinariedad, que plantea la articulación de aportes disciplinares para ese objetivo común que no separa, sino que une a las disciplinas.

---

[42] RODRÍGUEZ, Eduardo, "Los comités de bioética de hospitales", en AA.VV., *Bioética general...*, cit., pág. 236. Véase también BERGEL, Salvador, "Los derechos humanos entre la Bioética y la Genética", en *Acta Bioética*, año 8, n° 2, pág. 317. Para una contextualización de la postmodernidad o de la era de la complejidad, véase mi tesis doctoral, cit., t. 1. Cfr. también GALATI, "Introducción...", cit.

[43] SINACEUR, Mohammed, "¿Qué es la interdisciplinariedad?", en AA.VV., *Interdisciplinariedad...*, cit., pág. 26.

[44] NICOLESCU, *La transdisciplinarité. Manifeste*, cit., pág. 52. "El sujeto es pulverizado a su turno para ser reemplazado por un número cada vez más grande de piezas separadas, estudiadas por las diferentes disciplinas" (trad. del autor).

[45] BOTTOMORE, Tom, "Introducción" a AA.VV., *Interdisciplinariedad...*, cit., pág. 15.

Esa separación de saberes se torna inoperante cuando se enfrenta a la realidad concreta que vivimos. [...] estas disciplinas son, más bien, conveniencias administrativas, que se acoplan bien con las necesidades de las instituciones académicas y que se perpetúan a sí mismas como organizaciones sociales.[46]

De ahí la importancia de los comités en clave transdisciplinaria. La necesidad de saber y dar salud debería ser más importante que el cumplimiento de trámites burocráticos.

Resulta mejor calificarlos como comités de bioética, en tanto que lo clínico parece restringir su "esencia" al diagnóstico, a lo biológico, a lo puramente médico. Es fundamental la pluridisciplinariedad y la plurivaloración: "Se encarga a estos comités recomendar decisiones racionales en situaciones en donde exista un conflicto de intereses o de valores y que, por lo tanto, se presenten opciones diferentes y hasta divergentes".[47] De hecho se define la interdisciplina en algo que comparte con la transdisciplinariedad: "[...] le savoir est bordé de non-savoir, que l'identité supposée monolithique de la science est formée de différences multiples et hétérogènes".[48]

Muchos los definen como grupos interdisciplinarios, mientras que en este trabajo se plantea la superación a través de la transdisciplinariedad:

---

46 MARTÍNEZ MIGUÉLEZ, Miguel, "Perspectiva epistemológica de la Bioética", en *Selecciones de Bioética*, n° 14, Bogotá, Pontificia Universidad Javeriana, 2008, pág. 41.
47 BRENA SESMA, op. cit., pág. 147.
48 RESWEBER, op. cit., pág. 123. "[...] el saber es bordeado de no-saber, que la identidad supuesta monolítica de la ciencia es formada de diferencias múltiples y heterogéneas" (trad. del autor).

> Grupo interdisciplinario de profesionales de la salud y de otros
> campos del conocimiento, y miembros de la comunidad, que
> cumplen la función de aconsejar, consultar, discutir o estar de
> otra manera involucrados en las decisiones y políticas relaciona-
> das con temas éticos que surgen de la atención de la salud.[49]

4. La *transdisciplinariedad* fue acuñada por Jean Piaget en 1970.[50] En esa fecha decía que "[...] el futuro pertenece a las investigaciones interdisciplinarias pero de hecho
son muy difíciles de organizar debido a las ignorancias
recíprocas a veces sistemáticas".[51] Es un desvío, el aparta-
miento de la norma supuesta indiscutible, lo central pero
invisible.[52] Todo lo cual nos rememora el trialismo, que es
más que normativismo y que dispone de métodos para
captar lo invisible: el ente ideal exigente llamado justicia,
la regulación consuetudinaria que no está formalizada, las
categorías básicas de la realidad social: causa, posibilidad, finalidad,[53] consecuencias.[54] De hecho, "siguiendo" las
máximas transdisciplinarias, la teoría trialista las ha cumplido "sin saberlo", ya que ha tendido puentes, pasarelas,
entre los diferentes dominios del conocimiento vinculados

---

49 VIDAL, *Los comités...*, cit., pág. 428.
50 SOMMERMAN, Américo, "Pedagogia da Alternância e Transdisciplinaridade",
    en http://goo.gl/k6gZY3 (5/7/2012). Para una historia de los documentos relati-
    vos a la transdisciplinariedad véase el artículo de este autor y también NICO-
    LESCU y CAMUS, op. cit., pág. 46.
51 PIAGET, *Psicología y Epistemología*, trad. de Antonio Battro, Bs. As., Emecé,
    1972, pág. 115.
52 NICOLESCU, "La transdisciplinarité – déviance et dérives", en *Bulletin Interactif
    du Centre International de Recherches et Études transdisciplinaires* n° 3-4, mars
    1995.
53 Véase CIURO CALDANI, "Bases categoriales de la dinámica y la estática jurídico
    sociales (elementos para la sociología jurídica)", Rosario, Instituto Jurídico-Filo-
    sófico, Fac. de Derecho, UNR, 1967, reimpreso en *Revista del Centro...*, n° 28,
    Rosario, FIJ, 2004/2005, págs. 105-112.
54 Véase GALATI, "Consideraciones jurídico-sociales del aborto no punible. La
    autonomía del paciente frente al poder del profesional de la salud", en *RedBioéti-
    ca/UNESCO*, año 3, 2(6), págs. 47-62, Uruguay, 2012, en http://goo.gl/z3Nt7T
    (2/5/2013).

al Derecho, lo que implica una actitud transdisciplinaria;[55] en suma, se trata de establecer lazos entre los diferentes seres que componen una colectividad.[56] "Qu'est-ce qu'un dialogue entre deux êtres en l'absence de passarelles, d'un langage commun?"[57] No creer en la justicia y sólo en las normas es como pensar únicamente en los humanos sin un código común alternativo que los identifique como tales y les permita comunicarse. No pensar en los repartos, constitutivos de la dimensión sociológica, implica hacer flotar la norma en la abstracción, en el mundo de las ideas.

Nicolescu señala que el diálogo entre las diferentes disciplinas es el núcleo duro de la transdisciplinariedad tal como la soñó cuando hizo su investigación postdoctoral en Berkeley y que nombró en 1985 con "Nous, la particule et le monde".[58] El filósofo rumano-francés también señala como un gran pensador de lo ternario a Charles Peirce, quien explica que una tríada no puede analizarse en términos de díadas. Expresa los tres modos de ser: el ser de la posibilidad cualitativa positiva, el ser del hecho actual y el ser de la ley que gobierna los hechos en el futuro.[59] Nótese la coincidencia con los obstáculos a la función pantónoma

---

[55] Véase MOTTA, Raúl, "Transdisciplinariedad en acto", en *Complejidad*, nº 1, Bs. As., 1995, págs. 13-14.

[56] Véase NICOLESCU, *La transdisciplinarité. Manifeste*, cit., pág. 134. Así lo decía en mi tesis doctoral, cit. "Sans les passerelles entre les êtres et les choses, les avancées technoscientifiques ne servent qu'à agrandir une complexité de plus en plus incompréhensible". Íd., pág. 134. "Sin las pasarelas entre los seres y las cosas, los avances tecnocientíficos no sirven más que para agrandar una complejidad cada vez más incomprensible" (trad. del autor).

[57] Íd., págs. 134-135. "¿Qué es un diálogo entre dos seres en ausencia de pasarelas, de un código común?" (trad. del autor).

[58] NICOLESCU y CAMUS, op. cit., pág. 24. Ahí señala que fue la "Naturephilosophie allemande", centrada alrededor de la revista *Athenaeum*, lo que podría calificarse como un movimiento coincidente con su filosofía. Y que sirvieron como influencia en su pensamiento Niels Bohr, Wolfgang Pauli, Max Planck, Werner Heisenberg, Geoffrey Chew y Stéphane Lupasco, a lo que hay que sumar Arthur Eddington y Kurt Gödel. Íd., pág. 25.

[59] Íd., pág. 29.

de la justicia que provienen del pasado, del presente y del porvenir, y que hay que salvar para lograr justicia. Sigue citando Nicolescu a Peirce, y señala que esos tres modos de ser son la manifestación de la existencia de tres universos de experiencia: el que contiene las puras ideas, el de la bruta actualidad de las cosas y los hechos y el tercero, el del poder activo para establecer conexiones entre los diferentes objetos y especialmente entre los objetos existentes en los diferentes universos.[60] Podría pensarse en la materialidad y la idealidad en el trialismo y lo que he señalado como relaciones e interrelaciones entre sus dimensiones.[61] La terceridad es aquello que tiende un puente y relaciona.[62]

De hecho, de una manera inorgánica, poco sistemática o desorganizada, hay intentos de ver a la salud y a los comités de manera vinculada, articulada, tal como se observa en esta definición de "Bioética" que da una institución de salud mexicana: "El estudio sistemático de las dimensiones morales (incluyendo visión moral, decisiones, conductas y políticas) de las ciencias de la vida y de la atención de la salud, empleando una variedad de metodologías éticas en un contexto interdisciplinario".[63] De la propia definición se ven mezclados y dispersos los elementos que una nueva Bioética organizará gracias a la transdisciplinariedad y el trialismo, de manera compleja.

El significado de "disciplina" alude a un conjunto de conocimientos estructurado en un objeto delimitado y categorías que lo explican. A lo cual hay que sumar las distintas formas con las cuales dicha disciplina toma cuer-

---

60 Íd.
61 Véanse los caps. 9 a 11 de mi tesis doctoral. Cfr. también GALATI, "Introducción...", cit.
62 NICOLESCU y CAMUS, op. cit., pág. 31.
63 HOSPITAL GRAL. DR. MANUEL GEA GONZÁLEZ, "Manual de procedimientos para la instauración y funcionamiento del comité hospitalario de bioética", México, 2010, en http://goo.gl/UxQJaV (30/5/2015).

po: espacios académicos, puestos de trabajo y posiciones
simbólicas, carreras, materias, espacios y redes burocráticos. "Toucher aux disciplines, c'est donc toucher à toute
la structure sociale de l'université".[64] Todo lo cual encierra a los hombres en parcelas de conocimiento[65]. "[...]
l'obsession du détail tendait à faire oublier au spécialiste
la finalité même de la connaissance [...]".[66] Gracias a ideas
interdisciplinarias que pueden aplicarse a la transdisciplinariedad, la disciplina cobrará un nuevo significado en
este nuevo entramado de conocimiento, de manera que
ésta será vista ahora no como un fin, sino como un medio
para el conocimiento.[67]

De ahí que lo "trans" signifique un quiebre en el centro neurálgico de la concepción disciplinaria, en tanto significa "del otro lado", "más allá",[68] "a través de", "cambio"
o "mudanza". Cuando hace referencia a la física cuántica, expresa Nicolescu: "*Tout est vibration*: on ne peut pas
concevoir, selon la physique quantique, un seul point du
monde qui soit inerte, immobile, non-habité par le mouvement".[69] Lo transdisciplinario alude a aquello que está a la
vez *entre* las disciplinas, *a través* de las diferentes discipli-

---

64 GASS, J. R., "Préface", en AA.VV., *L'interdisciplinarité...*, cit., pág. 7. Sobre el tema
    véase BOURDIEU, Pierre, "La force du droit", en *Actes de la Recherche en Sciences
    Sociales*, nº 64, 1986, en http://goo.gl/MnHcUL (4/1/2013); BOURDIEU, Pierre,
    Poder, derecho y clases sociales, 2ª ed., trad. de Ma. José Bernuz Beneitez, Andrés
    García Inda, Ma. José González Ordovás y Daniel Lalana, Bilbao, Desclée de
    Brouwer, 2001.
65 "[...] su intención es superar la parcelación y fragmentación del conocimiento
    que reflejan las disciplinas particulares [...]". MARTÍNEZ MIGUÉLEZ, op. cit.,
    pág. 41.
66 RESWEBER, op. cit., pág. 137. "[...] la obsesión del detalle tendería a hacer olvi-
    dar al especialista la finalidad misma del conocimiento [...]" (trad. del autor).
67 Íd., pág. 20.
68 NICOLESCU, "Transdisciplinarity - Past...", cit.
69 NICOLESCU, *Nous...*, cit., pág. 73. "Todo es vibración: no se puede concebir,
    según la física cuántica, un solo punto del mundo que sea inerte, inmóvil, no-
    habitado por el movimiento" (trad. del autor).

nas y *más allá* de toda disciplina.[70] Apunta a la búsqueda de aquello que atraviesa las disciplinas.[71] Por ello el trialismo podría ser visto como llevando en su impronta, estructura, la filosofía transdisciplinaria. Nicolescu señala que "[...] la notion d'objet est remplacée par celle d'événement, de relation, d'interconnexion [...]".[72] Si se observa la dinámica trialista, con sus dimensiones e interrelaciones, la noción de objeto es inadecuada a la finalidad de complejidad que anima a la teoría. En sintonía con estas ideas, Le Moigne señala: "'L'objet de connaissance' redevient 'projet de connaissance'".[73] En todos estos casos se plantea un rebasamiento de los límites disciplinarios, es decir, un rompimiento de las leyes del área. Lo transdisciplinario cruza todas las disciplinas sin ser una disciplina.[74] Como lo dice Nicolescu al analizar la obra de Lupasco: "[...] ne

---

[70] NICOLESCU, *"La transdisciplinarité. Manifeste"*, cit., pág. 66.

[71] Íd., pág. 181.

[72] NICOLESCU, *Qu'est-ce que la réalité? Réflexions autour de l'œuvre de Stéphane Lupasco*, Montréal, Liber, 2009, pág. 22. Recuérdense las relaciones e interrelaciones a las que hago referencia en mi tesis doctoral y que muestran las vinculaciones en el objeto jurídico. "[...] dans l'univers toutes les choses sont interconnectées et aucune n'est fondamentale". DESCAMPS, Marc-Alain; ALFILLE, Lucien y NICOLESCU, *Qu'est-ce que le transpersonnel?*, Paris, Trismegiste, 1987, pág. 38. "[...] en el universo todas las cosas están interconectadas y ninguna es fundamental" (trad. del autor).

[73] LE MOIGNE, "La connaissance disciplinée, arbre ou archipel?", en http://goo.gl/jroxYA http://goo.gl/jroxYA (12/8/2009). "El objeto de conocimiento vuelve a ser 'proyecto de conocimiento'" (trad. del autor).

[74] NICOLESCU, "Transdisciplinarity and Complexity: Levels of Reality as Source of Indeterminacy", en *Bulletin Interactif du Centre International de Recherches et Études transdisciplinaires*, n° 15, 2000, en http://goo.gl/II1aSC (6/9/2010).

rejette pas le principe de contradiction: il met simplement
en doute son 'absoluité'"[75]. El objeto de estudio es multidimensional y multirreferencial.[76]

> [...] la noción de transdisciplinariedad [...] enuncia la idea de una
> trascendencia, de una instancia científica capaz de imponer su
> autoridad a las disciplinas particulares; designa quizás un hogar
> de convergencia, una perspectiva de objetivos que reunirá en el
> horizonte del saber [...] las intenciones y preocupaciones de las
> diversas epistemologías. Puede tratarse de un metalenguaje o de
> una metaciencia [...].[77]

Sólo así puede comprenderse una problemática atra-
vesada por aspectos[78] distintos derivados de conocimientos diversos, en donde fluyan los saberes, más allá de las
disciplinas.

Nicolescu señala que la lógica transdisciplinaria, que
comprende la del tercero incluido, es la lógica de la complejidad, expresando que permite *cruzar* las diferentes
áreas del conocimiento de una manera coherente.[79] Mientras que Morin señala que el conocimiento simple es par-
celador y "aduanero".[80] Asimismo, la transdisciplinariedad

---

75 NICOLESCU, "Le tiers inclus. De la physique quantique à l'ontologie", en AA.VV.,
    Stéphane Lupasco. L'homme et l'œuvre, dirigido por Horia Badescu y Basarab
    Nicolescu, Monaco, du Rocher, 1999, pág. 115. "[...] no rechaza el principio de
    contradicción: sólo pone en duda su 'absolutez'" (trad. del autor).
76 NICOLESCU, *Transdisciplinarity...*, cit. También menciona a Husserl, como
    Morin, a quien considera un pionero de los estudios de la realidad multidimen-
    sional y multirreferencial. NICOLESCU, *La transdisciplinarité. Manifeste*, cit.,
    pág. 36.
77 GUSDORF, op. cit., pág. 41. Ya en mi tesis doctoral (cit.) hice referencia a la com-
    plejidad y al trialismo como metaparadigma y metaciencia respectivamente.
78 Véase NICOLESCU, *Science, Meaning and Evolution. The cosmology of Jacob
    Boehme*, trad. por Rob Baker, New York, Parabola Books, 1991, pág. 18.
79 NICOLESCU, *"Transdisciplinarity..."*, cit.
80 Véase MORIN, *Articular los saberes. ¿Qué saberes enseñar en las escuelas?*, 2ª ed.,
    trad. de Geneviève de Mahieu, con la colab. de Maura Ooms, Bs. As., Ediciones
    Universidad del Salvador", 2007.

persigue el ideal de la unidad del conocimiento.[81] Nicolescu rescata la noción de Morin de "ciencia con consciencia":[82] "La science sans conscience est la ruine de l'être
humaine [...]".[83] De hecho uno de los factores que dio nacimiento a los comités de bioética fue "[...] la prise de conscience généralisée de l'ambivalence du progres scientifique".[84] El otro hace referencia a la crítica a la autoridad
médica,[85] ambivalencia que Morin resalta como un componente del conocimiento científico.[86]

Volviendo sobre lo "trans" y relacionándolo con el tercio incluso que mina la lógica clásica, que habla del tercero
excluido, Nicolescu señala las similitudes que tienen:

> Les mots *trois* et *trans* ont la même racine étymologique: le
> 'trois' signifie 'la transgression du deux, ce qui va au-delà de
> deux'. La transdisciplinarité est la transgression de la dualité
> opposant les couples binaires: sujet-objet, subjectivité-objec-
> tivité, matière-conscience, nature-divin, simplicité-complexité,
> réductionnisme-holisme, diversité-unité.[87]

---

81   NICOLESCU, *La transdisciplinarité. Manifeste*, cit., pág. 66.
82   MORIN, *Ciencia...*, cit.
83   NICOLESCU, *La transdisciplinarité. Manifeste*, cit., pág. 110. "La ciencia sin
      consciencia es la ruina del ser humano [...]" (trad. del autor). Véase también
      NICOLESCU, *Qu'est-ce que la réalité...*, cit., pág. 65.
84   MONNIER, op. cit., pág. 110.
85   Íd., pág. 109.
86   "Las mentes formadas por un modo de conocimiento que repudia la compleji-
      dad, por tanto la ambivalencia, no saben concebir la ambivalencia inherente a la
      actividad científica, en la que conocimiento y manipulación son las dos caras del
      mismo proceso". MORIN, *El Método 6...*, cit., pág. 80.
87   NICOLESCU, *La transdisciplinarité. Manifeste*, cit., págs. 82-83. "Las palabras
      tres y *trans* tienen la misma raíz etimológica: el 'tres' significa 'la transgresión de
      dos, lo que va más allá de dos'. La transdisciplinariedad es la transgresión de la
      dualidad que oponen las duplas binarias: sujeto-objeto, subjetividad-objetivi-
      dad, materia-conciencia, naturaleza-divinidad, simplicidad-complejidad,
      reduccionismo-holismo, diversidad-unidad" (trad. del autor). NICOLESCU,
      Que-est-ce que la réalité..., cit., pág. 59. "Dans la visión transdisciplinaire, la plu-
      ralité complexe et l'unité ouverte sont deux facettes d'une seule et même réalité".
      íd., pág. 59. "En la visión transdisciplinaria, la pluralidad compleja y la unidad
      abierta son dos facetas de una sola y misma realidad" (trad. del autor).

Algo de lo que también da cuenta Edgar Morin.[88] El trialismo, como lo señalé, es una alternativa a las posturas clásicas del juspositivismo y jusnaturalismo que polemizan sin encontrar solución o conciliación. Y es una teoría claramente transgresora de los unidimensionalismos jurídicos.

La enseñanza que nos deja el "tercio incluso" la señala el propio Nicolescu: "D'exclusion en exclusion, nous finirons par exclure notre propre existence de la surface de cette Terre".[89] Lo que, coincidiendo con Morin y Goldschmidt, es reforzado por una verdadera experiencia de vida que insufla la teoría, en tanto el filósofo rumano-francés también sufrió el exilio producto de un país totalitario.[90] Jean-Louis Le Moigne también se vale de esta idea del tercio incluso y de la articulación, para religar acción y reflexión, experiencia y conocimiento, pragmática y episteme.[91] Todo lo que rememora la base del pensamiento complejo.

---

[88] MORIN, *El mundo moderno y la cuestión judía*, trad. de Ricardo Figueira, Bs. As., Nueva Visión, 2007, pág. 52; MORIN, *Breve historia de la barbarie en Occidente*, trad. de Alfredo Grieco y Bavio, Bs. As., Paidós, 2006, págs. 105-107. "Esta disociación atraviesa el universo de un extremo al otro: Sujeto/Objeto, Alma/Cuerpo, Espíritu/Materia, Calidad/Cantidad, Finalidad/Causalidad, Sentimiento/Razón, Libertad/Determinismo, Existencia/Esencia. Se trata perfectamente de un paradigma: él determina los conceptos soberanos y prescribe la relación lógica: la disyunción. La no-obediencia a esta disyunción sólo puede ser clandestina, marginada, desviada. Este paradigma determina una doble visión del mundo, en realidad, un desdoblamiento del mismo mundo: por un lado, un mundo de objetos sometidos a observaciones, experimentaciones, manipulaciones; por el otro, un mundo de sujetos planteándose problemas de existencia, de comunicación, de conciencia, de destino"MORIN, *Los siete saberes necesarios para la educación del futuro*, trad. de Mercedes Vallejo-Gómez, París, UNESCO, 1999, en http://goo.gl/RohSGM (30/5/2015), pág. 9.
[89] NICOLESCU, *La transdisciplinarité. Manifeste*, cit., pág. 136. "De exclusión en exclusión, terminaremos por excluir nuestra propia existencia de la superficie de esta Tierra" (trad. del autor).
[90] Véase NICOLESCU y CAMUS, op. cit., pág. 11.
[91] LE MOIGNE, "Sur l'éthique de la compréhension", en *Inter Lettre Chemin Faisant*, n° 27, 2005, en http://goo.gl/hlBI4L (24/8/2011).

5. Una idea central de la transdisciplinariedad es la de los *"niveles de realidad"*. Juarroz aporta la filosofía del nivel de realidad:

> [...] la nécessité fondamentale est d'ouvrir la volonté (d'éveiller le désir) de connaître la réalité sous n'importe quel angle, dans n'importe quelle spécialité, n'importe quel type de connaissance, mais en reconnaissant tout indice de vérité dans n'importe quel genre de réalité.[92]

Un nivel de realidad implica un conjunto de sistemas invariantes a la acción de un número de leyes generales.[93] También trata de quebrar la proliferación de disciplinas académicas, porque precisamente implican separaciones entre ciencias, sin poder lograr articulaciones entre sus conocimientos y de esa manera, aprovechamientos mutuos. Frente a ello Morin señala la necesidad de articular los saberes.[94] Nicolescu, al analizar la "realidad" señala los niveles de la física cuántica y el de la macrofísica, y

---

[92] JUARROZ, Roberto, "Quelques idées sur le langage de la transdisciplinarité", en *Bulletin Interactif du Centre International de Recherches et Études transdisciplinaires*, n° 7-8, 1996, en http://goo.gl/yN7XQM (27/8/2010). "[...] la necesidad fundamental es de abrir la voluntad (de despertar el deseo) de conocer la realidad bajo cualquier ángulo, en cualquier especialidad, según cualquier tipo de conocimiento, pero reconociendo todo indicio de verdad en cualquier género de realidad" (trad. del autor). La semejanza con la filosofía que explica Goldschmidt en su introducción al trialismo es clara.

[93] NICOLESCU, *La transdisciplinarité. Manifeste*, cit., pág. 34.

[94] "Pensar de forma compleja es pertinente allí donde (casi siempre) nos encontramos con la necesidad de articular, relacionar, contextualizar. Pensar de forma compleja es pertinente [...] [donde] buscamos algo más de lo sabido por anticipado". MORIN; CIURANA, Roger y MOTTA, *Educar en la era planetaria. El pensamiento complejo como método de aprendizaje en el error y la incertidumbre humana*, Valladolid, UNESCO - Univ. de Valladolid, 2002, pág. 33. "[...] contrariamente a lo afirmado por el dogma de la hiperespecialización, existe un conocimiento relacionado con la organización global que es el único capaz de articular las competencias especializadas que permiten comprender las realidades complejas". MORIN, *Introducción a una política del hombre*, trad. de Tomás Fernández Aúz y Beatriz Eguibar, Barcelona, Gedisa, 2002, pág. 137. "[...] la ciencia se ha vuelto ciega por su incapacidad de controlar, prever, incluso concebir su

expresa que constituyen "mundos" diferentes, con leyes fundamentales que implican un quiebre uno con respecto a otro, donde hay discontinuidad, aunque nada impide a ambos mundos coexistir.[95] Un ejemplo de reglas distintas en cada nivel es expuesto a propósito de la identidad:

> [...] l'impossibilité d'une localisation précise dans l'espace-temps d'un événement quantique. Le concept d'*identité* d'une particule classique [...] se trouve ainsi pulvérisé. Selon la belle formulation de David Finkelstein: 'L'indétermination des phénomènes quantiques est un cas particulier de l'impossibilité de l'auto-connaissance dans les systèmes finis.[96]

En efecto, "[...] les entités quantiques ne se soumettent pas au déterminisme classique".[97] De manera semejante a la noción de "paradigma", Hacking introduce el de "estilo de razonamiento", parecido también al de "nivel de realidad". "[...] un style [du raisonnement] doit introduire certaines nouveautés, de nouvelles sortes d'objets, des lois, et ainsi de suite".[98] Nicolescu menciona el ejemplo que aporta Heisenberg: la primera región, de la física clásica; la segunda región, de la física cuántica, la biología y los fenó-

---

rol social, por su incapacidad de integrar, articular, reflexionar sus propios conocimientos" MORIN, *Introducción al pensamiento complejo*, trad. de Marcelo Pakman, Barcelona, Gedisa, 2005, pág. 79.

95   NICOLESCU, *Transdisciplinarity...*, cit.

96   NICOLESCU, *Nous...*, cit., pág. 28. "[...] la imposibilidad de una localización precisa en el espacio-tiempo de un acontecimiento cuántico. El concepto de identidad de una partícula clásica [...] se encuentra de esta manera pulverizado. Según la bella formulación de David Finkelstein: 'La indeterminación de los fenómenos cuánticos es un caso particular de la imposibilidad del auto-conocimiento en los sistemas finitos" (trad. del autor).

97   NICOLESCU, *Nous...*, cit., pág. 41. "[...] las entidades cuánticas no se someten al determinismo clásico" (trad. del autor).

98   HACKING, Ian, "Style pour historiens et philosophes", en AA.VV., *L'histoire des sciences. Méthodes, styles et controverses*, coord. por Jean-François Braunstein, trad. por Vincent Guillin, Paris, Vrin, 2008, pág. 311. "[...] un estilo [de razonamiento] debe introducir ciertas novedades, nuevas clases de objetos, de leyes, y así sucesivamente" (trad. del autor).

menos psíquicos, y la tercera región, de la religión, la filosofía y las experiencias artísticas.[99] Explica que en la primera región se dan los estados de las cosas, que son objetivamente independientes del proceso de conocimiento. Aquí se sitúa la mecánica clásica, el electromagnetismo y las dos teorías de la relatividad de Einstein. En la segunda región habitan los estados de cosas inseparables del proceso de conocimiento. Aquí se encuentran las ciencias de la consciencia o lo que hoy llamaríamos las neurociencias. En la tercera región se encuentran los estados de cosas creados en conexión con el proceso de conocimiento. Acá está la política y las experiencias inspiradoras.[100] Esto rememora los niveles de realidad que tiene el trialismo constituidos por la materialidad y la idealidad que ontológicamente lo constituyen. "La vision ternaire englobe deux niveaux de réalité différents, par exemple un niveau naturel à la base et un niveau transcendantal au sommet".[101] Nótese cómo la base es la singularidad de la realidad y cómo la cumbre es el lugar desde donde se evalúa la realidad. El ideal exige así que la realidad sea de una manera diferente a como lo es ya. La diferencia de perspectiva habilita así a la crítica. Pero la cumbre no alude a una jerarquía, sino más bien a un distanciamiento.

Así como el Derecho es uno pero diverso según el trialismo,[102] lo que no impide la coexistencia de sus distintas dimensiones y sus vinculaciones, para Nicolescu, nuestro

---

[99] NICOLESCU, *Transdisciplinarity...*, cit.

[100] NICOLESCU, "The Relationship between Complex Thinking and Transdisciplinarity", en http://goo.gl/OiFcMG (30/5/2015).

[101] NICOLESCU y CAMUS, op. cit., pág. 37. "La visión ternaria engloba dos niveles de realidad diferentes, por ejemplo un nivel natural en la base y un nivel trascendental en la cumbre" (trad. del autor).

[102] Sobre el tema véase GALATI, "La teoría trialista...", cit.; GALATI, "Introducción...", cit.

ser es a la vez una estructura macrofísica y una cuántica.[103] Cuando el filósofo rumano-francés explica los diferentes niveles de realidad, sus ideas pueden trasladarse perfectamente al campo trialista. Señala que "[...] nous devons nous habituer à la coexistence paradoxale de la réversibilité[104] et de l'irréversibilité du temps, un des aspects de l'existence de différents niveaux de Réalité".[105] Otro ejemplo de niveles de realidad distintos es el de la física, en donde dos cuerpos no pueden ocupar un mismo espacio, y el nivel de realidad de lo psíquico, donde esto puede ocurrir.[106] Volviendo sobre el trialismo, esta teoría jurídica ha cumplido con la exigencia piagetiana de manifestarse en distintos niveles de conceptualización o de estructuración.[107] Como decía en mi trabajo doctoral, cada disciplina

---

[103] NICOLESCU, *La transdisciplinarité. Manifeste*, cit., pág. 35. Cuando habla de las interacciones físicas señala: "[...] la réalité *sous-jacente* est constituée par les champs tandis que la réalité *manifestée* est celle des particules". NICOLESCU, *Nous...*, cit., pág. 71. "[...] la realidad *subyacente* está constituida por los campos mientras que la realidad *manifiesta* es la de las partículas" (trad. del autor).

[104] Que caracteriza al nivel macrofísico, donde vamos lineal e irreversiblemente del nacimiento a la muerte, de la juventud a la vejez, y lo inverso no es posible; mientras que la irreversibilidad caracteriza al nivel microfísico o cuántico y significa la invariabilidad temporal. NICOLESCU, *La transdisciplinarité. Manifeste*, cit., pág. 38.

[105] Íd., pág. 39. "Nosotros debemos habituarnos a la coexistencia paradojal de la reversibilidad y la irreversibilidad del tiempo, uno de los aspectos de la existencia de diferentes niveles de realidad" (trad. del autor). "[...] il n'existe pas de 'logique' au sens d'une doctrine unique et univoque; il y a différentes systèmes logiques, dont certains sont célèbres et d'autres quasiment inconnus. La physique clasique obéissait aux principes des systèmes logiques les plus connus –ce qui n'est plus vrais de la théorie quantique". FEYERABEND, Paul, *La science en tant qu'art*, trad. por François Périgaut, Paris, Albin Michel, 2003, pág. 157. "[...] no existe la 'lógica' en el sentido de una doctrina única y unívoca; hay diferentes sistemas lógicos, de los cuales algunos son famosos y otros casi desconocidos. La física clásica obedece a los principios de los sistemas lógicos más conocidos –lo que no es verdadero de la teoría cuántica–" (trad. del autor).

[106] SOMMERMAN, op. cit. Lo que se relaciona con lo que digo en el punto 28 h.

[107] PIAGET, "L'épistémologie...", cit., pág. 133. Este autor ya introduce la noción de niveles de realidad y la de "transdisciplina" en la reunión de Nice, France, en 1970.

tiene que llegar al estadio de la complejidad, como lo hizo el trialismo, "[...] il en résulte que toute discipline se doit tôt ou tard d'élaborer sa propre épistémologie".[108]

La noción de "niveles de realidad" torna posible que la contradicción pueda salvarse al interior de una teoría, como la soluciona el trialismo al permitir la convivencia, por ejemplo, de la costumbre, la normatividad oficial y la justicia. Nicolescu expresa en este sentido: "If one remains at a single level of Reality, all phenomena appear to result from a struggle between two contradictory elements".[109] En efecto, "[...] si l'on considère la notion que j'ai proposé, celle de niveaux de réalité, cette contradiction disparaît [...]".[110] Los autores que tratan el tema de la interdisciplinariedad coinciden: "[...] il peut même exister *des niveaux d'intégration théorique incompatibles entre eux à l'intérieur d'une même discipline*".[111] A la hora de fundamentar dicha idea, señala que se trata de distintos niveles de la razón, en suma, de distintos niveles del ser, valor completamente ignorado en nuestro siglo de la fragmentación acelerada.[112] De hecho el trialismo postula la diferencia entre el ser y el deber ser, para luego integrarlos a ambos al mundo jurí-

---

108 PIAGET, "L'épistémologie...", cit., pág. 133. "Resulta que toda disciplina debe tarde o temprano elaborar su propia epistemología" (trad. del autor).

109 NICOLESCU, "Toward a methodological foundation of the dialogue between the technoscientific and spiritual cultures", en http://goo.gl/uleRuc (14/1/2010). "Si nos mantenemos en un solo nivel de realidad, todos los fenómenos aparecen como el resultado de una lucha entre dos elementos contradictorios" (trad. del autor).

110 NICOLESCU, *Qu'est-ce que la réalité...*, cit., pág. 75. "Si se considera la noción que yo propuse, esa de niveles de realidad, esa contradicción desaparece [...]" (trad. del autor).

111 HECKHAUSEN, Heinz, "Discipline et interdisciplinarité", en AA.VV., *L'interdisciplinarité...*, cit., pág. 85. "[...] igual pueden existir niveles de integración teóricos incompatibles entre ellos en el interior de una misma disciplina" (trad. del autor).

112 NICOLESCU, *Nous...*, cit., pág. 167.

dico; mientras que Kelsen limita el Derecho al mundo del deber ser normativo. "[...] les techniciens du quantitatif sont incapables d'accéder à un autre degré de raison [...]".[113]

En franca sintonía con esta idea sobre los niveles de realidad, un autor de la interdisciplina expresa que la síntesis que se produce en el momento final de este método se refiere a formalizar niveles de significación, rechazando esencias o fundamentos y llevando a simbolismos los juegos de divergencias liberados por el concurso de las disciplinas. "L'écart est caractérisé non par une image, mais par un concept qui articule deux images ou deux signifiants".[114] Esta coincidencia muestra un nivel de consenso acerca del multimétodos.[115]

6. El filósofo rumano-francés introduce también la categoría de *"niveles de organización"* para denotar las diferencias que se dan en el interior de un mismo nivel de realidad, es decir, diferentes estructuras con las mismas leyes fundamentales,[116] sin que se presuponga una ruptura de conceptos fundamentales.[117] Y señala el caso del marxismo y la física clásica como pertenecientes al mismo nivel de realidad.[118] En el caso del Derecho trialista podría hablarse de las distintas clases de justicia, como niveles de organización, que existen en el marco de la dimensión dikelógica, como nivel de realidad ideal. Hay allí "niveles

---

[113] Íd. "[...] los técnicos de lo cuantitativo son incapaces de acceder a otro grado de razón" (trad. del autor).

[114] RESWEBER, op. cit., pág. 91. "La diferencia es caracterizada no por una imagen, sino por un concepto que articula dos imágenes o dos significantes" (trad. del autor).

[115] Sobre el tema véase también el punto 16.

[116] NICOLESCU, "Transdisciplinarity – Past...", cit. NICOLESCU, *Que-est-ce que la réalité...*, cit., pág. 52.

[117] NICOLESCU, *La transdisciplinarité. Manifeste*, cit., pág. 35. Véase también NICOLESCU, "Toward...", cit.; NICOLESCU, "Le tiers...", cit., pág. 126.

[118] NICOLESCU, *Transdisciplinarity...*, cit. Véase también NICOLESCU, *La transdisciplinarité. Manifeste*, cit., pág. 35. Esta idea es revolucionaria en tanto Isaac Newton nunca hubiera pensado que su "mundo" estaba partido en dos.

de organización" como "clases de justicia" en el nivel de realidad ideal, ya que la justicia es un ente ideal exigente. Incluso las dimensiones normológica y dikelógica pertenecen al mismo nivel ideal de realidad, ya que ambas tratan de entes ideales enunciativos e ideales exigentes, respectivamente, organizándose como dos niveles. También puede hablarse de distintas "clases de normas":

> Un ejemplo se da tomando en consideración el nivel espacial, y tenemos normas municipales, provinciales, nacionales, federales, comunitarias, transnacionales. Desde un punto de vista temporal hay leyes derogadas, vigentes, proyectos de leyes -con y sin estado parlamentario-, anteproyectos de leyes. Conforme sean directamente aplicables o no, tenemos normas programáticas y operativas. Según la clasificación de Ciuro Caldani hay normas espectáculo, propaganda.[119]

7. La transdisciplinariedad no tiene vinculaciones con la filosofía analítica, heredera de Descartes, en tanto critica el hecho de reducir todo al lenguaje, ya que hay algo llamado *realidad*.[120] Cuando tiene que conceptualizar el lenguaje, no logiciza, sino que lo llena de vida y de articulación: "Le langage est ainsi la frontière qui permet le contact entre l'homme et la Réalité [...] la vie de la pensé dans son cheminement vers la signification".[121] Lo que relaciona la transdisciplinariedad aun más con el trialismo.

---

119 GALATI, *La teoría trialista...*, cit., t. 2, cap. 20. Véase también GALATI, "Introducción...", cit.

120 NICOLESCU, *La transdisciplinarité...*, cit. "[...] with very few exceptions –Husserl, Heidegger or Cassirer– modern and post-modern thinkers gradually transformed the Subject in a grammatical subject. The Subject is today just a word in a phrase." NICOLESCU, "Transdisciplinarity - Past...", cit. "[...] con pocas excepciones –Husserl, Heidegger y Cassirer– pensadores modernos y postmodernos gradualmente transformaron el sujeto en un sujeto gramatical. El sujeto es hoy sólo una palabra en una frase" (trad. del autor).

121 NICOLESCU y CAMUS, op. cit., pág. 32. "El lenguaje es así la frontera que permite el contacto entre el hombre y la realidad [...] la vida del pensamiento en su camino sobre la significación" (trad. del autor).

De lo contrario, no habría ciencia que explore la naturaleza y sí una construcción social.[122] En efecto, el constructivismo ayuda a marginar la investigación de la realidad porque todo se reduce a los convencionalismos, al consenso, al acuerdo intersubjetivo.[123] Cuando habla del lenguaje Nicolescu expresa que las palabras sólo son mediadoras entre el hombre y la realidad, de lo contrario, la ciencia sería una pura construcción social.[124] También define a la realidad como aquello que *resiste*[125] nuestras experiencias, representaciones, descripciones, imágenes o formalizaciones matemáticas,[126] dentro de lo cual cabe incluir a los eventuales acuerdos.[127] En otra oportunidad señala: "[...] notre rôle est *à la fois de trouver et de donner un sens* à la réalité",[128] lo que marca la concepción compleja que anida en los tres autores en estudio: la participación del hombre en la realidad para descubrirla y modelarla, en una labor conjunta y recíproca entre lo que existe y el "artesano". Morin señala que lo que llamamos realidad es lo que per-

---

[122] NICOLESCU, *La transdisciplinarité...*, cit. Véase en mi tesis doctoral, cit., las diferencias y críticas al constructivismo axiológico de Ciuro Caldani.

[123] NICOLESCU, "Transdisciplinarity – Past...", cit. NICOLESCU, *La transdisciplinarité. Manifeste*, cit., pág. 34. NICOLESCU, *Qu'est-ce que la réalité...*, cit., pág. 51; NICOLESCU, "Le tiers...", cit., pág. 126.

[124] NICOLESCU, *Nous...*, cit., pág. 224.

[125] NICOLESCU, "Premier entretien", en AA.VV., *Le psychanalyste, le physicien et le réel*, Paris, Poiesis, 1987, pág. 13.

[126] NICOLESCU, *Transdisciplinarity...*, cit. Véase también NICOLESCU, "Transdisciplinarity – Past...", cit.; NICOLESCU, *La transdisciplinarité. Manifeste*, cit., pág. 33.; NICOLESCU, *Qu'est-ce que la réalité...*, cit. NICOLESCU, "Le tiers...", cit., pág. 51; NICOLESCU, "Le tiers...", cit., pág. 125.

[127] "Reality is not only a social construction, the consensus of a collectivity, or an intersubjective agreement. It also has a trans-subjective dimension, to the extent that one simple experimental fact can ruin the most beautiful scientific theory." NICOLESCU, *Transdisciplinarity...*, cit.. "La realidad no es solamente una construcción social, el consenso de una colectividad, o un acuerdo intersubjetivo. Tiene también una dimensión trans-subjetiva, con el alcance de que un simple hecho experimental puede arruinar la más hermosa teoría científica" (trad. del autor).

[128] NICOLESCU, *Nous...*, cit., pág. 75. "[...] nuestro rol es a la vez de encontrar y dar un sentido a la realidad" (trad. del autor).

cibimos gracias a nuestras estructuras mentales o *patterns* que organizan nuestra experiencia en el tiempo y espacio.[129] En concordancia con el trialismo y Nicolescu, señala: "Todo lo que aísla un objeto destruye su realidad misma".[130] Morin sostiene que el conocimiento inadecuado es aquel que se cierra a lo previsto de antemano y que detesta a la realidad que lo contradice.[131] Otro rechazo al pensamiento analítico se observa cuando Nicolescu señala que la Matemática describe repeticiones de hechos debidas a leyes científicas, pero que la transdisciplinariedad se refiere a la singularidad del ser humano y la vida humana.[132] "The key-point here is [...] the irreductibility presence of the Subject, which explains why transdisciplinarity cannot be described by a mathematical formalism".[133] Incluso se refiere a la teoría jurídica como ausente de una rigurosa formulación matemática, lo que no la excluye del campo de la ciencia.[134] Un autor afín a la transdisciplinariedad, Jean Piaget, decía que "[...] la logique ne repose assurément que sur elle-même et ne connaît donc pas d'autres problèmes interdisciplinaires que celui de ses rapports avec les mathématiques".[135]

Nicolescu se pronuncia contra el constructivismo en ocasión de hablar del sentido de su vida. Señala que es una corriente de pensamiento propia de la postmodernidad en

---

[129] MORIN, "Epistemología de la complejidad", trad. de Leonor Spilzinger, en AA.VV., *Nuevos paradigmas, cultura y subjetividad*, ed. al cuidado de Dora Schnitman, Bs. As., Paidós, 1994, pág. 431.

[130] MORIN, *Introducción a una política...*, cit., pág. 142.

[131] MORIN, *Ciencia...*, cit., pág. 69.

[132] NICOLESCU, "Transdisciplinarity – Past...", cit.

[133] Íd. "El punto clave es aquí la irreductible presencia del sujeto, lo que explica por qué la transdisciplinariedad no puede ser descripta por un formalismo matemático" (trad. del autor).

[134] Íd.

[135] PIAGET, "L'épistémologie...", cit., pág. 135. "[...] la lógica no reposa seguramente más que sobre ella misma y no conoce entonces otros problemas interdisciplinarios que sus relaciones con la matemática" (trad. del autor).

donde todo es construcción social, por ejemplo: la filosofía, la ciencia, la poesía, la cultura, la religión. Pero expresa
que si todo es construcción, nada es verdadero, todo vale.
Coincide con Morin en lo que éste llama la "paradoja del
cretense",[136] al expresar el filósofo rumano-francés que la
afirmación de que todo es falso es una afirmación de verdad en tanto significa que también el relativismo radical es
falso. Y entonces, vale aquí lo fundamental de su idea: "[...]
la pensé laissée à elle-même ne peut être que fausse".[137]
Volviendo a su concepción multidimensional, expresa que
el conocimiento tiene fuentes en distintos aspectos: el pensamiento, los sentimientos y los instintos, para funcionar
el ser de manera unificada. A la vez que es necesario crear
un receptáculo para captar lo real tal cual es.[138]

---

[136] "[...] Epiménides había abierto una brecha en el corazón del silogismo. Es la
paradoja del cretense, que declara que todos los cretenses son mentirosos. En
efecto, si este cretense dice la verdad, miente, y si miente, dice la verdad. [...] La
paradoja del cretense [...] [r]evela la insuficiencia de la lógica formal para resolver un problema lógico de verdad. Sólo se puede intentar superar de forma
racional esta paradoja buscando un metapunto de vista que permite objetivar la
palabra del cretense. Este metapunto de vista permitiría efectuar una distinción
entre dos niveles de enunciación, que entrechocaran en la proposición paradó-
jica: aquel en el que se sitúa el cretense y aquel en el que se sitúa el observador
[...]. A partir de ahí, es posible enriquecer este metapunto de vista con información relativa a las condiciones empíricas de su enunciado y la personalidad concreta del enunciador. ¿Es este cretense un disidente lúcido, un inconformista
apasionado [...]? En este caso, él se ha situado por encima del conjunto cretense
al afirmar que los cretenses son mentirosos, y lo que dice es verdadero [...]. ¿Es
un mentiroso? En ese caso, probablemente calumnia a los cretenses, y lo que
dice es verdadero para sí mismo, pero no para los cretenses en su conjunto".
MORIN, *El Método 4. Las ideas. Su hábitat, su vida, sus costumbres, su organización*, trad. de Ana Sánchez, 4ª ed., Madrid, Cátedra, 2006, pág. 188.
[137] NICOLESCU y CAMUS, cit., pág. 16. "[...] el pensamiento dejado a sí mismo no
puede ser más que falso" (trad. del autor). Véase también íd. pág. 21.
[138] Íd., pág. 16.

Un escritor ha dicho que la interdisciplinariedad ha nacido de la influencia del Círculo de Viena, que buscaba la unidad de la ciencia.[139] Se trata de una tendencia a asociar la transdisciplinariedad con una teoría unificada,[140] tema que ha tratado incluso Nicolescu.

La transdisciplinariedad busca, al menos, categorías generales, palabras maestras, estructuras, articulaciones, en alguna medida comunes a las distintas disciplinas. Aunque la diferencia está en que no se busca monopolizar transfiriendo, como en el caso de los analíticos, sino de enriquecer articulando, y que tampoco se habla de la muerte de las disciplinas, sino de sus relaciones, nuevas creaciones, adaptaciones, etc.

De manera relacionada critica la "revolución" informática que a nada sirve si no va seguida de una revolución de la inteligencia.[141] Una mirada transdisciplinar considera a la informática como el último eslabón que se originó como resultado de priorizar el nivel de realidad sensible, que logra herramientas que conseguían prolongar cada vez más los cinco sentidos, como el telescopio, el microscopio, el acelerador de partículas, para culminar en el acelerador más grande del pensamiento binario.[142] Así como Morin señala que no vale aumentar el conocimiento, sino pensar de manera distinta. "La primera finalidad de la enseñanza fue formulada por Montaigne: vale más una cabeza bien

---

139 APOSTEL, "Les instruments conceptuels de l'interdisciplinarité: une démarche opérationnelle", en AA.VV., *L'interdisciplinarité*, cit., pág. 145. Véase también CARNAP, Rudolf, "La tâche de la logique de la science", en AA.VV., *Philosophie des sciences. Théories, expériences et méthodes*, ed. al cuidado de S. Laugier y P. Wagner, Vrin, Paris, 2004, págs. 194-229.
140 Sobre el tema véase FRANÇOIS, Ch., "Transdisciplinary Unified Theory", en http://goo.gl/2ixQFk (30/5/2015).
141 NICOLESCU, *La transdisciplinarité. Manifeste*, cit., pág. 135.
142 SOMMERMAN, op. cit.

puesta que una repleta".[143] Otra crítica negativa se percibe cuando cita una obra de Abellio, en tanto para este pensador la lógica moderna es una lógica totalitaria que no tiene nada que ver con el mundo de la vida. Y cita textualmente: "Le raisonnement logique est sûr mais aveugle, la sûreté se paie de la cécité".[144] Continúa la cita: "Nous avons vécu et croyons encore vivre sous le règne de la logique manichéenne d'Aristote, celle des catégories tranchées et non communicantes".[145] Tiene también una concepción de la ciencia compleja, atinada a la filosofía trialista:

> [...] une terrible confusion: croire que "science" veut dire exclusivement "prédire", c'est là une vision périmée et fausse. La science inclut la compréhension, fondement d'une certaine vision de la nature et de la Réalité. [...] ce qui donne l'impression d'irrationnel pour celui ou celle qui voudrait tout réduire à l'information donnée par les organes des sens et les instruments de mesure.[146]

En la última oración la referencia al empirismo, base de la Escuela Analítica, es clave para la crítica. Otra crítica elíptica a este movimiento puede verse cuando se condena al egocentrismo que puede captarse en el clásico principio según el cual "todo lo que no está prohibido está permitido", en tanto puede ocurrir que deba haber situaciones no permitidas, prohibidas, en función de la intervención, por

---

143 MORIN, *La cabeza bien puesta. Repensar la reforma. Reformar el pensamiento*, trad. de Paula Mahler, Bs. As., Nueva Visión, 2002, pág. 23.
144 NICOLESCU, *Qu'est-ce que la réalité...*, cit., pág. 127. "El razonamiento lógico es seguro pero ciego, la seguridad se paga con la ceguera" (trad. del autor).
145 Íd. "Vivimos y creemos todavía bajo el reino de la lógica maniquea de Aristóteles, esa de las categorías tajantes y no comunicativas" (trad. del autor).
146 NICOLESCU, "Le tiers...", cit., pág. 123. "[...] una terrible confusión: creer que 'ciencia' quiere decir exclusivamente 'predecir' es una visión perimida y falsa. La ciencia incluye la comprensión, fundamento de una cierta visión de la naturaleza y de la realidad. [...] lo que da la impresión de lo irracional para aquellos y aquellas que quisieran reducir todo a la información dada por los órganos de los sentidos y los instrumentos de medida" (trad. del autor).

ejemplo en materia económica, porque de lo contrario se caería en una salvaje libre concurrencia que sofocaría al más débil. "[...] l'égocentrisme qui fait que l'on se croit seul au monde et donc que tout vous est permis. Et la racine de cette individualisation se trouve dans l'égoïté, le sens de l'égo".[147] Recluir al Derecho en la norma es una estrategia adecuada a los poderosos, mientras que la introducción de la descripción de los perjuicios y beneficios de los repartos es la base para formular una crítica propia de la dimensión dikelógica. Dimensiones que son, entonces, funcionales a los débiles. De hecho lo dicho para la interdisciplina vale para la visión transdisciplinaria a propósito del valor estratégico de aquélla en relación con la justicia: "Le morcellement de la spécialisation est, sinon provoqué, du moins exploité par le *pouvoir* qui se présente alors comme le seul artisan de la synthèse possible à laquelle la réflexion a renoncé".[148]

Nicolescu también critica, citando a Lupasco, la meta estéril de los analíticos de encontrar el ladrillo último de lo que existe, que en el Derecho es la norma y que en la física supo ser el átomo.[149]. El filósofo rumano-francés expresa que el elemento está siempre compuesto de otros elementos, lo que significa que contendrá estructuralmente otros elementos, sin que pueda jamás llegarse a un ele-

---

[147] DESCAMPS, ALFILLE y NICOLESCU, op. cit., pág. 21. "[...] el egocentrismo que hace que uno se crea solo en el mundo y entonces que todo le es permitido. Y la raíz de esta individualización se encuentra en el egoísmo, el sentido del ego" (trad. del autor).

[148] RESWEBER, op. cit., pág. 133. "El parcelamiento de la especialización es, si no provocado, al menos explotado por el poder que se presenta entonces como el solo artesano de la síntesis posible a la cual la reflexión renunció" (trad. del autor).

[149] Nicolescu señala que primero fue la molécula, luego el átomo, luego las partículas, para finalizar en el quark, y ahora, algunos físicos creen que está el "préons". "La quête des constituants 'ultimes' de la matière semble être sans fin". NICOLESCU, *Nous...*, cit., pág. 213. "La búsqueda de constituyentes 'últimos' de la materia parece ser sin fin" (trad. del autor).

mento último que significaría la identidad perfecta y la no
contradicción absoluta. No hay reducción del todo a un
elemento único.[150]. En efecto, los metodólogos de la pluridisciplinariedad señalan concordantemente: "L'éthique
et l'épistémologie s'allient pour lutter contre la tentation
cybernétique qui renforce la tendance à schématiser ou
à quantifier par la tendance à transformer les signes en
absolus".[151] Es claro que esta uniformización trae ventajas,
pero también insuficiencias. "Le spécialiste, quand à lui,
s'accommode fort bien d'un tel discours qui le sécurise, le
protège et derrière lequel il s'abrite".[152]

8. Hay en la transdisciplinariedad el reconocimiento
de una *dimensión subjetiva*. Eso que la ciencia clásica trató
de ensombrecer a la luz del objeto en la teoría del conocimiento. "*L'objectivité, érigée en critère suprême de vérité, a eu une conséquence inévitable: la transformation du
sujet en objet* [...]".[153] En efecto, aplicando las ideas generales al ámbito sanitario, "[...] la science médicale tend à
réduire le corps humain à sa dimension organique biologique, oubliant la dimension subjective et symbolique du

---

150 Íd., pág. 212.
151 RESWEBER, op. cit., pág. 134. "La ética y la epistemología se alían para luchar
    contra la tentación cibernética que refuerza la tendencia a esquematizar o cuan-
    tificar por la tendencia a transformar los signos en absolutos" (trad. del autor).
152 Íd., pág. 135. "El especialista, en cuanto a él, se acomoda muy bien a un discurso
    que le asegura, lo protege y detrás del cual se protege" (trad. del autor).
153 NICOLESCU, *La transdisciplinarité. Manifeste*, cit., págs. 23-24. "*La objetividad,
    erigida en criterio supremo de verdad, tuvo una consecuencia inevitable: la trans-
    formación del sujeto en objeto* [...]" (trad. del autor). "[...] comme l'affirme Jean
    Ladrière 'lorsqu'on commence à traiter l'homme selon les critères de scientifici-
    té objective, [...] on transforme effectivement l'être humain en objet et par con-
    séquent on le supprime en tant qu'être humain'". MONNIER, op. cit., pág. 125.
    "[...] como lo afirma Jean Ladrière 'cuando se comienza a tratar al hombre según
    los criterios de la cientificidad objetiva [...] se transforma efectivamente el ser
    humano en objeto y en consecuencia se lo suprime en tanto que ser humano'"
    (trad. del autor).

corps ainsi que sa dimension sociale".[154] En una oportunidad señala Nicolescu, citando a Max Planck, que el sabio
es una de las partes constitutivas del universo.[155] "[...] le
sujet connaissant est impliqué lui-même dans la logique
qu'il formule".[156] Luego cita a Teilhard de Chardin, tratado por el trialismo en la versión de Ciuro Caldani, donde el hombre es más participativo en la teoría. De hecho
señala el filósofo rumano-francés con la cita del teólogo:
"L'Homme, non pas centre statique du Monde, comme il
s'est cru longtemps; mais axe et flèche de l'Evolution [...]".[157]
En otra ocasión vuelve sobre el papel activo del hombre:
"[...] l'homme apparaît comme un *participant* à la Réalité.
Il est le réceptacle idéal de l'unification entre l'"invisible'
[...] et le 'visible' [...]".[158] Esto diferencia a la transdisciplinariedad de la interdisciplina en tanto en ésta las disciplinas
en cuestión se mantienen como tales, es decir: separadas, con objeto reducido y descuidando al sujeto. Por ello
reniega de la "muerte del hombre". La trascendencia del

---

[154] Íd. "La ciencia médica tiende a reducir el cuerpo humano a su dimensión biológica, olvidando la dimensión subjetiva y simbólica del cuerpo así como su
dimensión social" (trad. del autor).

[155] NICOLESCU, *Qu'est-ce que la réalité...*, cit., pág. 36. "[...] le caractère historique
du sujet de la connaissance, dont la constitution ne peut pas être séparée de
celle de l'objet qu'il observe". NAPOLI, Paolo, "Foucault Michel (1926-1984)", en
AA.VV., *Dictionnaire des grandes œuvres juridiques*, dirigido por Olivier Cayla y
Jean-Louis Halpérin, Paris, Dalloz, 2008, pág. 186. Sin dejar de reconocer el
papel que el sujeto tiene en la teoría del conocimiento, hay que aportar la idea
de Carlos Cossio en cuanto a que es inseparable éste del idealismo trascendental
COSSIO, Carlos, *La teoría egológica del derecho y el concepto jurídico de libertad*,
2ª ed., Bs. As., Abeledo-Perrot, 1964, pág. 18. No quiero caer en el extremo idealista, sino complementar al sujeto y al objeto.

[156] NICOLESCU, *Qu'est-ce que la réalité...*, cit., pág. 123. "[...] el sujeto que conoce
está implicado él mismo en la lógica que él formula" (trad. del autor).

[157] NICOLESCU, *Nous...*, cit., pág. 100. "El hombre, no centro estático del mundo,
como se creyó por mucho tiempo; pero eje y flecha de la evolución [...]" (trad. del
autor).

[158] Íd., pág. 242. "[...] el hombre aparece como un participante de la realidad. Él es el
receptáculo ideal de la unificación entre 'lo invisible' [...] y lo 'visible'" (trad. del
autor).

sujeto es inherente a la transdisciplinariedad,[159] ya que el sujeto es algo común a todas las disciplinas, las trasciende, así como todas las ciencias apuntan a desarrollar el valor supremo humanidad.[160] De esta manera no puede ser capturado por disciplina alguna.[161] Así, "[...] *la Nature nous apparaît plutôt comme un pré-texte: le livre de la Nature est donc non pas à lire, mais à écrire*".[162] En efecto, "[...] pour Lupasco, la logique est bien l'expérience même de la logique': le sujet connaissant est impliqué lui-même dans la logique qu'il formule".[163]

A tal punto es poderosa la dimensión subjetiva que aun ocultándose en la era del positivismo, se reconoce como la que se encargaba de separar. "[...] combien subjectives demeuraient ces frontières entre la chimie et la physique [...]".[164]

Esto se conecta a su vez con el énfasis que Nicolescu pone en Gödel al renegar de una teoría completa[165] o, lo que es lo mismo, una teorización absoluta de la realidad, para lo cual es necesario dejar espacios al sujeto, a la incertidumbre. Lo que a su vez se relaciona con el protagonismo que le reconozco al sujeto en la oscilación axiológica entre igualdad y libertad, según de lo que se carezca en un tiem-

---

159 NICOLESCU, "Transdisciplinarity – Past...", cit. NICOLESCU, "*La transdiscipli-narité. Manifeste*", cit., pág. 8.
160 Sobre el tema véase CIURO CALDANI, "Praxitología (La ciencia del valor humanidad)", en *Investigación...*, nº 25, Rosario, FIJ, 1995, págs. 51 y ss.
161 NICOLESCU, "Transdisciplinarity – Past...", cit.
162 NICOLESCU, "Niveaux de complexité et niveaux de réalité: vers une nouvelle définition de la nature", en AA.VV., *L'homme...*, pág. 35. "*La Naturaleza se nos aparece más como un pre-texto: el libro de la Naturaleza no es entonces un libro a leer, sino un libro a escribir*" (trad. del autor).
163 NICOLESCU, "Le tiers...", cit., págs. 118-119. "Para Lupasco, la lógica es bien 'la experiencia misma de la lógica': el sujeto cognoscente está implicado él mismo en la lógica que él formula" (trad. del autor).
164 PIAGET, "L'épistémologie...", cit., pág. 132. "[...] cuán subjetivas permanecen esas fronteras entre la química y la física [...]" (trad. del autor).
165 Véase NICOLESCU, *La transdisciplinarité. Manifeste*, cit., pág. 79.

po y lugar determinados[166]. "La réalité dépend de nous: elle est plastique".[167] La palabra "plástica" parece increíblemente atinada a mi pensamiento, en tanto se relaciona con la idea que tomé en mi tesis doctoral acerca de Morin y el trialismo respecto de la modelización, en tanto el ser humano toma materia de la "realidad", de lo dado, a la que moldea, le da forma.

> [...] le sujet humain prend conscience du fait que c'est lui-même qui est la source du sens des choses et de la valeur des actes, et aussi du fait qu'il décide d'effectuer désormais en pleine conscience cette véritable création des valeurs. La conversion est donc la nouvelle attitude active par laquelle le sujet va fonder ses actes et définir ses buts. Le sujet sera donc actif et créateur par le déploiement désormais réfléchi et autonome de son désir.[168]

Volviendo sobre la dialógica moriniana, Nicolescu hace hincapié en el diálogo, en este caso, entre el sujeto y el objeto del conocimiento. "Il n'y a plus une séparation totale entre l'observateur et ce qui est observé, mais une sorte de dialogue continu, de construction réciproque, entre l'observateur et ce qui est observé".[169] De ahí que sea

---

[166] Véase mi tesis doctoral, cit., y también el punto 28 f. "L'extraordinaire diversité des visions de la Nature explique pourquoi on ne peut pas parler de la Nature, mais seulement d'une certaine nature en accord avec l'imaginaire de l'époque considérée" NICOLESCU, *La transdisciplinarité. Manifeste*, cit., pág. 86. "La extraordinaria diversidad de las visiones de la Naturaleza explica por qué no se puede hablar de la Naturaleza, salvo solamente de una cierta naturaleza de acuerdo con el imaginario de la época considerada" (trad. del autor).

[167] NICOLESCU, *Qu'est-ce que la réalité...*, cit., pág. 81. "La realidad depende de nosotros: ella es plástica" (trad. del autor).

[168] MISRAHI, Robert, *La signification de l'éthique. Pour l'application de l'éthique aux problèmes de la vie et de la santé*, Paris, Synthélabo, 1995, pág. 82. "[...] el sujeto humano toma conciencia del hecho de que es él mismo la fuente del sentido de las cosas y del valor de los actos, y también del hecho de que él decide efectuar a partir de ahí en plena consciencia esa verdadera creación de valores. La conversión es entonces la nueva actitud activa por la cual el sujeto va a fundar sus actos y definir sus objetivos. El sujeto será entonces activo y creador por el despliegue a partir de ahora reflexionado y autónomo de su deseo" (trad. del autor).

[169] NICOLESCU, "Premier entretien", cit., pág. 12.

fundamental en el tema en estudio la participación de los implicados en la relación médico-paciente, en el proceso de deliberación del comité de bioética hospitalario. Incluso en filosofías no occidentales, se da esta misma postura inclusiva y oscilatoria:

> [...] a Confucian account of personhood emphasizes both the "substance" dimension as well as the importance of "relationality" in the constitution of personhood. The human person is a psychosomatic unity and a social/relational being, a "being" always in the process of "becoming" that is carried out in and through the social context for the purpose of fulfilling social responsibility rather than self-actualization *per se*. [...] also as a dynamic process of "person making", involving mutual incorporation between the self and the other.[170]

La tendencia actual es a metodologizar la ética, la justicia, sin proscribir contenidos.[171] "El objeto de la ética es la forma, pero la ética no es formal".[172] De ahí la importancia de que el comité recomiende en clave oscilatoria.[173]

Habrá que articular el protagonismo del sujeto con las evidentes estructuras que también supo categorizar Michel Foucault,[174] afirmadas y cuestionadas, por ejemplo,

---

[170] REN-ZONG QIU, "Introduction: Bioethics and Asian Culture. A Quest for Moral Diversity", en AA.VV., *Bioethics: Asian Perspectives. A Question for Moral Diversity*, Boston, Kluwer Academic Publishers, 2004, pág. 3. "[...] una declaración del confusionismo sobre la persona enfatiza en ambas dimensiones 'sustanciales' así como en la importancia de la 'relacionalidad' en la constitución de la persona. La persona humana es una unidad psicosomática y una relación social existente, un 'existente' siempre en proceso de 'llegar a ser' que es llevado a cabo y a través del contexto social para el propósito de satisfacer una responsabilidad social más que actualizarse a sí mismo *per se*. [...] también como un proceso dinámico de una 'persona haciéndose', involucrando la mutua incorporación entre lo mismo y lo otro" (trad. del autor).

[171] CORTINA, op. cit., pág. 39.

[172] Íd., pág. 41.

[173] Véanse los puntos 19 y 28 f.

[174] Véase por ejemplo FOUCAULT, Michel, *Microfísica del poder*, 2ª ed., trad. de Julia Varela y Fernando Álvarez-Uría, Madrid, La Piqueta, 1979.

en el Mayo francés.[175] Es interesante que Nicolescu señale también la relación que existe entre el cientismo y el legado del único nivel de realidad.[176] En efecto, tal vez las dos guerras mundiales y las varias guerras locales no habrían sucedido de haber existido en la ciencia otro nivel de realidad que criticara y controlara al dominante.

Hay otra faceta de esta relevancia que cobra la dimensión subjetiva en el pensamiento de Nicolescu. Es el reconocimiento de todas las dimensiones subjetivas. "[...] aucune culture et aucune religion ne constituent le lieu privilégié d'où l'on puisse juger les autres cultures et les autres religions".[177] Lo que demuestra la faceta de tolerancia en el filósofo rumano-francés y su coincidencia con el pensamiento central de Goldschmidt, a pesar de tener ambos una filiación religiosa.[178] Y hay que tener en cuenta también la complejidad en el sujeto, una vez reconocido. "Nous ne sommes pas nous-mêmes... La personnalité n'existe pas. Il n'y a en nous que des forces contradictoires ou non contradictoires [...]".[179] La noción de sujeto y el diálogo van de la mano: "[...] las éticas de diálogo hablan también de necesidades e intereses a satisfacer, recuperando el valor del sujeto por otro camino: como interlocutor competente en una argumentación".[180] En estrecha rela-

---

[175] Sobre el tema véase GALATI, "El Mayo francés como r-evolución. Sus relaciones con el pensamiento complejo y trialista", presentado en la com. nº 8 "Estado de Derecho y Políticas Públicas" del 9º Congreso Nacional de Sociología Jurídica, llevado a cabo del 13 al 15 de noviembre en la Fac. de Derecho de la Univ. Nac. de Rosario; en http://goo.gl/5hh4W4 (30/5/2015).

[176] NICOLESCU, *La transdisciplinarité. Manifeste*, cit., pág. 24.

[177] NICOLESCU, *Qu'est-ce que la réalité...*, cit., pág. 64. "[...] ninguna cultura y ninguna religión constituyen el lugar privilegiado de donde se pueda juzgar a las otras culturas y las otras religiones" (trad. del autor).

[178] V. NICOLESCU y CAMUS, op. cit., págs. 27, 34, 53.

[179] NICOLESCU, *Qu'est-ce que la réalité...*, cit., pág. 105. "Nosotros no somos nosotros mismos... La personalidad no existe. No hay en nosotros más que fuerzas contradictorias o no contradictorias" (trad. del autor).

[180] CORTINA, op. cit., pág. 33.

ción con estas ideas señala Nicolescu que el reconocimiento de la subjetividad es la llave para la "vida" de un sistema, en el sentido de poder regenerarse, adaptarse, cambiar el estado de situación que le toca sistematizar. "Pour que l'interconnexion universelle et l'échange permanent soient possibles, il faut que chaque système qui s'auto-organise possède [...] un certain degré d''intelligence' et de 'subjectivité'".[181]

Cabe relacionar también en este espacio, la vitalización que Nicolescu le da a la dimensión dikelógica, siempre ubicada por sus detractores en el ámbito de las opiniones subjetivas, variables, sujetas a emociones, lo que es cierto, pero no por ello inhumano y fuera del análisis científico. Mientras menos analizado sea un tema, menos científico será su tratamiento. Por ello dice: "[...] ce que nous appelons 'irrationnel' est le moteur du 'rationnel'". Lo que traducido al ámbito jurídico significa que las luchas que se dan en la realidad pensando en valores pueden luego plasmarse en normas. Y aquí coinciden el trialismo y el tridimensionalismo de Miguel Reale.[182] En todo ámbito de la ciencia existe ese reservorio de lo misterioso, lo irracional, lo menos lógico.

---

[181] NICOLESCU, *Nous...*, cit., pág. 107. "Para que la interconexión universal y el intercambio permanente sean posibles, cada sistema que se autoorganiza tiene que poseer [...] un cierto grado de 'inteligencia' y de 'subjetividad'" (trad. del autor).

[182] Para más precisiones véase GALATI, *La teoría trialista...*, cit., t. 1, cap. 14, y también GALATI, "Introducción...", cit.

[...] Pauli croyait, comme Jung, dans la valeur du quaternaire en vue de revaloriser l'intuition, la vie intérieure, l'imaginaire, en ouvrant les portes de ce fabuleux réservoir d'énergie qu'est l'inconscient, perçue comme l'irrationnel, le mal, les ténèbres.[183]

Es precisamente la existencia de esta dimensión lo que reconoce la afectividad y permite la existencia misma del sujeto y su relación con el objeto, para no convertirlo en tal.[184] He aquí una categoría transdisciplinaria que el trialismo recoge en cada dimensión: en los sujetos del reparto de la dimensión sociológica, en el encargado del funcionamiento de las normas en la dimensión normológica y en el sujeto que critica (valora, varía, exige, recorta, desfracciona) en la dimensión dikelógica.

B. Coincidencias entre Nicolescu y Morin

9. El *punto de unión*. Cuando Morin define la transdisciplinariedad parece que las semejanzas son tan intensas que parecen dos autores que están hablando de lo mismo pero con distintas voces. Lo que revela una *unitas multiplex* en este trabajo.

La transdisciplinariedad plantea la actitud que busca *articular* los conocimientos y las disciplinas. Hace un "recorrido transversal" en los conocimientos que va uniendo, asociando, descubriendo y problematizando los diversos puntos de enlace entre ellos. Por ser más una actitud que una disciplina [...] permite observar las diversas *dimensiones* de la realidad, rompiendo definitivamente con el paradigma reduccionista. Posibilita la obser-

---

[183] NICOLESCU, *Qu'est-ce que la réalité...*, cit., pág. 76. "[...] Pauli creía, como Jung, en el valor de lo cuaternario para revalorizar la intuición, la vida interior, lo imaginario, abriendo las puertas de ese fabuloso reservorio de energía que es el inconsciente, percibido como lo irracional, el mal, lo tenebroso" (trad. del autor).

[184] Íd., pág. 91.

vación, comprensión y explicación de un fenómeno utilizando las distintas dimensiones que lo configuran; esto permite abarcar el contexto y las *interacciones* que surgen en él.[185]

La idea es entonces ver a la transdisciplinariedad como una actitud del espíritu que informa desde el inicio el comportamiento del investigador más que un método riguroso que orienta o baliza las etapas principales de su investigación.[186] El filósofo rumano-francés hace referencia a un pensador que desarrolló una actitud transdisciplinaria, de apertura al conocimiento en su unidad y diversidad: "Les écrits de Bohr démontrent qu'il a poussé très loin sa propre réflexion, au-delà des 'interdits' de l'époque".[187] Otros autores ya han señalado las relaciones entre Morin y Nicolescu: "[...] cette approche, fondée sur les principes gnoséologiques de la pensée complexe et du paradoxe ou sur les outils méthodologiques que sont la logique du tiers inclus et les différents niveaux de réalité [...]".[188] Asimismo, Nicolescu también habla de las dimensiones como parte de la realidad, lo que es clave para la

---

[185] MORIN, *Articular...*, cit., págs. 31-32. Los resaltados me pertenecen y apuntan a mostrar las coincidencias con el trialismo. "L'homme intelligent articule, car il comprend que les éléments du savoir n'ont de sens que par les relations mutuelles qu'ils entretiennent entre eux [...]". RESWEBER, op. cit., pág. 19. "El hombre inteligente articula, porque él comprende que los elementos del saber no tienen sentido sino por las relaciones mutuas que mantienen entre ellos [...]" (trad. del autor).

[186] Íd., pág. 22. Ideas que pueden aplicarse a la transdisciplinariedad.

[187] NICOLESCU, *Nous...*, cit., pág. 238. "Los escritos de Bohr demuestran que él lanzó muy lejos su propia reflexión, más allá de las 'prohibiciones' de la época" (trad. del autor). De hecho es común en la tradición científica encasillar a los investigadores no sólo en una disciplina, sino en una rama de dicha disciplina, contra la unidad y las interrelaciones en el conocimiento, que además pretende ser científico y es pagado por el Estado.

[188] PAUL, Patrick, "Introduction", en AA.VV., *Transdisciplinarité et formation*, coord. por Patrick Paul y Gaston Pineau, Paris, Harmattan, 2005, pág. 10. "[...] esta aproximación, fundada sobre los principios gnoseológicos del pensamiento complejo y de la paradoja o sobre las herramientas metodológicas que son la lógica del tercio incluso y los diferentes niveles de realidad" (trad. del autor).

complejidad y el trialismo: "Reality being in constant fluctuation, all we can do is to understand partial aspects of
it [...]"[189] De otra manera y coincidiendo incluso con Paul
Feyerabend, señala una idea que anima a los filósofos de la
complejidad y de la riqueza de la realidad: "[...] the reality
is given as 'textures of different kind connections', as 'infi-
nite abundance', without any ultimate fundament [...]"[190]
Feyerabend tiene un libro cuyo subtítulo es *La conquista
de la abundancia*.

Nicolescu también cita a Heisenberg, quien hace referencia a la realidad como un tejido de conexiones de una
infinita abundancia.[191] A su turno, señala Morin que la
diversidad está al interior de la complejidad. "[...] complejidad [...] es [...] un tejido de constituyentes heterogéneos
inseparablemente asociados, que presentan la paradóji-
ca relación de lo uno y lo múltiple".[192] En efecto, de *complexus* se deriva la idea de restituir, re-encontrar el tejido
común.[193] El análisis de esta temática desde el punto de vista de la ciencia clásica implicará la explicación del saber a
partir de su división en las tradicionales disciplinas, en tanto ellas cortan el tejido común que une todo, hace invisible
la complejidad, y fundamenta la separación.[194] Siguiendo
con la idea del tejido, que une más que separar, Nicolescu

---

[189] NICOLESCU, "The relationship...", cit. "La realidad en constante fluctuación,
todo lo que podemos hacer es entender aspectos parciales de ella [...]" (trad. del
autor).

[190] Íd. "[...] la realidad es dada como 'texturas de diferentes clases de conexiones',
como 'infinita abundancia', sin un fundamento último [...]" (trad. del autor).

[191] NICOLESCU, "Transdisciplinarity – Past...", cit.

[192] MORIN, CIURANA y MOTTA, op. cit., pág. 40.

[193] MORIN, "Complejidad restringida y complejidad generalizada o las complejidades de la complejidad", en *Utopía y Praxis Latinoamericana: Revista Internacional de Filosofía Iberoamericana y Teoría Social*, n° 38, Maracaibo, 2007, pág. 109.

[194] Íd.

señala que los niveles de realidad están conectados a través de la complejidad, que es la visión nueva del antiguo principio de la interdependencia universal.[195]

Hay falta de coincidencias entre el pensamiento analítico y el complejo. Morin critica al positivismo al referirse a las consecuencias desgraciadas de la separación en la ciencia de los juicios de hecho y los de valor,[196] y de la separación de las ciencias de las humanidades.[197] Juicios que el trialismo incluye en las dimensiones sociológica y normológica, en relación con lo dado, y en la dimensión dikelógica, en relación con valores. En efecto,

> [...] la visión engañosa de la realidad de la que por fin estamos saliendo es la del mundo como máquina inerte hecha de entidades aisladas unas de otras, separada de la conciencia y del alma por el dualismo "cartesiano" [...] A ella se oponen a la vez la visión oriental, de naturaleza "orgánica", "dinámica", "viviente" [...] de un "tejido cósmico" [...] en el cual la "realidad última" no es ya la de los "ladrillos elementales de la materia" sino un "tejido dinámico de sucesos interdependientes".[198]

Las nuevas visiones que se manifiestan a propósito de la Bioética, con carácter multidimensional, ayudan a entender el comité e indirectamente legitiman la posición trialista, portadora de categorías para comprender juicios de hecho y juicios de valor. A propósito de la naturaleza de la Bioética, señala Mainetti:

> [...] a este modelo tradicional se contrapone más recientemente el que concilia la bioética como dominio interdisciplinario, con un nuevo estilo de "hacer" ética, dialógico y pluralista, que da mayor protagonismo a las ciencias sociales y las cuestiones fácti-

---

[195] NICOLESCU, "The relationship...", cit.
[196] MORIN, *El Método 4...*, cit., pág. 72.
[197] Íd., pág. 71.
[198] ATLAN, Henri, *Con razón y sin ella. Intercrítica de la ciencia y el mito*, trad. de Josep Pla i Carrera, Barcelona, Tusquets, 1991, pág. 36.

cas [...]. La *integración* de ambos modelos constituye el presente desafío, pues cuando uno y otro se aíslan se corre el riesgo de caer [...] en el fundamentalismo o en el pragmatismo moral.[199]

De manera coincidente, otros trabajos mencionan el carácter complejo que revela la Bioética a través del análisis de la temática de los comités: "[...] las decisiones en salud no son sólo técnicas sino que incluyen cuestiones de valores y por tanto cuestiones de carácter ético".[200] Y menciona el filósofo rumano-francés explícitamente a la *unitas multiplex*: "The old principle 'unity in diversity and diversity from unity' is embodied in trandisciplinarity".[201] Morin señala que la unidad en la multiplicidad significa que en la unidad hay diversidad, pero unidad al fin. "[...] la complexité est un tissu (*complexus*: ce qui est tissé ensemble) de constituants hétérogènes inséparablement associés: elle pose le paradoxe de l'un et du multiple".[202] Haciendo gala de su *unitas multiplex*, el filósofo francés mantiene la categoría "familia", aunque con un contenido que muchos podrían considerar completamente extraño y opuesto a la familia.

> [...] a través de la crisis que la debilita, la fortalece y la transforma, la familia sigue siendo un núcleo de vida comunitaria que no ha sido reemplazado. Y es lo que testimonian en Occidente la apa-

---

199 MAINETTI, "Paradigma bioético de la medicina", en AA.VV., *Bioética en Medicina*, coord. por Oscar Garay, Bs. As., Ad-Hoc, 2008, pág. 26. El resaltado es mío y pretende mostrar la coincidencia (programática) con el pensamiento complejo.

200 VIDAL, "Los comités...", cit., pág. 423.

201 NICOLESCU, "Transdisciplinarity – Past...", cit. "El viejo principio 'unidad en la diversidad y diversidad desde la unidad' se personifica en la transdisciplinariedad" (trad. del autor). Véase también NICOLESCU, "Premier entretien", cit., pág. 56.

202 MORIN, *La complexité humaine*, textes rassemblés avec Edgar Morin et présentés par Heinz Weinmann, Paris, Flammarion, 1994, pág. 316. "[...] la complejidad es un tejido (*complexus*: lo que es tejido en conjunto) de constituyentes heterogéneos inseparablemente asociados: ella plantea la paradoja de lo uno y lo múltiple" (trad. del autor).

rición y legalización de las familias homosexuales. En negativo o
en positivo, por su ausencia desoladora o su presencia asfixiante,
la familia sigue estando inscrita de forma indeleble en la mente,
el alma, la identidad, la vida de todo individuo.[203]

Morin llama a la transdisciplinariedad una actitud,
porque se apunta a pensar de manera diferente.[204] "No se
trata de 'aprender más cosas', sino de 'pensar de otra manera' los problemas que se presentan en la investigación,
es decir, de reformular la concepción de la práctica de la
ciencia".[205] Nicolescu habla de una transdisciplinariedad de
objeto y de una transdisciplinariedad de sujeto, de manera que este último tiene diferentes niveles de percepción,
que se corresponden a los niveles de realidad. Por ello
el conocimiento no sólo es exterior, sino interior al mismo tiempo.[206] "Dans l'approche transdisciplinaire, nous
faisons face à un *sujet multiple*, capable de connaître un
objet multiple".[207] Asimismo, Morin señala que "Montaigne,
adelantándose a muchos filósofos o científicos de la época
moderna, había comprendido que la unidad del hombre es
de naturaleza subjetiva y objetiva, y no puede ser disociada de la comprobación de la pluralidad de las culturas".[208]

---

[203] MORIN, *El Método 5. La humanidad de la humanidad. La identidad humana*,
trad. de Ana Sánchez, 2ª ed., Madrid, Cátedra, 2006, pág. 194.

[204] "[...] necesitamos una nueva visión de la realidad, un nuevo '*paradigma*', es
decir, una *transformación fundamental* de nuestro modo de pensar [...]". MARTÍ-
NEZ MIGUÉLEZ, op. cit., pág. 41.

[205] GRACIA, Diego, *Fundamentación y enseñanza de la bioética*, Bogotá, El Búho,
2000, pág. 90.

[206] NICOLESCU, *Transdisciplinarity...*, cit. "The study of the universe and the study
of the human being sustain one another". Íd. "El estudio del universo y el estudio
del ser humano se sostienen uno al otro" (trad. del autor). De ahí que sea un
poco forzada la distinción entre "ciencias sociales" y "ciencias naturales". Véase
también NICOLESCU, "Transdisciplinarity – Past...", cit.

[207] NICOLESCU, *Qu'est-ce que la réalité...*, cit., pág. 80. "En la aproximación transdisciplinaria, nos enfrentamos a un *sujeto múltiple*, capaz de conocer un *objeto
múltiple*" (trad. del autor).

[208] MORIN y PIATELLI-PALMARINI, op. cit., pág. 189.

Señala el filósofo rumano-francés: "L'approche transdisciplinaire présuppose [...] pluralité complexe *et* unité ouverte des cultures, des religions et des peuples de notre Terre, et des visions sociales et politiques au sein d'un seul et même peuple"[209]
Coinciden ambas posturas al hablar de los distintos niveles que tiene la realidad.

> Desembocamos pues, más allá tanto del realismo "ingenuo" cuanto del realismo "crítico", más allá del idealismo clásico y del criticismo kantiano, en un realismo relacional, relativo y múltiple. La relacionalidad procede de la indesgarrable relación sujeto/objeto y espíritu/mundo. La relatividad procede de la [...] relatividad de la realidad cognoscible. La multiplicidad depende de la multiplicidad de los niveles de realidad...[210]

Si bien Nicolescu señala que la complejidad moriniana no adopta las nociones de niveles de realidad y zonas de no-resistencia, vemos que hay tal vez sólo un paso o directamente una llegada. A pesar de ello, señala el filósofo rumano-francés que ambos pensamientos son compatibles.[211] Incluso señala, al definir la realidad, que se pone el acento en su aspecto relacional.[212]

---

[209] NICOLESCU, *La transdisciplinarité. Manifeste*, cit., pág. 130. "La aproximación transdisciplinaria presupone [...] pluralidad compleja *y* unidad abierta de las culturas, de las religiones y de los pueblos de nuestra Tierra, y de las visiones sociales y políticas en el seno de un solo y mismo pueblo" (trad. del autor).

[210] MORIN, *El Método 3. El conocimiento del conocimiento* (1988), trad. de Ana Sánchez, 5ª ed., Madrid, Cátedra, 2006, pág. 239. "[...] la vérité [...] est le fruit d'une construction complexe de l'esprit à partir d'une relation dialoguant avec le réel, mettant en œuvre perception, mémoire, logique, réflexion critique". MORIN, *La complexité humaine*, cit., pág. 255. "[...] la verdad [...] es el fruto de una construcción compleja de la mente a partir de la relación dialógica con lo real, poniendo en práctica percepción, memoria, lógica, reflexión crítica" (trad. del autor).

[211] NICOLESCU, "Transdisciplinarity – Past...", cit.

[212] NICOLESCU, "The relationship...", cit.

Sobre este tema, Nicolescu expresa simplemente que la complejidad es compatible con la noción de niveles de realidad:

> If we wish to establish a link between the two main approaches of complexity -the restricted one and the generalized one-, the bridge would be precisely the notion of levels of Reality.
>
> I believe that a future transdisciplinary complex theory of levels of Reality is a good starting point in erasing the fragmentation of knowledge, and therefore the fragmentation of the human being.[213]

En un momento, al hablar de la contradicción, expresa una coincidencia con Morin y Goldschmidt, señalando que no hay que separar por disyunción sino unir por conjunción. Dice Nicolescu:

> L'entité réelle peut ainsi montrer des aspects "contradictoires" qui sont incompréhensibles, absurdes même, du point de vue d'une logique fondée sur le postulat "*ou* ceci *ou* cela". Ces aspects "contradictoires" cessent d'être absurdes dans une logique fondée sur le postulat "*et* ceci *et* cela".[214]

Por su parte, Morin expresa:

> No pretendo devaluar el sueño, y todo lo oscuro, en beneficio de la vigilia; no quiero establecer un equilibrio disminuyendo uno y aumentando otro [...] no estoy ni por la disyuntiva del o *bien* esto o *bien* aquello, ni a favor del *ni* esto *ni* aquello, ni inclinado al *medio* esto y *medio* lo otro, sino que me siento propenso a los *y* esto *y* aquello unidos de forma necesaria y contradictoria en el paroxismo de cada uno de los dos términos antagonistas...[215]

---

[213] Íd.
[214] NICOLESCU, *Nous...*, cit., pág. 192.
[215] MORIN, *Introducción a una política...*, cit., pág. 59.

A su turno, el jurista germano-español dice: "El hombre egocéntrico es un todo cerrado, el hombre cosmocéntrico constituye un sistema abierto. El hombre egocéntrico canta según la melodía: aut-aut; el hombre cosmocéntrico rima al: et-et".[216]

Así como el trialismo reúne en sí aportes de disciplinas diferentes, constituyendo una actitud revolucionaria en el Derecho, el desafío para las ciencias en general será romper con los límites disciplinarios y lograr un "diccionario común" entre ellas, o una aspiración menos ambiciosa consistente en lograr "palabras maestras" a fin de arbitrar procedimientos de diálogo entre las disciplinas ante problemas no abordables ya por una sola de ellas. Al referirse al método interdisciplinario, que bien puede aplicarse a la transdisciplinariedad, se menciona que apunta a deconstruir el metalenguaje desvelando los elementos de la lengua que toma por objeto, analizando la influencia de ellos y poniendo en evidencia lo "no dicho".[217] Siguiendo con la guía del lenguaje, como herramienta interdisciplinaria que puede aplicarse como idea a la transdisciplinariedad, se expresa que hay conceptos "transespecíficos", como genealogía, información, estructura, diferencia, inversión.[218] Todo lo cual puede ayudar al trialismo y a éste como herramienta para la comprensión de los comités. Piaget hablaba de una teoría general de los sistemas o estructuras, en la cual englobaba las estructuras operatorias, las de las regulaciones y los sistemas probabilistas, y ligaba las diversas posibilidades por transformaciones regladas y definidas.[219] Tal vez no haya tanta precisión, sino

---

[216] GOLDSCHMIDT, "El filósofo y el profeta", en *Filosofía, Historia y Derecho*, Bs. As., Valerio Abeledo, 1953, pág. 122.

[217] RESWEBER, op. cit., pág. 58.

[218] Íd., pág. 112.

[219] PIAGET, "L'épistémologie...", cit., pág. 144.

que una característica misma de la transdisciplinariedad sea su continua organización, para alejarla de petrificaciones, contrarias a su esencia reorganizadora, tomada de la complejidad moriniana.

Será necesaria una democracia científica, así como distintas pluralidades conviven en el plano político. Este desafío se nos presenta, por ejemplo, en los comités de bioética. Además, "les patients sont de plus en plus nombreux à souhaiter participer à la décision qui les concerne et à s'estimer légitimes pour discuter des limites de l'intervention de la médicine".[220] Así como el pueblo es un legítimo creador del Derecho, lo propio debe ocurrir en el campo de la Medicina. Se trata de "[...] laisser tout sa place au patient dans la décision qui le concerne".[221] Con ocasión de desarrollar la tesis doctoral sobre la complejidad jurídica ya había señalado la oscilación sin preferencia, o mejor dicho, prefiriendo la igualdad en relación con la autonomía. En el caso de la Medicina y del Derecho de la Salud, veo que aquel principio enunciado sobre la oscilación tiene que ser variante en función de las características y necesidades de las ramas. La oscilación será la misma en el Derecho del Trabajo, donde el péndulo oscilará más hacia el lado del trabajador, el más débil, que en esta rama objeto de investigación, que tendrá que preservar la autonomía del paciente frente a la preponderancia histórica que ha tenido el poder del médico.[222] Nótense por

---

[220] FOURNIER y POUSSET, Maud, "Bilan d'activité du Centre d'éthique clinique de l'hôpital Cochin après deux ans de fonctionnement", en http://goo.gl/aU5Ye5 (30/5/2015), pág. 965. "Los pacientes son cada vez más los que desean participar en las decisiones que les conciernen y estimarse legitimados a discutir los límites de la intervención de la medicina" (trad. del autor).

[221] FOURNIER, "Les enjeux d'un centre expérimental d'éthique clinique", en http://goo.gl/25gJaF (30/5/2015), pág. 2209. "[...] dejar todo su lugar al paciente en una decisión que le concierne" (trad. del autor).

[222] Sobre el tema véase GALATI, "Un cambio...", cit.

ejemplo los derechos que se reconocen al paciente en el ejercicio efectivo del trato en su relación con el médico y la institución de salud:

> Tradicionalmente se ha entendido que la propiedad de la HC [Historia Clínica] corresponde al profesional tratante y/o al establecimiento donde se asiste el paciente. Sin embargo, el criterio actual considera que el paciente, como titular de sus datos de salud, es el propietario de los mismos. En ese orden de ideas es que tiene derecho a ser informado, a consultar la historia clínica (derecho de acceso), a obtener una copia de la misma, al consentimiento informado y a exigir la confidencialidad de los datos contenidos en ella.[223]

Así como el Derecho de la Niñez se funda en el interés superior del niño como sujeto vulnerable, en el Derecho de la Salud se habla del derecho a "recibir la mejor atención posible".[224] Lo que no significa que en otras épocas se tenga que volver al paternalismo, o que haya islotes de autonomía en un contexto de paternalismo y viceversa. "Elle [l'orientation axiologique] est généralement centrée sur le respect des droits du malade".[225] De hecho se habla de "le droit au partage de la décision médicale",[226] que no es lo

---

[223] SOROKIN, Patricia; BENITES ESTUPIÑÁN, Elizabeth; QUIROZ MALCA, Estela y LARA ÁLVAREZ, César, "¿Historia clínica o historia cínica? Aspectos éticos, legales y sociales implicados en el manejo de información genética", en http://goo.gl/Pl9sda (30/5/2015).

[224] VERGARA, Leandro, "Derechos de los pacientes. Especial referencia al derecho a la intimidad, al trato digno y al derecho a la confidencialidad de los datos sensibles", en *DFyP*, 2010, en www.laleyonline.com.

[225] LECLERC, Bruno y PARIZEAU, Marie-Hélène, "Les comités d'éthique clinique dans l'organisation hospitalière", en AA.VV., *Hôpital...*, cit., pág. 90. "Ella [la orientación axiológica] es generalmente centrada sobre el respeto a los derechos de los enfermos" (trad. del autor).

[226] Sobre el tema véase el art. 16-3 del Code Civil français. Véase también PISSO-CHET, François, "Quand le pense-agir complexe permet au patient de devenir thérapeute de lui-même", en Colloque International Francophone Complexité 2010", en http://goo.gl/pfijxB (20/7/2010).

mismo, a nivel de impacto, que el consentimiento informado, ya que en aquel caso queda en claro que el médico
debe compartir la decisión con el paciente.

Hay coincidencia cuando se plantean críticas negativas a eslóganes como "el fin de la historia" y la "muerte de
las ideologías".[227] "Il n'y a pas si longtemps, on proclamait
la mort de l'homme et la fin de l'Histoire. L'approche transdisciplinaire nous fait découvrir la résurrection du sujet
et le début d'une nouvelle étape de notre histoire".[228] Dice
Morin: "El posmodernismo es la toma de conciencia de
que lo nuevo no es necesariamente superior a lo que le
precede. Pero el posmodernismo es ciego al creer que ya
está todo dicho, que todo se repite, que no pasa nada, que
ya no hay historia ni devenir".[229] Morin ve en este fin de la
historia, otra arista, constituida no por el hecho de que no
haya ya qué inventar, sino porque todo está por reinventar-
se: "[...] para salvar a la humanidad del riesgo de aniqui-
lación y porque en adelante se han creado las condiciones
para considerar no la abolición, sino la superación de los
poderes absolutos de los Estados en una fórmula confede-
rativa de la que emergería una sociedad-mundo".[230]

Convergen cuando sostienen que hay una separación
entre ciencias y humanidades, como lo llama Morin,[231]
y ciencia y cultura, como lo llama Nicolescu.[232] "À
l'interiérieur même de la science, on distingue avec soin

---

[227] NICOLESCU, *La transdisciplinarité...*, cit.

[228] NICOLESCU, *Qu'est-ce que la réalité...*, cit., pág. 65. "No hace mucho tiempo, se
proclamaba la muerte del hombre y el fin de la Historia. La aproximación transdisciplinaria nos hace descubrir la resurrección del sujeto y el debut de una nueva etapa de nuestra historia" (trad. del autor).

[229] MORIN, *Introducción a una política...*, cit., pág. 150.

[230] MORIN, *El Método 6. Ética*, trad. de Ana Sánchez, Madrid, Cátedra, 2006, pág.
199.

[231] Íd., pág. 194.

[232] NICOLESCU, *La transdisciplinarité. Manifeste*, cit., págs. 143-151.

les *sciences exactes* des *sciences humaines,* comme si les sciences exactes étaient inhumaines (ou surhumaines) et les sciences humaines, inexactes (ou non-exactes)".[233]

Tanto el pensamiento de Morin como el de Nicolescu son centrales en la problemática de los comités de ética clínica ya que la Bioética es vista como un "[...] encuentro de aproximación entre las diversas disciplinas para abordar, en forma racional y dialógica, los problemas límites generados por los desarrollos científico-tecnológicos y de sus consecuencias, positivas y negativas, en la naturaleza y la vida".[234]

Ambos pensadores también complejizan la complejidad. En efecto, Morin distingue las complejidades de la palabra complejidad, señalando una "complejidad generalizada" que se asocia a lo complicado, a la formalización de lo complejo en leyes, que en suma cae en los viejos supuestos de la ciencia clásica, en tanto se pretende reducir el todo a la ley, mientras que la complejidad es más que la ley.[235] Si tuviera que señalar una complejidad de este tipo en el Derecho de la Salud, diría que se trata de un comité hospitalario de ética visto como complicación ante la existencia de numerosas ciencias que concurren (compiten) al encuentro de un problema de salud. Y menciona la complejidad restringida que conlleva las ideas clave de emergencia, sistema y caos.[236] Es decir, tal como concibo al comité de ética en clave transdisciplinaria y trialista.

---

233 Íd., pág. 145. "Al interior mismo de la ciencia, distinguimos con esmero las ciencias exactas de las ciencias humanas, como si las ciencias exactas fueran inhumanas (o sobrehumanas) y las ciencias humanas, inexactas (o no-exactas)" (trad. del autor).

234 MARTÍNEZ MIGUÉLEZ, op. cit., pág. 34.

235 MORIN, "Complejidad restringida...", cit., págs. 110-111.

236 Íd., pág. 112.

Nicolescu también desarrolla dos nociones de complejidad. Una, que describe el pasaje de una escala a otra.[237] Puede pensarse en los niveles de realidad mencionados. Y otra, que describe los fenómenos a una escala determinada.[238] Morin toma la noción de Ashby para definir la complejidad -restringida- y la muestra como "[...] un modo de medir el grado de diversidad que se encuentra en un sistema".[239]

Resumiendo, podemos decir que hay una complejidad para dar cuenta de los distintos niveles de realidad, por ejemplo, los que señala el trialismo (materialidad e idealidad); otra para dar cuenta de la complejidad ínsita en cada nivel, como lo señala la teoría trialista al mostrar relaciones al interior de cada dimensión, ya que hay aspectos contradictorios en cada una de ellas, por ejemplo entre las clases de repartos y los modos en que éstos se organizan a nivel de conjunto. Esta sería la complejidad de escala -no de nivel-, que mide el grado de diversidad al interior de los elementos de un nivel. Y hay una complejidad generalizada, que en el trialismo se ve en la complicación de las distintas leyes, por ejemplo. "La 'complexité' sera d'une nature différente dans chaque cas".[240] Si bien Nicolescu habla de la contradicción entre los distintos niveles, expresiva de distintas leyes al interior de ellos, menciona la relación entre los niveles, una especie de continuidad, que el físico teórico muestra en el ejemplo de la mecánica cuántica, el mundo de lo infinitamente pequeño, cuyas características pueden explicar lo que ocurre en el mundo

---

[237] NICOLESCU, *Nous...*, cit., pág. 104.
[238] Íd., pág. 105.
[239] MORIN, "Complejidad restringida...", cit., pág. 109.
[240] NICOLESCU, *Nous...*, cit., pág. 105. "La 'complejidad' será de una naturaleza diferente en cada caso" (trad. del autor).

de lo infinitamente grande, a nivel cósmico.[241] Que nosotros vemos perfectamente en el trialismo, mundo jurídico en interrelación dimensional.

Ambos autores coinciden, sobre todo cuando Nicolescu hace referencia a las características de un paradigma epistemológico deseado, que debe superar estos inconvenientes: "[...] sa fermeture mène à une opposition entre ses éléments, à la diminution de l'interaction, à l'augmentation de la mécanicité, à la mort par déchéance énergétique".[242] Lo que apunta a superar al trialismo, y que no deben cumplir los comités, permitiendo las contradicciones a su interior, el aumento de la interacción entre sus elementos y con el ambiente, no mecanizarse con reglamentos que cristalicen su acción, permitiendo los intercambios con otros comités, por ejemplo, renovando sus miembros. Según Morin, "[...] el conocimiento científico no es pura y simple acumulación de saberes, [...] el modo de concebir, formular y organizar las teorías científicas era regido y controlado por postulados o presupuestos ocultos".[243] También Morin señala muchas veces la organización de la organización cuando se refiere a los paradigmas. "[...] definido en su carácter nuclear y generativo de organización de la organización, se puede situar el concepto de paradigma en la gobernalla de los principios de pensamiento y en el corazón de los sistemas de ideas, incluidos [...] los de las teorías científicas".[244]

En lo que se refiere a la evolución de las ideas, que Nicolescu aplica al lenguaje, ambos autores vuelven a coincidir. Señala el filósofo francés: "Lo que no se rege-

---

[241] Íd., pág. 168.
[242] Íd., pág. 107. "[...] su cerrazón lleva a una oposición entre sus elementos, a la disminución de la interacción, al aumento de la mecanicidad, a la muerte por decadencia energética" (trad. del autor).
[243] MORIN, *El Método 4...*, cit., pág. 217.
[244] Íd., pág. 221.

nera degenera".[245] Por su parte, el filósofo rumano-francés expresa: "Ce qui ne peut pas évoluer consciemment dégénère [...]".[246]

Por la visión filosófica, es decir, paradigmáticamente amplia que tienen ambos autores, se refieren a los sinónimos del paradigma. Morin desarrolla en el tomo 4 de *El Método* la paradigmatología.[247] En cuanto al punto en común entre ambos pensamientos, se refieren los dos a Holton:

> Ansiedad, carencias, necesidades, angustias animan una búsqueda que aspira a la respuesta apaciguadora, segurizante, euforizante. [...] los *themata*: son temas obsesivos que llevan en sí las opciones pulsionales/existenciales imperativas de tal o cual tipo de espíritu ante las grandes alternativas que los problemas fundamentales presentan a nuestra necesidad de conocer: teísmo/ateísmo, libertad/determinismo, espiritualismo/materialismo, autoridad/libertad, etc. Los *themata* animan e incluso fecundan toda investigación cognitiva, incluida, como ha mostrado Holton, la investigación científica.[248]

Nicolescu también hace referencia a este autor: "[...] un seul et même 'thêma' généralisé puisse se manifester, sous des aspects différents, dans toutes les branches de la connaissance".[249]

10. *La tríada*. Morin ha caracterizado a la humanidad a través de la tríada individuo/sociedad/especie.[250] Hablando también del hombre, el filósofo rumano-francés señala que en él hay tres centros: el intelectual, el motor y

---

[245] MORIN, *El Método 6...*, cit., pág. 176.
[246] NICOLESCU, *Nous...*, cit., pág. 233. "Lo que no puede evolucionar conscientemente degenera [...]" (trad. del autor).
[247] Para una explicación del tema, véase GALATI, *La teoría trialista...*, cap. 4, y también GALATI, "Introducción...", cit.
[248] MORIN, *El Método 3...*, cit., pág. 143.
[249] NICOLESCU, *Nous...*, cit., pág. 239.
[250] MORIN, *Los siete...*, cit., pág. 25.

el emocional.[251] Y así como en el trialismo cada dimensión tiene su relativa independencia, en el aspecto humano se señala que el centro intelectual representa la heterogeneización, que como límite mental puede conducir a la muerte por la extrema diferenciación, lo que puede ocurrir con la ciencia de concebirse como única forma de ver el mundo. El centro motor representa la homogeneización, que puede conducir a la muerte por la realización de la identidad absoluta, no contradictoria, lo que puede ocurrir si el confort material deviene la única preocupación del hombre. Y el dinamismo emocional aparece como la salvaguarda de la vida. "La vie entière de l'homme est un continuel tiraillement entre les trois pôles du ternaire".[252] Nicolescu ha planteado la transdisciplinariedad como implicando tres aspectos: uno teórico, como metodología y generalidad; otro fenoménico, que conecta lo teórico con lo experimental y predice, y otro experimental, que aplica procedimientos que desarrollan experimentos.[253] También tres son los axiomas de la metodología de la transdisciplinariedad, con lo cual las coincidencias son más que evidentes. En el tercer axioma se observa cómo Nicolescu se vale del pensamiento complejo: "The structure of the totality of levels of Reality or perception is a complex structure: every level is what it is because all the levels exist at the same time".[254] Además de señalar que la lógica del tercero inclui-

---

251 NICOLESCU, *Nous...*, cit., pág. 213. Donde los efectos devienen causa de nuevos efectos. Íd., pág. 214.

252 Íd. "La vida entera del hombre es un continuo tironeo entre los tres polos del tercio" (trad. del autor).

253 NICOLESCU, "Transdisciplinarity – Past...", cit. Esto se parece a lo que en Epistemología se llama la *filosofía*, la *ciencia* y la *técnica*, en tanto la primera desarrolla lo general en el conocimiento, la segunda se plantea problemas y trata de resolverlos a través de hipótesis que predicen, y la tercera se refiere a la aplicación de procedimientos ya probados y que tienden a la obtención de un resultado.

254 Íd. "La estructura de la totalidad de los niveles de la Realidad o de la percepción es una estructura compleja. Cada nivel es lo que es porque todos los niveles existen al mismo tiempo" (trad. del autor).

do permite el pasaje de un nivel a otro.[255] También expresa que su visión ternaria -ternary partition- que incluye al sujeto, objeto y el tercero oculto es diferente de la binaria del realismo clásico.[256] A la vez que habla de la nueva lógica que introduce al tercero incluido, que se asemeja a un triángulo, donde uno de sus vértices se sitúa a un nivel de realidad y los otros dos en otro nivel de realidad.[257] Cuando cita a Böheme, expresa que en el espíritu triple cada uno es la causa del otro en la generación. Los tres principios son inseparables y a la vez independientes.[258] En otra ocasión insiste sobre la trialéctica, que es "[...] la structure ternaire, tripolaire [...] de toute manifestation de la Réalité, la coexistence de ces trois aspects inséparables dans tout dynamisme accessible à la connaissance logique, rationnelle".[259] He aquí el puntapié para la presentación de los pilares metodológicos del trialismo, es decir, de sus palabras-maestras: coexistencia, porque de eso se trata la realidad, en general; (lo que implica) la "inseparabilidad" y no la mutilación, común en los pensadores jurídicos unidimensionalistas; el dinamismo, permitido en el trialismo por el amplio espectro de dimensiones que abarca esta teoría, cuyo objeto está constituido pluralmente. "[...] on pourrait parler de 'trois logiques' mais il s'agit plutôt de trois orientations privilégiées d'une et même logique".[260]

---

255   Íd. Véase también NICOLESCU, *Qu'est-ce que la réalité...*, cit., pág. 110.

256   NICOLESCU, "Transdisciplinarity – Past...", cit.

257   NICOLESCU, *La transdisciplinarité. Manifeste*, cit., págs. 45-46. Véase también NICOLESCU, "Niveaux...", cit., pág. 22. NICOLESCU, *Qu'est-ce que la réalité...*, cit., pág. 53; NICOLESCU, "Le tiers...", cit., pág. 129.

258   NICOLESCU, *Nous...*, cit., pág. 170.

259   Íd., pág. 199. "La estructura ternaria, tripolar [...] de toda manifestación de la realidad, la coexistencia de estos tres aspectos inseparables en todo dinamismo accesible al conocimiento lógico, racional" (trad. del autor).

260   Íd. "[...] se podría hablar de 'tres lógicas' pero se trata más bien de tres orientaciones privilegiadas de una misma lógica" (trad. del autor). "La conclusion que toute manifestation, tout système comportent un triple aspect -macrophysique, biologique et quantique (microphysique ou psychique)- est certainement éton-

Todo lo cual guarda una extraordinaria coherencia con los postulados trialistas, en tanto el triángulo del integrativismo creado por Goldschmidt plantea un nivel de realidad englobado por el aspecto social, a la sazón un vértice, y otro compuesto por las idealidades enunciativas de las normas y exigentes de los valores, a la sazón los dos vértices restantes del triángulo en consideración. Todo lo que señalé a propósito de las relaciones e interrelaciones del trialismo concuerda con lo que expresa Nicolescu: "Chaque qualité sort d'elle-même, passe dans les autres et les stimule en les pénétrant, d'où les autres qualités reçoivent de sa volonté [...] et elles s'entremêlent sans cesse".[261] También es clara la coincidencia cuando Nicolescu señala, citando a Morin, que la lógica del tercero incluido es útil para los casos no simples, es decir, aquellos en los cuales existe la necesidad de asociar proposiciones contrarias,[262] inciertas,[263] que revelan las dimensiones de la teoría trialista. "Un seul et même niveau de réalité ne peut engendrer que des oppositions antagonistes. Il est, de par sa propre nature, *autodestructeur*, s'il est séparé complètement de tous les autres niveaux de réalité".[264] Lo que será autodestructor será el nivel de realidad normativo, si no perma-

---

nante et riche de multiples conséquences". Íd., págs. 200-201. "La conclusión de que toda manifestación, todo sistema, comporta un triple aspecto -macrofísico, biológico y cuántico (microfísico o físico)- es ciertamente asombrosa y rica de múltiples consecuencias" (trad. del autor).

[261] Íd., pág. 171. "Cada cualidad sale de ella misma, pasa en las otras y las estimula penetrándolas, de donde las otras cualidades reciben de su voluntad" (trad. del autor).

[262] "[...] el principio lógico del 'tercero incluido', como lo ilustra Stéphane Lupasco con su 'principio de antagonismo'. [...] En la lógica aristotélica del tercero excluido, base de la ciencia occidental, el ente 'A' siempre será algo totalmente opuesto al ente 'no-A', y no habrá un término o espacio intermedio (una tercera opción)". MARTÍNEZ MIGUÉLEZ, op. cit., págs. 44-45.

[263] NICOLESCU, "Niveaux...", cit., pág. 23.

[264] NICOLESCU, *Qu'est-ce que la réalité*..., cit., pág. 53; NICOLESCU, "Le tiers...", cit., pág. 129.

nece acompañado por las jurísticas sociológica y dikelógica que amortiguan los efectos devastadores, destructores de las normas injustas, perjudiciales o ausentes. Es necesario el conflicto, pero entre las dimensiones, que se traduce científicamente en articulaciones, inhibiciones, restricciones, compensaciones. "[...] ses trois aspects constituent [...] trois orientations divergentes, dont l'une, du type microphysique [...] n'est pas une synthèse des deux, mais plutôt leur lutte, leur conflit inhibiteur".[265] De ahí que Nicolescu diga que toda manifestación, todo sistema comporte un triple aspecto; en su caso, señalando el macrofísico, el biológico y el cuántico.[266] Cuando analiza la naturaleza del símbolo hace alusión al número indefinido de aspectos que lo constituyen, lo que no lo hace vago, impreciso ni ambiguo. Precisamente la exactitud está presente en la invariancia escondida detrás de la multiplicidad indefinida de los aspectos de un símbolo.[267]

Citando a Lupasco, lo cual puede aplicarse perfectamente al trialismo, señala:

> [...] il n'est pas d'élément, d'événement, de point quelconque au monde qui soit indépendant, qui ne soit dans un rapport quelconque de liaison ou de rupture avec un autre élément ou événement ou point, du moment qu'il y a plus d'un élément ou événement ou point dans le monde [...]. Tout est ainsi lié dans le monde [...][268]

---

[265] Íd., pág. 121. "... sus tres aspectos constituyen [...] tres orientaciones divergentes, en las que una, de tipo microfísico [...] no es la síntesis de dos, sino más bien su lucha, su conflicto inhibidor" (trad. del autor).

[266] Íd.

[267] NICOLESCU, *Nous...*, cit., pág.

[268] NICOLESCU, "Le tiers...", cit., pág. 122. "[...] no hay elemento, acontecimiento, de punto cualquiera del mundo que sea independiente, que no esté en alguna relación de conexión o de ruptura con otro elemento o acontecimiento o punto, desde el momento en que hay más que un elemento, acontecimiento o punto en el mundo [...]. Todo está así vinculado en el mundo [...]" (trad. del autor).

Vuelve sobre lo ternario el filósofo rumano-francés al hacer referencia a Pierce y cómo él concibe los modos de existencia:

> [...] "trois Univers de l'Expérience": "... le premier contient de pures idées [...] Le deuxième Univers est celui de la brute actualité des choses et des faits [...] Le troisième Univers contient tout ce qui se caractérise par le pouvoir actif d'établir des connexions entre les différentes objets et tout spécialement entre les objets existants dans de différents Univers". [...] Les trois Univers ne sont pas séparés, ils "conspirent"...[269]

Volviendo a citar al autor, señala que hay una diferencia entre lo real y el existente, en tanto que éste aparece por oposición a otro, mientras que lo real es independientemente de lo que un número determinado de personas puedan pensar.[270] Ese número determinado de personas que puede pensar podría ser el consenso, posible base de una postura constructivista.

11. Ambos pensadores coinciden en valerse de la contradicción pero no reducen el ser a ella, considerando insuficiente la lógica clásica; es decir, no absolutizan la negación de la contradicción. Morin sostuvo entonces que no hay que negar la simplicidad, sino superarla, englobándola en un nuevo pensamiento; así como en su momento provincializó a Marx. El paradigma de la complejidad incluye el de la simplicidad.[271] Lo mismo sostiene Nicolescu:

---

[269] NICOLESCU, *Nous*..., cit., pág. 226. "[...] 'tres Universos de la Experiencia': '... el primero contiene puras ideas [...] El segundo Universo es aquel de la bruta actualidad de las cosas y los hechos [...] El tercer Universo contiene todo lo que se caracteriza por el poder activo de establecer conexiones entre los diferentes objetos y especialmente entre los objetos existentes en los diferentes Universos'. [...] Los tres Universos son separados, ellos 'conspiran' [...]" (trad. del autor).

[270] Íd., pág. 229.

[271] MORIN, *El Método 1. La naturaleza de la naturaleza*, trad. de Ana Sánchez en colab. con Dora Sánchez García, 3ª ed., Madrid, Cátedra, 1993, pág. 430. Véase también MORIN, *El Método 2. La vida de la vida*, trad. de Ana Sánchez, 7ª ed., Madrid, Cátedra, 2006, pág. 453.

La logique du tiers inclus n'abolit pas la logique du tiers exclu: elle restreint seulement son domaine de validité. La logique du tiers exclu est certainement valide pour des situations relative-ment simples, par exemple la circulation des voitures sur une autoroute: personne ne songe à introduire, sur une autoroute, un troisième sens par rapport au sens permis et au sens interdit. En revanche, elle est nocive, dans le cas complexes, par exemple le domaine social ou politique.[272]

En un momento expresa que aceptar la contradicción implica un cambio de actitud ante la realidad, y la acep-tación de la contradicción puede implicar entonces una transformación de aquélla.[273] De ahí la importancia de la dialógica señalada a lo largo del trabajo, y que será vital para el funcionamiento de los comités, diversamente com-puestos.

12. Sin embargo, hay también matices entre los pen-samientos. Nicolescu planteó en un momento a la trans-disciplinariedad como un tercer término, como una conci-liación, una unificación.[274] "[...] l'état T [tiers inclus] opère

---

[272] NICOLESCU, *Qu'est-ce que la réalité...*, cit., pág. 44; NICOLESCU, "Le tiers...", cit., pág. 131.
[273] NICOLESCU, *Nous...*, cit., pág. 216.
[274] NICOLESCU, *La transdisciplinarité...*, cit. En otro lugar también dijo que el par de contradictorios es unificado por un tercer estado (T-state) situado en un dife-rente nivel de realidad. NICOLESCU, *Transdisciplinarity...*, cit.). "[...] la triade hégélienne est incapable de réaliser la conciliation des opposés, tandis que la triade de tiers inclus est capable de la faire". NICOLESCU, *La transdisciplinarité. Manifeste*, cit., pág. 47. "[...] la tríada hegeliana es incapaz de realizar la concilia-ción de los opuestos, mientras que la tríada del tercero incluido es capaz de hacerla" (trad. del autor). Es recurrente Nicolescu a la hora de hablar de la unifi-cación o conciliación. Véase por ejemplo NICOLESCU, *Nous...*, cit., págs. 186, 192; NICOLESCU y CAMUS, op. cit., pág. 52. "Sustainable futures, so necessary for our survival, can only be based, I think, on a unified theory of levels of Reality". NICOLESCU, "The relationship...", cit. "Futuros sostenibles, tan necesa-rios para nuestra supervivencia, sólo pueden basarse, pienso, en una teoría uni-ficada de los niveles de realidad" (trad. del autor).
En el trialismo no hay planteamiento de conciliación de las dimensiones en una única, como lo hace de alguna forma Miguel Reale. Sobre mi opinión y desarro-llo del tema en el marco de las teorías integrativistas en relación con el pensa-miento complejo véase mi tesis doctoral, cit.

l'unification des contradictoires A et non-A, mais cette unification s'opère à un niveau différent de celui où sont situés
A et non-A".[275] En otra ocasión dijo que el estado T unifica
una dupla de contradictorios.

> Cela signifie [...] une théorie nouvelle, qui élimine les contra-
> dictions à un certain niveau de réalité, mais cette théorie n'est
> que *temporaire*, car elle conduira inévitablement, sous la pres-
> sion conjointe de la théorie et de l'expérience, à la découver-
> te de nouveaux couples de contradictoires, situés au nouveau
> niveau de réalité.[276]

Es constante en otras obras su referencia a la unificación. En oportunidad de hablar de las fuentes del conocimiento, señala al pensamiento, los sentimientos y los
instintos, y se pregunta si pueden funcionar como un ser
unificado.[277] Luego señala: "[...] les cultures, les sciences,
les religions, les différentes traditions étaient forcées de se
rencontrer et engendrer quelque chose de nouveau, une
nouvelle culture ou plutôt une 'contre-culture'".[278]

---

[275] NICOLESCU, *La transdisciplinarité. Manifeste*, cit., pág. 73. "[...] el estado T [ter-
cero incluso] opera la unificación de los contradictorios A y no-A, pero esta unificación se opera a un nivel diferente de aquel donde se sitúan A y no-A" (trad.
del autor). Véase también NICOLESCU, *Qu'est-ce que la réalité...*, cit., pág. 76.

[276] Íd., pág. 54. "Eso significa [...] una teoría nueva, que elimina las contradicciones
a un cierto nivel de realidad, pero esta teoría no es sino *temporaria*, porque ella
conducirá inevitablemente, bajo la presión conjunta de la teoría y de la experiencia, al descubrimiento de nuevas parejas de contradictorios, situados en un
nuevo nivel de realidad" (trad. del autor). Subrayo "temporario" porque así fue
dicho durante la entrevista que tuve con el autor en París, lo que denota el matiz
con Morin, pero a su vez la diferencia con Hegel.

[277] NICOLESCU y CAMUS, op. cit., pág. 16.

[278] Íd., pág. 17. "[...] las culturas, las ciencias, las religiones, las diferentes tradiciones eran fuertes para reencontrarse y engendrar cualquier cosa nueva, una nueva cultura o mejor dicho una 'contra-cultura'" (trad. del autor).

Hemos visto que Morin declara imposible que las contradicciones sean eliminadas y por ello critica a Hegel. Por otra parte, Nicolescu dice que esta eliminación es temporaria... "Ce processus continuera à l'infini, sans jamais pouvoir aboutir à une théorie complètement unifiée".[279]

Unificación de la que Morin reniega, precisamente porque critica al hegelianismo que sintetiza en un último componente los dos anteriores. Nicolescu critica la tríada hegeliana porque un término sucede al anterior en el tiempo, mientras que su visión transdisciplinaria implica tres términos coexistiendo al mismo tiempo.[280] "Dans une triade de tiers inclus les trois termes coexistent au *même* moment du temps. En revanche, les trois termes de la triade hégélienne *se succèdent* dans le temps".[281] Morin plantea una dialógica en la que los dos términos antagónicos conviven.[282] Aquí hay una coincidencia entre ambos filó-

---

[279] NICOLESCU, *Qu'est que la réalité...*, cit., págs. 54-55. "Este proceso continuará al infinito, sin jamás poder desembocar en una teoría completamente unificada" (trad. del autor).

[280] NICOLESCU, "Transdisciplinarity...", cit.

[281] NICOLESCU, *La transdisciplinarité. Manifeste*, cit., pág. 47. "En la tríada del tercero incluido los tres términos coexisten al mismo momento del tiempo. Al contrario, los tres términos de la tríada hegeliana se suceden en el tiempo" (trad. del autor). Véase también NICOLESCU, *Qu'est-ce que la réalité...*, cit., pág. 132; NICOLESCU, "Le tiers...", cit., pág. 130.

[282] Al hablar de la ética, señala: "Al igual que el pensamiento complejo, la ética no escapa al problema de la contradicción. No existe un imperativo categórico único para todas las circunstancias [...]". MORIN, *El Método 6...*, cit., pág. 52. "Una misma sociedad puede oscilar políticamente hacia la alta complejidad (democracia) o la baja (poder autoritario) según el estado de paz o el estado de guerra (restricción de las libertades, aumento de los controles)". MORIN, *El Método 5...*, cit., pág. 214. "Toda sociedad compleja dotada de Estado comporta dialógicas de jerarquía-poliarquía-anarquía, de centrismo-policentrismo-acentrismo, de especialización-policompetencias-competencias generales. La dosis varía según la apertura o cierre de las sociedades, según su grado de complejidad". Íd., pág. 221. No se observa en todas estas alusiones mención a síntesis alguna, sino a variación en función del contexto, de la necesidad. Todo sistema dinámico debe "[...] compensar y controlar las fuerzas de oposición y de disociación, es decir, las tendencias a la dispersión". MORIN, *Sociología*, trad. de Jaime Tortella, Madrid, Tecnos, 1995, pág. 93). "Hegel trata de encontrar una síntesis que sobre-

sofos: "[...] the tension between contradictories builds a unity that includes and goes beyond the sum of the two terms. The Hegelian triad would never explain the nature of indeterminacy".[283] Indeterminación que implica un espacio indispensable para la complejidad, y que los comités deberían tener en cuenta. Haciendo referencia a un pilar de la transdisciplinariedad: el tercio incluso, lo relaciona con el pilar de la complejidad: la dialógica: "La dialogique c'est justement le tiers inclus, deux propositions contraires sont nécessairement liées tout en s'opposant".[284] Cuando se explaya sobre la "naturaleza" del tercio incluso, expresa que toda tensión contradictoria tiende a evolucionar al tercio, a la tríada, en donde la unidad perdida reaparece. "La trinité est donc l'unité qui se développe pour devenir perceptible".[285] Aunque si bien el tercio incluso no es la síntesis hegeliana, parece haber una diferencia con Morin, en tanto el filósofo rumano-francés dice: "C'est pourquoi la triade hégélienne est incapable de réaliser la conciliation des opposés, tandis que la triade de tiers inclus est capable de la faire. [...] la tension entre les contradictoires bâtit une unité plus large qui les inclut".[286] En otra ocasión

---

pase las contradicciones; en Heráclito, la contradicción es insuperable, fundamental". MORIN, *Mi camino. La vida y la obra del padre del pensamiento complejo*, Barcelona, Gedisa, 2010, pág. 66.

[283] NICOLESCU, "Transdisciplinarity...", cit. "La tensión entre los contradictorios genera una unidad que incluye y va más allá de la suma de los dos términos. La tríada hegeliana nunca explicaría la naturaleza de la indeterminación" (trad. del autor).

[284] NICOLESCU, "Niveaux...", cit., pág. 23. "La dialógica es justamente el tercio incluso, dos proposiciones contrarias son necesariamente ligadas oponiéndose" (trad. del autor).

[285] NICOLESCU, *Qu'est-ce que la réalité...*, cit., pág. 74. "La trinidad es entonces la unidad que se desarrolla para devenir perceptible" (trad. del autor).

[286] Íd., pág. 132. "Es por eso que la tríada hegeliana es incapaz de realizar la conciliación de los opuestos, mientras que la tríada del tercio incluso es capaz de hacerla. [...]. la tensión entre los contradictorios edifica una unidad más amplia que los incluye" (trad. del autor). Véase también NICOLESCU, "Le tiers...", cit., pág. 130.

señala: "L'homme est le troisième élément qui peut mettre en jonction les deux courants, alors il est le pilier du Ciel".[287] Cuando habla de los *thêmata*, estructuras ocultas pero estables en la evolución de las ideas científicas, que introdujo Gerard Holton, señala que ellos presuponen la separación, la oposición de los alternativos, uno en referencia al otro, alimentando polémicas, como en el caso de la evolución/involución, continuo/discontinuo, simplicidad/complejidad, etc. Mientras que en el caso de los símbolos se presupone la unidad de los contradictorios.[288] En última instancia, hay una unificación, conciliación, que en Morin parece más convivencia, lo que queda claro en la propia entrevista que Nicolescu le hace al filósofo francés. "[...] on ne peut pas résoudre la contradiction entre l'onde et le corpuscule, et qu'il faut l'admettre plutôt que de chercher quelque chose d'autre, un dépassement".[289] En efecto, en otro lugar también se señala que "[...] l'unité des contradictoires est *plus* que la simple somme de ses composantes classiques, contradictoires [...] et approximatives [...]".[290] Como allí el propio Morin lo dice: "C'est peut-être sur le mot 'logique' qu'il y a distinction",[291] comparando su dialógica con la lógica del tercio incluso.

[287] DESCAMPS, ALFILLE y NICOLESCU, op. cit., pág. 21. "El hombre es el tercer elemento que puede poner en confluencia las dos corrientes, entonces él es el pilar del cielo" (trad. del autor).
[288] NICOLESCU, *Nous...*, cit., págs. 176-177.
[289] NICOLESCU, *Qu'est-ce que la réalité...*, cit., pág. 140. "[...] no podemos resolver la contradicción entre la onda y el corpúsculo, y lo que hay que admitir más que buscar alguna otra cosa, una superación" (trad. del autor).
[290] NICOLESCU, *Nous...*, pág. 25. "[...] la unidad de los contradictorios es *más* que la simple suma de sus componentes clásicos, contradictorios [...] y aproximativos [...]" (trad. del autor).
[291] NICOLESCU, *Qu'est-ce que la réalité...*, cit., pág. 143. "Es tal vez sobre la palabra 'lógica' que hay distinción" (trad. del autor).

Habla nuevamente de una integración al señalar que
"[...] la tension entre les contradictoires bâtit une unité
plus large qui les inclut".[292] En otra ocasión, al explayarse
sobre la ontología transdisciplinaria de la naturaleza, puede reemplazársela por "Derecho" y aplicarse a este campo
las ideas del filósofo rumano-francés. "Les trois aspects
de la Nature doivent être considérés simultanément, dans
leur inter-relation et leur conjonction dans tout phénomène de la Nature vivante".[293] Lo propio cabe hacer reempla-
zando las tres facetas por las tres dimensiones: "La Réalité englobe [...] le Sujet [...] l'Objet et le sacré, qui sont
les trois facettes d'une seule et même Réalité. Sans une
de ces trois facettes la Réalité n'est plus réelle [...]".[294] En
otra oportunidad señala que lo irracional, que frecuentemente se margina del conocimiento, es en realidad un
polo dinámico que se encuentra en aquél, en el hombre.[295]
Dinamismo que es fuente de libertad, de espontaneidad y
de creatividad en la evolución de los sistemas naturales.[296]
Volviendo sobre el sujeto y su relación con el objeto de
conocimiento: "Tout en restant différents, ils sont unis",[297]
como ocurre en el caso de las dimensiones del trialismo.
Lo afirmado entonces respecto de la física (cuántica) bien

---

[292] NICOLESCU, *La transdisciplinarité. Manifeste*, cit., pág. 47. "[...] la tensión entre
los contradictorios elabora una unidad más amplia que los incluye" (trad. del
autor).

[293] Íd., pág. 96. "Los tres aspectos de la Naturaleza deben ser considerados simultáneamente, en su interrelación y su conjunción en todo fenómeno de la Naturaleza viviente" (trad. del autor).

[294] Íd., pág. 108. "La Realidad engloba [...] el Sujeto [...] el Objeto y lo sagrado, que
son las tres facetas de una sola y misma Realidad. Sin una de estas tres facetas la
Realidad no es más real [...]" (trad. del autor). Puede reemplazarse lo "sagrado"
por lo "espiritual". Véase también NICOLESCU, *Qu'est-ce que la réalité...*, cit.,
pág. 60; NICOLESCU y CAMUS, op. cit., pág. 43.

[295] NICOLESCU, *Qu'est que la réalité...*, cit., pág. 35.

[296] NICOLESCU, *Nous...*, cit., pág. 151.

[297] NICOLESCU, "Deuxième entretien", en AA.VV., *Le psychanalyste...*, cit., pág. 75.
"Sin dejar de permanecer diferentes, ellos son unidos" (trad. del autor).

puede dar argumento de validez al trialismo, en tanto aquí cada dimensión se entiende por el resto, ya que en cada una hay elementos de la otra y todas se relacionan entre sí. "[...] chaque particule est ce qu'elle est parce que toutes les autres particules existent à la fois. Dans un certain sens, toute particule est faite de toutes les autres particules [...]".[298] Lo que se remonta a la idea de Leibniz que recusa las jerarquías de los conocimientos, que son más bien en correspondencia, cada uno reflejando, en su orden, el orden total.[299] El acento en las interacciones es puesto por Nicolescu, tal como lo hice al resaltar las relaciones e interrelaciones, sobre todo estas últimas, entre las dimensiones del trialismo.[300] "L'accent est mis non plus sur l'objet, mais sur l'interaction, sur la relation entre les différents systèmes".[301] Al explicar el pensamiento de Böehme y cómo él entiende la realidad, vuelve sobre esta idea de la interrelación y la interdependencia de los distintos aspectos:

> These three principles are independent, but at the same time they all three interact *at once*; they engender each other, while each remaining distinct. The dynamic of their interaction is a *dynamic of contradiction* [...] non of the three can exist without the other two.[302]

En consonancia con estas ideas, señala una concepción dinámica de la realidad: "[...] one has to join regions where the states of things could not be completely sepa-

---

[298] NICOLESCU, *Qu'est que la réalité...*, cit., pág. 43.

[299] RESWEBER, op. cit., pág. 29.

[300] Véanse los capítulos 9 a 11 de mi tesis doctoral y también GALATI, "Introducción...", cit.

[301] NICOLESCU, "Premier entretien", cit., pág. 41.

[302] NICOLESCU, *Science...*, cit., pág. 22. "Estos principios son independientes, pero al mismo tiempo los tres interactúan *en uno*; se engendran cada uno, mientras cada uno permanece distinto. La dinámica de su interacción es una *dinámica de la contradicción* [...] ninguno de los tres puede existir sin los otros dos" (trad. del autor).

rated from the knowledge process during which we are identifying them".[303] Todo lo cual da sustento filosófico a las interrelaciones trialistas.

De ahí que no puede aceptarse la máxima unidimensional de los analíticos referida a la existencia de elementos únicos y últimos en el Derecho: las normas. "[...] il ne peut pas y avoir des constituants ultimes de la matière".[304] Acertadamente se expresa: "[...] le bistouri ou le microscope sont les métaphores les plus familières de l'instrumentation modélisatrice [...]".[305] Hay que recordar que rememoran el principio de separación que instauró René Descartes, basamento de la descomposición y atomización, claves en el pensamiento analítico. En efecto, "[...] la dérive la plus dangereuse aujourd'hui est celle de la pensée unidimensionnelle, qui réduit tout à un seul niveau de réalité".[306] O lo que es lo mismo, se rechaza el postulado de la contradicción, y se admiten los de la lógica clásica, que se funda en el principio de identidad. "[...] les scientifiques ont horreur du mot 'contradiction' car la construction de la science est fondée sur le principe de non-contradiction".[307] Cuando en realidad, "[...] des consciences contradictoires vont s'éclairer mutuellement [...]".[308]

---

303 NICOLESCU, "The relationship...", cit. "[...] uno tiene que unir regiones donde el estado de cosas puede no ser completamente separado del proceso de conocimiento durante el cual estamos identificándolos" (trad. del autor).

304 NICOLESCU, *Qu'est-ce que la réalité...*, cit., pág. 43. Véase también NICOLESCU, "Le tiers...", cit., pág. 122.

305 LE MOIGNE, "Sur la modelisation de la complexité", cit., pág. 289. "[...] el bisturí o el microscopio son las metáforas más familiares de la instrumentalización modelizadora [...]" (trad. del autor).

306 NICOLESCU, *Qu'est-ce que la réalité...*, cit., pág. 78. "La deriva más peligrosa hoy es la del pensamiento unidimensional, que reduce todo a un solo nivel de realidad" (trad. del autor).

307 Íd., pág. 96. "[...] los científicos tienen horror de la palabra 'contradicción' porque la construcción de la ciencia está fundada sobre el principio de no-contradicción" (trad. del autor).

308 Íd., pág. 99. "[...] las conciencias contradictorias van a iluminarse mutuamente" (trad. del autor).

Un ejemplo que muestra la dialógica moriniana se da cuando habla de la transpolítica: "La transpolitique ne signifie ni la disparition de la politique ni la fusion des approches politiques en une seule et même 'pensée unique'".[309] Al comentar la obra de Lupasco, Nicolescu vuelve a separarse de la dialéctica hegeliana:

> [...] il s'agit bien plus d'un *système*, où subsistent intactes les polarités antagonistes, que d'une *synthèse* dans laquelle la thèse et l'antithèse perdent même leur potentialité de contradiction [...]. Hegel tente de [...] abolir [...] les polarités antagonistes tandis que Lupasco tente plutôt de les assumer et de les intégrer.[310]

Cuando se refiere a las sociedades, señala que las más óptimas son aquellas en donde hay un equilibrio riguroso entre la homogeneización y la heterogeneización, entre la socialización y la realización maximal del plan individual.[311] A pesar de expresar que el tercio secretamente incluso unifica el sujeto y el objeto, expresa que cada uno guarda su diferencia.[312]

Un trabajo referido a los comités de bioética hospitalarios menciona en diversas ocasiones a la transdisciplina sin hacer alusión al pensamiento complejo ni al trabajo de Nicolescu. A la hora de dar precisiones sobre el método, hace referencia a la dialéctica, al enfoque holístico, a la multidimensionalidad, a la macrológica, a la totalidad,[313]

---

[309] NICOLESCU, *La transdisciplinarité. Manifeste*, cit., pág. 133. "La transpolítica no significa ni la desaparición de la política ni la fusión de las aproximaciones políticas en un solo y mismo pensamiento único" (trad. del autor).

[310] NICOLESCU, *Qu'est-ce que la réalité...*, cit., pág. 27. "[...] se trata más bien de un sistema, donde subsisten intactas las polaridades antagonistas, que de una síntesis en la cual la tesis y la antítesis pierden incluso sus potencialidades de contradicción'. Hegel trata de [...] abolir [...] las polaridades antagonistas mientras que Lupasco trata más bien de asumirlas e integrarlas" (trad. del autor).

[311] NICOLESCU, *Nous...*, cit., pág. 15. Lo que había señalado en mi tesis doctoral cuando mencioné la "justicia oscilante".

[312] NICOLESCU y CAMUS, op. cit., pág. 43.

[313] BORDIN y otros, op. cit., pág. 32.

términos complejos algunos, como el holismo y el multidimensionalismo, pero que no coinciden con la dialéctica, rechazada por Morin por ser incompatible con la complejidad. Dialéctica que tampoco es compatible con una visión transdisciplinaria, básicamente por su carácter determinista y lineal. Otros trabajos aluden a la transdisciplina, solamente nombrándola[314] o mencionando su idea principal sin desarrollarla.[315]

Nicolescu explica lo que el trialismo llama unidimensionalismos, que puedo definir haciendo referencia a la realidad reducida a lo sagrado que conduce a los fanatismos y al integrismo religioso.[316] Del cual no escapa país ni religión alguna: por ejemplo, el catolicismo en Argentina, que niega los métodos de contracepción y el matrimonio igualitario; el judaísmo en Israel, que cree fijos los límites del territorio por la Biblia; el Corán en Irán, que somete sin piedad a mujeres y homosexuales y responde al mal con mal a través del Talión, y el protestantismo en EE. UU.,

---

[314] MAINETTI, "Paradigma...", cit., pág. 26. Véase también HOOFT, Pedro, "Bioética y transplante", en HOOFT, Pedro, *Bioética y Derechos Humanos. Temas y casos*, 2ª ed., Bs. As., LexisNexis, 2004, pág. 120; BERGEL, op. cit., págs. 316, 317. Hay una referencia a la interdisciplina en TINANT, Eduardo, "Bioética jurídica", en AA.VV., *Diccionario Latinoamericano de Bioética*, dirigido por Juan Carlos Tealdi, Bogotá, UNESCO, 2008, pág. 169. Se alude a ella en una actividad del Instituto de Derecho Ambiental del Colegio de Abogados de Rosario, que tuvo lugar el 4 de diciembre de 2012, llamada "Seminario transdisciplinario. Agrotóxicos, salud y justicia". ¿Acaso la justicia no es inherente a un tratamiento jurídico? También hay un abuso de la idea, que roza el conocimiento vulgar, en http://goo.gl/Eqmzb5, donde se hace alusión a cursos interdisciplinarios, mezclándose distintos temas de distintas áreas.

[315] VIDAL, "Los comités...", cit., pág. 403. "[...] este nuevo modelo de abordaje de la conflictiva ética de la salud ha sido más bien transversal, se introdujo en los campos del conocimiento sin una estructura formal [...]". Véase también PEÑA VERA, Tania y PIRELA MORILLO, Johann, "La complejidad del análisis documental", en *Información, cultura y sociedad*, nº 16, 2007, págs. 55-81, en http://goo.gl/FPxaid (15/7/2012), pág. 60. RODRÍGUEZ MARTÍNEZ, Eduardo, "¿Es posible una sociología jurídica crítica? Elementos para una reflexión", en *Opinión jurídica*, 9(17), Medellín, Univ. de Medellín, 2010, pág. 22.

[316] NICOLESCU, *La transdisciplinarité. Manifeste*, cit., pág. 108.

que niega la investigación con células madre y el avance científico que ello implicaría para el combate de las enfermedades degenerativas del cerebro.

Si bien ambos filósofos coinciden en un espacio de no racionalización, Morin le dará el nombre de lo "misterioso" y Nicolescu le llamará "sagrado".[317] A lo largo de toda la obra del filósofo rumano-francés se puede percibir su religiosidad.[318] Esta zona de no-resistencia se debe a las limitaciones de nuestro cuerpo y nuestros sentidos.[319] Nicolescu dedica un especial lugar al tratamiento que Morin hace de una nueva forma de pensar con relación a cómo tratar lo irracional y lo inconcebible, con los cuales hay que negociar.[320] Por ello señala, citando al filósofo francés, que no hay que servir al orden o al desorden sino servirse de ambos.[321] Las posturas coinciden al plantear en el fondo la problemática de la unidad de la especie humana.[322] Ambos pensadores se asemejan también al tratar la ruptura que se dio a partir de la Edad Moderna entre las ciencias y las humanidades, donde se separó el sujeto de la realidad "objetiva".[323] Nicolescu señala que proclamar la existencia

---

[317] "The zone of non-resistance corresponds to the *sacred*, that is to say to *that which does not submit to any rationalization*". NICOLESCU, "Transdisciplinarity...", cit.. "La zona de no-resistencia corresponde a lo sagrado, lo que significa que es aquello que no se somete a racionalización alguna" (trad. del autor). Véase también NICOLESCU, *La transdisciplinarité. Manifeste*, cit., pág. 80.

[318] Sobre el tema véase NICOLESCU, *Science...*, cit.. A tal punto que señala que el pensamiento cristiano sobre la Trinidad constituye el componente que permitió el nacimiento de la ciencia moderna. Íd., pág. 22). Esta idea de no racionalizar "lo sagrado" debe cuidarnos de admitir posturas evidentemente irrazonables, muy frecuentes en los pensamientos religiosos, que con gran frecuencia suelen contradecir demostraciones científicas como el profiláctico y su relación de prevención respecto del VIH-SIDA.

[319] NICOLESCU, *Qu'est que la réalité...*, cit., pág. 57.

[320] Íd., pág. 35.

[321] Ibídem.

[322] MORIN y PIATELLI-PALMARINI, op. cit., págs. 188-189.

[323] Véase NICOLESCU, "Transdisciplinarity – Past...", cit.; MORIN, *El Método 6...*, cit., pág. 194; MORIN, *El Método 4...*, cit., pág. 71.

de un único nivel de realidad elimina lo sagrado,[324] lo que traducido al campo del Derecho, en las Ciencias Sociales, significaría eliminar a la justicia de la jurística, con todas las consecuencias negativas que ello traería, y convertir al Derecho en mera normatividad, dócil al servicio de los poderosos. Así también, el filósofo rumano-francés expresa que el tercio-incluso que actúa secretamente para unificar los niveles de realidad sería lo sagrado, lo cual traducido al campo del Derecho implicaría hablar de la justicia como el "hilo" de la complejidad en el Derecho.[325] Nicolescu aclara que lo sagrado no implica la creencia en Dios, sino la experiencia de una realidad y la fuente de la consciencia de existir en el mundo.[326] En efecto, en una oportunidad señala, a propósito del estudio de Böheme: "Le respect de la Nature, conçue comme 'corps de Dieu' implique le respect de l'intelligence cachée dans les lois de la Nature".[327] Las características que el filósofo rumano-francés le asigna a lo "sagrado" se asemejan mucho a la justicia "trialista". "[...] il se traduit par un sentiment, celui de la présence du *Nous*, de ce qui relie les êtres et les choses et, par conséquent, il induit dans les tréfonds de l'être humain le respect absolu des alterités unies par la vie commune sur une seule et même Terre".[328] De esta manera, la

---

[324] NICOLESCU, *La transdisciplinarité. Manifeste*, cit., pág. 80.

[325] Sobre el tema véase el cap. 12 -"El eje del sistema"- de mi tesis doctoral, cit. Nótese que hablar de "hilo" de la complejidad no implica, como ya lo señalé, unificar ni sintetizar una dimensión en otra. Cfr. También GALATI, "Introducción...", cit.

[326] NICOLESCU, *Qu'est-ce que la réalité...*, cit., pág. 60.

[327] NICOLESCU, *Nous...*, cit., pág. 164. "El respeto de la Naturaleza, concebido como 'cuerpo de Dios' implica el respeto de la inteligencia escondida en las leyes de la Naturaleza" (trad. del autor).

[328] NICOLESCU, *Qu'est-ce que la réalité...*, cit., pág. 60. "[...] ello se traduce por un sentimiento, aquel de la presencia de Nosotros, de aquello que religa los seres y las cosas y, por consecuencia, él induce en los fondos del ser humano el respeto absoluto a las alteridades unidas por la vida común sobre una sola y misma Tierra" (trad. del autor).

transdisciplinariedad puede ser el ámbito para encontrarle sentido a lo que no suele tenerlo, y no solamente lo que es común a las disciplinas.[329]

Nótese cómo también Morin habla de una ética de la religación de naturaleza eminentemente humana:

> La ética es, para los individuos autónomos y responsables, la expresión del imperativo de religación. [...] religación con el prójimo, religación con los suyos, religación con la comunidad, religación con la humanidad y, en última instancia, inserción en la religación cósmica.[330]

El filósofo francés habla de "asumir la condición humana". "Cuando más consciencia tomamos de que estamos perdidos en el universo y de que estamos metidos en una aventura desconocida, más necesidad tenemos de ser religados a nuestros hermanos y hermanas en la humanidad".[331] Y en esta humanidad funda la religación. "[...] la solidaridad, la amistad, el amor son los cimientos vitales de la complejidad humana".[332] Por ello se aleja de la abstracción de las religiones, que bloquean el amor entre los humanos, petrificándolo, para consagrar el amor, fuente suprema de la ética, en lo mortal,[333] antónimo de lo inmortal. Menciona también las fuentes cósmicas de dicha religación. "'Todo lo que es cósmico concierne esencialmente

---

[329] SNACKEN, J., "Problèmes de coopération interdisciplinaire", en AA.VV., *Thérapies interculturelles. L'interaction soignant-soigné dans un contexte multiculturel et interdisciplinaire*, dirigido por Johan Leman y Antoine Gailly, Bruxelles, De Boeck-Wesmael, 1991, pág. 122.

[330] MORIN, *El Método 6...*, cit., pág. 40.

[331] Íd., pág. 41. "[...] en lugar de soñar con [...] el paraíso, vale más reconocer la necesidad vital, social y ética de amistad, de afecto y de amor hacia los humanos que, sin ello, vivirían en la hostilidad y la agresividad [...]". Íd., pág. 41. La ética ha emergido en las grandes religiones universalistas, como el cristianismo, el islamismo, el judaísmo y el budismo, pero ha sido parasitada por su tendencia monopólica y su intolerancia hacia las otras religiones. íd., pág. 176.

[332] Íd., pág. 41.

[333] Íd., págs. 41 y 42.

al hombre, todo lo que es humano concierne esencialmente al cosmos'. El cosmos nos ha hecho a su imagen. Al nacer, el mundo aportaba su muerte. Al nacer, la vida llevaba en sí su muerte".[334] Por otra parte, Nicolescu señala que una crítica hacia el tercio incluso puede provenir de la reserva hacia la trinidad cristiana.[335] Alguna analogía hay, es cierto, pero no es el único grupo de tres que podemos ver. Además, hemos visto en mi tesis doctoral cómo es posible laicizar la axiología católica de Goldschmidt y metodologizarla, liberándola de contenidos religiosos.

En varias oportunidades Goldschmidt hace mención de la justicia como un sentimiento. También se hace referencia al Derecho como aquello que enlaza, según su etimología.[336] Y la vida en común hace referencia al componente de igualdad que no debe dejar de formar parte del principio de justicia del Derecho. Algo interesante a lo que hace referencia Nicolescu es la mención de la intuición según Heisenberg, en tanto su rol consistiría en atravesar el abismo que existe entre el sistema de los conceptos ya conocidos y el nuevo.[337] Lo que parece asemejarse a la concreción de un ámbito de superación de la norma, que se daría en el seno de la justicia. La deducción formal es incapaz de dar este salto, tal como también se puede apreciar con respecto a la lógica, incapaz de justificar sus premisas por fuera de ella misma.

---

[334] Íd., pág. 40.
[335] NICOLESCU, *Qu'est-ce que la réalité...*, cit., pág. 134.
[336] Sobre el tema véase GALATI, *La costumbre en el Derecho argentino. Análisis jusfilosófico y trialista de la "razón" del pueblo*, Bs. As., Teseo-Universidad Abierta Interamericana, 2015, tb. en http://goo.gl/76Jb6K (23.5.2015). Los sociólogos también señalan como una característica del Derecho a la alteridad. TERRERA, Guillermo, *Tratado teórico-práctico de Sociología*, Bs. As., Plus Ultra, 1969.
[337] NICOLESCU, *Qu'est-ce que la réalité...*, cit., pág. 63.

En vinculación con el espacio de "no racionalización"
se encuentra el tema relativo a lo que ocurrirá en el futuro
con el universo. Morin tiene una versión "final" en donde
todo terminará producto de la extinción del Sol, que es
nuestro "combustible" vital. En efecto, "[...] con los aportes
de la cosmología contemporánea, se propagó el saber de
que la Tierra y el Sol morirán, llevándose la vida en su nau-
fragio".[338] Por su parte, Nicolescu se pregunta si es posible
que la vida pueda cambiar las leyes físicas que hoy parecen
implicar la extinción de la vida y el universo.[339] A lo cual
hay que sumar que el propio Morin señala, sobre la base
de las investigaciones en cosmología, que el universo está
en expansión,[340] por lo que puede terminar "nuestra" vida,
aunque tal vez se creen otras.

El filósofo francés habla reiteradamente de la biode-
gradabilidad de las ideas, es decir que ellas pueden ser
reciclables, en el sentido de tomar de ellas algún elemento
y reintroducirlo, obviamente modificado, en la forma que
se considere conveniente, en los nuevos pensamientos. Al
no haber certidumbre histórica, el desarrollo multidimensional es biodegradable, es decir, sometido al principio de
degradación y renovable.[341] Ello puede ser más respetuoso
de la tradición, que por alguna razón ha existido. Mientras
que Nicolescu directamente ha hablado en alguna oportu-

---

[338] MORIN y KERN, Anne Brigitte, *Tierra-Patria*, trad. de Ricardo Figueira, Bs. As.,
Nueva Visión, 2006, pág. 111.

[339] NICOLESCU, *Nous...*, cit., pág. 113.

[340] "[...] nuestro universo, que sabíamos estaba en curso de dilatarse a partir del
descubrimiento de Hubble de la expansión de las galaxias, era también un universo del cual provenía, desde todos los horizontes, una radiación isotrópica,
que semejaba ser el resto fósil de una suerte de explosión inicial". MORIN, *Introducción al pensamiento...*, cit., pág. 92. Aquella idea del dinamismo comenzó en
1929 con Edwin Hubble, quien llegó a la conclusión de que el universo está en
expansión y, por ende, en algún momento todos los objetos debieron haber
estado más juntos entre sí. HAWKING, Stephen W., *Historia del tiempo. Del big
bang a los agujeros negros*, Bs. As., Planeta-De Agostini, 1992, pág. 26.

[341] MORIN y KERN, op. cit., pág. 119.

nidad de tirar a la basura las viejas ideas. "Il faut avoir le courage de jeter, de temps en temps, les idées et les 'visions du monde' dépassées, même si elles sont profondément ancrées dans nos habitudes, aux 'poubelles de l'histoire'".[342] Incluso las ideas religiosas, las más carcomidas por las evidencias naturales y científicas, pueden tomarse como ideales ascéticos del ser humano. En efecto, dice más adelante Nicolescu:

> Les idées dépassées ont été, malgré tout, nécessaires à certaines époques pour faire avancer nos connaissances. Elles gardent même une certaine validité pour une étude approximative de certains phénomènes, à une certaine échelle. Mais l'obstination de préserver à tout prix ces idées comme fondement d'une 'vision du monde', exclusive et totalitaire, équivaudrait à une des pires aberrations de la pensée [...].[343]

En este sentido, he señalado la importancia de la pantonomía de la justicia, que Goldschmidt asocia a la divinidad que todo lo sabe, conoce y puede, con la aspiración humana a lograr esos "ideales", construidos en última instancia por el ser humano.

También puede señalarse como otro matiz el hecho de que Nicolescu asocie la ciencia a la predicción: "[...] *la fausse science* est caractérisée par l'introduction arbi-

---

342 NICOLESCU, *Nous...*, cit., pág. 240. "Hay que tener el coraje de tirar, de tiempo en tiempo, las ideas y las 'visiones del mundo' anticuadas, incluso si están profundamente ancladas en nuestros hábitos, a los 'cestos de la historia'" (trad. del autor). "L'expression 'poubelles de l'histoire' est peut-être trop forte –c'est plutôt d' 'entrepôts de l'histoire' qu'il faudrait parler". Íd. "La expresión 'cestos de la historia' es tal vez demasiado fuerte –habría que hablar mejor de 'depósitos de la historia'–" (trad. del autor).

343 Íd., pág. 240. "Las ideas anticuadas fueron, a pesar de todo, necesarias en ciertas épocas para hacer avanzar nuestro conocimiento. Ellas guardan incluso una cierta validez para un estudio aproximativo de ciertos fenómenos, a una cierta escala. Pero la obstinación de preservar a cualquier precio esas ideas como fundamento de una 'visión del mundo', exclusiva y totalitaria, equivaldría a una de las peores aberraciones del pensamiento [...]" (trad. del autor).

traire d'hypothèses non-prédictives et non-engendrées par la dynamique propre des idées scientifiques."[344] Lo que no caracteriza así al trialismo y que expresa una parte del pensamiento complejo, que incluye en la ciencia también la comprensión:[345]

> [...] sólo la comprensión permite captar sus necesidades [del conocimiento sociológico], deseos, finalidades y sus relaciones con los valores (Rickert). Dentro de esta vía ha podido desarrollarse un método muy racional, la hermenéutica, que se esfuerza por interpretar no sólo las conductas, sino todo lo que tiene rasgos de intenciones y finalidades humanas (archivos, obras, monumentos, técnicas, etc.).[346]

La manera de introducir el ansiado valor en las ciencias es tomando contacto con las disciplinas que lo desarrollan, como la ética, la filosofía de la justicia, entre otras. Y para ello hay que articular las disciplinas, las ciencias, tema del próximo capítulo.

---

344 Íd., pág. 241. "[...] la falsa ciencia es caracterizada por la introducción arbitraria de hipótesis no-predictivas y no-engendradas por la dinámica propia de las ideas científicas" (trad. del autor). Véase también, íd., pág. 243. Aunque luego señala: "[...] la nouvelle transdisciplinarité ne pourra pas se faire par une excessive formalisation mathématique ou par une étude excessivement quantitative". Íd., pág. 242. "[...] la nueva transdisciplinariedad no podrá hacerse por una excesiva formalización matemática o por un estudio excesivamente cuantitativo" (trad. del autor).

345 Véase MORIN, *El Método 3...*, cit., pág. 161; MORIN, *Articular...*, cit., págs. 31-32.

346 MORIN, *El Método 3...*, cit., pág. 162.

2

Atravesando las disciplinas

Trataré de distinguir las categorías políticas de la ciencia. Digo "políticas"[347] porque dichas unidades de análisis que estudiaré tratan de convivir organizando los conocimientos. Dicha organización apunta a que las ciencias convivan armoniosamente, respetando sus identidades, buscando acuerdos para servir al fin último del conocimiento que es la mejora del ser humano, lo que también será materia de discusión entre las disciplinas, frente al avance de la genética y la posibilidad de una nueva especie. De ahí que el diálogo sea fundamental y la ciencia política es una herramienta importante.

Tanto Morin como Nicolescu distinguen las *categorías científicas de la ciencia*, es decir, la multidisciplinariedad, la interdisciplinariedad y la transdisciplinariedad. No será objeto de este trabajo el panorama de las principales ideas vinculadas a la interdisciplina y la transdisciplinariedad, herramientas metodológicas de moda. Sino que se apuntará a caracterizar la transdisciplinariedad tomando de la interdisciplina sus principales ideas afines y diferenciadoras, en general.

---

[347] Sobre el tema véase GALATI, "La ciencia de la transdisciplinariedad o política compleja", en *Revista Desafíos*, 1(27), Bogotá, Universidad del Rosario, 2015, págs. 83-120.

13. Cabe señalar como una introducción, a la manera de transición entre la disciplina y la multidisciplina, algunos caracteres de la disciplina, que militan contra la multidiscplina como género, y en la cual podemos colocar todas sus variantes, incluida la transdisciplinariedad.

> Le besoin de sécurité, l'instinct de propriété, le sentiment de territorialité, le désir d'obtenir rapidement des résultats sont autant de mobiles qui militent pour la monodisciplinarité; en revanche, le désir d'appartenir à une collectivité, de participer, de donner un sens à la vie, la soif d'aventure parlent en faveur de l'interdisciplinarité.[348]

Pareciera que la monodisciplinariedad es el conocimiento de las categorías multidisciplinarias y su abandono consciente, tal vez por falta de estatus epistemológico, mientras que la *"disciplinariedad"* es el desconocimiento de las relaciones categoriales entre las ciencias ya presentadas.

14. La *multidisciplinariedad*, o pluridisciplinariedad según Nicolescu, significa estudiar un tópico de una única y misma disciplina por más de una disciplina al mismo tiempo.[349] Hay aquí simplemente una yuxtaposición de dis-

---

[348] APOSTEL, "Les instruments...", cit., pág. 177. "La necesidad de seguridad, el instinto de propiedad, el sentimiento de territorialidad, el deseo de obtener rápidamente resultados son tantos móviles que militan por la monodisciplinariedad; sin embargo, el deseo de pertenecer a una colectividad, de participar, de dar un sentido a la vida, la sed de aventura hablan a favor de la interdisciplinariedad" (trad. del autor).

[349] NICOLESCU, *La transdisciplinarité. Manifeste*, cit., pág. 64. Sería el caso de la filosofía marxista, que puede ser estudiada por la visión cruzada de la filosofía, la física, la economía, el psicoanálisis o la literatura. "[...] sumar varias disciplinas, agrupando sus esfuerzos para la solución de un determinado problema [...]". MARTÍNEZ MIGUÉLEZ, op. cit., pág. 43. Otros la ven como "una mera aditividad entre diferentes áreas del saber [...]". FOLGUERA, Guillermo, "Avatares en las relaciones disciplinares. El caso de la caracterización del hombre en la biología evolucionista y la filosofía existencialista", en *Prometeica. Revista de Filosofía y Ciencias*, nº 4, 2011, en http://goo.gl/dRDSu7 (30/5/2015), pág. 5.

ciplinas.[350] Lo que generará que la disciplina en cuestión incorpore las perspectivas de las otras disciplinas, pero este "plus" siempre está al servicio de la disciplina en consideración.[351] El conocimiento del objeto en la propia disciplina se profundiza por el aporte pluridisciplinario.[352] Si bien se rebasan los límites disciplinarios, la meta se mantiene en el marco de la investigación disciplinaria.[353] Morin habla de la polidisciplinariedad, y si bien dice que implica cooperación, reunión, diálogo entre diversas disciplinas para abordar un fenómeno determinado, lo que significa intercambio de información y métodos y eventual nacimiento de nuevas disciplinas, hay un marcado rasgo reduccionista.[354]

Con respecto al origen de esta visión, cabe destacar el positivismo, en donde se limita el campo de las ciencias a lo observable, a la descripción, a la medida y a la relación de los fenómenos descubriendo leyes más o menos generales, rehusando la búsqueda de las causas.[355] Y hay que resaltar sobre todo la creencia de que dividiendo se accede mejor al conocimiento. Recuérdese que Kelsen expulsó las relaciones causales de la ciencia jurídica, gran causa de la desconexión del Derecho de su realidad vital. Justificando la conexión de la realidad social con el Derecho, *mutatis mutandi*, señala Piaget: "[...] combien la recherche des explications causales est à la fois indispensable à l'activité scientifique et source de connexions interdiscipli-

---

350 DUGUET, Pierre, "L'approche des problèmes", en AA.VV., *L'interdisciplinarité...*, cit., pág. 10.
351 NICOLESCU, *La transdisciplinarité. Manifeste*, cit., pág. 65.
352 Íd.
353 NICOLESCU, "Transdisciplinarity – Past...", cit. Véase también NICOLESCU, *La transdisciplinarité. Manifeste*, cit., pág. 65.
354 MORIN, *Articular...*, cit., pág. 29.
355 PIAGET, "L'épistémologie...", cit., pág. 132.

naires".[356] Todo lo cual hace el trialismo con su dimensión sociológico-jurídica, y con su horizonte de sociología jurídica. Contra la unidad del conocimiento, surge un despedazamiento de lo real en territorios más o menos separados que se corresponden a los dominios bien delimitados de las diversas disciplinas científicas.

Cabe señalar que la formación universitaria contribuye a la visión multidisciplinar, por el marcado sesgo divisor, segmentador, reduccionista y especialista que hay a cada paso en todos sus cuadros. "Elle développe elle-même son enseignement et sa recherche dans des facultés [...] jalouses d'un isolement qui leur apparaît être la condition de leur reconnaissance budgétaire et de leur survie scientifique".[357] Esto tendría aplicación en alguna jornada en donde se invita a distintos profesionales que tocan un tema que los aglutina, lo que a nivel organizacional toma la forma de una reunión con mesas redondas, coloquios, etc.[358] Entonces se desarrollaría una discusión en donde cada uno daría su punto de vista.[359] A nivel pedagógico puede asimilarse a la enseñanza simultánea de las ciencias que señalan dominios diferentes.[360] En el caso de los comités de bioética, cada profesional participante daría su propio diagnóstico[361] o su punto de vista, lo que difícilmente permitiría llegar a un resultado común y en el mejor de los casos se

---

[356] Íd. "[...] cuando la investigación de explicaciones causales es a la vez indispensable para la actividad científica y fuente de conexiones interdisciplinares" (trad. del autor).
[357] RESWEBER, op. cit., pág. 70. "Ella misma desarrolla su enseñanza y su investigación en las facultades [...] celosas de un aislamiento que les aparece ser la condición de su reconocimiento presupuestario y de su supervivencia científica" (trad. del autor).
[358] Íd., págs. 71-72.
[359] Íd., pág. 72.
[360] Íd., pág. 71.
[361] Íd., pág. 72.

brindaría la recomendación por "sí" o por "no", con escasísima fundamentación, que es lo que enriquece su labor y la hace demandada.

No hay una síntesis de los puntos de vista en cuestión. Sólo hay una clarificación de un mismo objeto desde distintos aspectos, pero no hay intento de armonizarlos.[362] El objeto es el protagonista, la problemática. De ahí que el esfuerzo articulador quede en manos del auditorio, el alumno, etc.[363] La problemática sirve de unión a las clarificaciones sucesivas y simultáneas.[364] Nadie intentaría criticar la significación aportada ni la validez de su existencia.[365] A lo sumo se aclararán los malentendidos, se responderán preguntas y las respuestas mostrarán la complejidad del tema abordado.[366]

Piaget lo llama el estadio inferior según la interacción de los componentes, en tanto la solución de un problema requiere la información prestada a dos o más ciencias, sin que las disciplinas en cuestión sean modificadas o enriquecidas. Esto puede constituir el estado de partida. Es lo que suele ocurrir con los llamados grupos, reuniones o encuentros interdisciplinarios que sólo se quedan a un nivel de información mutua y acumulativa sin interacción. En estos casos será un placer recibir la información, remediar las ignorancias y se escucharán con cortesía las exposiciones, pero sin que haya interés por las preocupaciones de dichos especialistas. Por ejemplo, en el caso de la Geología, donde un especialista en tectónica es requerido para reconstruir la historia y explicar la formación de una cadena de montañas, que tiene necesidad de los conocimientos

---

362 Íd., pág. 73.
363 Íd., pág. 74.
364 Íd., pág. 73.
365 Íd.
366 Íd., pág. 74.

de un paleontólogo y de los conocimientos de un especialista en minerales para determinar los estados de los terrenos. No hay acción de regreso.[367] No hay idea y vuelta.

15. La *interdisciplinariedad.* Lo que no se plantea un
pensamiento complejo y transdisciplinario es la interdisciplinariedad, que si bien para muchos no es yuxtaposición,
es un tipo de integración que puede llamarse impura, confusa, desorganizada, inorgánica, casi yuxtapuesta.

> [...] sería del todo insuficiente el conformarse con convocar a
> estas disciplinas alrededor de una mesa redonda. Lo que [...]
> interesa [...] no depende de la yuxtaposición de "factores" aisla-
> dos, repartido cada uno en una disciplina, sino de sus interaccio-
> nes en el seno de un sistema global *homo*, constituido precisa-
> mente por esas interacciones.[368]

Para Follari la transdisciplina es definida como "[...]
el tipo de interrelación que une orgánicamente aspectos
de diversas disciplinas en relación con un objeto nuevo no
abarcado por ninguna de ellas".[369] En este caso, propongo
al trialismo como un caso de aplicación transdisciplinaria en donde no hay objeto nuevo, sino la visión de un
objeto tradicional desde otra perspectiva. Mientras que la
interdisciplina sería para el autor la interacción de disciplinas diferentes, en el sentido de que las modalidades de
una puedan servir a otra, como por ejemplo, la noción de
"estructura" tomada por Levi-Strauss desde la lingüística[370]
y aplicada a la antropología. Morin expresa que

---

367 PIAGET, "L'épistémologie...", cit., pág. 141.
368 MORIN y PIATELLI-PALMARINI, op. cit., pág. 206.
369 FOLLARI, Roberto, "Estudios culturales, transdisciplinariedad e interdisciplina-
    riedad (¿hegemonismo en las ciencias sociales latinoamericanas?)", en *Utopía y
    Praxis Latinoamericana*, nº 14, 2001, pág. 41.
370 Íd., pág. 41.

[...] Claude Lévi-Strauss no hubiera podido elaborar su antropología estructural si no hubiera frecuentado, en New York, bares en donde se encontraba con Jakobson, que había ya elaborado la lingüística estructural; y [...] [ambos] no se hubieran encontrado si uno y otro no hubieran sido refugiados de Europa, uno habiendo huido algunos decenios antes de la revolución rusa, y el otro habiendo abandonado Francia ocupada por los nazis.[371]

Lo que muestra la

[...] interdependencia entre el sistema de signos lingüísticos y el sistema más general de signos sociales descubierto gracias al estudio etnográfico. [...] para la constitución de una semiología general, disciplina que entrevió F. de Saussure y hacia la cual se orientan los trabajos más recientes del estructuralismo lingüístico contemporáneo.[372]

Piaget señala los contactos de los análisis lingüísticos de Saussure y los sociológicos de Durkheim respecto del carácter colectivo e institucional de la lengua, en el sentido durkheimiano, opuesta al habla en cuanto a las partes respectivas de la colectividad y del individuo en las innovaciones, lingüísticas para Saussure y cualesquiera para Durkheim.[373]

La semiología etnográfica que entonces se arma es producto de un estructuralismo que abarca métodos para las estructuras significadas y los sistemas significantes, donde también participa el álgebra general y la matemática cualitativa que es la lógica contemporánea.[374]

Cuando Piaget estudia la interdisciplina la caracteriza como aquella que permite la colaboración entre disciplinas diversas o entre sectores heterogéneos de una misma

---

371 MORIN, *Articular...*, cit., pág. 41.
372 PIAGET, *Psicología...*, cit., pág. 122.
373 Íd., pág. 120.
374 Íd., pág. 122.

ciencia.[375] El trialismo cumple las directivas interdisciplinarias en el sentido piagetiano, al portar sectores heterogéneos dentro de sí. Todo lo cual conduce a interacciones,
es decir, reciprocidades en los intercambios, lo que implica
un enriquecimiento mutuo, producto del resultado de una
búsqueda más profunda que recala en las estructuras.[376]
Vemos entonces que no hay disciplina nueva, sino "diplo-
macia académica", aunque el autor suizo profundiza y no se
queda en el intercambio, siendo entonces la interdisciplina
el paso previo a la transdisciplinariedad en donde aquí sí
hay un objeto nuevo, con sectores heterogéneos, vocabulario nuevo, es decir, una nueva "disciplina", pero compleja.

La interdisciplina sólo coordina las relaciones diplo-
máticas entre las disciplinas, determinando sus fronteras,
las zonas francas, los códigos de comunicación e incluso,
en el mejor de los casos, abre el espíritu a los demás puntos
de vista.[377] La interdisciplina es integración de conceptos y
métodos de las disciplinas.[378] Se habla de límites, de disciplinas vecinas.[379] De hecho se señala como un fundamento
de la interdisciplina "[...] la cooperación económica, científica y técnica entre los Estados [que] se ha convertido
en una necesidad objetiva de orden internacional [...]".[380]
Puede haber intercambio y cooperación[381] e incluso Nicolescu señala la posibilidad de transferencia de métodos de

---

[375] PIAGET, "L'épistémologie...", cit., pág. 142.
[376] Íd.
[377] MORIN y PIATELLI-PALMARINI, op. cit., pág. 206.
[378] DUGUET, op. cit., pág. 10.
[379] SMIRNOV, Stanislav, "La aproximación interdisciplinaria en la ciencia de hoy.
Fundamentos epistemológicos y ontológicos. Formas y funciones", en AA.VV.,
Interdisciplinariedad..., cit., pág. 62.
[380] Íd., pág. 56.
[381] MORIN, Articular..., cit., pág. 50. "[...] especialistas de un campo científico
emprende[n] [...] actividades de investigación en otros campos". SMIRNOV, op.
cit., pág. 65.

una disciplina a otra.[382] Se señala como ejemplo de intercambios la "[...] utilización del material empírico de una ciencia para la elaboración de las estructuras empíricas de otra, y utilización de la teoría de una ciencia para la elaboración del material empírico de otra".[383] También se señala que la abstracción es lo que hace posible la transferencia de estructuras de un campo de estudio a otro, precisamente por la generalidad de éstos.[384] Hay una conexión entre lo anterior y la generalidad que cabe pensar de los métodos que bien pueden aplicarse tanto a una como a otra disciplina,[385] es decir, son transferibles, portables. "[...] los métodos de una disciplina pueden ser aplicados, más o menos fácilmente, tal como son, o con algunas modificaciones, a otras disciplinas".[386] Esta transferencia es posible precisamente por el empleo inteligente de la analogía, que permite desplazar los niveles de simbolización de una disciplina en relación con otra. Piaget habla del isomorfismo, o de correspondencia,[387] en donde los especialistas perciben el hecho de que sus análisis terminan por desprender estructuras semejantes y los detalles en un dominio son susceptibles de aclarar otro.[388] "[...] en philosophie, la

---

[382] NICOLESCU, "Transdisciplinarity – Past...", cit. El filósofo rumano-francés hace referencia a una interdisciplinariedad de aplicación, donde los métodos de la física nuclear se transfieren a la medicina y conducen a la aparición de nuevos tratamientos contra el cáncer; una interdisciplina epistemológica, donde se han transferido los métodos de la lógica formal en el Derecho (véase su aplicación en la Escuela Analítica); y un nivel interdisciplinario donde se crean nuevas disciplinas, como es el caso de la transferencia de los métodos de la matemática a la física, que creó la física matemática; de la física de partículas a la astrofísica, que creó la cosmología cuántica; de la informática al arte, que creó el arte informático. Íd. NICOLESCU, *La transdisciplinarité. Manifeste*, cit., pág. 148.

[383] SMIRNOV, op. cit., pág. 64.

[384] Íd., pág. 57.

[385] Íd.

[386] Ibídem

[387] PIAGET, "L'épistémologie...", cit., pág. 143. Incluso el autor luego habla de grados de intercambios: desplazamientos, proyecciones, afinidades, similitudes. Íd.

[388] Íd., pág. 142.

relation du sens à l'existence est analogue à celle que le
théologien postule entre Dieu et l'homme [...]; en droit, la
loi est aux membres du groupe ce que, du point de vue de la
psychanalyse, le père est au sujet [...]".[389] Piaget señala otro
ejemplo cuando los etnógrafos se sirven del estructuralismo lingüístico para desenredar un conjunto de mitos; y
estos análisis contribuyen a dar cuenta del carácter simbólico de los mitos, lo que se orienta entonces en el sentido de
la constitución de una semiología general.[390] Lo fundamental del pensamiento del autor suizo es que en la interdisciplina hay intercambio: una disciplina, producto de la similitud estructural, da y recibe. Otro ejemplo se da respecto
del conjunto de conexiones posibles entre las estructuras
lingüísticas y otras estructuras de un tipo diferente, como
las de los sistemas operatorios de la inteligencia.[391]

Un ejemplo de interacción de disciplinas, al punto del
surgimiento de una nueva, es el caso de la Biofísica, que
se plantea como un ámbito en donde la comprensión de
lo vivo, objeto de la Biología, es imposible sin la utilización
de las aproximaciones físicas. El desarrollo de los niveles
molecular y genético impacta en el estudio de las enfermedades, como el cáncer, el envejecimiento, es decir, se
afecta el proceso de la vida. Para entender los cambios que
se producen en el ADN es necesario conocer los procesos
físicos de las interacciones entre las moléculas que constituyen estos sistemas. También se utilizan los mecanismos
de acción de las moléculas (ámbito físico) en relación con
los procesos genéticos (biológicos). Por ejemplo, se puede

---

[389] RESWEBER, op. cit., pág. 96.
[390] PIAGET, "L'épistémologie...", cit., pág. 142.
[391] Íd., pág. 143.

estudiar la interacción de la cafeína en el ADN, que a su vez
interacciona en muchos medicamentos para el tratamiento de enfermedades.[392]

> [...] el físico sugiere el diseño de ciertas moléculas con determi-
> nados grupos atómicos con propiedades que inhiben o facilitan
> los procesos en el ADN, el químico los valora y puede sintetizar
> dichas moléculas, posteriormente el biólogo evalúa las propie-
> dades biológicas de ellas, que seguidamente el médico podría
> aplicar en humanos. En este ejemplo se expresa claramente el
> carácter multidisciplinario del trabajo del biofísico.[393]

Lo que se plantea como un hallazgo en 2005, ya lo
decía Piaget en 1970:

> El biólogo sabe bien que tiene necesidad de física y de química,
> el químico sabe bien que tiene necesidad de física y de química,
> el químico sabe que su ciencia reposa sobre la física, un físico
> sabe que no puede hacer nada sin las matemáticas [...][394]

Otro ejemplo de interdisciplinariedad se da a propósito de la documentación, en tanto para su adecuado
tratamiento hay que enfatizar las dimensiones lingüística,
discursiva y psicológica de dicho proceso.[395] "El estudio del
análisis documental y de las implicaciones discursivas que
subyacen en él constituyen un asunto en el que confluyen
lo psicológico, lo cognitivo, lo contextual, lo ideológico".[396]

---

[392] GONZÁLEZ JIMÉNEZ, Eduardo e IVANOVICH POLTEV, Valery, "La Biofísica,
¿ciencia básica o aplicada?", en *Elementos: Ciencia y Cultura*, 12(57), Puebla,
México, Benemérita Universidad Autónoma de Puebla, 2005, págs. 47-49, en
http://goo.gl/agUQaP (30/5/2015).

[393] Íd., pág. 49.

[394] PIAGET, *Psicología...*, cit., pág. 115.

[395] Véase PEÑA VERA y PIRELA MORILLO, op. cit.

[396] Íd., pág. 60.

A la hora de hablar de la Psicología, Piaget señala los contactos que tiene con la neurología y con toda la biología en los terrenos psicofisiológicos y etológicos (psicología animal). Las mismas tendencias se encuentran en los trabajos sobre fonética experimental en unión con las leyes de la fonación y en las investigaciones cibernéticas, eslabón entre las ciencias humanas y las biológicas, por un lado, y exactas, por otro.[397] Con lo que se llama la Psicología Social, la Psicología se pone en contacto con la Sociología, lo que puede verse en temas como las operaciones intelectuales, los sentimientos morales, la voluntad, etc.[398] Luego señala que a propósito de la psicolingüística se intentan analizar las funciones del habla, a través de los psicólogos de lengua francesa. Lacan ha tomado para la elaboración de su pensamiento la ayuda de la lógica, la topología y la teoría de los nudos.[399] Y señala cómo las palabras y los significantes que provienen del lenguaje nos constituyen[400] y permiten acceder al inconsciente. La lingüística estructuralista ha permitido descubrir las estructuras abstractas cuya generalidad las hace independientes de tal o cual grupo social particular.[401] Y se trata de averiguar a qué corresponden esas estructuras en la vida mental del sujeto, lo que relaciona lenguaje y pensamiento (Miller, Chomsky, etc.).[402] La Psicología tiene a su vez relación con la Economía Política,

---

[397] PIAGET, *Psicología...*, cit., pág. 123.

[398] Íd., pág. 124. Sobre el tema y otros contactos véase mi tesis doctoral, cap. 5, y también GALATI, "Introducción...", cit.

[399] CHAUMON, Franck, "Lacan et l'inconscient freudien: continuité et rupture", en *Bulletin Interactif du CIRET*, nº 20, 2007, en http://goo.gl/75i5Y6 (6/9/2010).

[400] Íd.

[401] Hay que tener en cuenta la opinión contraria de Emile Durkheim. "La causa determinante de un hecho social debe ser buscada entre los hechos sociales antecedentes, y no entre los estados de la conciencia individual". "Las reglas del método sociológico", extracto de BOURDIEU, Pierre; CHAMBOREDON, Jean-Claude y PASSERON, Jean-Claude, *El oficio de sociólogo. Presupuestos epistemológicos*, trad. de Fernando Azcurra, Bs. As., Siglo XXI, 2008, pág. 188.

[402] PIAGET, *Psicología...*, cit., págs. 124-125.

en tanto ciertas teorías del valor se refieren a mecanismos psicológicos muy generales y además, la regulación de las fuerzas a disposición del individuo para organizar sus conductas evidencian una "economía interna y espontánea", lo que llama a la relación con los intercambios interindividuales y la economía social.[403]

En cuanto a la Epistemología, Piaget señala que ya no es obra de los filósofos, sino que los fundamentos tienden a estudiarse desde los hechos particulares en donde cabe atender a la historia de las ciencias.[404] La Epistemología interna encuentra problemas psicológicos, como lo mostraron los matemáticos Enriques, Gonseth y Poincaré; lo que ha dado lugar a la Epistemología Genética con un Centro en Ginebra fundado en 1955.[405] La Cibernética estudia mecanismos programados y autorregulados, como los seres vivos, utilizando modelos que provienen del álgebra general, la lógica, la teoría de la información y la de juegos o la decisión. "[...] es en el momento actual el lugar de encuentro más polivalente entre las ciencias físico-matemáticas, las ciencias biológicas y las ciencias humanas".[406] Es necesario atender a los mecanismos del pensamiento en relación con el funcionamiento del cerebro, en relación con ciertas formas de aprendizaje, con los procesos de desarrollo mental por equilibraciones sucesivas.[407]

Algo interesante que se menciona en oportunidad de la interdisciplinariedad y que se relaciona con la transdisciplinariedad o la metodología trialista es el "paso", es decir, cuando se habla en otros dominios del paso de lo

---

[403] Íd., pág. 125.
[404] Véase íd., pág. 126. Véase por ejemplo el Doctorado en Epistemología e Historia de la Ciencia de la Univ. Nac. de Tres de Febrero.
[405] PIAGET, *Psicología...*, cit., pág. 126.
[406] Íd., pág. 127.
[407] Íd.

físico a lo biológico, de lo biológico a lo social,[408] como podría señalarse que ocurre en el trialismo, al mostrarse sus relaciones, tal como "pasos", concesiones, relaciones o interrelaciones. Cuando se habla de la interdisciplina llamada "sistémica integrada", se hace alusión a lo que el trialismo desarrolla:

> Los elementos que la componen son estudiados por sí mismos y no como elementos de un conjunto. [...] durante mucho tiempo la ciencia ha utilizado las disciplinas respectivas para estudiar no la biosfera en su conjunto, sino los diversos elementos autónomos que la componen. Sólo recientemente ha sido revelada por el conjunto integrado de las ciencias de la biosfera la relación sistémica que las une.[409]

Algo similar ocurre cuando se hace mención de la lingüística, que ha dejado a la sombra elementos como los sociales y psicológicos.[410] El mismo reproche le ha hecho el trialismo al normativismo, que ha dejado de lado los aspectos sociales y de justicia que aquél incorpora con las jurísticas sociológica y dikelógica.[411] Y así hay entonces vinculaciones con la transdisciplinariedad.

---

[408] SMIRNOV, op. cit., págs. 59-60. Sobre el tema véase GONZÁLEZ JIMÉNEZ e IVANOVICH POLTEV, op. cit.

[409] SMIRNOV, op. cit., pág. 61.

[410] Íd.

[411] "En realidad, no existe aún ninguna interdisciplinariedad sistémica integrada suficientemente elaborada y que haya alcanzado su estadio óptimo de desarrollo". Íd., pág. 62. El trialismo sí ha alcanzado tal desarrollo y espero lo propio de la Bioética. Smirnov insiste en la necesidad de "la unidad objetiva sistémica integrada de ciertos campos de la realidad que, hasta ahora, no eran más que campos de estudio distintos, dependientes de disciplinas autónomas." Íd., pág. 63. Lo que se da en el trialismo.

Se mantiene la simplicidad en la disciplina, la frontera y la ausencia de diversidad ontológica. Sigue habiendo investigación disciplinar.[412] "[...] para que haya interdisciplinariedad es necesario que haya disciplinas [...]"[413] Morin y Nicolescu coinciden en señalar que eventualmente pueden surgir nuevas disciplinas, como la cosmología cuántica y la teoría del caos.[414] Otros también señalan que "[...] la aproximación interdisciplinaria consiste [...] en un intercambio recíproco de resultados científicos y en un desarrollo mutuo de las diversas disciplinas, comprendida la nueva disciplina que nace del propio intercambio".[415] Piaget señala que se favorecen los intercambios y las colaboraciones, lo que puede reforzar la idea de cada disciplina según las comparaciones hechas.[416]

Hay en la interdisciplina toma de consciencia de los procedimientos y el trabajo de los otros en función de una meta común, aclaraciones o traducciones, el hecho de compartir presupuestos, puntos de vista o lenguajes empleados por otros. También hay el esfuerzo de la revisión, redefinición o reestructuración teniendo en cuenta todos los aportes para lograr un todo significativo, en función de una autoría compartida.[417] Una metáfora ilustrativa es la de las distintas definiciones que encontramos de una palabra al leerla en un diccionario. Las distintas columnas

---

[412] NICOLESCU, *La transdisciplinarité. Manifeste*, cit., pág. 66. "[...] se pone el énfasis en las relaciones disciplinares manteniendo la identidad de cada uno de los campos del saber, a la vez que obligando a una comprensión de las disciplinas externas [...]". FOLGUERA, op. cit., pág. 6.

[413] BOTTOMORE, op. cit., pág. 19.

[414] NICOLESCU, "Transdisciplinarity – Past...", cit. MORIN, *Articular...*, cit., pág. 29. "[...] el saber se sitúa desde ese momento en una tensión, en una dialéctica de puntos de vista que alimenta y hace florecer los estudios interdisciplinarios [...]". SINACEUR, op. cit., pág. 28.

[415] SMIRNOV, op. cit., pág. 54.

[416] PIAGET, *Psicología...*, cit., pág. 115.

[417] MARTÍNEZ MIGUÉLEZ, op. cit., pág. 48.

son un ejercicio interdisciplinario.[418] Coincide con la visión de revisión, redefinición y reestructuración Resweber: "[...] la méthode interdisciplinaire s'attachera à dè-construire ces condensés de significations pour y dégager un écart fondamental, analogue à ce que les sciences entendent sous le terme de loi".[419] Tomando el ejemplo de la muerte, que puede ser vista desde un ángulo sociológico, perio-dístico, médico y entonces cobra importancia lo biológico, desde el ángulo psicológico, y cobran preponderancia los procesos inconscientes y la muerte como experiencia de castración. Reagrupando estas visiones, se recortan en un punto nodal que sería la muerte vista como una experien-cia de ruptura reconocida o rechazada a partir de la cual el hombre quiere dar sentido a su vida.[420] Aquí se ve la dife-rencia con el trialismo y la transdisciplinariedad, en tanto no hay esfuerzo sintetizador, que borre los aspectos que se trataron, sino que cada uno de ellos permanece con sus categorías y en articulación. Cabe agregar también, a pro-pósito del ejemplo, que si la muerte fuera vista únicamente a través del criterio biológico, podría hablarse de muerte tanto cuando hay ausencia de función cardio-respiratoria como cuando hay ausencia de actividad cerebral. Lo que implica que hay criterios extra-biológicos que ayudan a decidir cuándo una persona está muerta. Y las consecuen-cias de la adopción de uno u otro criterio son distintas: la muerte cerebral permite la extracción de órganos de un cuerpo -muerto- cuyo corazón todavía late, mientras que en el caso contrario, los casos de ablación podrían retar-darse mucho tiempo, ya que habría que esperar a que el

---

[418] RESWEBER, op. cit., pág. 81.
[419] Íd., pág. 83. "[...] el método interdisciplinario se ligará a deconstruir estos resú-menes de significaciones para retirar una diferencia fundamental, análoga a lo que las ciencias entienden bajo el término de ley" (trad. del autor).
[420] Íd. pág. 83.

corazón deje de latir. "[...] la reconnaissance de la mort cérébrale rend possible un plus grand nombre de prélèvements [...]".[421] De hecho, Platón, Aristóteles y Galeno identificaban la vida con el calor innato, cuyo asiento principal está en el corazón.[422] "[...] el segundo sistema fisiológico básico de Galeno: el sistema arterial, que se origina en el corazón y lleva la sangre arterial a través de las arterias, impartiendo vida a los tejidos y órganos del cuerpo".[423] En efecto, la cuestión acerca de saber cuándo un ser humano puede considerarse muerto es una cuestión moral o filosófica.[424] Incluso podrían dejarse de lado los clásicos criterios de la función cardio-respiratoria, la actividad cerebral, para pasar a otros en donde se consideraría muerto a aquel que se encuentra en estado vegetativo crónico, lo que redefiniría la muerte y daría paso a un criterio en donde primaría la apreciación subjetiva, fundado en la calidad de vida.[425]

16. *Transición*.[426] Se dan casos de autores que asimilan la interdisciplina a características de una disciplina compleja o a la transdisciplinariedad. "La interdisciplinariedad es [...] la asociación de la 'información' procurada por varias disciplinas en su acto final, de una naturaleza tan compleja que [...] se adquiere una cierta homogeneidad del campo de ejercicio del conocimiento [...]".[427] En este mismo camino se señala como un fundamento de la inter-

---

[421] MONNIER, *Les comités...*, cit., pág. 138. "[...] el reconocimiento de la muerte cerebral torna posible un mayor número de ablaciones [...]" (trad. del autor).

[422] LINDBERG, David, *Los inicios de la ciencia occidental*, trad. de Antonio Beltrán, Bs. As., Paidós, 2002, pág. 174.

[423] Íd., pág. 175.

[424] MONNIER, *Les comités...*, cit., pág. 138.

[425] Íd.

[426] Sin saberlo, ya Piaget planteaba a la multi, inter y transdisciplina como una evolución epistemológica del conocimiento científico, en donde el último estadio cerraría el ciclo, al menos temporariamente. Véase PIAGET, "L'épistémologie...", cit.

[427] SINACEUR, op. cit., pág. 28.

disciplina la interpenetración que produce entre las diversas esferas de la vida social,[428] lo que se da en el trialismo, tomando como ejemplo las interpenetraciones entre los repartos autónomos y autoritarios, y las relaciones entre las dimensiones.[429] Asumiendo implícitamente la necesidad de un abordaje complejo se expresa: "[...] cooperación concreta de sabios que pertenecen a disciplinas diferentes, llamados a dilucidar un problema complejo de teoría o de ciencia aplicada, o [...] a constituir un marco teórico de un objeto de conocimiento complejo considerado bajo todos sus aspectos más modernos".[430] La insistente y textual alusión a la complejidad nos llama a tomar contacto con la transdisciplinariedad y un campo de aplicación en el Derecho: el trialismo, terreno fértil del cual puedan tomar sus frutos otras disciplinas científicas a fin de complejizar su estudio. "[...] la transdiscplinarité [...] souvent confondue avec l'interdisciplinarité [...]".[431] A tal punto se confunden a veces que muchas de las ideas interdisciplinarias, en tanto son reveladoras de complejidad y no de yuxtaposición, pueden aplicarse al pensamiento trialista. "[...] les prétentions du savoir vont encore plus loin: elles sont insatisfaites tant que l'esprit n'a pas dans un même panorama les diverses prises de vue représentées par chaque discipline".[432] En efecto, la interdisciplina tiene por tarea recuperar la manera compleja en la que progresa el conocimiento, analizar el

---

[428] SMIRNOV, op. cit., pág. 55.
[429] Como lo mostré en mi tesis doctoral en los caps. 9 a 11. Cfr. también. GALATI, "Introducción...", cit.
[430] SMIRNOV, op. cit., pág. 65. Es recurrente la cita de Piaget a la palabra *aspects*. PIAGET, "L'épistémologie...", cit.
[431] PAUL, op. cit., pág. 6. "[...] la transdisciplinariedad [...] a menudo confundida con la interdisciplinariedad" (trad. del autor).
[432] RESWEBER, op. cit., pág. 41. "[...] las pretensiones del saber van incluso más lejos: ellas son insatisfechas tanto como la mente no tiene en un mismo panorama los diversos puntos de vista representados por cada disciplina" (trad. del autor).

juego de factores diversos que se plantean en un problema, señalar las encrucijadas donde los discursos heterogéneos se reagrupan.[433]

Otras ideas interdisciplinarias que toman contacto con la transdisciplinariedad señalan a aquélla como permitiendo un objeto en donde es posible la articulación de los métodos de análisis, un terreno de aplicación de diversas leyes, y como un juego de efectos y consecuencias de las relaciones que tienen lugar con otros objetos.[434] Todo lo cual nos recuerda al trialismo, donde hay diversos métodos de captación de cada aspecto del Derecho, diversas leyes, en el sentido de reglas aplicables a cada método, y relaciones con otros objetos, como el de la sociología y la ética, sin ser absorbidos por éstos, ya que el Derecho trialista no estudia la población ni la moral, sino cómo estos objetos se relacionan con el Derecho.

Cuando se habla de interdisciplina se señala que una disciplina dada puede comprender varias subdisciplinas, incluso subtareas diferentes.[435] La asociación con el trialismo es inmediata. Se señala el ejemplo de la física teórica y la física experimental, que recurren a métodos diferentes, y el caso de la medicina, en donde concurren la preventiva, la curativa, la humana, la animal, la individual, de grupo, cada una con objetos y métodos diferentes.

Otra aproximación interdisciplinaria cercana a la transdisciplinariedad es la idea de la reconstitución. El objeto jurídico trialista, decimos en el Derecho, no es el mismo que el objeto jurídico analítico, por ejemplo, porque las posibilidades del sujeto jurídico (abogado, docente, investigador, juez, etc.) son mucho más amplias en el trialismo. Por eso, la visión pluridisciplinar se queda en

---

[433] Íd., pág. 50.
[434] Íd., pág. 76.
[435] APOSTEL, "Les instruments...", cit., pág. 154.

una foto, que es tomada por distintos ángulos, momentos, luces, pero sigue siendo el mismo objeto.[436] La mirada interdisciplinaria, y ahí se coincide con el trialismo, crea un nuevo objeto, sobre la base del material existente, a la sazón el mismo paisaje, precisamente a propósito de la reconstitución de la realidad,[437] que será ahora multidimensional y no reducida.

Cuando un autor habla sobre el método interdisciplinario coincide con Nicolescu y señala que sus estrategias son: "[...] les niveaux et les aspects du réel prétendu et cerné [...]".[438] También Resweber coincide con mi visión de la resolución de los comités en clave problemática.[439] Todo lo cual significa partir de la idea del saber como un movimiento de la realidad que se realiza.[440]

Si hablamos de transición, las palabras del autor suizo son fundamentales.

> [...] une étape supérieure qui serait "transdisciplinaire", qui ne se contenterait pas d'atteindre des interactions ou réciprocités entre recherches spécialisées, mais situerait ces liaisons à l'intérieur d'un système total sans frontières stables entre les disciplines.[441]

El aporte fundamental, que respalda la visión compleja, es que Piaget condena también el reduccionismo, que significa ausencia de equilibrio entre lo integrado, donde

---

[436] RESWEBER, op. cit., pág. 77.

[437] Véase íd. Nótese sin embargo que este autor trata a la interdisciplinariedad en gran medida como transdisciplinariedad, mientras que en mi caso asocio a la interdisciplinariedad como la entiende Piaget, por ejemplo.

[438] Íd., pág. 87. "[...] los niveles y los aspectos de lo real pretendido y delimitado" (trad. del autor).

[439] Véase el punto 28 h.

[440] RESWEBER, op. cit., pág. 107.

[441] PIAGET, "L'épistémologie...", cit., pág. 144. "[...] una etapa superior que sería 'transdisciplinaria', que no se contentaría con esperar las interacciones o reciprocidades entre investigaciones especializadas, pero situaría esas conexiones al interior de un sistema total sin fronteras estables entre las disciplinas" (trad. del autor).

un aspecto se siente superior [442] o absorbe al otro, como ocurre en el Derecho con la norma, o en el comité con el saber de los médicos. Con este reconocimiento, el paso de avance, civilizado, es la transdisciplinariedad.

17. La *transdisciplinariedad.* Lo que Morin aplica a la identidad humana bien puede aplicarse al resto de las temáticas que tratan las "ciencias", en este caso, el Derecho. El cual, desde la teoría trialista, plantea no sólo relaciones sistémicas, sino intersistémicas en su seno,[443] lo que implica que las distintas dimensiones interactúan en un mismo objeto de estudio, y revelan así su *complejidad.* Cada dimensión se nutre de distintas disciplinas y se crean categorías al interior de una nueva, y ellas interactúan en tanto lo reclame la realidad jurídica. El filósofo francés da el ejemplo del estudio del hombre, en donde cabe incluir procesos anatómicos como la posición, la bipedestación, el desarrollo de la mano y la reestructuración del cerebro; procesos genéticos como las reorganizaciones cromosómicas, ontogenéticas, la disminución y la prolongación del período de la infancia; procesos ecológicos como las modificaciones climáticas que hacen retroceder el bosque en beneficio de la sabana; procesos tecnológicos como la cooperación durante la caza, el lenguaje de doble articulación y su soporte fonético, la cultura, las reglas de organización del poder, la distribución de los alimentos, mujeres; etc.[444] Si distintos factores han contribuido y contribuyen a la evolución del hombre, cabe preguntarse por qué no puede ocurrir lo mismo con el Derecho, que es su deseo de hacer justicia en el mundo. Tal como ocurre con las dimensiones del trialismo, no hay entre estos factores pre-

---

[442] Íd.
[443] Véase mi tesis doctoral, cit., caps. 9 a 11. Cabe cfr. también GALATI, "Introducción...", cit.
[444] MORIN y PIATELLI-PALMARINI, op. cit., pág. 206.

ponderancia de uno sobre otro,[445] aunque siempre se tenga como norte, en el caso del Derecho, la justicia.[446] Tampoco hay aquí subordinación a una disciplina maestra, como ocurre en la teoría analítica que subordina el Derecho a la lógica o la matemática. Sí hay interdependencia[447] entre los factores, es decir, una organización dinámica que constituye el fenómeno total del Derecho, la especie jurídica del hombre.[448] "Il n'est pas d'élément, d'événement, de point quelconque au monde qui soit indépendant, qui ne soit dans un rapport quelconque de liaison ou de rupture avec un autre élément ou événement ou point [...]"[449] De ahí que podamos decir con Morin que el problema clave sea el de la organización de las interacciones[450] entre las dimensiones. Estas ideas que Morin señala bien podrían completar la metodología transdisciplinaria, en tanto aluden a relaciones entre niveles que van más allá de las disciplinas.[451] El antagonismo organizador es la condición y el principio formador de toda sistematización.[452] Por ello, si es tan común en la física, con la antimateria, la antipartícula, el antiprotón, los antiquarks y las antisupercuerdas,[453] ¿por qué no habría de existir en el Derecho la antinorma? Que a la sazón estaría flanqueada por la jurística-sociológica y la

_____

445 Íd.
446 Sobre el papel de la justicia en el seno del sistema jurídico trialista véase mi tesis doctoral, cit., y también GALATI, "Introducción...", cit.
447 Nicolescu señala que la complejidad, base de la transdisciplinariedad, tiene como presupuesto histórico la interdependencia universal. NICOLESCU, "The relationship...", cit.
448 Véase MORIN y PIATELLI-PALMARINI, op. cit., pág. 206.
449 NICOLESCU, *Qu'est-ce que la réalité...*, cit., págs. 27-28. "No hay elemento, acontecimiento, de cualquier punto del mundo que sea independiente, que no esté en una relación cualquiera de ligazón o de ruptura con otro elemento, acontecimiento o punto [...]" (trad. del autor).
450 MORIN y PIATELLI-PALMARINI, op. cit., pág. 206.
451 Véase el punto 28 h.
452 NICOLESCU, *Qu'est-ce que la réalité...*, cit., pág. 24.
453 Íd., págs. 29-30.

dikelógica. Nicolescu da cuenta de esta organización de la contradicción, citando a Lupasco: "Pour qu'il y ait simultanéité et conjonction il faut [...] qu'il y ait des éléments à la fois identiques et divers [...]".[454] Así se muestra organizado el trialismo. El principio del tercio incluso se basa en el hecho de aceptar que a todo fenómeno, elemento o acontecimiento lógico, debe siempre asociársele un antifenómeno, un antielemento y un antiacontecimiento.[455]

De hecho Nicolescu plantea un torbellino de interacciones a partir de las contradicciones, señalando que cada teoría será reemplazada a medida que nuevos niveles de realidad sean descubiertos por teorías más unificadoras.[456] Si bien el trialismo no es una teoría "unificadora", sí es una teoría conglobante -en el sentido de la dialógica moriniana- de los postulados principales de las teorías generales del Derecho en oposición, como el normativismo, el jusnaturalismo, el realismo, el criticismo; en tanto capta elementos de cada teoría en cada una de sus dimensiones. "La dichotomie classique réel-imaginaire disparaît ainsi dans la vision transdisciplinaire".[457]

En la transdisciplinariedad se concibe al sistema en su conjunto, con la organización de los distintos puntos de vista parciales provenientes de las distintas disciplinas para concebir la unidad compleja del fenómeno.[458] Lo que también hace el trialismo. La norma no puede ser disociada del contexto social que la hizo surgir, el que también da espacios a normas no oficiales como las consuetudinarias, y tampoco debe ser disociada de su contexto dikelógico, a

454 Íd., pág. 31. "Para que haya simultaneidad y conjunción debe haber elementos a la vez idénticos y diversos" (trad. del autor).
455 Íd., pág. 40. Véase también NICOLESCU, "Le tiers...", cit., pág. 115.
456 NICOLESCU, La transdisciplinarité. Manifeste, cit., pág. 76.
457 Íd., pág. 106. "La dicotomía clásica real-imaginario desaparece así en la visión transdisciplinaria" (trad. del autor).
458 Véase MORIN y PIATELLI-PALMARINI, op. cit., pág. 206.

fin de criticarla positiva o negativamente, porque no todo
lo oficialmente sancionado puede ser dócilmente aceptado.[459] No puede entenderse la norma sin su contexto social
ni valorativo, porque en la norma concurren dichos elementos, tal como si al analizar el valor caemos en la cuenta
de que se inscribe en una cultura determinada y que a su
vez se plasma en normas. Al mismo tiempo, los repartos
-conductas- son captados por normas y anidan en ellos
valores. En cada parte se manifiesta la realidad sistémica
compuesta por las interacciones;[460] cada momento actualiza los otros al formar un todo.[461]

> Une collectivité -famille, entreprise, nation- est toujours *plus*
> que la simple somme de ses parties. Un mystérieux facteur
> d'interaction, non réductible aux propriétés des différents indi-
> vidus, est toujours présent dans les collectivités humaines mais
> nous les rejetons toujours dans l'enfer de la subjectivité.[462]

El Derecho no se define alternativamente por referencia a una de sus partes/dimensiones, sino que se define de
manera total,[463] es decir, socionormodikelógicamente. Las
relaciones complejas, como interrelaciones entre dimensiones y relaciones al interior de las dimensiones, son inherentes a la complejidad/transdisciplinariedad.[464] Nicolescu

---

459 "[...] el individuo disociado entre organismo (biología) y espíritu (psicología)
     pierde su realidad de individuo; [...] el sistema *homo* es una realidad 'trinitaria'
     cuyos términos resultan indisociables porque son interdependientes unos de
     otros: individuo-especie-sociedad". Íd., pág. 207. Véase el punto 10.
460 Íd., pág. 206.
461 Véase también GUSDORF, op. cit., pág. 42.
462 NICOLESCU, *La transdisciplinarité. Manifeste*, cit., pág. 29. "Una colectividad
     -familia, empresa, nación- es siempre más que la simple suma de sus partes. Un
     misterioso factor de interacción, no reducible a las propiedades de los diferentes
     individuos, está siempre presente en las colectividades humanas pero nosotros
     lo expulsamos siempre al infierno de la subjetividad" (trad. del autor).
463 MORIN y PIATELLI-PALMARINI, op. cit., pág. 207.
464 Sobre el tema véase mi tesis doctoral, cit., y también GALATI, "Introducción...",
     cit.

hace referencia a Dalí y la teoría de la relatividad, y ambas guardan cierta similitud con las relaciones que se desarrollan en el trialismo. "[...] il n'y ni lieu ni temps mais des événements. Le fait que l'espace et le temps sont entremêlés (ils n'ont pas d'existence séparée) a dû intriguer Dali".[465]

En el nacimiento de la transdisciplinariedad ya Piaget hacía referencia a estas características según lo anota Nicolescu, en tanto las interacciones y las reciprocidades se darían al interior de un sistema total sin límites estables entre las disciplinas.[466] En efecto, cuando se lee otra mirada sobre la transdisciplinariedad, se dice que para Piaget la transdisciplina será una etapa superior, en donde no bastará encontrar interacciones y reciprocidades entre las investigaciones especializadas, sino que situaría esos enlaces en el interior de un sistema total.[467] Lo que se asemeja a las relaciones que pueden darse entre las jurísticas trialistas y sus horizontes, en tanto pueden enriquecer las categorías de aquéllas y aclarar la visión del jurista. No obstante, de manera general, puede decirse que Leibniz planteaba una filosofía de la integración, al señalar que cada cosa expresa el todo bajo un aspecto particular y que el universo es un juego de espejos donde las cosas se reflejan las unas en las otras.[468] Algo que será central para el estudio de los comités en clave transdisciplinaria será el entendimiento de la necesidad de descubrir los lazos entre las cosas para esclarecer, hacer brillar la verdad,[469] lo que aplicado a este tema significa encontrar las articulaciones entre las profe-

---

[465] NICOLESCU, *Qu'est-ce que la réalité...*, cit., pág. 95. "[...] no hay ni espacio ni tiempo sino acontecimientos. El hecho de que el espacio y el tiempo son entremezclados (no tienen existencia separada) debió intrigar a Dalí" (trad. del autor).
[466] NICOLESCU, "Transdisciplinarity – Past...", cit. Véase lo que digo a propósito de la "oscilación" en el punto 28 f.
[467] SOMMERMAN, op. cit.
[468] RESWEBER, op. cit., pág. 124.
[469] Íd., pág. 125.

siones, para que todas ellas contribuyan a comprender y recomendar en temas de salud. Y así como cada disciplina es una forma de interrogarse sobre el todo, de reinscribir el orden total del universo en un campo definido,[470] la Medicina lo hizo desde el punto de vista biológico, la Psicología desde el punto de vista mental, la Filosofía desde el punto de vista espiritual, el Arte desde el punto de vista de la belleza, el Derecho desde el punto de vista de la justicia, y ahora hay que unir en el comité esos puntos de vista. A propósito de las carencias de la medicina tradicional, no es casual que un metodólogo plantee a la interdisciplina desde Kant, señalando que la razón crítica, la moral, se vea como el lazo simbólico faltante entre las disciplinas.[471] De hecho, muchas de ellas dejan de lado la ética. Por ello la reducción de la Epistemología al contexto de justificación, la reducción del Derecho a la norma, y el faltante en la Medicina tradicional de su contexto social y valorativo. Algo para rescatar de la inscripción de la interdisciplina en el pensamiento de Heidegger es el hecho de su llamado de atención respecto de que el saber se cierra a toda significación si se busca en su propia esfera y no fuera de ella la ley de su articulación.[472]

El objetivo es entonces superar la idea del comité como agrupamiento interdisciplinario de profesionales que se ocupan de la consulta, estudio y consejo frente a dilemas éticos que surgen de la práctica de la atención médica hospitalaria[473] y plantearlo como un articulador

---

[470] Íd.
[471] Íd., pág. 129.
[472] Íd., pág. 130.
[473] BECA, Juan Pablo y KOTTOW, Miguel, *Orientaciones para comités de ética hospitalaria*, Santiago de Chile, Serie Documentos Programa Regional de Bioética OPS/OMS, 1996, pág. 3. "[...] conformar un grupo interdisciplinario equilibrado [...]" (íd., pág. 18). "[...] llegar a constituir un grupo multidisciplinario [...]". Íd., pág. 20. Tal es también la opinión de otros autores: "El Comité de Bioética es un órgano interdisciplinario de consulta sobre los aspectos éticos de los casos clíni-

complejo basado en la transdisciplinariedad y el trialismo. La forma de hacerlo es a través del "'organizacionismo' [que] es el único medio de superar la óptica disciplinaria (que en la concepción interdisciplinaria, en lugar de ser superada, es decir, integrada en un conjunto organizador más rico, sigue estando estratificada en el interior de sus límites)".[474] La visión de los comités desde el punto de vista transdisciplinario y trialista implicará aplicarles la declinación trialista y valernos de las categorías transdisciplinarias, todo lo cual será desarrollado en este trabajo. Ello superará el mero normativismo, reductor de los comités a la ley que los organiza, y a la interdisciplina, donde los miembros discutirán inorgánicamente alrededor de una mesa.

Hay que "[...] lograr la *transformación e integración* de sus aportes respectivos en un todo coherente y lógico".[475] Es decir, pueden aplicarse al comité las estructuras trialistas y transdisciplinarias, para que la Bioética sea una ciencia interdependiente con distintos niveles de realidad, estructura tridimensional, en suma, compleja. Apunto a valernos de la filosofía trialista y transdisciplinaria, y compleja también, que desembocan en la articulación a partir de un espacio nuevo. Sí hay

un nuevo mapa cognitivo común sobre el problema en cuestión [...] llegan a compartir un *marco epistémico* amplio y una cierta *meta-metodología* que les sirven para integrar conceptualmente

---

cos que resultan dilemáticos o controvertidos". LUNA y otros, *Aborto por motivos terapéuticos: artículo 86, inciso 1º del Código Penal Argentino*, Bs. As., FLACSO-CEDES, 2006, pág. 16. "[...] la discusión interdisciplinaria de temas bioéticos [...]". Resolución 857/1993 del Ministerio de Salud de la Nación. "Los Comités de Ética Asistencial (CEA) son instituciones hospitalarias de carácter interdisciplinario que han sido específicamente establecidos para valorar y orientar la atención de profesionales de la salud". RODRÍGUEZ, op. cit., pág. 235.

[474] MORIN y PIATELLI-PALMARINI, op. cit., pág. 208.
[475] MARTÍNEZ MIGUÉLEZ, op. cit., pág. 43.

las diferentes orientaciones de sus análisis: postulados o principios básicos, [...] enfoques, procesos metodológicos, instrumentos, [...], etc.[476]

Esto es lo que desarrolla el trialismo en el Derecho, articulando los aportes de la jurística-sociológica, la jurística-normológica y la jurística-dikelógica. No hay necesidad de contactar sociólogos, lógicos o filósofos, porque el Derecho -trialista/complejo/transdisciplinario- ya tiene categorías propias, merituadas por el valor justicia, que es el filtro de la necesidad que delimita las fronteras e integra los aportes. Lo que sumado a las ideas transdisciplinarias como marco general permite articular al comité trialista y transdisciplinariamente. La tarea es entonces lograr un vocabulario propio, categorías propias y enriquecer la declinación trialista de la bioética con la transdisciplinariedad y el pensamiento complejo para lograr una *"Bioética compleja"*.[477] En efecto, cuando se habla de la

---

[476] Íd., pág. 48.

[477] La "Bioética personalista" se queda en el mero aspecto valorativo y no es laica, dada su filiación católica. Véase en este sentido BORDIN y otros, cit. Allí se señala que la bioética debe aspirar a un lenguaje común en función de satisfacer al hombre como una totalidad, la necesidad de romper las barreras académicas, pero pocos instrumentos teóricos se mencionan para canalizar dicho programa. Sí se expresa, en afinidad con la transdisciplinariedad, que "en Bioética no se trata tanto de escuchar otras disciplinas para realizar una suerte de síntesis. [...] es una disciplina en sí misma, su fuente es lo 'trascendente' de cada una de las otras disciplinas o ciencias" . Íd., pág. 15. También se dice, en concordancia con el pensamiento complejo, que los problemas bioéticos tienen distintas dimensiones, que justifican una disciplina autónoma. Se trata no sólo de la dimensión biológica y ética, sino de la jurídica, económica y política. Íd. Se alude al ingreso del observador en la realidad. Íd., pág. 33, como lo desarrolla ampliamente el pensamiento transdisciplinar. El texto habla de un "derecho ético". Íd., pág. 35. Porque carece de la visión trialista que incorpora la justicia al mundo jurídico, con una visión compleja, cercana a la transdisciplinar.
El libro menciona muchas veces a la "transdisciplina" (véase por ejemplo la pág. 64) pero no explica ni desarrolla en qué consiste, ni cita a sus principales exponentes y fundamentos: Basarab Nicolescu y Edgar Morin, de manera que desconoce un paso fundamental en la ciencia que es el reconocimiento de la labor de los predecesores. Además, quien lee el subtítulo del libro: Bioética. Experiencia

interdisciplina se señala que ella permite los intercambios entre las disciplinas, los préstamos de modelos, la determinación de puntos de vista comunes, pero cuando se señala que puede aproximarse a aprehender un objeto totalmente, tendiendo a organizar una nueva disciplina, comparte características con la transdisciplinariedad.[478] En efecto, así como a una concepción jurídica unidimensional se le reclama interdisciplina, el trialismo la cumple, pasando a una concepción jurídica compleja y transdisciplinaria. En suma, "[...] 'l'interdiscipline' d'aujourd'hui est la 'discipline' de demain".[479] Acertadamente, Ciuro Caldani rechaza la interdisciplinariedad -verdadero método- en el Derecho:

> A veces, para salvar la mutilación kelseniana del objeto de nuestros intereses se dice que la consideración de elementos no lógicos sería un enfoque interdisciplinario, pero ¿cómo puede hablarse de una "interdisciplinariedad" que es imprescindible en todos los casos? Estudiar la realidad social y los valores es [...] parte de la "*disciplina*" *jurídica*.[480]

La integración debe hacerse al interior de la disciplina.

De forma análoga a como el trialismo encara el Derecho, Piaget plantea a la Biología la necesidad de incorporar aspectos diversos, heterogéneos[481] a su estudio.

---

transdisciplinar desde un Comité Hospitalario de Ética, espera un desarrollo transdisciplinar que finalmente no está.

Hay también manifestaciones de Bioética compleja aunque de manera impura en TINANT, op. cit., pág. 168. De hecho habla de una bioética empírica, y una bioética jurídica que determina lo que debe ser. Íd., pág. 169. Precisamente el trialismo contempla el ámbito del ser en las dimensiones sociológica y normológica, y el ámbito del deber ser en la dimensión dikelógica, de manera sistemática, interrelacionada. Sobre el tema véase GALATI, "Introducción...", cit.

[478] RESWEBER, op. cit., pág. 114.

[479] GASS, op. cit, pág. 7. "La 'interdisciplina' de hoy es la 'disciplina' de mañana" (trad. del autor).

[480] CIURO CALDANI, *Metodología jurídica*, cit., pág. 52.

[481] PIAGET, "L'épistémologie...", cit., pág. 134.

C'est ainsi qu'à l'intérieur d'une même science, mais bien différenciée en ses diverses spécialités, l'étude du développement oblige sans cesse à établir des liens entre les chapitres initialement sans contacts: par exemple, en biologie une analyse un peu complète de l'ontogenèse appelle nécessairement celle des pouvoirs de synthèse du génome, celle de la transmission héréditaire, puis de la variation évolutive et de la phylogenèse en son ensemble sans que sur aucun point on puisse parler de commencement proprement dit.[482]

La visión sistémica y no analítica de la ciencia y de las ciencias es la que permite que a partir de un punto se pueda comenzar a analizar el "mundo entero". Es así como a partir de un análisis complejo de una disciplina ella puede servir de aproximación a un cuerpo categorial que pueda ser usado en disciplinas afines.

Les différentes approches systémiques ont souvent un point de départ très particulier, ancré dans une science ou dans une autre et ce point de départ sert de fondement pour une généralisation qui est supposée s'appliquer à d'autres branches de la science.[483]

Ya se dijo a propósito de la transdisciplinariedad que su tarea es esclarecer los márgenes, los puentes y las fronteras entre los campos.[484] Y se puede tomar a la teoría trialista como ejemplo aplicado al campo del Derecho en este sentido. La transdisciplinariedad

---

[482] Íd., pág. 139. "Es así que al interior de una misma ciencia, pero bien diferenciada en sus diversas especialidades, el estudio del desarrollo obliga sin cesar a establecer vínculos entre los capítulos inicialmente sin contactos: por ejemplo, en biología un análisis un poco completo de la ontogénesis llama necesariamente a aquel del poder de síntesis del genoma, a aquel de la transmisión hereditaria, después al de la variación evolutiva y al de la filogénesis en su conjunto sin que sobre punto alguno se pueda hablar de comienzo propiamente dicho" (trad. del autor).

[483] NICOLESCU, Nous..., cit., pág. 104.

[484] PAUL, op. cit., pág. 5.

se définit comme un processus épistémologique et méthodologique de résolution des données complexes et contradictoires situant les liaisons à l'intérieur d'un système global et hiérarchisé (représentant l'ensemble des niveaux de réalité et incluant un réel ouvert) mais sans frontières immuables entre les disciplines, de façon à trouver des solutions pratiques.[485]

Ya vimos que el trialismo conjuga en sí aspectos contradictorios y desarrolla entre sus dimensiones relaciones, y también en el ámbito de las dimensiones propiamente dichas. Asimismo, se vio en mi tesis cómo los aportes que se le hicieron y se le hacen al trialismo renuevan sus categorías, lo que lo califica como una teoría abierta a la vez que plantea un cuerpo de soluciones prácticas para aquellos que se desarrollan tanto en el ámbito de la abogacía, la docencia, la administración como en la ciencia jurídica. Esto posiciona la teoría cumpliendo con las exigencias del lenguaje interdisciplinario que se reclama, asociándolo a la filosofía que permite el diálogo.[486] No sólo ha dialogado con el juspositivismo, el jusnaturalismo, el realismo y la teoría crítica, sino que hay apertura al interior de cada dimensión. Y la dimensión valorativa es la apertura, a través de sus categorías y su horizonte, a la Filosofía. "[...] le langage philosophique décloisonne les territoires réservés".[487] En efecto,

---

[485] Íd., págs. 5-6. "[...] se define como un proceso epistemológico y metodológico de resolución de datos complejos y contradictorios situando los vínculos al interior de un sistema global y jerárquico (representando el conjunto de niveles de realidad e incluyendo un real abierto) pero sin fronteras inmutables entre las disciplinas, de manera de encontrar soluciones prácticas" (trad. del autor).

[486] RESWEBER, op. cit., pág. 119.

[487] Íd. "[...] el lenguaje filosófico liberaliza los territorios reservados" (trad. del autor).

> [...] la philosophie est moins une discipline au sens institutionnel qu'une façon de penser, d'interroger et de s'exprimer. [...] elle devrait être enseignée: non comme un langage autonome, mais comme une langue apte à être pratiquée par le juriste, le médecin, le scientifique, le sociologue [...][488]

Todo lo cual posibilita el funcionamiento del trialismo y la transdisciplinariedad en los comités, formados precisamente por profesionales provenientes de distintas ciencias. En efecto, la transdisciplinariedad y su comprensión necesitan de la Filosofía:

> [...] les problèmes techniques, politiques et pédagogiques que pose l'optimisation de la recherche et du développement au moyen d'un enseignement et d'une recherche interdisciplinaires relèvent des trois parties de la philosophie -épistémologie, la métaphysique et la théorie des valeurs- [...][489]

También se señala, como oportunamente lo he mostrado, que tanto como el trialismo, "[...] la transdisciplinarité s'inscrit donc dans une démarche hypothético-déductive mais inclusive d'autres rationalités plus inductives, herméneutiques, intégratives, heuristiques [...]".[490] Otros autores que analizan la problemática de los comités tam-

---

[488] Íd., pág. 120. "La filosofía es menos una disciplina en sentido institucional que una manera de pensar, de interrogarse y de expresarse. [...] ella debería ser enseñada: no como un lenguaje autónomo, pero como un lenguaje apto a ser practicado por el jurista, el médico, el científico, el sociólogo [...]" (trad. del autor). "[...] le philosophe est celui qui demande, à propos de chaque activité, quelle est sa fonction, quel est son objet, et si elle en a un". APOSTEL, "Les instruments...", cit., pág. 148. "[...] el filósofo es aquel que demanda, a propósito de cada actividad, cuál es su función, cuál es su objeto y si ella tiene uno" (trad. del autor).

[489] Íd. "[...] los problemas técnicos, políticos y pedagógicos que plantea la optimización de la investigación y del desarrollo al medio de la enseñanza y de una investigación interdisciplinarias recogen tres partes de la filosofía -epistemología, la metafísica y la teoría de los valores- [...]" (trad. del autor).

[490] PAUL, op. cit., pág. 6. "La transdisciplinariedad se inscribe en un andar hipotético-deductivo pero inclusivo de otras racionalidades más inductivas, hermenéuticas, integrativas, heurísticas [...]" (trad. del autor).

bién ven la conveniencia de propiciar una aproximación a ellos sistémica y en alguna medida compleja, señalando distintos caracteres a la Bioética, que yo llamé compleja. Hay entonces un conjunto de elementos en interacción, los unos con los otros, que tienen relaciones específicas entre ellos. Lo que implica que no hay yuxtaposición, sino relaciones que implican interdependencia o interacción. Hay que agregar que la estructura de la Bioética no es entonces lineal, sino que involucra nociones como "bucle", "archipiélago", "red", lo que da cuenta de la complejidad.[491] Nótese como Morin señala estas palabras en toda su obra.[492] "[...] la bioéthique peut être appréhendée comme un système. [...] la notion de système n'est pas incompatible avec le changement, ou la transformation; un système peut être stable ou dynamique, et un système n'est pas nécessairement fermé".[493] En clara consonancia con estas ideas, podemos volver a las de Nicolescu respecto de las generalidades que comparten las ciencias, lo que permite las traslaciones y cooperaciones, a fin de formar una Bioética trialista-transdisciplinaria, en suma, como lo decía, compleja. "[...] les lois étudiées par les différentes sciences sont très différentes entre elles, mais il est postulé qu'il existe des lois très générales qui permettent d'assurer une certaine unité de la science".[494]

No está mal que en los comienzos los comités se desarrollen "interdisciplinariamente", en tanto un primer paso, teniendo como horizonte de "llegada" o, mejor dicho, de

---

[491] MONNIER, op. cit., pág. 19.
[492] Sobre el pensamiento de Morin y sus obras véase GALATI, "La teoría trialista...", cit., especialmente el t. 1.
[493] MONNIER, op. cit., pág. 19. "[...] la bioética puede ser aprendida como un sistema. [...] la noción de sistema no es incompatible con el cambio o la transformación; un sistema puede ser estable o dinámico, y un sistema no es necesariamente cerrado" (trad. del autor).
[494] NICOLESCU, Nous..., cit., pág. 101.

"arribo" a la transdisciplinariedad, es la toma de consciencia de que la convergencia de cada disciplina alrededor
de la búsqueda de la solución del problema de la salud
humana ayuda a mejorar la visión. "[...] deux observations
conduites à partir de disciplines différentes détermineront
deux systèmes 'observateur-objet observé' fondamentale-
ment différentes".[495] En el mismo sentido se señala que "[...]
elle [l'interdiscipline] a pour fonction d'articuler les limites
du savoir [...] car le savoir n'est pas constitué de parties
mais de membres".[496] Luego vendrá la Bioética transdisciplinaria, en donde se encontrará una visión común y sis-
tematizada.

En un momento pensé que sería dispersar la tarea del
comité que éste desarrolle tareas de capacitación, docencia e investigación, pero ellas son las que harán interactuar
transdisciplinariamente a los miembros y a la vez desarrollar un lenguaje común, en función de la tarea de proteger
la salud humana.

> Afin de se sentir légitime pour statuer sur de cas, le staff s'est
> constitué en groupe de travail et a entrepris de se doter d'une
> culture commune et d'une expertise en éthique clinique. A cette
> fin, il se réunit sous la forme de séminaires intensifs de 3 jours
> tous les 2 mois.[497]

En efecto, cuestionándose sobre un mismo tema de
estudio, los especialistas ponen en cuestión su propia disciplina y reconocen entonces que ella es sólo una manera
original de comprender y hablar.[498] Tanto el diálogo como
la lectura de trabajos provenientes de otras disciplinas es

---

[495] SNACKEN, op. cit., pág. 120.
[496] RESWEBER, op. cit., pág. 87. "Ella [la interdisciplina] tiene por función articular
los límites del saber [...] porque el saber no está constituido de partes sino de
miembros" (trad. del autor).
[497] FOURNIER, "Les enjeux...", cit., pág. 2211.
[498] RESWEBER, op. cit., pág. 44.

la primera etapa en el reconocimiento del otro profesional como proveniente de otra disciplina. "[...] toute interaction à des fins de communication, consiste à modifier le processus de production des connaissances tant chez celui qui reçoit l'information que chez celui qui l'émet".[499] A la inversa, un trabajo será disciplinar cuando haya uniformidad en el discurso. "Deux études relèveront de la même discipline si elles renvoient chacune à un nombre suffisant d'ouvrages de référence de l'autre, ou bien si toutes deux se réfèrent à un nombre suffisant de sources communes".[500] A lo cual cabe agregar: actividades profesionales semejantes, relaciones profesionales frecuentes, estudios vecinos, acciones preparatorias emparentadas, y referencia semejante a las mismas fuentes. De ahí que estos indicadores son más importantes que la división de las ciencias en duras y sociales, en tanto los analíticos suelen hacer referencia a la misma calidad de obras que los físicos o químicos, al menos desde el punto de vista epistemológico. En efecto, parecería haber claves transdisciplinares (palabras clave) o lenguajes transdisciplinares, que atraviesan las disciplinas pero que están más allá de ellas, en tanto agrupan personas con un mismo tipo de visión del método científico, y que no se diferencian por áreas o disciplinas de la ciencia. De allí que aun en una misma ciencia, se hable de una misma disciplina pero que a) el trabajo no sea el mismo, b) los modelos o instrumentos conceptuales no sean idénticos, c) el lenguaje utilizado por los interlocutores no sea el mismo, d) los métodos pedagógicos no sean

---

[499] APOSTEL, "Les instruments...", cit., pág. 152. "[...] toda interacción tiene fines de comunicación, consiste en modificar el proceso de producción de los conocimientos tanto en aquellos que reciben la información como en aquellos que la emiten" (trad. del autor).

[500] Íd., pág. 151. "Dos estudios reportarán de la misma disciplina si ellas reenvían cada una a un número suficiente de obras de referencia de la otra o bien si ellas dos se refieren a un número suficiente de fuentes comunes" (trad. del autor).

idénticos.[501] En efecto, lo que une y separa son los paradigmas de simplificación y complejidad. Es evidente que un trialista no comparte los métodos de investigación y de desarrollo conceptual de un analítico, aunque docentes de las mismas corrientes compartan métodos pedagógicos.

La interdisciplina implica el contacto entre disciplinas donde todas cooperan aportando cada una de ellas sus propios esquemas conceptuales, su forma de definir los problemas y sus métodos de investigación,[502] pero sin abandonar sus límites disciplinares. Mientras que la transdisciplinariedad implica un esfuerzo integrador y en este sentido se relaciona estrechamente con la complejidad, cuya idea base es dicha integración y la articulación.[503] Así, "implica el contacto y la cooperación entre las diversas disciplinas [...] cuando éstas [...] han terminado por adoptar un mismo método de investigación, para hablar de forma más general, el mismo paradigma".[504] Como ocurre en el caso del trialismo, que es una teoría jurídica, única, que explica el Derecho a través de un método único pero multidimensional, que da cuenta de los variados aspectos. Lo que también ocurriría en los comités transdisciplinariamente si se aplicaran estas categorías. Otros autores también resaltan la necesidad de la integración, criticando la interdisciplina:

> [...] la unidad del saber así realizada es una unidad por acumulación, según el modelo de un montón de piedrecitas. Buen número de seminarios, coloquios y sesiones de estudios se encuentran constituidos por la reunión de cierto número de especialistas

---

501 Íd., pág. 152.
502 BOTTOMORE, Tom, "Introducción" a AA.VV., *Interdisciplinariedad y ciencias humanas,* trad. de Jesús Gabriel Pérez Martín, Madrid, Tecnos, 1983, pág. 11.
503 "[...] en el caso de la transdisciplinariedad son directamente disueltas las barreras disciplinares". FOLGUERA, op. cit., pág. 6.
504 BOTTOMORE, op. cit., pág. 11.

que, a pesar de estar sentados unos junto a otros en la misma sala, no tienen nada que decirse porque no tienen un *lenguaje común*.[505]

En el caso del comité, allí deberán hacerse esfuerzos por generar un método de funcionamiento apto para articular los aportes de los distintos profesionales a través del reglamento. "Este modelo exige la creación de un *metalenguaje*, en el cual se puedan expresar los términos de todas las disciplinas participantes [...]".[506] El propio Nicolescu, cuando habla de las relaciones entre el arte y la informática menciona una serie de "palabras clave" de la transdisciplinariedad que podrían tomarse en cuenta: la interconectividad, la creación de conjunto, el acuerdo, lo que une en la creación, la investigación experimental.[507] François habla de "control", *"feedback"*, "regulación",[508] y "sistema".[509]

La importancia de la filosofía en el espíritu del comité está dada por el hecho de permitir la escucha y estar habilitada para traducir el mensaje. Lo dicho entonces para el lenguaje interdisciplinario puede aplicarse a la apertura transdisciplinaria: "[...] elle s'apprend au fur et à mesure qu'elle se parle, elle s'invente en rendant compte par interprétation d'une commune interrogation".[510] De ahí la necesidad de dejar espacio a la incertidumbre, lo impre-

---

[505] GUSDORF, op. cit., pág. 40. El resaltado es mío. Sobre la importancia de un "lenguaje común" véase también BRENA SESMA, op. cit., pág. 150.

[506] MARTÍNEZ MIGUÉLEZ, op. cit., pág. 45. Para lo cual es necesario que todas las disciplinas necesarias integren el comité. Lo que no ocurre en el caso del Hospital Provincial de Rosario, en el que nos fue imposible acceder a fuentes documentales fidedignas para controlar los miembros en cantidad y profesiones. Conozco algo de investigación científica, pero no de los gajes del detective ni del espionaje.

[507] NICOLESCU, *La transdisciplinarité. Manifeste*, cit., pág. 148.

[508] Que Morin llama "restricción" o "constricción".

[509] Op. cit.

[510] RESWEBER, op. cit., pág. 119. "[...] ella se aprende a medida que ella se habla, ella se inventa dando cuenta por interpretación de una interrogación común" (trad. del autor).

visto, el caos. "[...] tout en supprimant les frontières au profit de systèmes imprévus de transformations".[511] Siempre se conoció a la Filosofía como la gran cuestionadora de los supuestos, tendiente a lograr que cada individuo encuentre su propio camino. Y así debería ser la meta del comité. "Rien n'est plus digne de l'homme que cette aventure qui consiste pour lui à refouler le sol qu'il foule et à prendre pour sol la figure même de ses pas".[512] Como el comité es de ética, se suele relacionar a esta rama con la filosofía, es decir, con la mirada razonada producto de la reflexión.[513] Otra mirada interdisciplinar muy importante también acentúa este devenir en el comité, haciendo hincapié en la integración y la construcción. "Le but de ces recherches est de préciser la signification des connaissances en fonction de leur mode de construction: toute connaissance demeurant inachevée et tendant à s'accroître par correction, par complément ou par intégration en un système plus large et plus cohérent [...]".[514] De hecho Piaget plantea en su época el desafío de imaginarse un cuerpo en tren de vivirse, un sistema neuronal en tren de pensarse y englobar la biología y la psicología, lo que ubicaría en un nivel transdisciplinar.[515] La tarea del comité reclama entonces una visión transdisciplinar.

---

[511] PIAGET, "L'épistémologie...", cit., pág. 144. "[...] suprimiendo las fronteras en beneficio de sistemas imprevistos de transformaciones" (trad. del autor).

[512] RESWEBER, op. cit., pág. 120. "Nada es más digno del hombre que esa aventura que consiste para él en rechazar el suelo que él pisa y en tomar por suelo la figura misma de sus pasos" (trad. del autor).

[513] CORTINA, Adela, *Ética mínima. Introducción a la filosofía práctica*, 6ª ed., Madrid, Tecnos, 2000, pág. 22.

[514] PIAGET, "L'épistémologie...", cit., pág. 139. "El objetivo de estas investigaciones es precisar la significación de los conocimientos en función de su modo de construcción: todo conocimiento permanece inacabado y tiende a incrementarse por corrección, por complemento o por integración en un sistema más amplio y más coherente [...]" (trad. del autor).

[515] Íd., pág. 144.

Dicho método significará respetar las particularidades de cada comité, por lo cual es desaconsejable que una ley fije muchos pormenores. Así, se podrían unir las disciplinas de forma sistemática,[516] generando categorías propias del funcionamiento del comité, tanto como el trialismo hizo lo propio al tomar aportes de la sociología jurídica y de la filosofía de la justicia, que instrumentalizó jurídicamente en las jurísticas sociológica y dikelógica respectivamente. "La logique du tiers inclus est une logique de la complexité [...] elle permet de traverser [...] les différents domaines de la connaissance".[517] De esta manera, el esfuerzo de lograr una síntesis que se propone la interdisciplina, tan resaltado por algunos autores,[518] será menos necesario cuanto más categorías transdisciplinarias haya, en tanto ya ellas crearán las condiciones para aplicarse al campo -práctico- y generar resultados, aplicaciones. En efecto, lo que Resweber señala para la interdisciplina -ya que no todos los autores coinciden en sus características- puede aplicarse al comité, a la Bioética compleja, vista como Bioética transdisciplinaria y trialista. "Il n'y aurait pas [...] d'interdisciplinarité, si ces chassés-croisés ne modifiaient en totalité ou en partie la problématique des disciplines constantes, s'ils n'enrichissaient pas leur domaine d'investigation, s'ils ne leur fournissaient pas un nouveau jeu de langage".[519]

---

[516] BOTTOMORE, op. cit., pág. 12.
[517] NICOLESCU, *La transdisciplinarité. Manifeste,* cit., pág. 48. "La lógica del tercero incluido es una lógica de la complejidad [...] ella permite atravesar [...] los diferentes dominios del conocimiento" (trad. del autor).
[518] SINACEUR, op. cit., págs. 26, 30.
[519] RESWEBER, op. cit., pág. 114. "No habría [...] interdisciplinariedad si esos cruces no modificaran en su totalidad o en parte la problemática de las disciplinas constantes, si no enriquecieran su dominio de investigación, si no le proporcionaran un nuevo juego del lenguaje" (trad. del autor).

La complejidad puede aportar al funcionamiento del comité sus categorías que comprenden el todo, la organización y la articulación de partes interrelacionadas.[520] De hecho la complejidad es la base de la transdisciplinariedad, aunque no es materia de este trabajo vincular la complejidad con el comité más que en las relaciones de coincidencia y matices entre Nicolescu y Morin. El comité es visto así como un "todo"; la *unitas multiplex* del comité comprende lo diverso en lo uno. El comité de ética asistencial necesita articular aportes de distintas disciplinas, para lo cual precisa de un armazón organizativo, un marco común que le permita intercambios para sobrevivir.

Hay que destacar que la pretensión de la transdisciplinariedad de convertirse en una teoría general de la ciencia[521] no implica unificar las ramas al ritmo de una en particular,[522] como la filosofía, por ejemplo,[523] sino de generar un ámbito de diálogo donde sean factibles los intercambios, las concesiones, los préstamos, las creaciones de categorías, de nuevas disciplinas, métodos, etc., siempre en función de las necesidades del objeto, del sujeto. "[...] es la finalidad práctica la que determina la división de los hechos que deben estudiarse; éstas reciben de ella la trans-

---

[520] De hecho, cuando algunos autores hacen referencia a la interdisciplinariedad, de la que Morin diferencia la complejidad y Nicolescu la transdisciplinariedad, bordean categorías de la complejidad y la transdisciplinariedad, como la integración, el todo y las partes, el tejido, los diferentes elementos, la organización, el sistema. Véase SINACEUR, op. cit.

[521] BOTTOMORE, op. cit., pág. 14. Resweber también habla de crear un lenguaje universal que permita reabsorber las diferencias entre las disciplinas. RESWEBER, op. cit., pág. 117.

[522] Smirnov prevé como procesos transdisciplinarios la "conceptualización y unificación general del lenguaje científico: proceso de formación de conceptos científicos generales y de constitución de un lenguaje unificado para todas las ciencias". SMIRNOV, op. cit., pág. 64. Aunque luego señala: "[...] este lenguaje científico general no puede ser elaborado más que como resultante de la interacción de todas las disciplinas y no como reducción del conjunto del lenguaje científico al de una ciencia única". Íd.

[523] RESWEBER, op. cit., pág. 118.

mutación necesaria para la objetivación de los fenómenos [...]".[524] Nicolescu señala el énfasis en la necesidad producto de los desafíos sin precedentes de un mundo turbio como el nuestro.[525] Así, "[...] el interés no se centra en los confines y en los límites mutuos entre las disciplinas; se trata de un conocimiento de los límites o en los límites, instituyendo [...] un régimen de copropiedad, que justifica la posibilidad de un diálogo entre los interesados".[526]

Partir del pensamiento complejo significará que el comité debe permitir espacios para la desorganización, o lo que es lo mismo: la reorganización permanente, ya que el trabajo entraña desorganización, entropía.[527] Esto puede traducirse en la necesidad de no formalizar extremadamente las reuniones, dar participación al médico solicitante, al paciente,[528] mantener miembros no permanentes, rotativos, resolver en clave problemática, incorporar la "oscilación", etc. Cada temática, ámbito de estudio o de investigaciones marcará los límites de la organización de la integración. Por eso sólo podemos dar aquí pautas y confrontarlas con los hechos.

Así como es interesante reconocer la evolución del hombre, lo propio cabe pensar de la evolución de las ideas, más precisamente de las ciencias,[529] viendo cómo han nacido, surgido, se han desarrollado y seguido un paradigma monodisciplinar, para pasar a la necesidad del contacto en la interdisciplina, y a la institucionalización u organización operacionalizada a través de la transdiscipli-

---

[524] SINACEUR, op. cit., pág. 28.
[525] NICOLESCU, *La transdisciplinarité. Manifeste*, cit., pág. 8.
[526] GUSDORF, op. cit., págs. 40-41.
[527] MORIN y PIATELLI-PALMARINI, op. cit., pág. 210.
[528] "[...] la imposibilidad de constituir una ciencia del hombre aislada del sujeto que la concibe y, en consecuencia, aislada de los aspectos sociales, éticos, políticos". Íd., pág. 211.
[529] "[...] las disciplinas tienen una historia: nacimiento, institucionalización, evolución, extinción, etc". MORIN, *Articular...*, cit., pág. 37.

nariedad, en donde el contacto con las disciplinas es ya propio de cada una de ellas. Y se mantiene complejamente, articuladamente, la separación y la unión, tomando aspectos positivos de cada uno de esos momentos epistémicos.

Antes de pasar a la declinación trialista de los comités es importante mostrar las coincidencias entre las teorías en estudio, como introducción filosófica.

3

Coincidencias entre la complejidad/ transdisciplinariedad y el trialismo[530]

18. Como el trialismo contiene distintas dimensiones, compuestas a su vez por distintos niveles ontológicos, la relación deviene necesaria. Hay aquí distintos niveles de realidad en términos transdisciplinarios. Contemplar la jurística-sociológica que a su vez se relaciona con la sociología jurídica, la jurística-normológica que se relaciona con la lógica y la jurística-dikelógica que se relaciona con la filosofía de la justicia implica estudiar lo que "tradicionalmente" un análisis clásico nombraría como tres objetos de estudio distintos,[531] pero que "transdisciplinariamente" plantean al jurista el desafío de articular en un mismo campo herramientas que brindan los tres aspectos del Derecho. Aspectos que a su vez se relacionan con distintas ciencias: la sociología, la lógica y la filosofía de la justicia. Ya en la tesis doctoral sobre las coincidencias entre la complejidad y el trialismo señalaba la existencia de las relaciones al interior de las dimensiones y entre las dimensiones, de modo que se configuran las interrelaciones, lo

---

[530] Aquí se hará más referencia a las coincidencias de la transdisciplinariedad con el trialismo, ya que las coincidencias de éste con el pensamiento complejo fueron objeto de mi investigación doctoral.

[531] "[...] la diferencia entre culturas y sociedades es profundamente ideológica e instalada desde el repertorio de los colonialismos, de manera que no existirían ciencias sociales separadas e independientes". FOLLARI, "La interdisciplina revisitada", en *Andamios. Revista de Investigación Social*, 1(2), México, Univ. Autónoma de la Ciudad de México, 2005, pág. 11.

que de alguna manera da a entender Nicolescu. "[...] dans un monde d'interconnexions irréductibles [...] effectuer une expérience ou donner une interprétation des résultats expérimentaux revient inévitablement à un découpage du réel qui affecte ce réel lui-même [...]".[532] Precisamente las doctrinas unidimensionalistas son tales porque recortan desacertadamente el objeto jurídico, y así marginan aspectos fundamentales a su estudio. Nicolescu da cuenta de estas visiones unidimensionalistas que él llama "reduccionistas", en tanto hay un reduccionismo científico, que explica los procesos espirituales en términos de procesos físicos, que a su vez son explicados en términos de procesos biológicos, que a su vez son explicados en términos de procesos físicos. Es decir, el reduccionismo científico reduce la espiritualidad a la materialidad.[533] Algo similar a lo que ocurre con la normatividad, que reduce a ella el resto de las *jurísticas*. También hay un reduccionismo filosófico, que reduce la materialidad a la espiritualidad.[534] Esto se traduciría en la ciencia jurídica en el jusnaturalismo, donde el valor ciego a la realidad social canaliza sus dogmas en normas. "Les deux types de réductionnisme appartiennent à ce que nous pouvons nommer mono-réductionnisme".[535] Mientras que el holismo considera que el todo es más que la suma de las partes y determina sus propiedades, a la vez que el energetismo considera las propiedades creadas por las interacciones, que engendran un nivel de complejidad

---

532 NICOLESCU, *Qu'est-ce que la réalité...*, cit., pág. 17. "[...] en un mundo de interconexiones irreductibles [...] efectuar una experiencia o dar una interpretación de los resultados experimentales vuelve inevitablemente a un corte de lo real que afecta a ese real mismo" (trad. del autor).

533 Íd., pág. 67.

534 Íd.

535 Ibídem. "Los dos tipos de reduccionismo pertenecen a lo que podemos denominar mono-reduccionismo" (trad. del autor).

creciente.[536] Tal como fue demostrado en mi tesis doctoral, al hablar de las relaciones e interrelaciones en y entre las dimensiones.[537]

Es difícil asumir dicha teoría integrativista porque quiebra la lógica clásica,[538] según la cual no puede afirmarse la validez de un postulado y al mismo tiempo la de su opuesto,[539] que ocurre con la normatividad y su eventual injusticia. "L'entité réelle peut ainsi montrer des aspects contradictoires qui sont incompréhensibles, absurdes même, du point de vue d'une logique fondée sur le postulat '*ou* ceci *ou* cela'".[540] Lo propio sostiene Goldschmidt: "El hombre egocéntrico es un todo cerrado, el hombre cosmocéntrico constituye un sistema abierto. El hombre egocéntrico canta según la melodía aut-aut; el hombre cosmocéntrico rima al et-et".[541] La articulación que se da en el trialismo revela también que es más que propia su autodenominación como teoría integrativista, a la vez que Goldschmidt la denominó como una "complejidad pura". Al hablar del hombre, Nicolescu plantea lo central al tria-

---

[536] Íd., pág. 68.

[537] Véanse los capítulos 9 a 11 de GALATI, "La teoría trialista...", cit., y también GALATI, "Introducción...", cit.

[538] Que contiene los axiomas de la identidad (A es A), no contradicción (A no es no-A) y tercero-excluido (no existe un tercer término, que sea a la vez A o no-A). NICOLESCU, *La transdisciplinarité. Manifeste*, cit., pág. 41. "[...] pendant deux millénaires, l'être humain a cru que la logique était unique, immuable, donnée une fois pour toutes [...]". Íd., pág. 43. "[...] durante dos mil años, el ser humano creyó que la lógica era única, inmutable, dada de una vez para siempre [...]" (trad. del autor).

[539] NICOLESCU, "Transdisciplinarity...", cit. Esto tiene su aplicación respecto del refuerzo de la idea que preconicé al señalar la modificación al supremo principio de justicia del trialismo clásico, que postula la libertad para que cada individuo desarrolle su personalidad, cuando propongo que esto sea así en la medida en que todos podamos hacerlo. Lo propio diría Nicolescu cuando sostiene que un nivel de realidad es tal sólo porque el otro existe. NICOLESCU, "Transdisciplinarity – Past...", cit. Así, un individuo puede válidamente tener libertad sólo si otro también la tiene.

[540] NICOLESCU, *Qu'est-ce que la réalité...*, cit., pág. 17.

[541] GOLDSCHMIDT, "El filósofo...", cit., pág. 122.

lismo: "Une approche féconde du sujet humain impose de le considérer sous tous les aspects possibles [...]".[542] Siguiendo con la multidimensionalidad, cuando el filósofo rumano-francés estudia a Lupasco, expresa que su lógica manifiesta una estructura ternaria, tripolar de toda manifestación de la realidad, en donde se da "[...] la *coexistence* de ces trois aspects inséparables dans tout dynamisme accesible à la connaissance logique, rationnelle".[543] Desarrollando la idea, parece que hablara del objeto trialista, al expresar que se trata de tres orientaciones privilegiadas de una sola y misma lógica.[544] En el campo de los comités de ética asistenciales encontramos que ellos tienen como tarea central, para lograr su cometido, basar sus sugerencias vinculadas con juicios éticos en diagnósticos claros de los hechos,[545] lo que implica relacionar, como señala Morin, juicios de hecho con juicios de valor, unir los valores éticos con los hechos biológicos.[546]

El grado de libertad que plantea la transdisciplinariedad es compatible con la incertidumbre que reconocen hoy muchas epistemologías. En efecto, si distintos son los niveles de realidad que actúan en el Derecho y la influencia que puede provenir de cada uno de ellos, el objetivo de la ciencia ya no será conocer para prever, prevenir para dominar, la ansiada certeza prometida del positivismo com-

---

542 NICOLESCU, *La transdisciplinarité...*, cit. "Una aproximación fecunda al sujeto humano impone considerarlo bajo todos los aspectos posibles" (trad. del autor).
543 NICOLESCU, *Qu'est-ce que la réalité...*, cit., pág. 25.
544 Íd.
545 ANGUITA M., Verónica, "La presentación de casos clínicos al Comité de Ética Asistencial", en AA.VV., Experiencias de los comités de ética asistencial en España y Latinoamérica. Análisis de casos ético-clínicos, coord. por Francisco León Correa y otros, Santiago de Chile, FELAIBE, 2013, págs. 14-24. "Hay que distinguir hechos y valores, así como su cronología". CATALDI AMATRIAIN, Roberto, *Manual de Ética Médica*, Bs. As., Eudeba, 2003, pág. 128.
546 Véase POTTER, Van Rensselaer, *Bioethics, bridge to the future*, Minessota, Prentice-Hall, 1971. "[...] la Bioética es el *encuentro entre hechos y valores*". MARTÍNEZ MIGUÉLEZ, op. cit., pág. 34.

teano.[547] Ya Kurt Gödel, y Nicolescu lo recoge, señala que una investigación por una teoría física completa es ilusoria.[548] El conocimiento es siempre abierto.[549] Si esto es así para el ámbito de las ciencias más rigurosas, las naturales, cómo no podrá serlo para un dominio más complejo como el de las ciencias sociales.[550] "La structure gödelienne de l'ensemble des niveaux de réalité, associée à la logique du tiers inclus, implique l'impossibilité de bâtir une théorie complète pour décrire le passage d'un niveau à l'autre et, *a fortiori*, pour décrire l'ensemble des niveaux de réalité".[551] Es significativa la metáfora que se plantea alrededor de una explicación de la interdisciplina, que bien puede trasladarse a la transdisciplinariedad, la de un investigador que va por su camino de descubrimiento en descubrimiento, sin detenerse en la ruta para tomar dominio del territorio.[552]

Y si es posible una unidad de los niveles de realidad, lo debe ser en el marco de una unidad abierta.[553] "La transdisciplinarité est une transgression généralisée qui ouvre un espace illimité de liberté, de connaissance, de tolé-

---

547 "En imposant certaines conditions initiales sociales bien déterminées, on peut prédire d'une manière infaillible l'avenir de l'humanité". NICOLESCU, *La transdisciplinarité. Manifeste*, cit., pág. 23. "Considerando ciertas condiciones sociales iniciales bien determinadas, se puede predecir de una manera infalible el futuro de la humanidad" (trad. del autor).

548 NICOLESCU, "Transdisciplinarity...", cit. Todo lo que podemos predecir es que la conducta humana es impredecible. Véase también NICOLESCU, *La transdisciplinarité. Manifeste*, cit., pág. 77.

549 NICOLESCU, "Transdisciplinarity – Past...", cit.

550 NICOLESCU, *La transdisciplinarité. Manifeste*, cit., pág. 78. NICOLESCU, *Qu'est-ce que la réalité...*, cit., pág. 56.

551 Íd.

552 RESWEBER, op. cit., pág. 20.

553 NICOLESCU, "Transdisciplinarity...", cit. Véase también NICOLESCU, *La transdisciplinarité. Manifeste*, cit., pág. 79.

rance et d'amour".[554] De ahí que la transdisciplinariedad implique una transgresión a la dualidad que opone pares binarios, como sujeto/objeto, materia/consciencia, simplicidad/complejidad, unidad/diversidad.[555] Tal como ocurre en el trialismo, que no opone ley al valor, ni costumbre a ley o justicia. Esto da más protagonismo al sujeto, antes escondido en la predominancia del objeto y el objetivismo, que se traduce en mayor participación, lo que a su vez genera una tendencia contraria -compleja- a la incertidumbre. Además, el trialismo, al tomar aportes y contribuciones de las doctrinas que contiene y supera, como el normativismo, el realismo y el jusnaturalismo, es necesariamente una teoría abierta, como lo demuestran los aportes posteriores a la creación de Goldschmidt. Como lo señalé en mi tesis doctoral, el trialismo da mucho espacio al protagonismo del sujeto precisamente porque expone una gama de categorías-problema en el marco de una teoría abierta y compleja. "[...] the laws governing this level are just a part of the totality of laws governing all levels. And even the totality of laws does not exhaust the entire Reality: we have also to consider the Subject and its interaction with the Object".[556]

19. Así como en un momento pareció imposible articular el discurso marxista con el de la fe cristiana, y sin embargo se llegó a ello por la teología de la liberación,[557]

---

554 Íd., pág. 111. "La transdisciplinariedad es una transgresión generalizada que abre un espacio ilimitado de libertad, de conocimiento, de tolerancia y de amor" (trad. del autor).

555 NICOLESCU, "Transdisciplinarity...", cit.

556 NICOLESCU, "Transdisciplinarity – Past...", cit. "[...] las leyes que gobiernan un nivel son sólo una parte de la totalidad de las leyes que gobiernan todos los niveles. E inclusive la totalidad de las leyes no agota la realidad entera: tenemos que considerar al Sujeto y sus interacciones con el Objeto" (trad. del autor).

557 BOFF, Leonardo, "Marxismo en teología: la fe requiere eficacia", en AA.VV., *La teología de la liberación*, ed. al cuidado de Juan José Tamayo Acosta, Madrid, Cultura Hispánica, 1990, pág. 127. Y lo propio ocurrió con Teilhard de Chardin,

no nos debería parecer extraño que el trialismo articule la conducta, la norma y el valor, sobre todo incorporando la justicia a la problemática jurídica. O que Nicolescu plantee que la teoría de las supercuerdas organice la convivencia del nivel macrofísico, el microfísico y el del ciberespacio.[558] "Personne n'a réussi à trouver un formalisme mathématique qui permet le passage rigoureux d'un monde à l'autre. Et pourtant ces deux mondes coexistent. La preuve: notre propre existence."[559] Tal vez no sea la Matemática la encargada de la articulación dialógica en dicho ámbito de la física...

El trialismo plantea la transdisciplinariedad como un límite al irracionalismo en el que se puede caer por la tendencia a terminar en un lenguaje que diga todo sobre nada o un ámbito en el que, sin rigor, todo se mezcle.[560] Es el peligro distinto al racionalismo, pero en el que también puede caerse por la apertura y flexibilidad de la transdisciplinariedad. En este sentido, el trialismo aborda en el Derecho los niveles de realidad y contiene las actitudes transversales, de pluralidad metodológica.

La teoría trialista también lleva a cabo los puentes de ligazón que ella requiere a otros dominios muchas veces calificados de pseudocientíficos.[561] El saber vulgar,[562] vinculado al conocimiento con el que toma contacto la

---

que supo integrar la ciencia, en su parte referida a la evolución humana, a la fe cristiana. Véase ARNOULD, Jacques, "Pierre Teilhard de Chardin", en *Le Monde Religions*, del 2/7/2010, en http://goo.gl/rldLBA (8/4/2012).

[558] NICOLESCU, "Transdisciplinarity – Past...", cit. NICOLESCU, *Qu'est-ce que la réalité...*, cit., pág. 42. En otra ocasión habla de las tres materias como tres aspectos de todo sistema: macrofísico, biológico y cuántico. Íd., pág. 26.

[559] NICOLESCU, "Niveaux...", cit., pág. 21. "Persona alguna tuvo éxito para encontrar un formalismo matemático que permita el pasaje riguroso de un mundo al otro. Y sin embargo estos dos mundos coexisten. La prueba: nuestra propia existencia" (trad. del autor).

[560] NICOLESCU, *La transdisciplinarité...*, cit.

[561] Íd.

[562] Véase BOTTOMORE, op. cit., pág. 16.

sociología, se encuentra ligado a la jurística-sociológica. El
conocimiento abstracto y reflexivo, calificado de esotéri-
co, indecidible, controversial, etc., se encuentra vinculado
a la jurística-dikelógica. Algo que señala Nicolescu y que
puede ser relacionado con el trialismo es lo referido a la
potencialización, que no es un aniquilamiento, una desaparición, sino una suerte de recuerdo todavía no manifestado.[563] Explicando esto en términos trialistas, se trataría
de los intereses no satisfechos que generan descontentos
latentes y eventuales demandas a ser tenidas en cuenta.
Un deber ser actual aplicado fue antes un deber ser gené-
rico en materia dikelógica; es decir, una injusticia que no
se podía remediar, en un momento se potencializó, tomó
cuerpo a fin de que alguien luche por ella responsabilizán-
dose. Así como aporté al trialismo el término "oscilación",
sobre todo entre los componentes igualdad y libertad del
contenido del supremo principio de justicia, de este término habla Nicolescu para referirlo a la realidad. "La réalité tout entière n'est qu'une perpétuelle oscillation entre
l'actualisation et la potentialisation. La considération de la
seule actualisation conduit inexorablement à un réel tron-
qué".[564] De hecho, la potencialización es lo que guarda en
latencia la dimensión dikelógica, permitiendo que lo no

---

563 NICOLESCU, *Qu'est-ce que la réalité...*, cit., pág. 22. Nicolescu relaciona o toma
   esto de Lupasco. "Le mot 'état' fait référence aux trois principes lupasciens
   -l'actualisation A, la potentialisation P et le tiers inclus T- sous-jacents au 'principe d'antagonisme'". NICOLESCU, "Le tiers...", cit., pág. 116. "La palabra 'estado'
   hace referencia a los tres principios lupascianos -la actualización A, la potencialización P y el tercio incluso T- subyacentes al 'principio de antagonismo'" (trad.
   del autor).
564 NICOLESCU, *Qu'est-ce que la réalité...*, cit., pág. 23. "La realidad entera no es
   sino una perpetua oscilación entre la actualización y la potencialización. La consideración de la sola actualización conduce inexorablemente a un real trunca-
   do" (trad. del autor).

satisfecho pueda eventualmente ser materia de reclamo por una injusticia. Es el deber ser, mientras que la actualización es el ser.

Tanto en la jurística-sociológica como en la dikelógica, con categorías teóricas, el trialismo aborda dichas realidades que interactúan en las problemáticas jurídicas. Ninguna es menospreciada y todas ayudan a entender el Derecho. "La [...] tarea de la Bioética es la de *tender puentes de comprensión* entre el mundo de los hechos y el mundo de los valores. Esto reafirma el carácter multidisciplinar e interdisciplinar de la Bioética [...]".[565] Nicolescu señala que ningún nivel de realidad tiene un lugar privilegiado y que tanto uno como otro son capaces de entenderse.[566] Este aporte será vital para organismos complejos como los comités de bioética, en donde conviven disciplinas provenientes de distintos niveles de realidad. Es importante la aclaración de un bioeticista, en el sentido de valorizar el saber vulgar, al señalar que el dilema ético que tiene que tratar un comité asistencial no es el que así declara el organismo ético deliberante, sino el que aporta el solicitante.[567] Juarroz, al hablar del lenguaje transdisciplinario, señala que éste es posible cuando se realizan rupturas fundamentales, que consisten en ver más allá de los sentidos y en superar lo repetitivo, lo estereotipado.[568] Todo lo cual nos da acceso a ir más allá de la norma y un puente al valor. El autor señala un caso emblemático en donde se puede ver a través del lenguaje y analogando al Derecho,

---

[565] MARTÍNEZ MIGUÉLEZ, op. cit., pág. 36.

[566] NICOLESCU, "Transdisciplinarity...", cit. Ya he señalado cómo existen relaciones sistémicas e intersistémicas en las dimensiones del trialismo y entre ellas, respectivamente. Véase mi tesis doctoral, cit. Aquí señalo lo que Nicolescu menciona: que un nivel de realidad es porque otro existe al mismo tiempo. Íd.

[567] "Es un problema ético todo aquello que para alguien es detectado como problema, no importando que no se vaya a deliberar sobre eso". ANGUITA M., op. cit.

[568] JUARROZ, op. cit.

la necesidad del trialismo y la transdisciplinariedad. En un festival de poesía, que requería la traducción a todas las lenguas de un poema seleccionado, un escritor se presentó al autor elegido y le dijo que en el idioma mapuche no existía la palabra "espejo". Entonces el escritor le preguntó si existía la palabra "reflejo", a lo que contestó que sí: "el agua después de la lluvia". Existe entonces una suerte de reencuentro, gracias a la realidad, entre las palabras. Es el lenguaje transdisciplinario.[569] En el trialismo se diría que la jurística-sociológica permite dar a las carencias de las normas, las palabras necesarias. Y la justicia también ayuda con la crítica para revelar dichas carencias. Luego señala la función del lenguaje: es siempre una lucha contra los mitos y contra las carencias de las palabras que da cuerpo a los silencios.[570] Estos silencios son los olvidos en el Derecho, que se traducen en injusticias.

Una idea interdisciplinaria bien puede aplicarse a la transdisciplinariedad y, en este caso, al trialismo. Aquella que considera que la disciplina es una distancia o separación epistemológica situada entre dos o más disciplinas.[571] Nunca mejor aplicado al trialismo, a la sazón, estructura teórica que contextualiza a la norma.

El trialismo es una aplicación finamente desarrollada de la transdisciplinariedad, en tanto se ha generado en una Teoría General del Derecho un diálogo de lo que tradicionalmente se conoce -reduce- como Derecho: la ley, con otros saberes. ¿Cuántas veces hemos visto conferencias o seminarios que llaman la atención sobre los diálogos entre Derecho y Sociedad, Derecho y Justicia, Derecho y Realidad ¿Es el Derecho ciego a todo ello? En el ámbito de la salud hay visiones reduccionistas:

---

569 Íd.
570 Ibídem.
571 RESWEBER, op. cit., pág. 53.

Le droit et l'éthique sont deux catégories normatives distinctes. La règle de droit est abstraite, générale, impersonnelle et sanctionnée par l'État. L'éthique en revanche est toujours concrète, plurielle, évolutive et sa sanction ne relève pas des tribunaux. [...] le droit de la biomédecine est du droit et non de la bioéthique.[572]

El Derecho es justicia, porque la incluye. De hecho se señala que se suele requerir que la ley incorpore a través de la sanción parlamentaria los principios bioéticos para que formen parte del Derecho,[573] cuando el trialismo no necesita de ese visado aduanero, ya que la circulación es libre, aunque en el marco de un sistema, como se vio en mi tesis doctoral.[574] De una manera general, esto es señalado por un filósofo, debido a su visión amplia, con un ejemplo clásico. "[...] l'exemple paradigmatique de l'opposition entre la loi et l'éthique, celui de l'Antigone de Sophocle".[575] Ocurre que el trialismo, debido a su filosofía integradora, no llega a hablar de oposición, sino de articulación. Nicolescu también tiene noción de esta necesidad de ir más allá de las normas: "Cette héroïne préféra la mort plutôt que de renoncer aux lois non écrites qui accordent à tout être humain le droit d'être enseveli [...]. Elle est à jamais la clameur têtue de la conscience humaine".[576]

---

[572] DREIFUSS-NETTER, Frédérique, "Du droit à l'éthique et de l'éthique au droit", en *Regards croisés sur l'éthique clinique,* Centre d'Ethique Clinique de l'Hôpital Cochin, cit., pág. 19. "El derecho y la ética son dos categorías normativas distintas. La regla de derecho es abstracta, general, impersonal y sancionada por el Estado. La ética, sin embargo, es siempre concreta, plural, evolutiva y su sanción no necesita de los tribunales. [...] el derecho de la biomedicina es de derecho y no de la bioética" (trad. del autor).

[573] Íd.

[574] Véanse especialmente los capítulos 8 a 12.

[575] AMANN, Jean-Paul, "Quelle philosophie pour l'éthique clinique?", en *Regards croisés sur l'éthique clinique*, Centre d'Éthique Clinique de l'Hôpital Cochin, cit., pág. 26.

[576] DESCAMPS, ALFILLE y NICOLESCU, op. cit., pág. 11. "Esta heroína preferirá la muerte antes que renunciar a las leyes no escritas que acuerdan para todo ser humano el derecho de ser sepultado [...]. Ella es para siempre el clamor testarudo de la conciencia humana" (trad. del autor).

20. Fundamentalmente se relacionan las normas con la sociología, a través de la jurística sociológica, y la filosofía de la justicia a través de la jurística-dikelógica. El jurista ávido de justificación, análisis profundo y cuestionamiento puede tomar de las disciplinas afines, cruzando las barreras normativas, aquello que le sirvió para dotar al Derecho de elementos de diagnóstico y críticos. Se va más allá de la norma, de la disciplina jurídica en sentido tradicional. Así como Morin habla de la necesidad de la "consciencia planetaria" que implica problemas globales que rebasan las fronteras de los países.[577] Al explicar el filósofo rumano-francés con una metáfora la actitud transdisciplinaria refuerza más la visión que del Derecho tiene el trialismo. Él sostiene que en lugar de pensar en territorios separados como los continentes, debería pensarse en galaxias, sistemas solares, planetas y estrellas.[578] En efecto, las dimensiones trialistas, si bien tienen sus contornos y categorías, interactúan en un espacio común, en un continuo.[579] Porque hay diversidad en la unidad.[580] "[...] la transdisciplinarité s'intéresse à la dynamique engendrée par l'action de plusieurs niveaux de réalité à la fois".[581] Lo que ocurre en el trialismo con sus niveles de realidad material e ideal, ya mencionados.

---

[577] MORIN, *Articular...*, cit., pág. 92. El anarquismo epistemológico promueve "abrir las fronteras del conocimiento científico frente a otras tradiciones de saber". FACUSE, op. cit.

[578] NICOLESCU, "Transdisciplinarity – Past...", cit.

[579] "A flow of information is transmitted in a coherent manner from one level of reality to another in our physical universe". Íd. "Un flujo de información es transmitido en una manera coherente de un nivel de la realidad a otro en nuestro universo físico" (trad. del autor).

[580] Íd. Tal como lo expresa también Morin.

[581] NICOLESCU, *La transdisciplinarité. Manifeste*, cit., pág. 67. "[...] la transdisciplinariedad se interesa en la dinámica creada por la acción de varios niveles de realidad a la vez" (trad. del autor).

Pour que le mouvement soit possible il faut que l'homogène et l'hétérogène coexistent [...]. L'antagonisme hétérogénéisation-homogénéisation est ainsi un dynamisme organisateur, structurant. [...] un antagonisme organisateur [...] puisqu'il est [...] la condition et le principe formateur de toute systèmatisation [...][582]

Si bien no hay reemplazo de la metodología trialista por la transdisciplinaria, sí hay aportes y, en este caso, un refuerzo por coincidencias también, al ver que el trialismo es una aplicación de las ideas transdisciplinarias. "[...] la méthodologie transdisciplinaire féconde ces disciplines, en leur apportant des éclairages nouveaux et indispensables [...]"[583].

21. Nicolescu ha cuidado de no reducir la transdisciplinariedad a una hiperdisciplina, es decir, una disciplina que coordine disciplinas. "[...] une sorte de super-discipline qui prétendrait gérer toutes les relations et qui souhaiterait unifier toutes les sciences en un pseudo-syncrétisme uniformisant. Elle comporte, inversement, une intention pédagogique élargie grâce à des mises en tension dialectiques".[584] No es lo que ocurre con el trialismo, en tanto esta teoría mantiene su objeto de estudio con límites ines-

---

[582] NICOLESCU, *Nous...*, cit., pág. 198. "Para que el movimiento sea posible lo homogéneo y lo heterogéneo tienen que coexistir [...]. El antagonismo heterogeneización-homogeneización es así un dinamismo organizador, estructurante. [...] un antagonismo organizador [...] porque él es [...] la condición y el principio formador de toda sistematización [...]" (trad. del autor).

[583] NICOLESCU, *La transdisciplinarité. Manifeste*, cit., pág. 181. "[...] la metodología transdisciplinaria fecunda esas disciplinas, aportándoles esclarecimientos nuevos e indispensables [...]" (trad. del autor).

[584] PAUL, op. cit., pág. 10. "[...] una suerte de superdisciplina que pretendería administrar todas las relaciones y que desearía unificar todas las ciencias en un pseudosincretismo uniformizante. Ella comporta, inversamente, una intención pedagógica ampliada gracias a sus puestas en tensión dialécticas" (trad. del autor).

tables,[585] como lo requiere el filósofo rumano-francés. Es decir, no se encierra la transdisciplinariedad ni se la limita a una disciplina, en cierto sentido, ya que se mantiene a la teoría (trialista) como una "unidad abierta".[586] Además, por un lado la utilidad, y por el otro la singularidad que reclama el pensamiento complejo nos exigen concretizar los resultados de las investigaciones transdisciplinarias; es decir, aplicar las ideas epistemológicas *trans* a una rama de la ciencia. Otro motivo para citar alude a la transdiscipli-nariedad como los límites de las disciplinas tradicionales[587] -unidimensionales/simples-, con las cuales no cabe iden-tificar al trialismo. El Derecho no puede dejar de existir a pesar de la transdisciplinariedad; tiene que ser transdis-ciplinar. Como dice Morin: "[...] esta apertura no implica la disolución de fronteras, la expansión de los campos de estudio de las mismas o la eliminación de la reducción epistemológica propia de las disciplinas".[588]

22. Podría decirse incluso que si bien el trialismo no aplica la transdisciplinariedad, ya que ésta apunta a estar *entre*, *a través* y *más allá* de las disciplinas y a comprender el mundo yendo por la unidad del conocimiento,[589] la teoría trialista plantea, en comparación al resto de las otras teorías generales del Derecho, una actitud transdisci-plinaria, ya que apunta a unir la normatividad al resto de sus condicionantes, contextos, elementos o dimensiones.

---

585 Véanse los aportes realizados en GALATI, "La teoría trialista...", cit. Cfr. también
      GALATI, "Introducción...", cit.
586 Véanse los puntos 9 y 12.
587 NICOLESCU, "Transdisciplinarity – Past...", cit.
588 MORIN, *Articular...*, cit., pág. 27.
589 NICOLESCU, "Transdisciplinarity – Past...", cit.

Incluso el filósofo rumano-francés señala: "[...] there is no opposition between disciplinarity [...] and transdisciplinarity, but a fertile complementarity".[590]

23. Cuando Nicolescu dice que la aproximación transdisciplinaria se caracteriza por su rechazo a una metodología,[591] alguna semejanza hay con la pluralidad metodológica propuesta por el trialismo, que oscila por la metodología que exhibe cada dimensión en el marco de un sistema. Luego expresa que hay una transdisciplinariedad experimental donde se contacta el procedimiento con los diferentes campos, como la educación, el psicoanálisis, el arte, la literatura, la historia.[592] A lo cual habría que agregar el Derecho. Es indispensable entonces tener en cuenta todos los elementos del problema a examinar.[593]

El pensamiento transdisciplinario señala que lo que es fundamental en un nivel puede ser accidental en el otro, lo que deriva de la máxima de que las leyes de un nivel de realidad no determinan completamente a las leyes de otro nivel.[594] Por caso, las reglas de la dimensión normológica no determinan las reglas de la dimensión dikelógica, de manera que es posible articular una carencia dikelógica en la dimensión normativa. "Il y a donc une sorte d'autonomie locale du niveau de Réalité respectif".[595] Es

590 Íd. "No hay oposición entre disciplinariedad y transdisciplinariedad, sino una fértil complementariedad" (trad. del autor). Cabe tener presente que el trialismo no es una "disciplina" entendida en términos tradicionales o clásicos. También señala Nicolescu que no hay transdisciplinariedad sin disciplinas (íbídem).
591 NICOLESCU, "Transdisciplinarity – Past...", cit.
592 Íd. Habría también una *transdisciplinariedad teorética* relacionada con lo metodológico y con la transdisciplinariedad en general, y una *transdisciplinariedad fenoménica* donde se construyen modelos conectando los principios teoréticos con los datos experimentales ya observados, para predecir otros resultados Íd.
593 NICOLESCU, *La transdisciplinarité. Manifeste*, cit., pág. 64.
594 NICOLESCU, "Transdisciplinarity...", cit. Véase también NICOLESCU, *La transdisciplinarité. Manifeste*, cit., pág. 94; NICOLESCU, "Niveaux...", cit., pág. 30.
595 NICOLESCU, *La transdisciplinarité. Manifeste*, cit., pág. 95. "Hay entonces una suerte de autonomía local del nivel de realidad respectivo" (trad. del autor).

elocuente cómo Juarroz expresa lo propio al hablar del lenguaje, señalando que el profano escribe con palabras y el poeta lo hace con silencios;[596] y ambos niveles del lenguaje pueden convivir, cada uno con sus características e incluso influir en el otro. El filósofo rumano-francés expresa también, a propósito del nivel de realidad cuántico y el macrofísico, que éste tratará de reducir a aquél a sus propias normas, mutilándolo y manipulándolo, lo que traería consecuencias nefastas.[597] Lo que perfectamente puede reemplazarse por las dimensiones normológica y dikelógica, en tanto ésta ha sido siempre manipulada por la normatividad, pretendiendo reducir lo querido por el legislador a lo únicamente justo. "Le progrès scientifique, qui s'opérerait par un rapprochement continuel des lois absolues et immuables, est, pour Lupasco, une simple illusion, tenace mais sans aucun fondement".[598] Muy atinadamente señala Nicolescu que "[...] dans le domaine de la science dite 'dure', la répression de l'inconscient ne peut être que dure".[599] En un momento hablé en mi tesis doctoral de liberar a los abogados de la represión y que aflore entonces el estudio de la justicia, sistematizándolo, tornándolo científico e ingresándolo en la jurística. No por casualidad autores como Foucault y Bourdieu ven al Derecho como mera "forma". "Les lois elles-mêmes doivent se soumettre à la contradiction irréductible".[600] En el campo del Derecho, esto es posible gracias a la introducción de la base real por

---

596 Véase JUARROZ, op. cit.
597 NICOLESCU, *La transdisciplinarité. Manifeste*, cit., pág. 105.
598 NICOLESCU, "Le tiers...", cit., pág. 119. "El progreso científico, que se operaría por un acercamiento continuo de leyes absolutas e inmutables es, para Lupasco, una simple ilusión, tenaz pero sin fundamento alguno" (trad. del autor).
599 NICOLESCU, *Qu'est-ce que la réalité...*, cit., pág. 72. "En el ámbito de la ciencia llamada 'dura', la represión del inconsciente no podía ser más que dura" (trad. del autor).
600 NICOLESCU, "Le tiers...", cit., pág. 119. "Las leyes, ellas mismas, deben someterse a la contradicción irreductible" (trad. del autor).

la jurística sociológica, y gracias a la base ideal por parte de la jurística dikelógica. Estos dos flancos de la normología permiten controlarla con datos fidedignos de la realidad, aunque también con proyecciones ideales que encarnan toda utopía. En otras palabras, se da sustento a los sueños. De hecho, cuando Nicolescu cita a Lupasco en su definición del tiempo, bien puede hacerse analogía con sus ideas al campo del Derecho. "Le temps évolue par saccades, par bonds, par avances et reculs [...]"[601]

Si bien lo que es fundamental en un nivel puede ser accidental en otro, la interacción es posible. Pero como es accidental, esto significará que las carencias dikelógicas sean excepcionales, ya que una ley significa una manifestación de representantes que el pueblo elige, y ésta es la regla general que significa resolver un conflicto con argumentos, votaciones. No obstante, ya hemos visto con Morin cómo un elemento de un sistema, por el hecho de formar parte de él, no puede adoptar todos los estados posibles.[602] Señala Nicolescu: "[...] certain internal ambiguities concerning laws of an inferior level or Reality are resolved by taking into account the laws of a superior level".[603]

24. Como las interacciones entre los elementos de un sistema existen[604] y las dimensiones del trialismo lo son, se pueden aplicar las ideas transdisciplinarias en el sentido de que la jerarquía de las leyes de los niveles de realidad evoluciona como el universo mismo.[605] Lo que significaría

---

[601] Íd., pág. 124. "El tiempo evoluciona por tirones, por saltos, por avances y retrocesos" (trad. del autor).

[602] Véase mi tesis doctoral, cit.

[603] NICOLESCU, "Transdisciplinarity...", cit. "Ciertas ambigüedades internas concernientes a las leyes de un nivel inferior de la realidad se resuelven tomando en cuenta las leyes de un nivel superior" (trad. del autor).

[604] Nicolescu habla del tema cuando se refiere a los aspectos de la naturaleza, señalando que se demanda la integración, considerándose a los aspectos simultáneamente en términos de interrelación y conjunción. Íd.

[605] Ibídem.

que la normatividad podría influir en la dikelogía, como ocurre en el caso de los llamados principios generales del Derecho que suelen hacer referencia a concretizaciones de las ideas de libertad o igualdad, de manera de aplicar a tiempos y espacios concretos, criterios de justicia, que el trialismo llama criterios generales orientadores, los cuales, entonces, pueden provenir de tendencias normológicas.

Incluso los desarrollos del trialismo han permitido exportar sus categorías a la Epistemología,[606] de manera que cada dimensión es representativa de un grupo de posturas epistemológicas, tomando por ejemplo a la lógica de la investigación científica popperiana, asimilable a la postura kelseniana, asimilable a su vez a la dimensión normológica trialista. Al mismo tiempo, la teoría trialista ha importado conceptos, tal como se ve en mi aporte doctoral sobre las relaciones entre el pensamiento complejo y el trialismo. Ya vimos el caso de las restricciones, que son las que tienen los elementos por el hecho de formar parte de un sistema. Hay también "intercambio con el entorno",[607] que el trialismo ve con la normatividad al relacionarse con las categorías de basamento sociológico, como exactitud, fidelidad y adecuación, y las categorías básicas de la realidad social: causa, posibilidad, finalidad y consecuencias.[608] Hay "retroalimentaciones", que tienen lugar en las relaciones sistémicas, que son las que se dan en el interior de las dimensiones del trialismo, por ejemplo, entre el reparto autónomo y el autoritario. Se trata de categorías

---

606 Véase GALATI, "Visión compleja de los paradigmas científicos y la interpersonalidad en la ciencia", en *Cinta de Moebio. Revista de Epistemología de Ciencias Sociales*, nº 44, Santiago, Fac. de Cs. Sociales, Univ. de Chile, 2012, págs. 122-145, en http://goo.gl/77Ekdt (26/9/2012).

607 SOTOLONGO, Pedro, "El tema de la complejidad en el contexto de la bioética", en AA.VV., *Estatuto epistemológico de la bioética*, coord. por Volnei Garrafa, Miguel Kotow y Alya Saada, México, UNAM, 2005, pág. 117.

608 Sobre el tema véase GALATI, "Consideraciones...", cit.

"[...] recogidas de una u otra disciplina y re-elaboradas e integradas en un cuerpo transdisciplinario de saber [...] mecanismos genéricos [...]".[609] Ocurre que en el caso del Derecho no hubo necesidad de "re-elaborarlo" o "complejizarlo" al revelarse coincidencias entre el trialismo y la complejidad.[610]

Las interacciones son imprescindibles para los comités y de ellas da cuenta la transdisciplinariedad, porque si se consideran las distintas disciplinas que convergen en aquéllos, por separado, "[...] la somme des compétences n'est pas la compétence [...]".[611] De ahí que sea indispensable analizar los desarrollos interactivos que se dan en los comités a la luz de las relaciones que plantea el análisis trialista conjuntamente con la transdisciplinariedad.

---

[609] SOTOLONGO, op. cit., pág. 117.
[610] Véase mi tesis doctoral, cit.
[611] NICOLESCU, La transdisciplinarité. Manifeste, cit., pág. 64. "[...] la suma de competencias no es la competencia [...]" (trad. del autor).

4

Declinación trialista de los comités hospitalarios de bioética[612]

25. Comité de ética – Complejidad desorganizada de la Bioética

A nivel de programa, es decir, como meras ideas a tener en cuenta, pero sin un desarrollo categorial como lo propone el trialismo, hay algunos trabajos que hablan de "dimensiones" a tener en cuenta en el campo de la Bioética. "Elle témoigne [la Bioéthique] de la prise en compte par le droit de questions qui relèvent du champ bioéthique, qui en tant que telles présentent une dimension non seulement éthique, mais aussi sociale et juridique."[613] Cuando se hace referencia a Kelsen, se señala que él mismo deja en claro que las normas jurídicas no son las únicas que regulan la conducta recíproca de los hombres, y separa el "derecho" y la moral.[614] Claro que dichas regulaciones no son para él

---

[612] "En particulier, une perspective élargie sur l'éthique clinique constituerait une contribution originale à la réflexion car bien souvent les écrits n'abordent pas les dimensions sociales et culturelles des comités". RACINE, Eric, "Cinq défis pour les comités d'éthique clinique: perspectives critiques découlant d'une étude du processus d'analyse de cas réalisée au Québec", en Ethica Clinica, n° 36, 2004, pág. 36. "En particular, una perspectiva ampliada sobre la ética clínica constituiría una contribución original a la reflexión porque muy seguido los escritos no abordan las dimensiones sociales y culturales de los comités" (trad. del autor).

[613] MONNIER, op. cit., pág. 16. "Ella refleja [la Bioética] el reconocimiento por parte del derecho de cuestiones que vienen del campo de la Bioética, que en tanto tales presentan no sólo una dimensión ética, sino también social y jurídica" (trad. del autor). Véase también pág. 20.

[614] Íd.

jurídicas. Incluso dan cuenta de la propia complejidad que encierra el término "Bioética" y que en mi caso propongo para esta disciplina.

> Le terme bioéthique [...] présente l'avantage d'évoquer le caractère à la fois éthique, social, juridique des questions soulevées dont le terme biomédecine ne rend pas suffisamment compte. C'est la bioéthique plus que la biomédecine qui recèle la complexité, et en ce sens nous intéresse.[615]

Dichos nuevos estudios en Bioderecho, vanguardistas por su complejidad incipiente, guardan coincidencias con el trialismo, que llegan a ser muy fuertes: "[...] le phénomène juridique est perçu comme irréductible à la notion de norme bien qu'il soit composé de telles normes".[616] A tal punto que vinculan la concepción del Derecho con la complejidad:[617] "La visión d'un système hiérarchique de type pyramidal basé sur une conception essentiellement formelle est perturbée par la complexité à laquelle le droit est confronté".[618] No obstante, se mantiene un tridimensionalismo inmanente, inactualizado, como mero programa, porque se da la clásica respuesta a la polémica entre juspositivismo y jusnaturalismo diciendo que el primero integra

---

[615] Íd., pág. 16. "El término bioética [...] presenta la ventaja de evocar el carácter a la vez ético, social, jurídico de cuestiones planteadas, las cuales el término biomedicina no toma suficientemente en cuenta. Es la bioética más que la biomedicina la que recepta la complejidad, y en ese sentido nos interesa" (trad. del autor). Lo que la autora llama "jurídico" es para ella lo normativo, con lo cual puede verse una asociación entre lo normativo y lo jurídico, producto precisamente de la falta de desarrollo categorial a nivel de cada dimensión, como lo hace el trialismo.

[616] Íd., pág. 25. "[...] el fenómeno jurídico es percibido como irreductible a la noción de norma si bien está compuesto de esas normas" (trad. del autor).

[617] Lo que he hecho en "La teoría trialista...", cit. Véase también GALATI, "Introducción...", cit.

[618] MONNIER, Les comités..., cit., pág. 26. "La visión de un sistema jerárquico de tipo piramidal basado sobre una concepción esencialmente formal es perturbada por la complejidad a la cual el derecho es confrontado" (trad. del autor).

los postulados del "Estado de Derecho", de la "dignidad" y de los "derechos del hombre";[619] pero podría no hacerlo. De ahí que se señala que "[...] l'articulation des normes et des valeurs constitue sans doute le plus grand défi que doit relever le droit en bioéthique".[620] Y dicho desafío lo cumple el trialismo.

Los comités de ética son fundamentalmente instrumentos de diálogo que tienen por misión evaluar diferentes opciones terapéuticas para un determinado paciente y son integrados por diferentes profesionales.[621] "[...] los médicos [...] carecen de una visión uniforme y universal acerca del modo de sancionar lo que es 'bueno' y lo que es 'malo' en el plano moral [...]".[622] Incluso se ha llegado a decir que se deben a una deshumanización de la Medicina.[623] Es de mi especial interés el comité hospitalario o asistencial, que acabo de definir, diferenciado del de investigación, dedicado a aconsejar la aprobación de experimentos con seres humanos.[624] Un comité de bioética no es un tribunal de ética, ya que no juzga la conducta de los médicos, ni les indica lo que deben hacer, sino que recomienda ante casos conflictivos: "[...] aquellos casos que plantean grandes problemas éticos y en los cuales el profesional puede sentirse demasiado solo pueden ser llevados al comité en donde se los analizará y discutirá y se intentará brindar la mejor solución posible".[625] Tampoco son tribunales, ya

---

[619] Íd., pág. 27.
[620] Íd. "[...] la articulación de normas y valores constituye sin duda el más grande desafío que debe recoger el derecho en bioética" (trad. del autor).
[621] TEALDI, Juan Carlos y MAINETTI, José, "Los comités hospitalarios de ética", en http://goo.gl/tMTtl0 (30/5/2015).
[622] MARTÍNEZ MIGUÉLEZ, op. cit., pág. 37.
[623] BYK y MÉMETEAU, op. cit., pág. 47.
[624] Íd. Véase el punto 3.
[625] FLACSO, op. cit.

que no juzgan la conducta de profesionales acusados de *mala praxis*; ni espacios para resolver problemas laborales o de servicios.[626]

Estas afirmaciones pueden corroborarse si se repasa la etimología de la palabra "comité":

> [...] un comité est une "réunion d'un nombre relativement restreint de personnes, ou, plus spécialement de membres d'un corps plus nombreux, d'une assemblée, laquelle réunion est chargée de s'occuper d'affaires déterminées, de donner un avis, de préparer une délibération". Le latin "comes" a pour sens "le compagnon", et "comitia" les comices, assemblées du peuple romain. [...] la tâche est essentiellement de porter un jugement éthique ou d'amorcer une réflexion collective du même type sur un problème biomédical [...], clinique ou de recherche.[627]

El diálogo será fundamental para que se establezca al interior de la propia Medicina.

> The physical body itself is seen as a juxtaposition of genes, cells, neurons and internal organs, each organ and part of this organ being under the control of super-specialists who do not communicate between them. [...] high technology treats these organs, prolonging our life, and nobody can complain about this positive fact. However, no high technology can treat the entirety of the human being.[628]

---

[626] Véase VIDAL, "Los comités...", cit., pág. 432.

[627] BYK y MÉMETEAU, op. cit., págs. 105-106. "[...] un comité es una 'reunión de un número relativamente restringido de personas, donde, más especialmente miembros de un cuerpo más numeroso, de una asamblea, esa reunión está encargada de ocuparse de asuntos determinados, de dar una opinión, de preparar una deliberación'. El latín 'comes' tiene por sentido 'la compañía' y 'comitia' los comicios, asambleas del pueblo romano. [...] la tarea es esencialmente de sostener un juicio ético o de anunciar una reflexión colectiva del mismo tipo sobre un problema biomédico', clínico o de investigación" (trad. del autor).

[628] NICOLESCU, "Transdisciplinarity – Past...", cit. "El cuerpo físico mismo es visto como una yuxtaposición de genes, células, neuronas y órganos internos, cada órgano y parte de ellos bajo el control de super-especialistas que no se comuni-

Diálogo que también será fecundo desde la Medicina para con otras disciplinas, a fin de contextualizarla, limitarla, valorarla, criticarla. Hacia un abordaje de la totalidad del ser humano apunta la transdisciplinariedad y desde el Derecho, el trialismo. Para ello, Nicolescu brinda una metáfora muy útil. "[...] un cristal qui a de multiples facettes. [...] ce serait une aberration de prétendre qu'une des facettes du cristal est le cristal tout entier [...] Je crois que la coexistence de l'ensemble de ces différentes facettes est très importante".[629] Lo importante de la visión interdisciplinaria, que bien puede aplicarse a la transdisciplinariedad como un modo de conocimiento afín, es el hecho de que las disciplinas en juego reconocen sus propios límites y relativizan sus aproximaciones.[630]

26. Visión jurístico-sociológica

La salud y la justicia atravesarán cada uno de los elementos del reparto jurídico-sanitario.

a. Repartidores de beneficios y perjuicios son los médicos, porque ellos integran en gran medida, por el número preponderante, los comités. Expresa una investigación:

> El número promedio de integrantes puede establecerse en diez, con un alto porcentaje de médicos, 50% (es notable que en las respuestas prácticamente el término aparece en un muy alto porcentaje en su forma masculina, y lo mismo ocurre con la profesión de enfermería, aunque el porcentaje de mujeres en

---

can entre ellos. [...] la alta tecnología trata a esos órganos, prolongando la vida, y nadie puede quejarse sobre este hecho positivo. Sin embargo, ninguna alta tecnología puede tratar la totalidad del ser humano" (trad. del autor).

[629] NICOLESCU, "Premier entretien", cit., págs. 51-52.
[630] RESWEBER, op. cit., pág. 45.

esta profesión sea mayor que el de varones), le siguen en orden decreciente, personal de enfermería, trabajadores sociales, abogados, y un muy bajo porcentaje de miembros de la comunidad, como así también de representantes de otras disciplinas como antropología y/o filosofía, etc.[631]

Otra investigación que releva once comités parisinos señala que entre el 50 y el 75% son presididos por médicos, y que al menos en el 80% están constituidos por médicos, el cuerpo profesional más representado, seguidos de los enfermeros. Mientras que se encuentran miembros de la comunidad, de minorías étnicas, psicólogos y financistas en menos de la mitad.[632]

Lo que es revelador de la escasa capacidad de reflexión, típica de la Bioética o de la Filosofía, en tanto la última apunta a quebrar supuestos y siembra la semilla de la duda y el cuestionamiento en temas naturalizados. Con escasa participación de la reflexión y la crítica, no puede haber lugar para grietas en el saber médico, siendo peor el estado de situación ante el conservadurismo.

Siguen siendo los médicos los beneficiados, porque a pesar del cambio formal, siguen integrando e imponiendo sus pareceres en dichos organismos colegiados. Aunque al menos hay un debate interno. Recipiendarios son los pacientes, quienes reciben las decisiones que no son vinculantes. Con respecto a ellos,

---

[631] DIGILIO, op. cit. Véase también RACINE, op. cit., pág. 32.
[632] MINO, "Lorsque...", cit., pág. 83.

il faut que le malade soit davantage considéré comme une personne et non comme une maladie, comme un sujet et non comme un objet (de soins), qu'il devienne autant qu'il le souhaite partie prenante de la décision qui le concerne et davantage acteur de sa propre santé.[633]

Hay que destacar también los casos en donde se merecería la opinión del comité y no se da, porque el médico no la solicita, porque la consulta no puede llegar a los centros urbanos en donde se encuentran estos comités. Dichos pacientes son perjudicados.

También es recipiendario el médico tratante, cuya decisión final es condicionada, influida por la recomendación del comité. Ella lo beneficia, ya que amplía enormemente su conocimiento, su margen de decisión, pero en nada influye respecto de su eventual responsabilidad ni en la del comité, ya que no supervisa la labor del médico ni legitima sus decisiones.

Hay que considerar también al secretario del comité. No es un tema menor, porque su existencia significa que hay una estructura administrativa montada para que los miembros del comité no desarrollen esas tareas y pierdan el objetivo de su función. Esto también revela el soporte informático necesario para la labor a desarrollar y un espacio en la institución hospitalaria.[634]

Recipiendarios de la labor del comité son los pacientes. Y en gran medida la sociedad, que ha sido, es o será "paciente" en tanto las recomendaciones que efectúan sirven de guía al accionar de los médicos que tendrán en cuenta esas recomendaciones. Si se dieran a conocer sus

---

[633] FOURNIER, "Les enjeux...", cit., pág. 2209. "El enfermo debe ser más considerado como persona que como una enfermedad, como un sujeto y no como un sujeto (de cuidados), que él devenga en tanto lo desee parte participante en la decisión que le concierne y además actor de su propia salud" (trad. del autor).
[634] Véase DIGILIO, op. cit.

resoluciones y el comité fuera más visible, comenzando por los miembros del propio hospital, la población se educaría más en salud.

b. En cuanto a lo que se reparte, lo que está en juego en un comité de bioética asistencial o clínico, el objeto del reparto, los profesionales intervinientes tratan fundamentalmente con salud y vida de las personas, también con la integridad psico-física, la identidad de las personas. "Los comités de bioética revisan y opinan sobre cuestiones y dilemas morales originados en la práctica clínica y los procedimientos que se realicen en el ámbito de la institución."[635] Es importante destacar aquí cuáles son los problemas que tratan estos comités para evidenciar la importancia de su labor y la necesidad de su abordaje científico.

Un comité asistencial podría tener entre sus problemas a resolver el ingreso de un paciente a un establecimiento psiquiátrico cuyo consentimiento es puesto en duda.[636] O la evaluación de la capacidad de las personas con demencia para tomar decisiones[637] en ámbitos diferentes: en investigaciones, relacionadas con el patrimonio, relativas a actividades propias no laborales, decisiones sobre otras personas sobre las que tiene responsabilidad no laboral.[638] También ha sido objeto de evaluación por un comité si debía revelar información sanitaria de una

---

[635] MATEOS GÓMEZ, Humberto, "Comités de bioética hospitalarios", en *Archivos de Neurociencias*, 12(4), México, Instituto Nacional de Neurología y Neurocirugía, 2007, pág. 197.

[636] SIMÓN-LORDA, Pablo, "La capacidad de los pacientes para tomar decisiones: una tarea todavía pendiente", en *Revista Asociación Española de Neuropsiquiatría*, XXVIII(102), 2008, en http://goo.gl/8AyPTG (29/10/2010), pág. 335.

[637] Véase MATEOS GÓMEZ, op. cit., pág. 197.

[638] SIMÓN-LORDA, op. cit., pág. 345.

niña a sus padres, al haber padecido un desgarro vaginal poscoital, para lo cual hay que saber si el médico debe responder esa pregunta.[639]

> Se analizan problemas éticos como por ejemplo: el ensañamiento terapéutico, el derecho a una muerte digna, continuar o no un tratamiento en mal pronóstico, cuándo es mejor dar el alta a un paciente que se encuentra en un proceso terminal, extensión de medidas paliativas, suspensión de ventilación mecánica.[640]

En referencia a una eutanasia, se muestra una encuesta en donde se pregunta a los médicos qué harían en un caso ficticio: "[...] si le médecin devrait donner la dose mortelle de morphine à sa patiente lucide, souffrante et atteinte d'un cáncer in phase terminales, qui la lui réclame".[641] Hay también problemáticas que sin llegar a ser eutanásicas, son vividas alrededor de la muerte, como el caso de una mujer de 80 años que vive en un geriátrico y sufre de Alzheimer, y que además lleva un marcapasos, cuya pila ¿debe cambiarse próximamente?[642]

Se incluyen también inconvenientes como si seguir con un tratamiento, los deseos del paciente cuando no está en condiciones de expresarse, el rechazo por el paciente a un tratamiento indicado médicamente, las voluntades anticipadas, etc.[643] En el caso del hospital Babe de Francia,

---

[639] Sobre el tema véase COMITÉ DE ÉTICA DEL HOSPITAL PRIVADO DE COMUNIDAD, "La opinión de un menor no es menor. Perspectiva bioética sobre aspectos que atañen a la relación de los profesionales de la salud y los adolescentes en el ámbito de la confidencialidad" en *Jornadas Nacionales de bioética: Bioética, Vulnerabilidad y Educación*, t. I, Mar del Plata, Suarez, 2003, págs. 55-57.

[640] RODRÍGUEZ, op. cit., pág. 236.

[641] PATENAUDE, Johane y BÉGIN, Luc, "Raisonnement moral et argumentation", en AA.VV., *Hôpital...*, cit., pág. 120.

[642] FOURNIER y GAILLE, M., "Approche par les principes, approche par les cas: sur le terrain, une complémentarité nécessaire et féconde", en *Éthique et Santé*, nº 4, 2007, pág. 127.

[643] Íd., pág. 240.

que instauró el Centro de Ética Clínica, se exhiben estos problemas: la transfusión de sangre contra su voluntad a un paciente que es testigo de Jehová; el respeto a la decisión de una mujer de no amputarse su pierna a pesar de que así podría vivir; qué hacer con un enfermo inconsciente por el cual las decisiones terapéuticas decisivas pero riesgosas deben tomarse; la suspensión del tratamiento de esta persona en el caso del fin de la vida.[644]

Otros conflictos éticos citados son los siguientes:

> [...] si l'on 'doit', si l'on "peut" (ou non) implanter un embryon après la mort du père.[645] Doit-on prolonger ou interrompre l'assistance médicale à une mourante? Doit-on, ou non, intervenir chirurgicalement en cas de psychose? Doit-on, peut-on, intervenir sur les gènes pour restructurer le vivant ou pour éviter une maladie prévisible? [...] Les tests du sida doivent-ils être conseillés, suggérés ou imposés? Peut-on, doit-on ou non, assister médicalement une procréation chez une femme ménopausée? Peut-on éliminer des embryons produits *in vitro*, peut-on empêcher le développement d'un embryon, peut-on procéder à un diagnostic pré-implantatoire? Peut-on, doit-on, ou non communiquer au partenaire sexuel, au conjoint, à l'amant ou à l'employeur le résultat des différents tests sanguins?[646]

Siguiendo con el ámbito del VIH-SIDA, otro problema que se ha planteado es el rechazo del equipo médico de dializar un paciente seropositivo peligroso por su agresividad.[647]

---

[644] SERRES, Patricia, "Le centre d'éthique clinique, un outil à la disposition de tous à Cochin", en http://goo.gl/ABxrYA (30/5/2015).

[645] Lo que se dio en la ciudad de Buenos Aires, a propósito de un accidente ocurrido entre un tren de pasajeros y un colectivo en el que murió el varón de una pareja que estaba haciendo tratamientos de fertilidad y que no alcanzó a realizar las extracciones. La viuda solicitó la inseminación con material del fallecido y el juez la autorizó. Véase CZUBAJ, Fabiola, "La vida quiere imponerse a la tragedia", en *La Nación* del 27/12/2012, en http://goo.gl/ZrxTEQ (9/1/2013).

[646] MISRAHI, op. cit., págs. 11-12.

[647] MINO, "Lorsque...", cit., pág. 78.

También se señala que "[...] entre un médecin qui craint d'exercer sa responsabilité et un patient qui, maintenu en survie par la technologie médicale, ne peut l'exercer, qui doit décider de poursuivre ou non le traitement?".[648] Incluso puede intervenir en cuestiones de política económico-sanitaria, al plantearse la distribución de los recursos y la prioridad de algunos servicios a la población más vulnerable.[649] Puede tener a su cargo recomendar el uso de alta tecnología para el diagnóstico y terapéutica.[650]

La enumeración de los problemas que pueden ser objeto del examen de un comité es difícil de delimitar, pero pueden seguir agregándose temas, como los siguientes:

> Cuando hay diferencias de opinión entre los principales responsables de la toma de decisiones; en decisiones que impliquen, como consecuencia, la muerte del paciente; en decisiones que no tengan en cuenta la opinión expresada por el paciente; en casos de tratamientos muy costosos y/o de dudosa eficacia; en casos de pacientes no competentes para tomar decisiones; en muchos de los casos del llamado Estado Vegetativo Permanente [...] o de una "orden de no reanimar".[651]

Con respecto a problemas derivados de la Genética, pueden mencionarse los que surgen del diagnóstico preimplantatorio, donde se eligen los mejores embriones o se elimina el resto, ante dilemas que no justifican la interrupción del embarazo, como la incompatibilidad de Rhesus, vectores de hemofilia, heterocigotos para una enfermedad recesiva. Y se comienza a aplicar a enfermedades no sólo monogénicas, sino también a las afecciones poli-

---

648 BYK y MÉMETEAU, op. cit., pág. 47. "Entre un médico que teme ejercer su responsabilidad y un paciente que, mantenido en vida por la tecnología médica, no puede ejercerla, que debe decidir proseguir o no el tratamiento" (trad. del autor).

649 MATEOS GÓMEZ, op. cit., pág. 197.

650 Íd., pág. 198.

651 BRENA SESMA, op. cit., pág. 152

génicas, esto es, factores de riesgo, dolencias que se irán precisando a medida que se mejore el conocimiento del genoma humano.[652] Cabe agregar también el derecho a no conocer la información genética:

> [...] el conocimiento del posible problema de salud puede determinar graves situaciones de angustia, enfermedades psíquicas o psicosomáticas, así como provocar cambios vitales esenciales, sobre todo cuando el conocimiento de la posible enfermedad no va acompañado de la solución de ese problema.[653]

Si bien la genética y la reproducción asistida pueden plantear problemas, son en mayor medida objeto de regulación por los órganos colegiados que atienden diversos intereses, sobre todo colectivos, políticos. En el ámbito de la fecundación asistida pueden enumerarse varios temas para dilemas:

> [...] el momento del inicio de la concepción, los límites de la manipulación genética, [...] el aborto, el derecho a decidir sobre el propio cuerpo, [...] la procreación como un derecho autónomo; figuras tales como el alquiler de vientres, la maternidad subrogada, la donación [sic] de óvulos o esperma, su criopreservación, guarda y destino final de los mismos; la inseminación *post mortem* [...][654]

Se ha señalado el caso de un desacuerdo entre el equipo médico y los familiares respecto de la oportunidad de tratar o no la neumonía de un niño politraumatizado bajo respiración artificial.[655]

---

[652] BERGEL, op. cit., pág. 322.
[653] Íd., pág. 325.
[654] AIZENBERG, Marisa, "El tratamiento legal y jurisprudencial de las técnicas de reproducción humana asistida en Argentina", en *Derecho Privado - Bioderecho*, año 1, n° 1, Bs. As., Ministerio de Justicia y Derechos Humanos de la Nación, 2012, pág. 51.
[655] LECLERC y PARIZEAU, op. cit., pág. 97.

c. La forma, el camino que sigue la decisión, sigue siendo la imposición derivada de la mayoría de los integrantes médicos aunque el proceso que se da al interior de los comités, al menos, disminuye la fuerte autoridad vertical derivada del saber médico. Así lo creo ya que no pude acceder a deliberación alguna, excepto en el caso de un comité.[656] "L'objet de l'éthique clinique est de faire intervenir un tiers dans la réflexion."[657] De hecho, la pluridisciplinaridad, el pluralismo y la independencia son condiciones de estos comités a fin de sustraer, precisamente, las decisiones éticas del monopolio médico y científico.[658] "[...] la perspectiva clínica no es la única a la hora de tomar decisiones en situaciones de incertidumbre y conflicto de valores."[659] Se cree entonces que los comités hospitalarios de ética pueden contribuir a formar una nueva relación entre el médico y el paciente.[660] Se señala la "forma" de los comités como preferible frente a la nuda relación entre médico y paciente, frecuentemente terreno de conflictos, frente a la intervención del Estado, que puede afectar la confidencialidad y la privacidad, y fente a la intervención del Poder Judicial, muchas veces lento e ineficiente.[661]

Siempre se critica en el ámbito del Derecho de la Salud que el Poder Judicial -no la justicia- llega tarde para dar solución a los casos, porque con los recursos o sin ellos, la burocracia "cansa" o agota cualquier reclamo antes de que llegue al escritorio de cualquier decisor. En este sentido, los bioeticistas del Hospital Babe en París han propues-

---

656 No obstante, véase el singular caso del "Hospital Velocidad" en el punto 38.
657 SERRES, op. cit. "El objeto de la ética clínica es hacer intervenir un tercero en la reflexión" (trad. del autor).
658 MONNIER, op. cit., pág. 160.
659 FERRER, Jorge, "Historia y fundamentos de los comités de ética", en AA.VV., *Comités de Bioética*, ed. al cuidado de Julio Martínez, Henao, Desclée De Brouwer, 2003, pág. 34.
660 BRENA SESMA, op. cit., pág. 145.
661 VIDAL, "Los comités...", cit., pág. 421.

to una solución novedosa y atractiva a tener en cuenta. "S'il y a urgence à ce qu'une décision soit prise pour le patient concerné, les consultants rendent un avis immédiat qu'ils feront réviser par le staff rétroactivement: cela afin de respecter l'engagement selon lequel le temps qui compte est celui du patient [...]".[662] Otra forma puede consistir en adoptar decisiones en abstracto, como ocurrió en el caso "F., A. L. s/ medida autosatisfactiva" referido al aborto, "Marcelo Bahamondez", "Roe vs. Wade", en donde hay sustracción de materia por ausencia de conflicto judicial, de caso, pero vale la pena que los jueces resuelvan la petición originaria porque los tiempos de los tribunales son más lentos en comparación con los hechos y, de esperarse a un caso típico, en contadísimas excepciones el Poder Judicial se pronunciaría; y no se contaría con los "precedentes", fuente real formal de los repartos, es decir, verdadera fuente en el marco del Derecho.

En otro sentido, la forma, aplicada al comité, tiene que ver con el método utilizado para llegar a las decisiones. Es entonces fundamental dar cuenta de que la Bioética tiene un carácter pluridisciplinar, y ello se traslada al comité. "[...] se puede individualizar entre las características intrínsecas de la bioética la multidisciplinariedad [...] como ocasiones para el encuentro, el intercambio y la discusión entre las diversas disciplinas en una relación paritaria".[663] En este sentido, es fundamental la "transdisciplinariedad" en tanto "[...] la coexistencia de las varias

---

[662] SERRES, op. cit. "Si hay una urgencia para que una decisión sea tomada para el paciente en cuestión, los consultantes entregan un aviso inmediato que ellos harán revisar por el *staff* retroactivamente: esto a fin de respetar el compromiso según el cual el tiempo que cuenta es el del paciente [...]" (trad. del autor). Téngase en cuenta que esta característica, la urgencia, es algo que también da especificidad a la nueva rama.

[663] FARALLI, Carla, "La Bioética y los desafíos futuros de la Filosofía del Derecho", en *Frónesis. Revista de Filosofía Jurídica, Social y Política*, 17(1), Zulia (Venezuela), 2010, pág. 123. Profundizo este aspecto al hablar de la transdisciplinariedad.

disciplinas está dirigida a una integración y no a una simple yuxtaposición de las diversas perspectivas científicas en vista de la solución práctica de problemas concretos [...]".[664] Este punto se relaciona con el referido a la causa de los fenómenos, en tanto "[...] l'exigence de pluridisciplinarité résulte d'une conjonction de plusieurs facteurs: la contestation de l'autorité médicale, la complexité des progrès scientifiques et technologiques, les conflits de valeurs, et l'échelle des enjeux".[665]

d. Respecto de las razones, es decir, los argumentos dados con ocasión de la decisión tomada, apuntando a las razones sociales, la comunidad poco conoce de estos comités, y prueba de ello es el carácter marginal que tienen en los efectores de salud. Algunas veces, al tratar de hacer contacto con ellos a través del teléfono, el personal administrativo no los ubicaba fácilmente.[666] Poco entonces puede esperarse de la población hospitalaria si el operador del hospital poco conoce de él. Una investigación detalla el grado de funcionamiento de los comités hospitalarios, y señala que el desarrollo más extenso se da en la Ciudad y provincia de Buenos Aires, y que en la provincia de Santiago del Estero, La Pampa, Formosa, Entre Ríos, San Juan y San Luis son nulos. Mientras que son escasos en la región patagónica y se encuentran en formación en Salta, Chaco y Misiones. La participación es intensa en Córdoba, Mendoza y Santa Fe. "[...] se destaca la provincia de Santa

---

[664] Íd.

[665] MONNIER, op. cit., pág. 18. "La exigencia de pluridisciplinariedad resulta de una unión de varios factores. La contestación al poder médico, la complejidad del progreso científico y tecnológico, los conflictos de valores y la escala de lo puesto en juego" (trad. del autor).

[666] Una investigación expresa las "dificultades para la inserción de los comités en la institución hospitalaria (la mayoría ha calificado como 'poca' o 'muy poca' la incidencia de su comité en el hospital). Estas dificultades se originarían en una confusión 'instalada', que tiende a considerar al comité como un espacio deontológico y no como espacio de reflexión y trabajo [...]" DIGILIO, op. cit.

Fe, donde se registra la mayor concentración de comités en coincidencia con las zonas de mayor concentración de población".[667] No sabemos qué opinaría la población de un límite a la labor del médico en la figura de estos comités, pero estos datos son reveladores en tanto se puede aventurar que a una mayor educación en salud, hay una mayor demanda y control de la comunidad médica.

Otras investigaciones también dan cuenta de esta sensación de desconocimiento que hay en torno a los comités, con todo lo que el desconocimiento involucra:

> Existe un gran desconocimiento de qué son, cómo funcionan y para qué sirven, esta ignorancia propicia la desconfianza entre médicos y otros profesionales de la salud, que ven en ellos instancias que buscan entorpecer o controlar determinadas actividades clínicas o de investigación. También pueden ser percibidos como una carga burocrática más de la institución hospitalaria. El paciente o sus familiares pueden pensar que el órgano está coludido con el médico o la administración del hospital en su perjuicio [...][668]

Por ello hay que trabajar en todos estos aspectos para contrarrestar cada uno de ellos, fomentando la desburocratización, la participación y el control.

De ahí que la participación del miembro de la comunidad sea indispensable.[669]

---

[667] Íd.
[668] BRENA SESMA, op. cit., pág. 157.
[669] Véase Íd., pág. 153.

Il s'agit ici de faire en sorte que la société civile participe davantage à la réflexion sur la décision médicale lorsque celle-ci est
lourde d'enjeux qui dépassent l'stricte médicine: enjeux sociaux,
culturels, religieux, économiques, politiques, et que, chemin faisant elle y prenne sa part de responsabilité.[670]

El abordaje transdisciplinario permite el cruce del
saber vulgar con el científico. "Cet entrecroisement de
représentations, celles du scientifique, celles du citoyen de
la planète terre nourrit transversalement une fois encore
l'ambivalence fondatrice qui préside aux choix éthiques".[671]
En efecto, incluso las miradas transdisciplinarias plantean
que una "investigación acción" debe incluir la articulación
del saber experiencial, que incluye la vivencia de la situación; el saber de acción, que incluye el voluntariado en el
tema a investigar, y el saber teórico, que incluye el saber de
los científicos sobre el tema.[672] "[...] les savoirs théoriques
devaient entrer dans un dialogue incluant des non-spécia-
listes".[673] Lo que implicará, como lo señalo más adelante,
que el comité incluya a los no especialistas, sean éstos no-
médicos, no científicos o no profesionales. La inclusión de
este aspecto significará para los "especialistas" límites a su
accionar en tanto el exceso de abstracción en que suele
incurrirse en la universidad será controlado por los saberes
experienciales, por ejemplo, demandándoles a los espe-

---

670 FOURNIER, "Les enjeux...", cit., pág. 2209. "Se trata aquí de hacer que la sociedad
     civil participe además en la reflexión sobre la decisión médica cuando aquí está
     cargado de posturas que sobrepasan lo estrictamente médico: posturas sociales,
     culturales, religiosas, económicas, políticas, y que, al hacerse camino, ella toma
     parte de la responsabilidad" (trad. del autor).
671 MOULIN, Madeleine, "Contrôler la science. Contours-implications-sens", en
     AA.VV., Contrôler..., cit., págs. 11-12.
672 GALVANI, Pascal, "Fertilisation croisée des savoirs et ingénierie d'alternance
     socio-formative. Le programme de recherche-formation-action Quart Monde-
     Université", en Transdisciplinarité et formation, cit., pág. 35.
673 Íd., pág. 36. "[...] los saberes teóricos debían entrar en un diálogo que incluya los
     no-especialistas" (trad. del autor).

cialistas que tengan en cuenta un destinatario específico, como una persona o un voluntario, utilicen frases cortas, expresen una sola idea por frase, definan todos los conceptos.[674] Además, hay que tener en cuenta que las recomendaciones se dan al médico y al paciente.

Si de integrar y articular se trata, hay que tener en cuenta que los saberes mencionados por Galvani, entre los cuales se encuentra el vulgar, se fundamentan en criterios de validez distintos. Lo propio ocurre con el trialismo y de allí la necesidad de las tres dimensiones para explicar el Derecho. En el caso de la transdisciplinariedad, hay necesidad de contar con criterios lógicos (saberes formales), criterios de eficacia (saberes de acción) y criterios de sentido existencial (saberes experienciales).[675] Se vuelve sobre la tríada, fundamental entonces para los comités. Es importante destacar, sobre todo en el ámbito de la dimensión sociológica de los comités, que jerarquizar el saber experiencial y el de acción implica una valorización de las clases generalmente no dominantes.[676] Sobre todo si se tiene en cuenta que a los hospitales públicos asisten quienes no acceden a una empresa de medicina prepaga. En la categoría del saber-acción cabría incorporar a la enfermería, punto intermedio entre el saber teórico y el vivencial.

La globalización requiere construir puentes y enlaces entre diferentes áreas del conocimiento y miradas del mundo, ya que no se trata sólo de su dimensión económica, sino de tratar problemas globales que están superpuestos e interconectados.[677]

---

[674] Íd.
[675] Íd., pág. 40.
[676] Íd.
[677] NICOLESCU, "Transdisciplinarity – Past...", cit. Mi tesis doctoral, cit., tiene un capítulo llamado "La planetarización y el Derecho Universal".

[...] las cuestiones que deben abordar [los jueces] tienen algún matiz jurídico, pero están fuertemente vinculadas a otras disciplinas como la medicina, la ética, la psicología, la tecnología y también a cuestiones religiosas y espirituales [...] los jueces no siempre tienen disponible la consulta a los respectivos expertos.[678]

La razón alegada de la existencia del comité es que las decisiones sanitarias no pueden ser monopolizadas por el discurso médico. Lo cual puede coincidir con el móvil, la verdadera intención. Tal vez, para suavizar el impacto que en el saber médico puedan causar estas razones, se alegue que es bueno compartir las decisiones médicas en situaciones cruciales para la salud y la vida de los pacientes. La salud está tan cerca de la vida que entonces roza la existencia para dejar de ser un mero problema sanitario en su sentido biológico. Pero el móvil profundo del impulso de estos cuerpos colegiados es la escasa formación humanista de la medicina, que se da también en los abogados, quienes polemizan eternamente como juspositivistas y jusnaturalistas.

Piaget señala algo que puede ubicarse en el verdadero móvil de la resistencia a los comités y en suma, a la transdisciplinariedad o intercambio disciplinar: "[...] son pocas las disciplinas que recurren a los trabajos especializados de los psicólogos, porque cada uno cree ser suficientemente psicólogo para resolver sus propias necesidades [...]"[679]

También hay una razón de orden filosófico[680] para la adopción de los comités y tiene que ver con la pérdida de la objetividad valorativa. "L'étiolement d'un modèle com-

---

[678] NICOLAU, Noemí, "La intervención judicial en el negocio personalísimo entre médico y paciente – Dos recientes casos judiciales", en *La Ley*, 1998-C, págs. 265 y ss.

[679] PIAGET, *Psicología...*, cit., pág. 115.

[680] Categoría a extender a otros trabajos y a incorporar al esquema trialista.

mun conduit à la recherche de nouvelles légitimités qui ne peuvent devenir communes que dans la casuistique et la recherche d'une position consensuelle, évolutive et compassionnelle".[681] Hay que ubicar aquí también la razón por la cual muchos médicos se resisten a utilizar la consulta ética al comité, y que radica en el hecho de que del profesional siempre se espera una respuesta,[682] así como también es tan resistida la capacitación pedagógica en los abogados, que los induciría a compartir el conocimiento, y dejar que los alumnos lo construyan, en lugar de "darlo". De hecho, en una investigación de un grupo de médicos, que consideraba al profesional no como un decisor primario, sino compartiendo la decisión con la familia del paciente y él, se dijo: "I'm providing you with the tools necessary to fix yourself".[683]

e. Límites de los comités, es decir, obstáculos derivados de la naturaleza de las cosas, son los económicos, ya que los integrantes no cobran por la labor que desarrollan en ellos. Dificultades económicas que también influyen en el desenvolvimiento cotidiano y en la difusión de su labor. Hay un límite epistemológico-cultural, que pude notar, derivado del carácter cerrado de dichos comités, en tanto no dejan permear la investigación en ellos, lo que se tradujo en el cierre de sus puertas para conmigo. Ello traduce en última instancia la negativa del saber-poder médico a evaluarse como profesión y a dialogar con el resto de las disciplinas, y el hecho de creer que la salud es un

---

[681] MONNIER, op. cit., pág. 29. "El marchitamiento de un modelo común conduce a la investigación de nuevos legitimados que no pueden devenir comunes más que en la casuística y la búsqueda de una posición consensuada, evolutiva y compasiva" (trad. del autor).

[682] DAVIES, Louise y HUDSON, Leonard, "Why don't physicians use ethics consultation?", en *The Journal of Clinical Ethics*, 1999, 10(2), pág. 118.

[683] DAVIES y HUDSON, op. cit., pág. 120. "Te estoy proveyendo de las herramientas necesarias para que te cures tú mismo" (trad. del autor).

problema netamente biológico. Recuérdese en este sentido la enorme resistencia que tuvo la modificación del plan de estudios de la carrera de Medicina en 2009.[684] En suma, muchos se creen herederos del poder-dogma que tenía la Iglesia católica en la Edad Media, en tanto en aquella época quemaban al disidente. Ahora no ocurre ello, pero sí niegan la entrada al extraño disciplinar. No por casualidad muchos de los integrantes que pude observar en cuanto a su ideología, ya que en otros casos se me cerró la entrada, pertenecían al catolicismo. Nótese que en la historia de estos comités hay "[...] une certaine crise du pouvoir médical et de la conception traditionnelle des rapports entre le médecin et le malade".[685]

En relación con el límite anterior se encuentra el ético, que se ve en general cuando se coloca una barrera a la ciencia, en el sentido de que los progresos científico-tecnológicos no pueden superar determinados umbrales, como los señalados a propósito de la culminación de la Segunda Guerra Mundial. Hay "[...] un nuevo paradigma de la ciencia que otorga a la sociedad civil a través de sus instituciones, la tarea de decidir prudencialmente los límites del avance científico técnico".[686]

Como límites políticos, por caracterizarlos de alguna forma, y sobre todo por el poder que entraña esta temática que pretendo esbozar, puede señalarse la limitación del comité a la hora de recabar determinada información sobre el caso, sobre todo respecto de las autoridades del hospital. En tanto, mientras más independencia pretenda, más tensas pueden ser las relaciones con la dirección

---

[684] Véase http://goo.gl/EN446z (30/5/2015).
[685] MATHIEU, Bertrand, "Les comités d'éthique hospitaliers. Etude sur un objet juridiquement non identifié", en *Revue de droit sanitaire et social*, Paris, Dalloz, 2000. "[...] una cierta crisis del poder médico y de la concepción tradicional de relaciones entre la medicina y el enfermo" (trad. del autor).
[686] VIDAL, "Los comités...", cit., pág. 426.

y entonces puede ser más difícil recabar información. En este sentido, el hospital puede influir en el funcionamiento del comité de manera directa, a través de directivas y reglamentos provistos de sanciones, o indirectamente, mediante estímulos psico-sociales que refuercen la lealtad dentro de la organización.[687] Sería poco recomendable que la dirección del hospital tenga que revisar las líneas directrices, autorizando un documento que elabora el propio comité. El problema se ve porque estas recomendaciones podrían plantear la modificación de comportamientos, por ejemplo, de los profesionales de la salud.[688] También deberá distinguir las líneas bioéticas de las líneas administrativas, que no le incumben.[689] Éstas pueden definirse como aquellas que refieren a la eficacia, el equilibrio presupuestario y la uniformidad de los comportamientos; tienen carácter técnico, formal para determinar la decisión a tomar.[690] Mientras que las líneas bioéticas contemplan el largo plazo, la humanización de las relaciones entre las personas, la evolución de las mentalidades y el respeto de las diferencias; a la vez que dejan libre al profesional para que tome su decisión,[691] en consulta con su paciente. Habrá casos en donde deberán contemplarse los diferentes aspectos que tratan y su complementariedad en cuanto al acto profesional.[692] Esto tal vez pueda verse claro a la hora de tratar la asignación de recursos. "[...] le comité d'éthique a besoin de l'appui de l'autorité pour actualiser ses lignes directrices, et les instances administratives comptent sur le comité d'éthique pour traiter des dimensions éthiques des

---

[687] LECLERC y PARIZEAU, op. cit., pág. 95.
[688] Véase íd., pág. 99.
[689] Véase ibídem.
[690] Íd., pág. 100.
[691] Íd.
[692] Ibídem.

différentes politiques".[693] Si se realizara como algunos piensan una "interacción"[694] entre las líneas directrices propuestas por el comité y la dirección del hospital, órgano
eminentemente político, podría desvirtuarse el valor productor de Derecho del comité. Nótese que la línea directriz
funcionaría siempre como recomendación, ya que la otra
figura que podría obligar a los profesionales de la salud
con mayor fuerza es la ley. Ni siquiera la dirección puede
imponerse, salvo que apunte a la administración de recursos, que a su vez ya fue aprobada por las unidades locales,
descentralizadas del poder federal. El caso que se presenta
como obligatorio por ciertos autores, yo lo plantearía como
susceptible de juzgamiento: "[...] un médecin qui refuse-
rait systématiquement d'inscrire au dossier du patient les
avis de non-réanimation, non seulement s'expose au jugement moral réprobateur des autres professionnels, mais
devient éventuellement sujet à une intervention de nature
disciplinaire".[695] La administración del hospital no podría
reglamentar dicha práctica, que da por supuesta la admi-
sión del rechazo a los tratamientos, que en Argentina existen después de la reforma a la Ley 26529.

Hay que destacar aquí también la resistencia de los
médicos y de los enfermeros a someter casos al comité.[696]

---

693 LECLERC y PARIZEAU, op. cit., pág. 100. "[...] el comité de ética tiene necesidad
del apoyo de la autoridad para actualizar sus líneas directrices, y las instancias
administrativas cuentan con el comité de ética para tratar las dimensiones éticas
de las diferentes políticas" (trad. del autor). Véase el punto 28 h, referido a las
relaciones de valores, específicamente, la relación de contribución que los valores inferiores, como la subordinación, hacen con respecto a los superiores, y
cómo deben relacionarse armónicamente valores superiores, como la utilidad y
la justicia.
694 Véase íd.
695 Ibídem.
696 Es particular el caso del Hospital Velocidad, donde los propios miembros reconocen este estado de situación. Véase el punto 38.

f. Como clases de repartos, un ejemplo de lo que fue constitutivo de un reparto autoritario a nivel ejemplar fue un hecho norteamericano que relata quien calificaba a la relación médico-paciente como expresiva del "imperialismo médico".

> Dans certains hôpitaux, l'entrée du patient était subordonnée à la signature d'un formulaire mentionnant qu'il consentait par avance à tout acte médical qui serait jugé nécessaire ou utile à son état et qu'il renonçait à toute action en dommages et intérêts. Dès lors le malade se trouvait entièrement soumis à l'autorité des médecins [...]. Une telle pratique démontre à la fois l'inégalité de la relation médicale et la négation de la liberté individuelle du patient.[697]

Hay que tener en cuenta también, a efectos de reconocer mayor autonomía al paciente en relación con el médico, que no sólo hay que preservar la salud de aquél, sino que es asimismo un consumidor de prestaciones médicas,[698] por lo que hay que protegerlo doblemente. No habría que asimilar los cuidados con productos económicos, sino como un bien social, en tanto la salud debe estar alejada lo más posible de la libre empresa.[699]

En una investigación se señaló algo que puede bien aplicarse a la Argentina: "[...] le pouvoir du médecin et la vulnérabilité des patients sont les principales caractéristiques du contexte clinique dans lequel émergent les ques-

---

[697] MONNIER, op. cit., pág. 113. "En ciertos hospitales, la entrada del paciente está subordinada a la firma de un formulario mencionando que él consiente por adelantado a todo acto médico que sería juzgado necesario o útil a su estado y que él renuncia a toda acción por daños e intereses. Desde ahí el enfermo se encontraría enteramente sometido a la autoridad de los médicos [...]. Tal práctica demuestra a la vez la desigualdad de la relación médica y la negación de la libertad individual del paciente" (trad. del autor).

[698] Véase íd.

[699] Véase íd., pág. 114, y también UGALDE, Antonio y HOMEDES, Núria, "Medicamentos para lucrar: la transformación de la industria farmacéutica", en *Salud colectiva*, 5(3), 2009, págs. 305-322, en http://goo.gl/qkXUbP (27/5/2012).

tions d'éthique".[700] Una aplicación de la idea del reparto autoritario se ve cuando se explican las causas de la reticencia de los médicos a consultar al comité. "[...] les médecins sont réticents à faire usage de la consultation car ils préfèrent tenter de gérer la situation eux-mêmes avant de faire appel à une tierce partie. Plutôt que de représenter le premier recours, le CÉC apparaît donc être le dernier [...]".[701] Viendo el anverso del problema: "[...] les CÉC pourraient favoriser les règles de la démocratie, la transparence et l'impartialité [...]".[702]

Por otra parte, no hay que dejar de notar la presencia masculina en los comités, en tanto, así como la "patriapotestad" dejó de ser tal para convertirse en una responsabilidad de los padres, la presencia femenina, más propensa para captar los dilemas y pormenores de la ética, podría darle otro viraje a la temática de los comités.[703]

A mayor cuestionamiento e incertidumbre, debería haber mayor reflexión y participación. "[...] le silence de la loi ne signifie pas le vide normatif [...]".[704] Precisamente porque es necesario dejar un espacio para el reparto autónomo, el acuerdo, para el desarrollo del sujeto según su plan personal, el campo de la salud parece el más propicio, porque tiene que ver con el propio cuerpo. En efecto, en el ámbito del comité es dable la realización de todo esto. "[...] l'acceptation du principe du tiers inclus, loin de

---

700 RACINE, op. cit., pág. 32. "[...] el poder del médico y la vulnerabilidad de los pacientes son las principales características del contexto clínico en el cual emergen las cuestiones de ética" (trad. del autor).
701 Íd. "[...] los médicos son reticentes a hacer uso de la consulta porque ellos prefieren intentar administrar la situación ellos mismos antes que llamar a una tercera parte. Antes que representar el primer recurso, el CEC aparece ser entonces el último [...]" (trad. del autor). Véase el cap. 5.
702 Ibídem. "[...] los CEC podrían favorecer las reglas de la democracia, la transparencia y la imparcialidad [...]" (trad. del autor).
703 Íd., pág. 34. El médico es una figura tradicionalmente masculina y autoritaria. íd.
704 AMANN, op. cit., pág. 22.

conduire à l'imprécision, à l'arbitraire, au chaos, conduit à un formalisme logique précis et prédictif".[705] De hecho, esto tiene que ver con la autorregulación. "[...] l'objectif visé consiste parfois moins à moraliser une activité qu'à prévenir l'intervention d'un contrôle externe. [...] tout en préservant l'établissement de règles de conduite autonomes".[706] También se ha dicho que la interdisciplinariedad y la razón de su interés, que puede aplicarse a la transdisciplinariedad, es una desesperada defensa del carácter global del intelecto,[707] es decir, la unidad del hombre, que no es su uniformidad, sino su más rica diversidad en su unidad.

Rodea todo lo que tiene que ver con el comité de ética asistencial la autonomía, en tanto lo que emite como decisión final es una "recomendación", que tiene en cuenta el médico, el paciente y eventualmente el juez. En momento alguno hay en él un reparto autoritario, como en el caso de los comités de ética de la investigación científica. De hecho, los médicos que están a favor de los comités los ven como una fuente de ayuda en el proceso de toma de decisión, que es entonces "compartida"[708] con el paciente, y utilizando al comité como mediador.

---

[705] NICOLESCU, *Qu'est-ce que la réalité...*, cit., pág. 16. "[...] la aceptación del principio del tercio incluso, lejos de conducir a la imprecisión, al caos, conduce a un formalismo lógico preciso y predictivo" (trad. del autor).

[706] MONNIER, op. cit., pág. 17. "[...] el objetivo apuntado consiste a veces menos en moralizar una actividad que en prevenir la intervención de un control externo. [...] preservando el establecimiento de reglas de conducta autónomas" (trad. del autor).

[707] BOTTOMORE, op. cit., pág. 13.

[708] RACINE, op. cit., pág. 32.

g. *Origen.* Desde el punto de vista histórico, estos comités nacieron en EE.UU. de manera espontánea, jurisprudencialmente. Se los utilizó para seleccionar a los pacientes que iban a recibir la diálisis en función de criterios que no eran brindados por la Medicina.[709]

> [...] l'impossibilité quantitative de fournir des hémodialyses à tous les patients pour qui ce traitement était vital. Un comité a été institué pour chosir parmi les patients ceux qui bénéficieraient du traitement salvateur. Ce groupe composé pour la *plupart de non-médecins* examina le dossier de tous les candidats, il avait pour tâche de sélectionner les malades en fonction de critères autres que médicaux.[710]

A su vez esto tuvo como causa el hecho de que la medicina de punta y el desarrollo de la alta tecnología médica generen cuidados más y más costosos, mientras que los recursos para financiarlos son limitados.[711]

El primer caso que inaugura en EE.UU. los comités es el de "Karen Quinlan", donde se le pidió la opinión, antes reservada a los médicos y a los pacientes. En el caso, los padres pedían que se le retire el respirador artificial, estando la enferma en estado vegetativo crónico. Cuando el jui-

---

[709] BENÍTEZ, Alberto, "Los Comités de Ética Clínica en un Hospital de Pediatría", en *Revista Hospital de Niños Buenos Aires*, 142(190), 2000, pág. 352; RODRÍGUEZ, op. cit., pág. 237.

[710] MONNIER, op. cit., pág. 136. "[...] la imposibilidad cuantitativa de proporcionar hemodiálisis a todos los pacientes para los que ese tratamiento era vital. Se instituyó un comité para elegir entre los pacientes aquellos que se beneficiarían del tratamiento salvador. Ese grupo compuesto por la mayor parte de no-médicos examina la carpeta de todos los candidatos, él tenía por tarea seleccionar los enfermos en función de otros criterios que los médicos" (trad. del autor). La cursiva es mía.

[711] Íd. Así como el perfeccionamiento de la guerra estuvo en el origen de muchos avances científicos, parece ocurrir algo similar con los comités de ética, representantes de la escasez en medicina, lo que revela también el capitalismo en la salud. "[...] seulement 40% de tous les bénéficiaires potentiels recevaient une dialyse rénale aux Etats-Unis". Íd., pág. 137. "[...] solamente el 40% de todos los beneficiarios potenciales recibían una diálisis renal en EE.UU." (trad. del autor).

cio llega a la Corte es allí donde ella espera el dictamen de
un comité, basada en el artículo de un médico que había
sugerido la creación de un foro de diálogo para las situaciones individuales que tengan problemas éticos. De esta forma, la medicina compartiría la responsabilidad en casos de
dilemas morales. Finalmente, la Corte autoriza el retiro del
respirador si hay acuerdo entre el tutor, la familia, el médico tratante, y si el comité de ética confirma la ausencia de
esperanzas de cura de la joven.[712] Lo importante del caso es
que por él "[...] le tribunal renonce à déterminer lui-même
ce qui est éthiquement et socialement acceptable".[713]

También se cita otro caso de Quebec, Canadá, en donde un tribunal autorizó a un médico a administrar a un
paciente violento un tratamiento contra su voluntad, con
la condición de que el médico entregue mensualmente un
informe al comité de ética, el que a su vez comunicaría al
tribunal toda divergencia entre el médico y el paciente. Es
decir, se otorga al comité un poder de evaluación del acto
médico y una influencia sobre el tribunal.[714]

Luego el fenómeno se expande a los países europeos
y a nivel internacional, a partir de la instancia europea y
de la Unesco.[715] En efecto, en Francia, ni el legislador, ni la
autoridad reglamentaria le acordaron el menor reconocimiento, ya que se crearon y desarrollaron independientemente de la asistencia de toda norma jurídica.[716] Lo cual
plantea dos consecuencias. En primer lugar, fortalece el
poder normativo en materia biojurídica de estos comités,

---

[712] Íd. págs. 144-145. No obstante, la joven respiró espontáneamente y siguió vivien-
do nueve años más. VIDAL, "Los comités...", cit., pág. 419.

[713] MONNIER, op. cit., pág. 145.

[714] MATHIEU, op. cit.

[715] MONNIER, op. cit., pág. 135.

[716] MATHIEU, op. cit. Nótese que implícitamente el propio autor recae en el obstáculo positivista, ya que no por no ser reconocido por una norma, el objeto es
"no identificado".

ya que si en un momento crearon derecho sin la ayuda del Derecho, es porque no necesitan de las normas para crearlas, y en segundo lugar, porque validan la teoría general del Derecho trialista en el sentido de que no es necesario el apoyo del Estado para crear Derecho.

h. *Orden de los repartos.* Hay que tener en cuenta que en su origen estadounidense los comités fueron estructuras informales, destinadas a hacer frente a situaciones inéditas, puntuales, individuales, es decir, se trató de un fenómeno espontáneo, no reglamentado, con lo cual su existencia es previa a su reconocimiento[717] oficial. En EE.UU., alrededor de los años 60, se comenzó a poner en duda y cuestión el paternalismo médico y la relación médico-paciente comenzó a reequilibrarse, así los no-médicos se encontraron habilitados para tomar parte de las decisiones médicas que comprometían juicios morales.[718] Hay que reconocer que en Canadá ocurrió algo similar, en tanto imitando la conducta estadounidense los comités surgieron "[...] à l'initiative de personnes ou de groupes, à l'intérieur de chaque hôpital".[719] A su vez, hay que encuadrar esta contestación a la autoridad médica en algo que se convertirá en el hilo conductor de la llamada "postmodernidad", que es la contestación en general, la crítica, la puesta en cuestión de lo establecido. Y pueden citarse entonces los movimientos estudiantes, feministas,[720] y en particular el Mayo francés.[721] Lo que tiene otro antecedente:

---

[717] MONNIER, op. cit., pág. 110.

[718] Íd., pág. 111.

[719] AA.VV., *Hôpital...*, cit., pág. 1.

[720] MONNIER, op. cit., págs. 111-112.

[721] Véase GALATI, "El Mayo francés...", cit.

[...] un nuevo modelo de relación de la sociedad civil con la ciencia y con los modelos de razonamiento dogmáticos. Es una nueva manera de comprender el fenómeno de crecimiento científico tecnológico en la cual se ha producido un cambio de paradigma,[722] el fin del modelo de neutralidad moral de la ciencia.[723]

En efecto, si hablamos de EE.UU., allí nació la Bioética, sociedad donde el pluralismo de las convicciones es fuertemente defendido y el respeto a las opiniones privadas deviene un valor cardinal.[724] Recién en el año 2009 se sanciona en Argentina la Ley de Derechos del Paciente, de modo que se comienza a reconocer la autonomía al paciente, sin que eso signifique que efectivamente la tenga, pero la promete, en algún sentido, a la vez que recorta formalmente el poder del médico.

En cuanto a los repartos jurídico-sanitarios vistos en su conjunto, se prevé una planificación de los comités para ordenarlos. Incluso se plantea que lleguen a tener una visión alternativa a la hegemónica de un hospital, a fin de funcionar como órganos contraculturales en el marco de una institución.[725] Aunque como veremos, hay un orden paralelo al gubernamental u oficial que valida la preponderancia del saber médico y que bloquea el diálogo de la Medicina con otras disciplinas. En Rosario hay un orden distinto al oficial, donde no se da la pluralidad de perspectivas que se cree encontrar con la multidisciplinariedad exigida legalmente. En este sentido, la transdisciplinariedad plantea la contradicción como esencial a ella y guarda coherencia con la pluralidad valorativa.

---

[722] Sobre el tema véase GALATI, "Un cambio...", cit.

[723] VIDAL, "Los comités...", cit., pág. 423.

[724] GAGNON, Éric, "La mise en place des comités d'éthique clinique", en AA.VV., *Hôpital...*, cit., pág. 14.

[725] VIDAL, "Los comités...", cit., pág. 426.

Será interesante que el comité sea previsto en las planificaciones sanitarias, en tanto un hospital es un grupo de personas dotado de recursos para cumplir una misión en la salud pública, definida en términos curativos, preventivos, paliativos y educativos.[726] En este sentido, habrá que prever la existencia de un comité de ética en cada hospital. Lo que permitirá delimitar su comunicación con la estructura burocrática y la dirección, y a fin de que se garantice su autonomía. Su función tendría que lograr el delicado equilibrio entre libertad para recomendar, en el sentido de no temer decisiones "anárquicas" o disruptoras, y la voluntad de "[...] definir leurs objectis en termes de résultats quantifiables ou mesurables, de conduites observables, prévisibles et sujetes à évaluation",[727] para que sea posible su autoevaluación y, en suma, su superación. Es así como podrían preverse criterios de evaluación de la gestión del comité (competencia, eficacia, economía, tiempo)[728] y criterios de evaluación de sus "decisiones" (apertura, participación, discusión, revisión).

Hay que tener en cuenta que los comités de bioética clínica son el ámbito propicio para crear derecho de manera paralela al Estado, en tanto son relativamente autónomos como para dictarse su reglamento, e incluso dictar sus propias reglas bioéticas o biojurídicas, que limitadas al caso, pueden generar de todas formas un orden ejemplar si las recomendaciones reputadas dignas -ejemplares- son repetidas por otros comités o seguidas por el propio organismo sanitario. "La ejemplaridad de los repartos o, lo que es lo mismo, su valor directivo, produce horizontal-

---

[726] LECLERC y PARIZEAU, op. cit., pág. 92.

[727] Íd., pág. 93. "[...] definir sus objetivos en términos de resultados cuantitativos o medibles, de conductas observables, previsibles y sujetas a evaluación" (trad. del autor).

[728] Íd.

mente un orden de repartos, toda vez que los repartos al
hilo conductor de su ejemplaridad se concatenan en repartos semejantes que desplazan, poco a poco, a los repartos
reputados no ejemplares".[729]

Le développement de la régulation para-juridique
s'avère particulièrement intense en bioéthique, ce développement parallèle au droit suscite inévitablement une
question d'agencement avec le système juridique d'autant
que le droit appréhende désormais les problèmes posés
en bioéthique.[730]

Lo central al comité es que al proceder consensual-
mente, produce una normatividad flexible, relativa y que
emana de instituciones intermedias entre el espacio estatal
y aquel otro de la sociedad civil.[731] Sus normas no son obli-
gatorias y su respeto depende de la adhesión de los destinatarios.[732] He ahí la horizontalidad y la solidaridad, claves
en el trialismo para calificar un orden como ejemplar.

Para lograr una visibilización de la práctica de los
comités, muchas veces oculta por la prevalencia del saber
del médico, su absorción por la burocracia hospitalaria y su
falta de independencia de la dirección, sería útil tomar una
recomendación de una investigación que señala mantener
a los comités en red.[733] De hecho, en la provincia de Santa
Fe se prevé la creación de un registro de las decisiones de
los comités.[734] Es interesante destacar cómo en el caso del
Hospital Velocidad, la cercanía de la dirección al comité

---

[729] GOLDSCHMIDT, *Introducción...*, cit., pág. 91.
[730] MONNIER, op. cit., pág. 34. "El desarrollo de la regulación para-jurídica se revela particularmente intenso en bioética, este desarrollo paralelo al derecho suscita inevitablemente una cuestión de agenciamiento con el sistema jurídico más
aún cuando el derecho aprende a partir de ahora los problemas planteados en
bioética" (trad. del autor).
[731] Íd., pág. 41.
[732] Íd., pág. 35.
[733] DIGILIO, op. cit.
[734] Así lo prevé la ley de comités. Véase el punto 27.

fue sin embargo para fortalecer el contacto y la empatía con él, en tanto, por ejemplo, los jefes de los servicios del hospital no se "animaban" a llevar un caso al comité y el director lo hizo. No obstante, hay que tener en cuenta que la burocracia suele despegar sus efectos negativos sobre las instituciones y hay que fortalecer la independencia, para que no ocurran situaciones de violencia moral.

i. *Desorden.* Hay que dejar un espacio en el comité para la anarquía, la desorganización, en tanto la ética interviene solamente en situaciones inciertas y conflictivas.[735] Lo disruptor no suele encajar en las formas previstas. De lo contrario no habría qué someter a la opinión del comité. Hay valores puestos en evidencia, toma de consciencia obligada, necesidad de ética y de consultar al comité.[736] Por ello, no debe asombrarnos la resistencia, la pluralidad de opiniones en el comité, ni la conflictividad en su seno. La metodología del comité tiene que dar cuenta de esta característica.

j. *Categorías básicas de la realidad social.* Al analizar las causas del comité se percibe que su nacimiento tiene que ver con el de la Bioética:[737]

> [...] los años setenta [...] son los años de las nuevas aplicaciones tecnológicas en el ámbito médico: [...] se efectúa el primer trasplante de corazón; [...] se utiliza la tecnología del ADN recombinado [...]; se utilizan los primeros respiradores que permiten mantener con vida personas víctimas de gravísimos accidentes; [...] nace Louise Brown, la primera niña concebida a través de la fecundación artificial. Se delinean así escenarios absolutamente nuevos que ponen en discusión las categorías clásicas de la vida y de la muerte.[738]

---

[735] RACINE, op. cit., pág. 33.
[736] Íd.
[737] Véase también MONNIER, op. cit., págs. 18, 109.
[738] FARALLI, op. cit., pág. 121.

A lo cual hay que sumar la diálisis renal, el diagnóstico prenatal.[739] Es decir, estamos en presencia de repercusiones sin precedentes engendradas por el progreso científico,[740] lo que genera la puesta en cuestión de temáticas profundas como el comienzo, el desarrollo y el fin de la vida, lo cual no puede ser competencia de decisión exclusiva de los médicos.[741] Por ejemplo, el respirador artificial y los transplantes de órganos han redefinido la noción de muerte, lo que ocurre con el problema del estatuto del embrión, que redefine la noción de comienzo de la vida.[742] En este sentido, la ciencia médica tiende a reducir la humanidad a su dimensión orgánica, biológica, olvidando su dimensión subjetiva, simbólica y social.[743] Nótese que en la noción de transdisciplinariedad están ínsitos los niveles de realidad, que apuntan a complejizar, en este caso, el Bioderecho.

Si bien no es el objeto de mi investigación, los comités de ética de la investigación también hacen referencia a excesos de los médicos como científicos, lo cual guarda relación con la aparición de la Bioética y de los comités hospitalarios.

> Les découvertes successives d'expérimentations conduites en violation des principes éthiques énoncés dans le Code de Nuremberg et dans la Déclaration d'Helsinki, ont souligné la nécessité d'instituer un contrôle indépendant sur les recherches médicales.[744]

---

[739] MONNIER, op. cit., pág. 124.

[740] Íd., pág. 110.

[741] Íd., pág. 125.

[742] Íd. Que antes se creía que comenzaba con la "concepción", término indefinido, o más precisamente con la fecundación, una opción entre tantas.

[743] Ibídem.

[744] Íd., pág. 135. "Los descubrimientos sucesivos de experimentos conducidos en violación de los principios éticos enunciados en el Código de Nuremberg y en la Declaración de Helsinki señalaron la necesidad de instituir un control independiente sobre las investigaciones médicas" (trad. del autor).

En efecto, esto señala que antes de la aparición de los comités hospitalarios, que retiran poder a los médicos, hubo una similar manifestación que quitó poder a la medicina experimental/científica, lo que condujo a la creación de los comités de ética de la investigación.[745]

A lo cual hay que sumar un cuestionamiento al poder del médico sobre la salud y la vida de los pacientes.[746]

> Si l'on croit nécessaire la création de nouvelles instances, un nouveau type de comité pour juger de chaque cas, c'est que l'on ne croit plus le médecin autorisé à prendre seul la décision, pas plus qu'on ne veut abandonner entièrement la décision au patient ou à sa famille.[747]

Como sabemos, todo el que tiene poder tiende a abusar de él, incluso teniendo fines nobles. "[...] plus un pouvoir gagne de l'ampleur, plus il est nécessaire de l'encadrer pour éviter les dérives. C'est la puissance acquise par les médias qui a suscité le développement d'une éthique de l'information".[748] Realizando un análisis muy claro incluso se señala que la pérdida del poder del médico en la relación con el paciente tiene una vinculación con la pérdida de legitimación de la norma, en tanto en ambos casos se contesta a la autoridad, lo que a su vez se inscribe en la necesidad de hacer frente a la complejidad.[749]

---

[745] AA.VV., *Hôpital & Éthique...*, cit., pág. 7.

[746] Véase también MONNIER, op. cit., págs. 18, 109.

[747] AA.VV., *Hôpital & Éthique...*, cit., pág. 7. "Si se cree necesaria la creación de nuevas instancias, un nuevo tipo de comité para juzgar cada caso, es que no se cree más al médico autorizado para tomar solo la decisión, como tampoco se quiere dejar enteramente la decisión al paciente o a su familia" (trad. del autor).

[748] MONNIER, op. cit., pág. 17. "[...] más amplitud gana un poder, más es necesario encuadrarlo para evitar las derivas. Es el poder adquirido por los medios que suscitó el desarrollo de una ética de la información" (trad. del autor).

[749] Íd., pág. 26.

La otra cara del cuestionamiento al poder del médico es la voluntad de muchos individuos de controlar aún más todo lo que pueda afectar su salud. "[...] cette revendication d'autonomie se double d'une remise en question du prestige et de l'autorité des médecins, que l'on perçoit quelquefois comme un contrôle excessif sur les personnes [...]".[750]

El poder del médico no sólo ha sido cuestionado por los pacientes, sino por otras disciplinas, por otros profesionales de la salud que se han visto marginados de las decisiones sanitarias, devenidas sólo médicas.

> Les infirmières [...] et [...] les psychologues et travailleurs sociaux, réclament une participation différente au traitement des malades. Ils désirent [...] être [...] consultés pour des décisions dont ils subissent les contrecoups, et ils remettent en cause certaines façons de traiter les patients [...]. Ils pensent devoir être consultés pour servir véritablement les intérêts du malade.[751]

En suma, se trata de diferentes maneras de cuidar la salud, todo en nombre del más grande respeto de los pacientes.[752]

Hay que señalar también la situación de incertidumbre en que se encontraban los médicos frente a semejante progreso científico, lo que sumado a la presión ejercida desde el Derecho, sobre todo desde los abogados que liti-

---

[750] AA.VV., *Hôpital & Éthique...*, cit., pág. 9. "[...] esta reivindicación de autonomía se duplica de una puesta en cuestión del prestigio y de la autoridad de los médicos, que se percibe algunas veces como un control excesivo sobre las personas" (trad. del autor).

[751] Íd., pág. 10. "Los enfermeros [...] y [...] los psicólogos y los trabajadores sociales reclaman una participación diferente en el tratamiento de las enfermedades. Ellos desean [...] ser [...] consultados para las decisiones en las cuales ellos sufren las consecuencias, y ellos vuelven a poner en tela de juicio ciertas maneras de tratar a los pacientes [...]. Ellos piensan que deben ser consultados para servir verdaderamente a los intereses de los enfermos" (trad. del autor).

[752] Íd., pág. 11.

gan constantemente contra los profesionales de la salud, genera un estado de situación en donde la decisión sobre temas vitales tiene que ser necesariamente compartida. Los comités son considerados así como "[...] des échappatoires à la judiciarisation excessive des problèmes éthiques en contexte clinique [...]".[753]

Tal como la interpretación histórica le da importancia al origen del elemento a dilucidar, en este caso, es importante que si la Medicina iba a ser controlada, no es descabellado que en su origen los comités hayan estado constituidos en su mayoría por profesionales no médicos.

> [...] ce comité est caractéristique d'un nouveau mode de résolution des conflits moraux dans le domaine hospitalier car le rationnement des soins et la sélection des patients pour l'accès aux soins, problèmes récurrents issus du progrès technologique, sortent de la compétence médicale.[754]

En referencia a los comités de ética de la investigación, en Bélgica, su composición es mayoritariamente representativa de los médicos.[755] Hoy, en el mejor de los casos, se llega a una paridad de profesionales médicos con no médicos, lo cual atenta contra el objetivo inicial, de modo que se confirma lo que pensaba antes de partir a Francia, habiendo realizado parte del trabajo de campo en Argentina: *se cambió para que nada cambie.*

RACINE, op. cit., pág. 29. "[...] las escapatorias a la judicialización excesiva de los problemas éticos en contexto clínico [...]" (trad. del autor).
[754] MONNIER, op. cit., pág. 136. "[...] este comité es característico de un nuevo tipo de resolución de los conflictos morales en el ámbito hospitalario porque el racionamiento de los cuidados y la selección de los pacientes para el acceso a los cuidados, problemas recurrentes resultantes del progreso tecnológico, escapan de la competencia médica" (trad. del autor).
[755] Íd., pág. 163.

En referencia a lo que originó estos comités, cabe mencionar la necesidad de abarcar conocimientos que no poseían los médicos, sobre todo en referencia a valores, contextos sociales, cuestiones económicas, aspectos éticos, etc., que son decisivos para brindar soluciones a los problemas de salud.

> La prise de conscience de l'ambivalence du progrès scientifique et médical a entraîné l'avènement d'un nouveau champ de réflexion, la bioéthique, à l'origine d'un processus d'institutionnalisation formalisé par la création des comités d'éthique.[756]

Por ello, actualmente, cuando analizo pormenorizadamente cada uno los comités, me encuentro que, al fin, se mantiene en ellos ese recelo para con la introducción de criterios no estrictamente médicos, es decir, todo aquello que exceda lo biológico. "[...] mais le problème de fond reste la formation à l'éthique des membres des comités d'éthique".[757] Y habría que agregar la formación ética de los médicos, futuros miembros, junto con otros, del comité. Si no quieren ser analizados, es porque algo ocultan o temen. Eso que se oculta es precisamente el saber cerrado que por años se ha mantenido en la Medicina y que costará permeabilizar en tanto no se abra la mente de los médicos, desde la propia Medicina, lo que se ha intentado hacer, por ejemplo, desde la reforma al plan de estudios en la Universidad de Rosario, pero que tanto cuesta instalar. Desde 1980 la Junta Americana de Medicina Interna comienza

---

[756] MONNIER, op. cit., pág. 15. "La toma de consciencia de la ambivalencia del progreso científico y médico arrastró la llegada de un nuevo campo de reflexión, la bioética, al origen de un proceso de institucionalización formalizado por la creación de comités de ética" (trad. del autor).

[757] LECLERC y PARIZEAU, op. cit., pág. 91. "[...] pero el problema de fondo permanece en la formación en la ética de los miembros del comité de ética" (trad. del autor).

a incluir cuestiones de ética médica en los exámenes de certificación.[758] La otra cara de ese recelo es el temor a lo desconocido, que cobró cuerpo, por ejemplo, en esta investigación, que precisamente apunta a develar problemas y reflexionar sobre la práctica de los comités.

Incluso entre los mismos médicos no se conoce a los comités. Precisamente porque no se reconoce un problema moral en sus decisiones,[759] lo cual es influido por la educación universitaria recibida. De hecho se señala que la falta de planteamiento de casos es tan importante como los casos que vienen en consulta.[760] Hay que tener en cuenta, para implementar eventuales prácticas que fomenten la consulta, la influencia en los jefes de servicio,[761] que como líderes son los que suelen autorizar o no el planteamiento de cuestiones éticas al comité.

k. La finalidad principal de estos comités es la preservación de la salud de los pacientes. Desdoblando la finalidad en las categorías trialistas de finalidad subjetiva y objetiva, aquélla ha tendido a limitar o controlar la decisión del médico. "[...] afin d'excercer un contrôle externe de l'activité médicale".[762] En algún momento, quien decidía el control era el juez, revocando decisiones u obligando al médico a tomarlas. Mientras que la finalidad objetiva fue preservar la salud del paciente, haciendo la relación médico-paciente más democrática y menos aristocrática, es decir, menos autoritaria, en lo que tiene que ver con los excesos del tecnicismo. "[...] instancias que tienen como objetivo *velar por el cumplimiento de los deberes y derechos inherentes al ejercicio profesional de los médicos con*

---

[758] DAVIES y HUDSON, op. cit., pág. 116.
[759] RACINE, op. cit., pág. 32.
[760] DAVIES y HUDSON, op. cit., pág. 116.
[761] Íd.
[762] MONNIER, op. cit., pág. 33. "[...] a fin de ejercer un control externo de la actividad médica" (trad. del autor).

respecto a los derechos de los pacientes".[763] El hecho de objetivizar la finalidad de los acontecimientos puede llevarnos a incluir también el objetivo de que la Medicina maximice los beneficios y minimice los daños que pueda causar.[764] Actualmente, el comité ha devenido en la institucionalización de un cuerpo colegiado que muchas veces termina legitimando la decisión de los médicos. Con lo cual, el desarrollo de los hechos puede pervertir la finalidad subjetiva, y si bien el comité puede ser un medio adecuado para el control, su puesta en práctica puede devenir estéril.

Con el avance de la tecnología médica, otros desafíos se presentaron ante los comités: "[...] le prélèvement d'organes et les procédés de maintien en vie artificielle, ont imposé de redéfinir la mort dont les anciens critères basés sur l'arrêt des fonctions cardio-respiratoires se sont révélés inadéquats".[765] Luego se trató de proteger a los pacientes contra el ensañamiento terapéutico, su derecho a una muerte digna y otros dilemas éticos que se presentan en la práctica clínica o en la investigación biomédica, en donde los comités aconsejan.[766] "[...] les défis d'ordre éthique,

---

[763] MATEOS GÓMEZ, op. cit., pág. 197.

[764] AA.VV., *Hôpital & Éthique...*, cit., pág. 10.

[765] MONNIER, op. cit., pág. 137. "[...] la ablación de órganos y los procesos de mantenimiento de la vida artificial impusieron redefinir la muerte para la cual los antiguos criterios basados en la interrupción de las funciones cardio-respiratorias se revelaron inadecuados" (trad. del autor). "En raison de la vague de poursuites judiciaires intentés contre des médecins américains, accusés de prélever des organes sur des patients non morts au regard des critères classiques c'est-à-dire l'arrêt des fonctions cardio-respiratoires, les facultés de médecine ont créé des comités pour définir la mort cérébrale. Le plus connu est le comité ad'hoc de Harvard constitué en 1968". Íd., pág. 138. "Por la ola de procedimientos judiciales intentados contra los médicos estadounidenses, acusados de ablacionar órganos a pacientes no muertos según los criterios clásicos, es decir, el detenimiento de las funciones cardio-respiratorias, las facultades de medicina crearon los comités para definir la muerte cerebral. El más conocido es el comité *ad hoc* de Harvard constituido en 1968" (trad. del autor).

[766] GÓMEZ VELÁSQUEZ, Luis y GÓMEZ ESPINOSA, Luis, "Los comités hospitalarios de ética clínica", en *Acta Ortopédica Mexicana*, 21(3), 2007, pág. 163.

réclament de plus en plus de compétences".[767] De ahí la necesidad del abordaje complejo de toda disciplina. "La medicina es una ciencia experimental que [...] tiene que requerir siempre del auxilio de otras ciencias, entre ellas de la ética, para equilibrar honestamente sus objetivos que nunca deben ser antihumanos".[768] Es el comité un ejemplo de apertura a lo humano.[769] "[...] surgen como una necesaria respuesta a los enormes cambios en conceptos de la atención en Salud, la introducción creciente de nueva y costosa tecnología, la complejidad de las decisiones clínicas y terapéuticas, la mayor participación de los pacientes [...]".[770] Precisamente surgió para proteger al paciente.[771]

C'est la communauté des chercheurs et des praticiens qui est alors fantastiquement investie d'un pouvoir d'intervention sans limites sur la vie humaine. Voici que 'la science' est en mesure d'agir sur les gènes, sur les embryons, sur les cerveaux et sur les cœurs... Elle apparaît alors comme douée d'une puissance sinon magique du moins dangereuse par son étendue et son champ d'action illimité dans le domaine de la vie et de ses structures.[772]

[767] NICOLESCU, *La transdisciplinarité. Manifeste*, cit., pág. 64. "[...] los desafíos de orden ético reclaman cada vez más competencias" (trad. del autor). Lo que significa un respaldo a la inclusión de la justicia en el Derecho, tal como lo hace el trialismo.
[768] GÓMEZ VELÁSQUEZ y GÓMEZ ESPINOSA, op. cit., pág. 162.
[769] Véase CIURO CALDANI, "Notas sobre los valores inherentes al 'funcionamiento' de los valores", en *Investigación y Docencia*, nº 4, Rosario, FIJ, 1988, pág. 40. "[...] las 'ciencias humanas' tal como se practican en la actualidad no nos presentan más que los productos en descomposición de un cadáver". GUSDORF, op. cit., pág. 51.
[770] BECA y KOTTOW, op. cit., pág. 3.
[771] RODRÍGUEZ, "Los comités...", cit., pág. 236.
[772] MISRAHI, op. cit., pág. 11. "Es la comunidad de investigadores y de practicantes que es entonces fantásticamente investida de un poder de intervención sin límites sobre la vida humana. He aquí que 'la ciencia' se encuentra habilitada para actuar sobre los genes, sobre los embriones, sobre el cerebro y sobre los corazones... Ella aparece entonces como dotada de un poder si no mágico al menos peligroso por su extensión y su campo de acción ilimitado en el ámbito de la vida y de sus estructuras" (trad. del autor).

Respecto de finalidades más específicas, dentro de la finalidad subjetiva, pueden mencionarse: la revisión de casos problemáticos, para confirmar o rectificar diagnósticos o pronósticos controvertidos; revisar decisiones respecto de un paciente cuyo consentimiento no ha sido respetado así como los aspectos éticos de los tratamientos instituidos.

l. *Consecuencias.* La instauración de los comités, junto con la proliferación de la Bioética, el Bioderecho y el Derecho de la Salud, sumada a los efectos positivos de la "responsabilidad médica", ha creado un conjunto de factores que coadyuvan a la humanización de la Medicina, al control del saber paternalista de muchos médicos y, en suma, a preservar la salud de los pacientes. Pero como muchas veces se cambia para no cambiar, una consecuencia a prever de todo este movimiento es la resistencia, que también se ha visto en oportunidad de la reforma al plan de estudios de la carrera de Medicina en Rosario. Por ello no está de más la labor educativa universitaria vinculada a la Bioética en el marco de la carrera de grado y postgrado, no sólo en las ciencias médicas, sino también en el Derecho, todavía ausente en el postgrado.[773]

En este marco de toma de consciencia de las consecuencias negativas del accionar de los comités, una investigación da cuenta de ellas, y respecto de las cuales habrá que accionar para evitar sus efectos perjudiciales. Se trata de la institucionalización,[774] que genera: una excesiva

---

[773] En el ámbito del grado ya funciona con éxito la asignatura, todavía optativa, Derecho de la Salud y Bioderecho, a la vez que también comenzó a andar el área homónima en el Centro de Investigaciones de Filosofía Jurídica y Filosofía Social de la Facultad de Derecho de la UNR. Sobre el tema véase http://goo.gl/pLjItd

[774] "Les CÉC [Comités d'Éthique Clinique] représentent le visage institutionnalisé de l'éthique dans le milieu clinique". RACINE, op. cit., pág. 36. "Los CEC representan la mirada institucionalizada de la ética en el medio clínico" (trad. del autor).

burocracia en su funcionamiento;[775] la falta de reflexión profunda debido a una excesiva proliferación de expertos;[776] el distanciamiento respecto del resto de la comunidad hospitalaria; la reproducción del orden jerárquico de la institución.[777] Puede mencionarse también la creencia de que el trabajo en los comités es un trabajo a voluntad, con lo cual no se cree que la tarea que se desarrolla en ellos es una tarea propia del hospital, lo que es poco estimulado por los jefes de servicios, en tanto se ve dicha participación como una sobrecarga de tareas.

En efecto, producto de la dialógica moriniana,[778] puede observarse un pensamiento que la lleva a cabo alrededor de los comités, cuando se habla de por qué nacen, en sus comienzos, y por qué nacen, cuando se "institucionalizan".

L'objectif n'est plus la modification ou l'encadrement de certaines pratiques au nom de certaines valeurs, ni l'expression de la volonté des patientes, la réconciliation entre des vues divergen-

---

[775] Véanse también el punto 28 h y el 30.

[776] De ahí la necesidad de incorporar al miembro de la comunidad. Véanse los puntos 26 d, 28 i, 28 j.

[777] DIGILIO, op. cit.

[778] "[...] pues en Hegel las contradicciones encuentran solución, se superan y suprimen en una unidad superior. En la dialógica, los antagonismos permanecen y son constitutivos de entidades o fenómenos complejos". MORIN, *Articular...*, cit., pág. 70. "[...] no pierde la dualidad en la unidad [...]. Esa unidad compleja entre dos lógicas, entidades o instancias complementarias, concurrentes, antagonistas, se alimentan la una a la otra, se complementan, pero también se oponen y combaten". Íd., págs. 69-70. "La dialógica no supera las contradicciones radicales, las considera insuperables y vitales, las afronta e integra en el pensamiento [...] incluye en su unidad compleja aquello que a la vez amenaza y mantiene esta unidad. [...] El paradigma dialógico rige al pensamiento, el cual utiliza entonces la lógica sin dejarse sojuzgar por ella". MORIN, *El Método 4...*, cit., pág. 201.

tes ou la recherche d'un consensus, mais le fonctionnement de
l'institution. Le comité répond à un besoin tel que le conçoit une
administration qui poursuit des objectifs d'efficacité [...][779]

En cuanto a las consecuencias positivas, se señala un
cambio en la actitud de médicos y enfermeros respecto de
su relación con el paciente y la capacidad de detectar problemas respecto de situaciones naturalizadas.[780] Además
puede pensarse en que aquello que fue visto nacer como el
ámbito para contestar el poder del médico, también puede
terminar siendo el ámbito para corregir los pedidos aven-
tureros de cierta categoría de pacientes.[781] Si bien fue visto
en algún momento como el soporte al paciente y su voluntad, también el comité puede ser la ocasión para limitar la
autonomía del paciente, sobre todo en los casos de rechazos a tratamientos, si el paciente es menor y su padre se
niega a proveerle un tratamiento,[782] si la madre embarazada lo rechaza.[783] Lo que cumple la idea de Morin sobre la
ecología de la acción, según la cual el resultado querido
por el autor con su acción puede variar, a tal punto de pro-
ducirse en la realidad su contrario. Noción posible a partir
de la consciencia de la incertidumbre y el álea incorpo-
rados por el filósofo francés. Quien también ha sostenido
que el resultado inicialmente querido será más probable

---

[779] GAGNON, op. cit., pág. 22. "El objetivo no es más la modificación o el encuadramiento de ciertas prácticas en nombre de ciertos valores, ni la expresión de la
voluntad de los pacientes, la reconciliación entre visiones divergentes o la búsqueda de un consenso, sino el funcionamiento de la institución. El comité responde a una necesidad tal que le concede una administración que persigue
objetivos de eficacia [...]" (trad. del autor).

[780] DIGILIO, op. cit.

[781] GAGNON, op. cit., pág. 8.

[782] Véase el fallo de la Corte que obliga a los padres a vacunar a sus hijos según el
plan obligatorio estatal, a pesar de su ideología contraria a favor de la homeopa-
tía y el Ayurveda. "N. N. o U., V. s/protección y guarda de personas", del 12/6/
2012.

[783] GAGNON, op. cit., pág. 9.

de realizarse en los primeros momentos de la acción. En efecto, en tanto más nos alejamos de la primera concretización, más elementos extraños comienzan a interactuar y pueden perturbar la intención original. "[...] el nivel de eficacia máxima de la acción se sitúa siempre al comienzo de su desarrollo. Por eso, cuando se quieren hacer reformas hay que hacerlas muy rápido. [...] las consecuencias últimas de una acción no son predecibles".[784]

Avanzando en el análisis tridimensional, el reparto es captado por normas. Veamos entonces qué dicen las normas sobre los comités hospitalarios de Bioética.

27. Visión jurísitico-normológica

La visión normativa no significa agotar en ella la temática de los comités, en tanto un problema sólo puede ser entendido cuando se conjugan interactivamente las tres dimensiones que plantea el trialismo y los distintos niveles de realidad, de organización y dialógicos que remarca la transdisciplinariedad, acorde con la complejidad. Descontando la importancia de la vinculación de la realidad social con las normas que ya señalara Goldschmidt, por ejemplo en 1958, por tomar un año significativo, es un hallazgo sorprendente el hecho de que Jean Piaget en 1970 diga, al hablar de las "conexiones interdisciplinarias":

> En cuanto a los estudios jurídicos, constituyen un mundo aparte dominado no por problemas de hecho sobre explicaciones causales sino por problemas de normas. Sin embargo, las relaciones entre las normas y las sociedades mismas son fundamentales en las ciencias sociales, y corresponde recurrir a la sociología jurídica (ciencia de los hechos particulares que los especialistas

---

[784] MORIN, "Epistemología...", cit., pág. 439.

de estas disciplinas llaman "hechos normativos") para comprenderlos y no a la ciencia jurídica, que sólo es apta para conocer el derecho como tal excluyendo la sociedad en su totalidad concreta.[785]

Cuando habla de lo fundamental que es relacionar normas con realidad social, ve, intuye que ambas dimensiones tienen que contactarse más orgánica y sistemáticamente. He ahí la labor del trialismo como cuerpo operacionalizador. El filósofo ginebrino sólo alcanza a ver el horizonte de la jurística, es decir, la sociología jurídica, pero no ha dado el paso integrador de la "jurística-sociológica", que se daría en el estadio superior que él mismo califica así cuando habla de la transdisciplina. Espero que ahora sí se recurra a la ciencia jurídica, que ha tamizado los aportes del sociólogo en función de las necesidades del jurista. La complejidad organizada del mundo jurídico no excluye, por el contrario, integra y da cuenta de las relaciones e interrelaciones que se dan en las dimensiones trialistas.[786] En la misma obra donde encontré el hallazgo que coloca a Piaget como un precursor/impulsor de ideas tridimensionales, también expresa el contacto, nada despreciable, que ha hecho Kelsen al vincular la lógica y el Derecho, en la perspectiva que califica Piaget como "normativismo"[787] Si el jurista vienés ha hecho ese contacto entre disciplinas, cabe preguntarse por qué no vincular a las normas con otros ámbitos. Es de resaltar la importancia doble de lo dicho por el epistemólogo en tanto se percibe

---

[785] PIAGET, *Psicología...*, cit., pág. 117. Hay que incorporar a Piaget como un precursor de las ideas tridimensionales.

[786] Sobre el tema véase GALATI, "La teoría trialista...", cit., caps. 9-11, y también GALATI, "Metodología jurídica compleja", en *Frónesis. Revista de Filosofía Jurídica, Social y Política*, 21(2), Venezuela, Instituto de Filosofía del Derecho – Univ. del Zulia, 2014, págs. 305-340; en http://goo.gl/66Jgxe (7/12/2014).

[787] PIAGET, *Psicología...*, cit., pág. 119.

cómo una mirada ingenua, no especialista, y en tal sentido "neutral", analiza la disputa entre los polemistas integradores y mutiladores.

También expresa que la Sociología es la que se contacta más, y de hecho así ocurre, lo que también se da con la Política, en tanto sus visiones son más amplias y menos reduccionistas y formalistas que las de los abogados. "[...] no se ve (a pesar de Duguit y, en un sentido, de Petrajitsky) que el derecho se contente con un fundamento sociológico".[788] Que sí aporta el trialismo. Insiste en el reduccionismo de posturas como la de Kelsen cuando señala que la Economía Política se suele estudiar en las facultades de Derecho y que por tal motivo se la debería proteger del "contagio" del "normativismo jurídico".[789] Señala asimismo que seguir las pautas de los compartimentos pedagógicos implica un "conservadurismo universitario" basado en "[...] jerarquías sociales que no tienen en cuenta las interacciones o las circularidades".[790] Las coincidencias con el pensamiento complejo, la transdisciplinariedad y el trialismo son elocuentes.

Si bien se hará foco en la legislación argentina, la legislación francófona servirá de punto de comparación para lograr un análisis comparativo del aspecto normativo.

---

[788] Íd. Pietrajetsky es un jurista ruso que realiza estudios sobre la vinculación entre derecho positivo, sociología y justicia. Véase PETRAJITSKY, LEV, "Teoriia Prava i Gosudarstva v Svyazi s Teoriei Nravstvennostii (Teoria do Direito e Estado em Conexão com a Teoria da Moral), Petersburg, 1909. Cfr. también LUNATCHARSKY, Anatoly, "Revolução e Tribunal", en http://goo.gl/AeRqFm (7/11/2012).

[789] PIAGET, *Psicología*..., cit., pág. 121.

[790] Íd.

a. *Definición normativa*.[791] En primer lugar, la norma nacional señala que es obligación de todo hospital contar con un comité en la medida que su "complejidad" lo permita (art. 1). Se dice "hospital" porque dicha obligación se encuentra a cargo del sistema público de salud. Es tarea de las unidades locales comprender cuándo amerita la existencia de dicho comité. Habría que reemplazar la palabra "complejidad", existente en todo rincón del mundo, por los factores que ameritan la existencia de un comité, como la cantidad de población, la cantidad de hospitales por habitantes, la cantidad de hospitales por división administrativa, etc. El Decreto 1089/2012, que menciona en varias oportunidades al comité asistencial, cada vez que lo hace señala la obligatoriedad de su opinión, salvo en un caso en donde la consulta es facultativa. Siendo la consulta médica por naturaleza privada y limitada en su conocimiento a los interesados, generalmente harán valer la opinión quienes estén interesados: familiares, médicos, paciente, lo que hace al reclamo de opinión. Quien podría hacer obligatoria dicha consulta es el propio comité, y en ese caso se legitima por el cuidado de la salud del paciente. Además, será el comité del hospital en donde se encuentra el paciente.

Es de destacar que la normativa provincial invita a las instituciones privadas de salud a constituir comités de ética (art. 11 de la Ley 12391). Ello es una norma ficcional, en el sentido que se redactó para que no tuviera efectos. Ya que la medicina privada no necesita de comités de ética, en tanto el dinero asegura el respeto de la voluntad de los pacientes, los cuales pueden acudir a otra institución de

---

[791] Algunos pretenden incluir una parte del tratamiento jurídico de los comités, es decir, las normas, en lo que llaman "Bioética institucional". VIDAL, "Los comités...", cit., pág. 403. Por mi parte, prefiero una Bioética compleja, que incluya el análisis trialista y transdisciplinar propuesto en este trabajo, para hacer el análisis más completo.

salud si la voluntad en cuestión no es respetada. Mientras que el comité en la institución pública, a la que el privado de recursos asiste por necesidad, se justifica para asegurar la ausencia de derechos del paciente.

Si bien la función del comité de ética hospitalario no es el dictado de normas en el campo de la Bioética ni en el campo del Derecho de la Salud, las resoluciones que emiten forman un caudal de normas al cual puede recurrirse y que los jueces toman al dictar sus fallos. Se distinguen por la calidad de aquellos que tratan los temas, profesionales en distintas áreas, lo que da muchos filtros a lo finalmente recomendado. "Ils sont appelés à édicter une 'éthique' qui n'a la rigueur ni de la normativité morale ni de la normativité juridique".[792] En efecto, en dicho ámbito se quiebran los caracteres tradicionales de las normas. "[...] le recours au consensus comme instrument de procédure décisionnelle influence incontestablement le contenu même de la norme éthique ainsi élaborée qui est par nature contingente, provisoire, et s'inscrit dans une logique casuistique".[793] Este tipo de normación no tiene las mismas características que la normatividad común, en tanto su flexibilidad los distingue, en tanto el caso permite variar lo dictaminado y da entonces diversos ejemplos incluso sobre un mismo tema, lo que hace a dicho caudal diverso.

b. *Funciones de las normas.* Una de las funciones de las normas según el trialismo es la descripción de la voluntad del autor, lo que hace de ellas un ente ideal que capta de manera lógica algo que ya ocurre en la realidad. Esto implica delimitar la norma, es decir, ponerle su quicio ontológico, sobre todo cuando se pretende hacer de ella una "constructora" de realidad, cuando en verdad es sólo un instrumento que evidencia un reflejo, al menos, de lo que

---

[792] MATHIEU, Bertrand, "Préface", en MONNIER, op. cit., pág. 12.
[793] Íd.

ocurre en la realidad. Mucho se ha dicho con respecto a que la verdadera lucha por los derechos se encuentra en la realidad y que las leyes se limitan a dar forma a esas conquistas. Aquí se cumplen entonces las esclarecedoras ideas de Ihering y de los anarquistas respecto de la descripción que hacen las normas. De ahí que los comités hayan nacido en nuestro país al calor de la lucha de aquellos que impulsaron su constitución antes de la ley nacional y de sus símiles locales. Esto no implica desconocer la ley, sino limitarla y ampliar el espectro del Derecho a la efectiva conducta de los implicados en los comités. Cuando se habla de los comités de bioética y de su filosofía, se hace alusión a algunos términos del trialismo sin nombrarlos, sobre todo cuando se dice que la norma jurídica depende de la búsqueda de consenso, de la participación de los interesados en su elaboración y de su eficacia.[794] De ahí que hablar de la exactitud -cumplimiento- de las normas es hablar de un problema normativo.

Estos comités son un claro ejemplo de elaboración normativa a la par del Estado, lo que es un nuevo desafío para reclamar a las teorías estatalistas una revisión de su clásico concepto de Derecho limitado y reducido al "[...] conjunto de normas emitidas por el Estado y dotadas de obligatoriedad y coactividad". Los comités "[...] occupent une position où la normativité éthique peut apparemment exercer un pouvoir de régulation des conduites médicales [...]".[795] En relación con esto, lo dicho normativamente respecto de los comités no es más que un elemento a tener en cuenta a la hora de su regulación.[796]

---

794 MONNIER, op. cit., pág. 26.
795 AA.VV., *Hôpital & Éthique...*, cit., pág. 1.
796 BEGIN, op. cit., pág. 33.

Las normas les suelen otorgar las siguientes funciones: análisis ético de los casos clínicos, la elaboración de líneas directrices y la educación en la ética en el medio hospitalario.[797] En cada país puede haber una variación. Pero es oportuno hacer referencia aquí a estas tres funciones recordando que en el "caso" se ve la vida de la norma y él guarda relación con el análisis ético del comité.

Un caso clínico susceptible de ser sometido al análisis del comité es el que prevé el Decreto 1089 referido al conflicto de opiniones entre el menor, sus representantes o entre éstos, en cuyo caso el profesional deberá elevar al comité el caso (art. 2, e). El decreto vuelve sobre el tema respecto del paciente incapacitado en general, por su estado físico o psíquico y no sólo por su minoría de edad, en cuyo caso se prevé que ante la oposición de algunos de los familiares habilitados ello autorizará la actuación del comité, para discernir la situación más favorable al paciente (art. 5). Otro caso susceptible de motivar el funcionamiento del comité es el del rechazo a los tratamientos, en donde alguno de los familiares habilitados plantee una revocación y haya discrepancias (art. 2, e). El decreto habla de "discrepancias". No dice que la revocación por parte de los familiares sea una discrepancia en sí, o si la discrepancia se tiene que dar entre los familiares habilitados o entre éstos y el médico tratante. Como la reglamentación no aclara, cualquier discrepancia valdría, porque la idea de la ley es que el paciente participe en la toma de decisiones a lo largo del proceso sanitario (art. 10, Ley 26529). Parecería que hay discrepancias si no hay claridad en cuánto a cuál fue la voluntad del enfermo respecto de la continuación de los tratamientos. El artículo 10 del decreto vuelve sobre el supuesto señalando ahora que hay que convocar

---

[797] PARIZEAU, Marie-Hélène, "Avant-propos", en AA.VV., *Hôpital...*, cit., pág. 2. Véase también BRENA SESMA, op. cit., pág. 149.

al comité cuando haya dudas respecto de la autorización o revocación, en el caso del consentimiento por representación. No es clara la norma en tanto no sólo repite, sino que da prevalencia a la voluntad expresada por el paciente, cuando el consentimiento por representación precisamente se da cuando no hay voluntad clara del paciente. También es un caso saber cuándo hay que decirle a un enfermo la "verdad sanitaria", que el decreto llama "información sanitaria", y que puede ocasionarle mayor perjuicio que el ocultamiento (art. 2, f).

Hay también una misión más profunda referida al comité, que tiene que ver incluso con su origen, con la causa de su nacimiento, en donde se trata de sensibilizar en el medio hospitalario a los profesionales respecto de las cuestiones de ética médica, favorecer la toma de consciencia, aclarar, hacer reflexionar, proporcionar un foro de discusión, ayudar a distinguir los valores personales, las reglas de la ética profesional y las normas morales necesarias para la vida en comunidad.[798] Por ejemplo, en este caso, la labor del comtié sería útil para llegar a comprender que la moral católica es para quienes profesan la religión, pero no para todos, en tanto todos viven en el Estado, católicos y no católicos. Por ello no es auspiciable el Decreto 426/1998 en tanto promueve incorporar a la Comisión Nacional de Ética Biomédica a tres representantes de las religiones oficialmente reconocidas (art. 3). Cabe preguntarse por qué tres y no menos o más. Aunque cuando invita a los cuerpos colegiados a designar representantes, sólo lo hace con la "Conferencia Episcopal Argentina" (art. 5). Hay que decir que el decreto presidencial corresponde a Carlos Menem.

---

[798] LECLERC y PARIZEAU, op. cit., pág. 89.

En tanto el comité se plantea un objetivo a largo plazo que es el de modificar actitudes en la práctica, desarrolla también una función de política[799] sanitaria.

Hay que destacar que siempre se señala como un antecedente de los comités el fallo de la Corte Suprema de New Jersey de 1976 en el caso Karen Quinlan, pero ya en 1974 el primer comité de ética de la Universidad de Tennesse en Menphis publicaba información sobre su propia existencia.[800] Con lo cual la doctrina precede al fallo. Lo que es más sorprendente que decir que el fallo precede a la norma, con lo cual se comprueba la necesidad de la amplitud epistemológica en toda teoría jurídica.

Los comités también tienen por función educar a sus miembros en términos bioéticos e indirectamente a los profesionales de la salud implicados en su medio. La tarea educativa debe comenzar por los propios miembros, en un plan de autoformación de conocimientos, para luego continuar con la formación de los miembros del hospital.[801] Pueden realizar actividades vinculadas a esta función, como implementar foros de discusión, jornadas académicas, ateneos clínicos, talleres, discusión de casos de archivo.[802] Señala una investigación que explora la labor de los comités de ética en Francia que "[...] trois des quatre 'comités' organisent des journées d'information destinées au personnel de l'hôpital".[803]

---

[799] Véase VIDAL, "Proyecto para la constitución de comités hospitalarios de bioética en las instituciones de salud de la provincia de Córdoba", en *Cuadernos de Bioética*, año 3, nos. 2-3, Bs. As., Ad-Hoc, 1998, pág. 71. Es de destacar cómo la autora enumera las distintas etapas en la constitución de un comité, desde sus inicios, pasando por la sensibilización, hasta su consolidación y afianzamiento.

[800] DAVIES y HUDSON, op. cit., pág. 116.

[801] VIDAL, "Los comités...", cit., pág. 428.

[802] Véase íd. Sobre el tema véase FORTIN, Jacqueline, "Les comités d'éthique clinique et leur rôle éducatif", en *Ethica Clinica*, nº 24, 2001, págs. 36-37.

[803] MINO, "Lorsque...", cit., pág. 78. "[...] tres de cuatro 'comités' organizan jornadas de información destinadas al personal del hospital" (trad. del autor).

También se prevé que el comité pueda controlar las misiones que en particular el tribunal encomiende a un médico. Nótense los casos referidos a tratamientos prolongados, comunes, como los relativos a enfermedades terminales, o los mentales, donde el paciente debe ser seguido en la evolución de su padecimiento.[804] El accionar de los comités "[...] ha de evidenciar las limitaciones de la propia justicia [Poder Judicial] para resolver aisladamente conflictos complejos, ya que interviene en el asesoramiento judicial".[805] Aquí se puede ver una interacción, al estilo complejo y transdisciplinario, entre disciplinas y entre ámbitos, a la sazón, el hospital, el tribunal y el comité, es decir, la administración, la jurisdicción y la Bioética. "[...] une utilisation possible de la structure du comité d'éthique clinique dans une perspective directive et par une autorité extérieure à l'hôpital".[806] El Decreto Reglamentario 1089/2012 de la Ley de Derechos del Paciente argentina ha contemplado la misión de los comités como evaluadores del tratamiento, supervisándolo. Se da el caso cuando se habla de la necesidad de no dar a conocer el estado de salud de un enfermo para evitarle un mal mayor, que el decreto llama "estado de necesidad terapéutico". Frente a ello, se dice que dichas situaciones deben ser valoradas por los profesionales de manera restrictiva y excepcional, y en consulta con el comité de bioética (art. 2, f).

Lo que se llama la función normativa del comité hace alusión a su aspecto "político" y comienza con la difusión de normas bioéticas y sanitarias. "[...] el sólo hecho de dar a conocer ciertas normativas introduce a la institución en

---

[804] Véase el punto 27 o.

[805] VIDAL, "Los comités...", cit., pág. 426.

[806] LECLERC y PARIZEAU, op. cit., pág. 102. "[...] una utilización posible de la estructura del comité de ética clínica en una perspectiva directiva y por una autoridad exterior al hospital" (trad. del autor).

un debate acerca de la aplicabilidad contextual de éstas [...]".[807] En cuanto a la elaboración de líneas directrices, se enmarcan en la labor cotidiana del comité, que va resolviendo sobre el mismo tema en distintas ocasiones, lo que genera que él mismo imite su comportamiento y que cambie ante nuevos avances en la biotecnología o en la ética, lo que le demandará nuevas razones para apartarse de sus propias directivas, que serían similares a lo que ocurre con la jurisprudencia en el ámbito judicial. "Se ha demostrado la constante repetición de determinados casos prototipo en la clínica, por ello, es aconsejable utilizar lo aprendido en la resolución de casos anteriores para con base en la experiencia, proponer reglas generales de conducta denominadas comúnmente directrices o normas".[808] Lo que algunos llaman *soft law*, de una manera típicamente despreciativa, en realidad se acomoda a la visión doctrinaria según la cual el *hard law* es el emanado del Estado. Para el trialismo no hay "derecho suave" ni "derecho fuerte"; así como tampoco hay casos fáciles y casos difíciles, hay casos complejos que se simplifican y otros que se muestran en su complejidad. De la misma forma, hay Derecho, aún en el llamado *soft law*, pero que se hace al margen del Estado. "[...] les comités d'éthique clinique constituent l'expression d'un mode alternatif de résolution de la crise d'autorité médicale".[809]

---

807 VIDAL, "Los comités...", cit., pág. 431.
808 BRENA SESMA, op. cit., págs. 150-151.
809 LECLERC y PARIZEAU, op. cit., pág. 90. "[...] los comités de ética clínica constituyen la expresión de un modo alternativo de resolución de la crisis de autoridad médica" (trad. del autor).

Hoy podemos ver cómo los participantes de la salud construyen sus propias decisiones a través de las "directivas anticipadas,"[810] que funcionaban antes de que las reconociera la Ley 26529 de Derechos del Paciente. Ésta es una manera en que cada uno modela su propia salud eligiendo su camino. Las características de estas fuentes es la elasticidad, en tanto son más permeables al cambio social, y flexibles, en tanto son fácilmente modificables.[811] En efecto, se cree que "las normas elaboradas por el grupo multidisciplinario deben ser flexibles para ser periódicamente revisadas, evaluadas y, si fuera necesario, modificadas".[812] En la flexibilidad se incluye también la participación de los involucrados o interesados, de manera de no correr el riesgo de "pretender imponer conductas a los demás por 'éticas' que parezcan [...]".[813] Característica en la que se acuerda: "[...] au cœur de la médecine clinique et de la recherche biomédicale se trouvent des enchevêtrements entre les personnes concernées et des circonstances cliniques qui évoluent rapidement [...]".[814]

Sobre el tema véase BAGDASSARIÁN, Dora, "Algunas reflexiones en torno a la Declaración de Voluntad Anticipada. Ley 18473 del 17/03/2009", en *Revista de la Facultad de Derecho*, nº 28, Montevideo, Univ. de la República Oriental del Uruguay, 2010, págs. 19-27; KRAUT, "Directivas anticipadas para rehusar determinadas intervenciones médicas de futuro", en *La Ley*, t. 2005-E, págs. 362 y ss.; CIURO CALDANI, "Aportes metodológicos para la comprensión jurídica de las directivas médicas (de salud) anticipadas. (Un gran desafío para la 'preconstrucción' de la propia vida)", en *Revista de Filosofía Jurídica y Social*, nº 33, Rosario, UNR, 2012, págs. 17-31.

CIURO CALDANI, *Metodología jurídica*, cit., pág. 69.

BRENA SESMA, op. cit., pág. 153.

VIDAL, "Los comités...", cit., pág. 432.

RACINE, op. cit., pág. 31. "[...] en el corazón de la medicina clínica y de la investigación biomédica se encuentran enredos entre las personas involucradas y circunstancias clínicas que evolucionan rápidamente [...]" (trad. del autor).

Se señalan como temas, no excluyentes, a la hora de elaborar líneas directrices: la abstención o detención de tratamientos, directivas anticipadas, la asunción de recién nacidos gravemente enfermos, la muerte cerebral.[815]

Lo fundamental de los comités, en relación con la elaboración de normas, es que ellos no deberían solamente aplicar normas existentes, sean clínicas o jurídicas, sino producir normas ético-sanitarias. Como lo diré, el comité se encargará de criticar las normas mencionadas para el caso concreto, y esto implica que pueden no aplicarse, con lo cual devendrá necesaria la elaboración. "L'éthique risque d'apparaître comme un type de normes comparables et parallèles aux normes cliniques ou juridiques, et non pas comme ce moment réflexif où toutes les normes sont soumises à la discussion".[816] Hay que tener cuidado de no cristalizar o dogmatizar la ética, la Bioética.

Hay una instancia que posibilita la relación entre las líneas directrices y otro tipo de normas, como las administrativas, en donde el hospital puede controlar la disciplina de sus profesionales a través de la gestión, la administración. Hay que cuidar, como diré, que el hospital no se sustituya al legislador o al comité, las dos instancias legitimadas democrática y aristocráticamente. Pero al formar parte del órgano ejecutivo, no puede sancionar normas de carácter legislativo, y sólo podría promocionar las reglas que haya establecido el comité, con las limitaciones del caso, es decir, a la población del hospital. Tal vez con otra composición, un comité, no necesariamente el de ética hospitalaria, podría dedicarse a establecer la política sani-

---

[815] MINO, "Lorsque...", cit., pág. 83.
[816] GAGNON, op. cit., pág. 17. "La ética corre el riesgo de aparecer como un tipo de normas comparables y paralelas a las normas clínicas o jurídicas, y no como ese momento reflexivo donde todas las normas son puestas en discusión" (trad. del autor).

taria del hospital en materia de comunicación, acceso de los pacientes a sus archivos, organización de los testeos de cáncer.[817] En la dimensión dikelógica se diría que el poder y la burocracia no creen relaciones de oposición con la salud y la justicia.[818] La salud es para el hombre, y no para el poder o la organización burocrática. El hospital y el comité son para proteger la salud del paciente, no para garantizar la gestión o, en el peor de los casos, la comodidad de los burócratas.

c. *Función integradora de las normas.* Otra de las funciones de las normas -además de la descripción- es la integración, de manera que los entes ideales atraviesan la realidad incorporando a nuestras vidas elementos que nos ayudan a aclarar la variada y complicada trama de relaciones que las personas tejen en su vida cotidiana. Es el lugar aquí para desarrollar cómo se cataloga la materia prima del comité. Así se generan en el ámbito del Derecho de la Salud materializaciones propias para el caso, como el "comité de ética hospitalario" y el "comité de ética de la investigación científica", lo que divide las funciones de los "comités" y aclara al separar. El comité tiene su "presidente" o "coordinador" y su "secretario". Otra materialización personal es la de "profesionales", que son los que lo integran, sean médicos, abogados, filósofos, psicólogos, enfermeros, agregándose también el "representante de la comunidad" o "vecino". Materializaciones no personales son el "hospital" donde funciona al comité, el "libro de actas" donde consta lo actuado en cada una de las reuniones, sus "recomendaciones", que son las decisiones que emite y que se dirigen al médico-paciente que solicitó el dictamen.

---

[817] MINO, Jean-Christophe y otros, "A French Perspective on Hospital Ethics Committees", en *Cambridge Quarterly of Healthcare Ethics*, 17(3), 2008, op. cit., pág. 304.
[818] Véase el punto 28 h.

Así como Goldschmidt señala que la norma no sólo describe sino que integra, en el caso de los comités hospitalarios de bioética, la norma hospitalaria ejerce una presión integradora considerable sobre las funciones del comité, y cabe preguntarse hasta qué punto no se desvirtúan aquellas funciones.

> Le fait qu'une organisation [...] ait une structure hiérarchique donnée, une mission à accomplir, un budget à gérer selon des balises précises, une composition professionnelle particulière (médecins, infirmières, etc.), une clientèle plus ou moins variée et un ensemble donné d'équipements techniques (bloc opératoire, scanner, etc.), tout cela exerce une pression constante sur l'activité professionnelle.[819]

Se vio un ejemplo de esta idea a propósito de la revisión de mi petición por la negativa del Comité de Ética del Hospital Dos Cincuenta a que observe su funcionamiento y su libro de actas, que derivó la decisión de su negativa a la dirección del hospital, con lo cual dio a entender su falta de independencia y su inserción en el hospital con la influencia que ello implica.[820] La ubicación institucional en un hospital también influye en la implementación y cobertura de las vacancias, siempre más fáciles de advertir en el personal no médico.[821] El hecho de aceptar trabajar en el seno de la organización implica aceptar las finalidades y

---

[819] BEGIN, op. cit., pág. 35. "El hecho de que una organización [...] tenga una estructura jerárquica dada, una misión a cumplir, un presupuesto a administrar según balizas precisas, una composición profesional particular (médicos, enfermeros, etc.), una clientela más o menos variada y un conjunto dado de equipamiento técnico (bloque operatorio, escáner, etc.), todo lo cual ejerce una presión constante sobre la actividad profesional" (trad. del autor).

[820] Véase el punto 30.

[821] Los médicos suelen limitarse a señalar simplemente que las vacancias existen y que no son cubiertas por falta de compromiso de los otros profesionales, adjudicando la responsabilidad al otro, en lugar de asumir la propia. Por otra parte, el comité está inserto en el hospital, lugar por excelencia de preponderancia de la Medicina.

trabajar en el cuadro restringido de sus medios.[822] Como se puede ver en el caso señalado, en donde se da una suerte de acuerdo corporativo entre la dirección y el comité para negarme el acceso a la información, se acuerda una suerte de "paz profesional". En efecto, "[...] il est ainsi recherché une cohésion interne entre les corps professionnels et les objectifs de 'bonne gestion', une 'paix professionnelle' faisant en sorte que l'institution puisse continuer à fonctionner adéquatement et à remplir sa mission".[823] En un momento pensaba que no es lo mismo calificar a un caso como de Derecho Civil o de Derecho de la Salud y vemos aquí que tampoco da lo mismo encuadrar al caso como comprendido en el Derecho hospitalario, expresión frecuente en el Derecho francés, de impronta administrativista. Cuando las personas están formadas, y como consecuencia tienen herramientas para decidir por sí mismas, no necesitan de la autoridad que les diga cómo comportarse.[824] Y precisamente el Derecho de la Salud tiene como norte la protección de la salud del paciente, que se logra reconociendo y construyendo su autonomía.

d. *Productos de las normas.* Pueden distinguirse entonces dos tipos de documentos que emanan del comité, es decir, los productos ideales que emanan del mundo de las normas:[825] las recomendaciones, que son textos cortos que contemplan responder a un problema específico y determinado, destinado a los demandantes. Y las líneas directrices, que son documentos más elaborados, resultado de un trabajo de documentación y de consulta más

---

[822] BEGIN, op. cit., pág. 35.
[823] Íd., pág. 36. "[...] también es buscada una cohesión interna entre los cuerpos profesionales y los objetivos de 'buena gestión', una 'paz profesional' de manera que la institución pueda continuar funcionando adecuadamente y cumplir su misión" (trad. del autor).
[824] Véase LECLERC y PARIZEAU, op. cit., pág. 95.
[825] GOLDSCHMIDT, *Introducción...*, cit., págs. 303-304.

importante, que tratan un tema que toca a un buen número de profesionales y usuarios, concebido para una mayor
difusión, eventualmente fuera del hospital; por ejemplo,
los documentos sobre la no-reanimación.[826]

 e. La Ley 24742, del año 1996, coincide con el objeto
de esta investigación en tanto su ámbito de regulación es
el de los comités hospitalarios o de ética clínica. En la provincia de Santa Fe se sancionó en 2004 la Ley 12391 que
regula los "comités hospitalarios de bioética". El 5 de julio
de 2012 el Poder Ejecutivo reglamentó la Ley de Derechos
del Paciente a través del Decreto 1089/2012. La provincia
de Santa Fe, en su portal virtual, sólo cuenta con un espacio para los comités de ética de la investigación. De hecho
se accede por el enlace "Capacitación e investigación en
salud". Allí hay "subenlaces" referidos a residencias, con-
currencias, carreras profesionales, tecnicaturas, educación
a distancia, actualización para trabajadores y un vínculo
para el "Comité Provincial de Ética en la Investigación Biomédica".[827] Pero no hay una oficina o departamento del
Estado que centralice información sobre los comités de
ética hospitalarios y entonces canalice datos sobre cómo
están realmente integrados, cómo funcionan, qué casos les
llegan, quiénes los promueven, cuáles son las recomendaciones finales que emiten. Y todo ello no se registra para
el acceso público, que fundamentalmente es profesional,
para los médicos y la consiguiente investigación científica. No hay información, a pesar de que la ley provincial
exige al Ministerio de Salud "[...] crear un Registro Provincial de Comités Hospitalarios de Bioética de permanente
actualización, en el que conste el texto de sus respectivas resoluciones" (art. 3, a). Ese registro debe formar parte

---

[826] LECLERC y PARIZEAU, op. cit., pág. 98.
[827] Véase http://goo.gl/eUEtQL (2/2/2013).

de una red provincial, que no existe; ya que sólo forman parte del interés de la provincia los comités de ética de la investigación.

Cuando se habla de la misión de los comités, se extiende el objeto de éstos a la docencia y la supervisión de investigaciones (art. 1). En primer lugar, su objeto es la recomendación de caminos a seguir ante un dilema bioético. En segundo lugar, los efectores de salud públicos también pueden contar con comités de ética de la investigación, que supervisan la eticidad de los protocolos de investigación a fin de proteger la autonomía y dignidad de los seres humanos involucrados.

La ley menciona el asesoramiento de cuestiones éticas referentes al comité. Cuando en realidad ello no debe hacer separar el conjunto de la decisión médica sometida a cuestión, que implica la supervisión del diagnóstico, pronóstico y juicio moral. "En distinguant l'éthique des autres aspects, plus techniques ou médicaux, le risque est de ne plus voir les choix de valeurs impliqués dans ces autres aspects et dans l'ensemble de la décision médicale".[828]

El artículo 2 señala la composición de los comités, que debe ser interdisciplinaria, lo que coincide con la regulación santafesina (art. 2). En efecto, "[...] la diversité des perspectives permet de concevoir un plus grand nombre d'options dans la recherche de solutions [...]".[829] Veremos que esta forma de relacionar disciplinas debería ser superada en la transdisciplinariedad.[830] También cabe destacar,

---

[828] GAGNON, op. cit., pág. 16. "Distinguiendo la ética de otros aspectos, más técnicos o médicos, el riesgo es de no ver las elecciones de valores implicadas en esos otros aspectos y en el conjunto de la decisión médica" (trad. del autor).

[829] RACINE, op. cit., pág. 29. "[...] la diversidad de perspectivas permite concebir un mayor número de opciones en la búsqueda de soluciones [...]" (trad. del autor).

[830] Sobre el tema véanse las diferencias entre la interdisciplina y la transdisciplinariedad así como los rasgos o aspectos valiosos de aquélla que ésta toma en cuenta. Véase el cap. 2.

aplicando la categoría de la exactitud trialista, que muchos de los profesionales mencionados no integran finalmente los comités. Es necesario "[...] asegurar que estén presentes distintos puntos de vista en la deliberación, que se cuente con diversas disciplinas para su integración y que tenga el número de participantes necesario para un funcionamiento eficaz".[831] Tomando por caso el del Hospital Unidad Local en el año 2011 que se encuentra en Rosario, no sólo el comité no dio a conocer sus integrantes en sus nombres y calidad de sus miembros, sino que de boca de su presidente se dijo que no lo integran enfermeros, psicólogos, filósofos, ni el representante de la comunidad. Este último tampoco es exigido por la disposición normativa nacional. Por ello, en el deseo y, en el mejor de los casos, en la idealidad de las normas, "[...] los CHB vinieron a introducir el pluralismo moral en medicina [...], a plantear que hay decisiones que ya no son sólo competencia del médico".[832] Para dar lugar a un pluralismo verdadero podría fomentarse que cada institución representativa de las profesiones nominadas designe por el mecanismo que mejor considere a los representantes. Incluso podría pensarse que dichas instituciones convoquen[833] a listas en donde el que lo considere se postule como candidato. Hasta podría haber rotaciones en tanto cabría nombrar un representante por la colegiación, otro por la universidad o facultad y otro por el organismo científico afín. La postulación puede ayudar a evitar que los sectores institucionales convoquen a quienes sólo pretenden figurar para conservar u ocupar espacios a los fines de valerse del prestigio o poder que éstos también significan.

---

[831] VIDAL, "Los comités...", cit., pág. 434.
[832] Íd., pág. 424.
[833] Véase íd., pág. 433.

Como en el caso de Bélgica referido a los comités de ética de la investigación científica, no deberían ser nombrados en los comités hospitalarios las autoridades del hospital donde trabajan, para garantizar su independencia.[834] Otro nivel de independencia está dado por una característica que se resalta en los comités mexicanos, en donde se sugiere que haya "representantes de estratos generacionales intermedios".[835] Si bien se destaca la sabiduría acumulada por los adultos mayores, no es desacertado incluir la visión de las nuevas generaciones de profesionales, que incorporan otra mirada, otros aspectos y nuevos cuestionamientos para el tratamiento de los comités. Lo cual se enmarca en la Argentina que pretende reconocer la necesidad de un abogado para el niño, la participación electoral con el voto a partir de los 16 años, el protagonismo de los estudiantes secundarios a través de los centros de estudiantes, etc.

f. En cuanto a la legislación extranjera, tomando los casos de EE.UU., Canadá y Francia, se señala que están compuestos por médicos, paramédicos, personal administrativo del hospital y juristas. Sin embargo, la presencia de representantes religiosos, de la Filosofía, no está generalizada y cuando está asegurada se limita a un miembro.[836] Lo que contradice la visión transdisciplinaria, que implica pluralidad de disciplinas e ideologías. Fiel a su idiosincrasia empirista y concreta, el Reino Unido señala en materia de comités de investigación que un tercio de sus miembros debe estar compuesto por "profanos". En Francia, la legislación sobre comités de protección de personas (comités de investigación) es acertada por los términos y el fin que persigue. No habla de asegurar la pluralidad solamente,

---

[834] MONNIER, op. cit., pág. 163.
[835] HOSPITAL GENERAL DR. MANUEL GEA GONZÁLEZ, op. cit.
[836] MONNIER, op. cit., pág. 162.

sino la diversidad de competencias en el ámbito biomedical,[837] lo que se compadece con lo que señalo respecto de los niveles de realidad.[838] No obstante, parece restringirse el enunciado principal con el agregado de "biomedical", ya que lo ideal sería asegurar la diversidad de competencias en el ámbito de la salud, puesto que un problema humano requiere ser abordado en la complejidad de su condición,[839] teniendo en cuenta sus aspectos biológicos, genéticos, psicológicos, espirituales y cósmicos, lo que demanda a las disciplinas que se encargan de dichos aspectos.

En el caso de Francia, la ley de bioética del 6 de agosto de 2004 regula el tema de una manera muy general en el Código de la Salud Pública de la siguiente manera:

> Des espaces de réflexion éthique sont créés au niveau régional ou interrégional; ils constituent, en lien avec des centres hospitalo-universitaires, des lieux de formation, de documentation, de rencontre et d'échanges interdisciplinaires sur les questions d'éthique dans le domaine de la santé. Ils font également fonction d'observatoires régionaux ou interrégionaux des pratiques au regard de l'éthique. Ces espaces participent à l'organisation de débats publics afin de promouvoir l'information et la consultation des citoyens sur les questions de bioéthique.
>
> Les règles de constitution, de composition et de fonctionnement des espaces de réflexion éthique sont définies par arrêté du ministre chargé de la santé après avis du Comité consultatif national d'éthique pour les sciences de la vie et de la santé.[840]

---

[837] Íd., pág. 163.

[838] Véase el punto 5.

[839] Véase MORIN y MOTTA, *El desafío de la transformación de la Condición Humana en "Humana Condición" para las Humanidades*, Monterrey, Universidad Autónoma de Nuevo León, 2006.

[840] "Espacios de reflexión ética son creados a nivel regional o interregional; ellos constituyen, en articulación con los centros hospitalario-universitarios, lugares de formación, de documentación, de encuentro y de intercambio interdisciplinarios sobre cuestiones de ética en el campo de la salud. Ellos funcionan igualmente como observatorios regionales o interregionales de las prácticas respecto de la ética. Estos espacios participan de la organización de los debates públicos a

Tienen en común con los comités argentinos el hecho de ser multidisciplinarios, de dar recomendaciones, y no substituir la decisión médica. Aunque se dice que tienen que estar en conformidad con el CCNE.[841]

Quien propone una regulación para los comités de ética hospitalarios señala que debe existir diversidad de opciones religiosas, tomando en cuenta la preferencia del paciente.[842] Esto es vital, sobre todo ante la composición múltiple de las actuales sociedades,[843] que no siguen un patrón único de conducta, por ejemplo, religioso. Lo que hace insostenible que un sacerdote católico integre un comité, como tampoco sería aprobable que lo integrara un pastor (protestante), un líder musulmán o un rabino (judío). En efecto, hay que tener cuidado de creer que porque un comité es multidisciplinario, eso asegura la diversidad de opiniones. "[...] la diversité des perspectives provient essentiellement, mais non exclusivement, des différences professionnelles".[844]

g. En lo que se refiere a la estabilidad de los miembros, algunos sostienen su inamovilidad, para asegurar su independencia funcional, por un período de tiempo, admitién-

---

fin de promover la información y la consulta de los ciudadanos sobre las cuestiones bioéticas. Las reglas de constitución, de composición y de funcionamiento de estos espacios de reflexión ética son definidas por una decisión del ministro encargado de la salud después de la opinión del Comité Consultivo Nacional de Ética para las Ciencias de la Vida y la Salud" (trad. del autor).

[841] BERTHIAU, op. cit., pág. 25. Lo que parece un poco extraño si aquel organismo se ve como consultivo a su vez.

[842] BRENA SESMA, op. cit., pág. 153.

[843] Véase la mención que tiene sobre el tema el "Proyecto de Código Civil y Comercial de la Nación" de 2012 en sus fundamentos. Bs. As., Zavalía, 2012, y http://goo.gl/G3myEb (30/5/2015).

[844] RACINE, op. cit., pág. 30. "[...] la diversidad de perspectivas proviene esencialmente, pero no exclusivamente, de diferencias profesionales" (trad. del autor).

dose su renovación a través de un sistema escalonado,[845] para evitar las visiones corporativas o "acuerdos espurios" en las recomendaciones.

h. Un comité suele ser, como toda estructura burocrática, un reflejo de lo que es la sociedad en su conjunto con sus patrones culturales, como por ejemplo, la jerarquía, la sumisión, la autoridad, el machismo, la aristocracia, etc. Esto se vio en muchos de los comités analizados. Me viene a la mente el del Hospital Dos Cincuenta de Rosario, donde hay muchas personas adultas mayores, preponderancia de médicos, y uniformidad de criterios, siguiéndose el catolicismo. En efecto, esto no es casual. "[...] les CÉC [Comités d'Éthique Clinique] refusent les différences morales substantielles car ils cherchent avant tout à éviter le conflit et les tensions [...]".[846] Cuando por otra parte

> [...] numerosos problemas a que se enfrentan los comités tienen que ver con la condición femenina: embarazos, abortos, por citar algunos ejemplos, por ello se recomienda que en el seno de los comités exista una diversidad de género y la edad de sus miembros debe tomarse en cuenta para lograr puntos de vista equilibrados.[847]

Una autora mexicana señala que en América Latina tanto Argentina como Chile son los países que más se han dedicado al desarrollo e impulso de estos comités.[848]

---

[845] BRENA SESMA, op. cit., pág. 154.
[846] RACINE, op. cit., pág. 30. "[...] los CEC niegan las diferencias morales sustanciales porque ellos buscan antes que nada evitar el conflicto y las tensiones [...]" (trad. del autor).
[847] BRENA SESMA, op. cit., pág. 153. Véase también RACINE, op. cit., pág. 30.
[848] BRENA SESMA, op. cit., pág. 148.

Con respecto a su formalidad, sean informes o dictámenes/recomendaciones, las resoluciones deben cumplir con ciertos requisitos: lugar y fecha, conflicto ético planteado, opinión fundada y motivada, conclusiones y las firmas.[849]

i. El artículo 3 de la ley argentina (24742) realiza una enumeración de los dilemas que pueden dar lugar a la actuación del comité, la que sólo puede ser enunciativa, debido a la transformación y evolución constante de la salud humana, que precisamente determinó la aparición de los comités, a fin de controlar la actuación de los médicos.[850] Se enuncian allí problemas bioéticos como los derivados de a) las tecnologías reproductivas; b) eugenesia; c) prolongación artificial de la vida; d) eutanasia; e) relación médico-paciente; f) calidad y valor de la vida; g) atención de la salud; h) genética;[851] i) transplante de órganos; j) salud mental; k) secreto profesional; l) racionalidad de los recursos disponibles. La referencia a la experimentación en humanos fundaría la existencia misma de otro tipo de comités, los de ética en la investigación científica.[852] Problemas frecuentes que se obviaron son los relativos al HIV y otros que menciono en oportunidad de hablar del objeto del reparto.[853] Hubiera sido interesante aquí hacer un relevamiento de los casos tratados en los comités de bioética, de los cuales no obtuve respuesta.

---

[849] HOSPITAL GENERAL DR. MANUEL GEA GONZÁLEZ, op. cit.

[850] "[...] reconocimiento de los límites del conocimiento médico para resolver ciertas situaciones humanamente conflictivas [...]". LUNA y BERTOMEU, op. cit.

[851] "[...] una serie de cuestiones que pueden afectar derechos fundamentales del individuo o crearle graves inconvenientes en la vida de relación: la discriminación fundada en razones genéticas, el manejo distorsionado de la información genética, los desvíos en la investigación sobre el genoma humano, la apropiación del material genético y su utilización comercial, etc." BERGEL, op. cit., pág. 320.

[852] MONNIER, op. cit., pág. 163. En el mismo sentido véase LUNA y BERTOMEU, op. cit.

[853] Véase el punto 26 b.

Ciertos temas son prácticamente excluidos, como las relaciones de trabajo. Por ejemplo, con el personal, el acoso a los estudiantes durante el curso de su formación. Se trata de los conflictos entre los diferentes cuerpos profesionales en el seno del hospital.[854] Algo similar ocurre con la asignación de recursos.[855] Esto se explica porque los comités son "[...] faiblement outillés pour aborder des problématiques sociétales plus globales qui dépassent l'établissement de santé mais dont les répercussions se font sentir dans les soins."[856]

j. El artículo 4 señala dos principios que son fundantes de la labor del comité: el carácter no vinculante del consejo, ya que el caso quedará en manos de la relación médico-paciente o del juez, y el hecho de que no actúa como tribunal, ya que no puede pronunciarse por la legitimidad o legalidad de la conducta de profesionales médicos, ni otorgar garantías de legalidad para éstas. No obstante, el carácter filosófico que recubre a los dilemas éticos que llaman al comité hace que su recomendación cobre un peso importante.

k. El artículo 5 manda al Ministerio de Salud el dictado de la reglamentación para la actuación de los comités.[857] Lo que tuvo lugar a través del Decreto 1089/2012. En el ámbito de Santa Fe no hay una cobertura igualitaria entre los comités de ética de la investigación y los comités asistenciales. La ley provincial demanda acciones que la provincia no ha puesto en práctica. Al acercarme a la sede del Ministerio de Salud en Rosario, solicité tener una entrevista con el funcionario más afín a mi investigación, y me llamó por

---

[854] RACINE, op. cit., pág. 34.
[855] Íd.
[856] Ibídem. "[...] débilmente equipados para abordar problemáticas sociales más globales que sobrepasan el establecimiento de salud pero cuyas repercusiones se hacen sentir en los cuidados" (trad. del autor).
[857] Cfr. también VIDAL, "Los comités...", cit., pág. 422.

teléfono la Sra. Mengarelli. Al pedirle una entrevista para hablar sobre los comités hospitalarios me dijo que viera en primer lugar la página web de la provincia, que hablaba de los comités de investigación. Le insistí en que tuviéramos una entrevista porque mi investigación hacía referencia a los comités hospitalarios, pero insistió en que viera la página, que hice por cortesía, pero nada decía sobre los comités hospitalarios de bioética.

Es importante resaltar que la ley provincial santafesina manda crear un registro donde constan los textos de las resoluciones de los comités (art. 3, a). Lo curioso del caso es que mandando la disposición provincial a celebrar convenios con el CONICET para "promover la investigación en este campo", el comité del Hospital Dos Cincuenta de Rosario me haya negado, como becario postdoctoral que realiza una investigación científica, el acceso a las resoluciones y a los datos y nombres de los integrantes del comité, cubriendo de un sigilo y secreto incompatible con la vida republicana y la investigación científica que se obliga a promover. Lo propio ocurrió, por ejemplo, con el Hospital Dos Cincuenta y el de niños Pureza. De hecho la Resolución 857/1993 del Ministerio de Salud de la Nación también señala la necesidad de propender "[...] a la constitución de redes interinstitucionales de Comités [...]". La importancia de colocar en red a los distintos comités, comenzando por los de la ciudad, luego por los de la provincia o unidad local y por fin los de la Nación, tiene la ventaja de recolectar material para investigaciones, intercambio de opiniones en foros de discusión, bibliografía, información.[858] En efecto, es "[...] la experiencia que aporta el intercambio en redes de comités, que permiten a los nuevos grupos interiorizarse de las experiencias de los

---

[858] BRENA SESMA, op. cit., pág. 156.

que ya llevan alguna trayectoria".[859] Lo que daría base a la constitución de un "Comité Nacional de Ética de Ciencias de la Vida y la Salud", similar al que existe en Francia, por ejemplo. De hecho, se señala que dichas interconexiones se han dado en la Ciudad de Buenos Aires, en la provincia de Buenos Aires, en Córdoba y en Neuquén.[860] A nivel nacional existe la Comisión Nacional de Ética Biomédica, creada por el Decreto 426/1998. En lo pertinente llama a que todas las instituciones de salud tengan comité de bioética (art. 1, d), a recabar información y documentación (art. 1, h) para generar centros de información a fin de sistematizar los conocimientos vinculados a la ética biomédica (art. 1, i). Que es lo que la normativa provincial de Santa Fe manda a sus entidades éticas locales (art. 3, a). Todo lo cual no se cumple.

l. También hay que analizar el grado de exactitud de las disposiciones,[861] en tanto en el caso del Hospital Dos Cincuenta de Rosario no hay transparencia, por lo que poco puede controlarse la pluralidad, aunque ya vemos que el presidente, de orientación católica, comunicó la decisión del comité de negarme información, presidente que a su vez es titular del Comité del Hospital Experiencia de la misma ciudad. En el caso del Hospital Dos Cincuenta hay diversidad de profesiones pero unidad de criterios, en donde prevalece el catolicismo y una postura férreamente conservadora apenas matizada por la posición del representante de la comunidad.[862] De ahí que devenga fundamental la proposición de una autora que señala que los

---

859 VIDAL, "Los comités...", cit., pág. 430. Véase también VIDAL, "Proyecto...", cit., pág. 75.

860 Íd., pág. 422.

861 Respecto de los comités de ética de la investigación científica se señala en relación con ciertos países latinoamericanos, incluida Argentina: "[...] enfatizando la disociación entre la teoría normativa y la práctica real". Íd., pág. 413.

862 Véase el punto 30.

comités deben ser pluralistas,[863] en tanto el mero hecho de la existencia de distintas profesiones en poco o nada contribuye al debate, nutrido por la diversidad de posiciones. "La pluridisciplinarité et le pluralisme sont censés répondre à l'éclatement du savoir et à l'absence d'identification à des valeurs communes dans les sociétés dites pluralistes".[864] Y se insiste en el tema: "[...] se debe garantizar la independencia del comité y la no injerencia de otras instancias, ni gubernamentales, ni no gubernamentales".[865] Mientras que en el caso de Francia, tomando como comparación el Comité Consultivo Nacional de Ética para las Ciencias de la Vida y la Salud (CCNE), "[...] il se veut un lieu de rencontré des différentes pensé politiques, religieuses et philosophiques".[866] Incluso, una investigación francesa exploratoria de once comités parisinos señala que una de las críticas fue que hay falta de diversidad en su composición, además de la influencia preeminente de ciertos miembros.[867] Incluso, desde otras voces también se piensa lo mismo, citando al más temido, por su desconocimiento, de los epistemólogos: "I believe that the diversity or pluralism of bioethical views will promote the growth of bioethics just as the late philosopher of science, Paul Feyerabend, argued that the proliferation of scientific theories promotes the growth of knowledge".[868]

---

863 MONNIER, Les comités..., cit., pág. 34.
864 Íd.
865 BRENA SESMA, op. cit., pág. 149.
866 BERTHIAU, op. cit., pág. 22.
867 MINO, "Lorsque...", cit., pág. 84.
868 REN-ZONG QIU, op. cit., pág. 2. "Creo que la diversidad o el pluralismo en las miradas bioéticas podrá promover el crecimiento de la bioética justo como el último filósofo de la ciencia, Paul Feyerabend, argumentó acerca de que la proliferación de las teorías científicas promueve el crecimiento del conocimiento" (trad. del autor).

Cuando se hizo la evaluación en el funcionamiento de comités asistenciales en Córdoba, se detectaron como obstáculos el insuficiente conocimiento de la Bioética y de las normativas y experiencias internacionales, y la falta de coordinación de las áreas de las que debería depender el comité.[869]

ll. En cuanto a las clases de normas, el trialismo diría que la recomendación que emite el comité de ética es una norma individual,[870] en tanto tiene una descripción de hechos pasados, que están constituidos en gran medida por el diagnóstico médico inicial y las complementariedades que hayan surgido de otras consultas médicas y otras medidas que haya tomado el comité, más el dictamen, que sugiere la conducta a seguir. Es decir, hay un antecedente y un consecuente. Vistos los hechos, el sector social supuesto, se esboza la reglamentación. Goldschmidt señala asimismo que no debe reducirse el concepto de norma a las generales, que suele ocurrir cuando se habla, por ejemplo, del conflicto entre ley y costumbre, en tanto también las sentencias, y en este caso las recomendaciones, son normas, individuales.

Tradicionalmente se indican como fuentes de constancia de las normas la ley y la costumbre. Esta tradición se basa en que sólo las normas generales son las normas verdaderas, mientras que las normas individuales carecen de personalidad. Esta tesis, a su vez, radica en la enseñanza de que el juez no es sino "la boca de la ley" [...]. La ley que se identifica a la norma general contiene de manera exacta la solución de cualquier caso a través de una norma individual. Esta enseñanza es democrática [...] pero [...] es antiliberal, toda vez que priva al juez de toda independencia intelectual frente al legislador, rebajándolo a un mero autómata, con lo cual distorsiona el juego de pesos y contrapesos esencial para el principio de división de poderes. En realidad, las

---

869 VIDAL, "Proyecto...", cit., pág. 84.
870 En similar sentido véase MONNIER, op. cit., pág. 22.

> normas generales nunca determinan unívocamente la solución
> de un caso: la norma individual siempre contiene algo propio,
> aunque sólo fuera la apreciación de la aplicación de la norma
> general al caso como justa. El elemento creador de la norma
> individual, pese a su derivabilidad lógica (pero no unívoca) de
> la norma general [...][871]

Incluso, cuando se crea el "derecho de los comités" sobre la base de recomendaciones pasadas, la analogía con el sistema del precedente otorga mayor legitimidad a este modo de producir Derecho. "[...] el juez que acude a una sentencia precedente como fuente [...] transforma lo que era una sentencia individual, en norma general. De esta manera, cada sentencia firme y consentida es algo así como un trampolín desde el que se salta hacia una norma general."[872]

Vista la norma individual desde la perspectiva del comité como productor, cabe señalar que "[...] une norme [...] entend guider la conduite humaine en orientant les comportements".[873] Se trata de una norma que evita el constreñimiento en el sentido de sanción y más bien privilegia la persuasión, la incitación o la recomendación.[874]

m. En lo que se refiere a la remuneración, cabría distinguir a aquellos que ya tienen una, sea en el hospital o en su institución de pertenencia, de aquellos otros que desarrollan funciones extra de recomendación, como las docentes o de investigación *ad hoc*. Esto no excluye la cobertura de los viáticos, sobre todo teniendo en cuenta que en la mayoría de los casos la función es honoraria.

---

[871] GOLDSCHMIDT, *Introducción...*, cit., págs. 217-218.

[872] CUETO RÚA, Julio César, *Fuentes del Derecho*, Bs. As., Abeledo-Perrot, 1961, pág. 155.

[873] MONNIER, op. cit., pág. 22. "Una norma [...] entiende guiar la conducta humana orientando los comportamientos" (trad. del autor).

[874] Íd., pág. 40.

Otra forma de pago, indirecta, puede ser liberar de la carga horaria asistencial a quienes se dedican a integrar dichos comités.[875]

n. *Fuentes.* Bergel menciona un panorama de fuentes vinculadas a la Bioética. Además de la ley, los jueces "[...] recurren con frecuencia a los principios generales de la bioética, a instrumentos derivados del 'derecho internacional de la bioética' o a la opinión de los Comités de Ética".[876] Ya no hay duda de la existencia jurídica de las recomendaciones de los comités como una nueva fuente en el Derecho de la Salud.

A propósito de la educación en Bioética, cabe hacer referencia a ella en tanto "fuente de las normas", también llamada literatura bioética, así como en el Derecho estricto lo es la doctrina jurídica y la jurisprudencia en tanto está plasmada en fallos publicados para conocimiento de la población. Esta función es importante en tanto moviliza la mente de los bioeticistas miembros de los comités, les muestra nuevos desafíos y volver a plantearse lo "sabido" frente al innegable devenir del conocimiento en Bioderecho y Bioética. En este tema es vital la actualización y el replanteamiento de los criterios morales que se aplican y que tienden a cristalizarse en las mentes, en las directivas y en el sistema en general. Si bien puede parecer merituable la formación del personal del comité para enfrentar los difíciles problemas éticos, hay que tener en cuenta cómo la formación puede ser un arma de doble filo, en tanto esta "educación" puede "preformar" la mente de los bioeticistas, lo cual determina que los problemas de salud sean resueltos en la forma y de la manera en que se vienen resolviendo. No hay que descuidar el poder que tienen las palabras y su no neutralidad. "La signification des mots

---

[875] Véase VIDAL, "Los comités...", cit., pág. 437.
[876] BERGEL, op. cit., pág. 318.

dépend du savoir de celui qui parle, de ses associations en fonction de la mémoire de son propre corps, de ses sentiments, de son intellect".[877] De ahí la necesidad de que los miembros de los comités realicen investigaciones o que se incluya a integrantes de organismos de investigación o filósofos entre los miembros. Hay que resaltar siempre que "[...] la source de la connaissance est la pensée nourrie par les faits de l'observation".[878] Lo propio puede decirse cuando se margina a los investigadores del gobierno de las universidades. Si el conocimiento se nutre de la ciencia, ella debe participar de la administración de los lugares en donde se lo enseña. Por su lado, el comité se vale del conocimiento médico y bioético.

Siguiendo en el ámbito de las "fuentes de conocimiento", se señala como uno de los antecedentes de los comités al curso que sobre la temática desarrolló en 1989 la Fundación Mainetti.[879] Hay que destacar también que el origen del comité de bioética se dio en EE.UU. y que de los tres hitos impulsores el primero de ellos fue el libro de Potter, que hacía referencia a la responsabilidad social de todos los sabios en 1972; luego continúa cronológicamente el Informe Belmont, producto de la Comisión Nacional para la Protección de los Sujetos Humanos en Investigaciones Biomédicas y Comportamentales de 1973, para seguir con el caso Karen Quinlan en 1976.[880]

ñ. *Procedimiento normativo.* El trialismo señala las fuentes, el ordenamiento normativo, el funcionamiento, pero a la hora de encuadrar las disposiciones normativas

---

[877] NICOLESCU, *Nous...*, cit., pág. 222. "La significación de las palabras depende del saber de aquel que habla, de sus asociaciones en función de la memoria de su propio cuerpo, de sus sentimientos, de su intelecto" (trad. del autor).

[878] Íd., pág. 229. "La fuente del conocimiento es el pensamiento nutrido por los hechos de la observación" (trad. del autor).

[879] VIDAL, "Los comités...", cit., pág. 421.

[880] MINO, "Lorsque...", cit., pág. 80.

que hacen referencia al funcionamiento de los comités hospitalarios de bioética, me costó mucho ubicar aquellas disposiciones, ya que no había una categoría que hiciera alusión a los procedimientos, al mecanismo, al protocolo que debe seguirse frente a un tema determinado; obviamente desde las normas. Aquí podría ubicarse también la serie de pasos a seguir frente a un caso de aborto no punible,[881] tanto como el procedimiento a seguir para contraer matrimonio o precisamente el proceso que se sigue para que el Comité de Ética de la Investigación Científica emita un dictamen a la hora de aprobar o vetar un protocolo científico en el ámbito biomédico. Puede verse por ejemplo el caso del Protocolo para la Implementación del Resguardo de Personas en Situación de Especial Vulnerabilidad para el sistema penitenciario federal.[882] Caracteriza a estos instrumentos que no son emitidos por quienes formalmente tienen el deber de crear reglas, como el Poder Legislativo en sus diversas formas. Sino que se trata de funcionarios administrativos, ministeriales, del Ministerio Público, individual o conjuntamente. Hay que tener en cuenta, tomando pautas del "procedimiento dikelógico", que así como el valor es el último eslabón de la cadena trialista, aunque inspira sistemáticamente a todos, en el caso de las normas, también debe tratar de comenzarse por tareas descriptivas, y en el caso del comité, describiendo los dilemas, y ya en el ámbito decisional, describiendo doctrinas valorativas, para finalmente decidir a través de la recomendación. Hay también entonces tareas decisionales.

---

[881] Sobre el tema véase GALATI, "Consideraciones...", cit.
[882] Véase http://goo.gl/yNPt10 (4/1/2013).

¿Cuál es el procedimiento que debe seguir normativamente un comité frente al planteamiento de un caso?[883] Esta pregunta se relaciona en gran medida con la idea central de este trabajo que se plantea cómo puede pasarse o mejorarse el simple estado de hecho de la multidisciplinariedad para acceder a un nivel de integración transdisciplinar.[884]

Hay casos y temas necesitados de decisiones que se valen de la integración. A la hora de establecer una modalidad para declarar incapaz de ejercicio a una persona se señala desde el Proyecto de Código Civil y Comercial de la Nación de 2012 que "[...] la intervención estatal tiene siempre carácter interdisciplinario, tanto en el tratamiento como en el proceso judicial" (art. 31, c). Lo mismo ocurre desde la nueva Ley de Salud Mental, en donde se alude a la interdisciplinariedad en diversos casos: para diagnosticar en particular (art. 5); para promover la salud mental (art. 8); el proceso de atención, que a tal punto alude al quiebre de las disciplinas, sobre todo la médica, que llama a hacerlo fuera del hospital y apuntando a reforzar, restituir o promover los lazos sociales (art. 9); la promoción de los tratamientos psicofarmacológicos, de por sí como herramienta última (art. 12); para efectuar los criterios por los cuales se decide una internación (art. 15); diagnóstico para la internación (art. 16); la constitución de un equipo que

---

[883] En el punto siguiente veremos cuál es el procedimiento que reclama la justicia y las críticas que merecen los procedimientos legales. "[...] l'avenir de ces comités est jalonné de défis et la réalisation d'une éthique interdisciplinaire, ouverte et efficace demeure une tâche qui soulève des questions fondamentales". RACINE, op. cit., pág. 36. "[...] el porvenir de estos comités está marcado de desafíos y la realización de una ética interdisciplinaria, abierta y eficaz permanece una tarea que plantea cuestiones fundamentales" (trad. del autor). Cabe destacar el caso modelo del Hospital La Feliz.

[884] RACINE, op. cit., pág. 36. Yo coloqué la palabra "transdisciplinar", ya que el autor citado mencionaba la "interdisciplina", estadio que a su vez habría que sobrepasar. También se plantea el autor algo que sostengo, que es el hecho de lograr una ampliación de los recursos de diversidad en los comités (íd.).

revise una internación involuntaria, distinto del que diag-
nosticó la internación, luego de noventa días de dictada
y del tercer informe que justifique la razonabilidad de la
medida (art. 24); el equipo que fundamentará la decisión
judicial de inhabilitación o incapacidad, las que no podrán
extenderse más de tres años y especificar lo que se limita
(art. 42); para la decisión de la privación de libertad (art.
43). Y un capítulo de la ley es dedicado al "equipo interdisciplinario". Lo interesante de esa parte de la norma es
que define sustancialmente a los capacitados para dirigir
y gestionar los problemas relativos a la salud mental, es
decir, no parte del hecho de que el médico, el psicólogo o
el psiquiatra son idóneos de por sí, por el mero hecho de
poseer un título específicamente relativo a la salud mental. Lo que se requiere es, en alguna medida, lo que este
trabajo apunta a resaltar, que es la *capacidad de integración* de los conocimientos, saberes, prácticas, etc., a la hora
de tratar la salud en general. El *espíritu de este trabajo* de
investigación promueve borrar las fronteras disciplinarias
en aras del mejor tratamiento del tema de la salud. Alude
también la ley a la capacitación permanente, coherente
con el abandono de la línea que asimilaba la salud mental
a un estado, permanente, crónico, inmutable.[885] Capacitar-

---

[885] Sobre el tema véase SERRA, Ma. Florencia, "Representaciones sociales sobre la
situación de internación presentes en los familiares de los pacientes de la colo-
nia psiquiátrica Dr. A. Irigoyen Freyre. Provincia de Santa Fe, Argentina 2001",
Paraná, Fac. de Trabajo Social, Universidad Nacional de Entre Ríos, 2001.

se significa que el saber no siempre es el mismo, ni que se mantiene igual siempre. Finalmente, en el art. 13[886] se alude sin dobleces a la "salud integral".

Vimos cómo las leyes de comités señalan la necesidad de actuar interdisciplinariamente. Con lo cual es indispensable determinar, precisar, en qué consiste dicha modalidad de actuación, que en el presente trabajo propongo superar con la idea de transdisciplinariedad.[887]

Hay que aclarar que la pregunta se inscribe en el marco de la legitimación de la "formación ética", es decir, acerca de si es necesaria una competencia ética para analizar los casos que se someten al comité. Hay que tener en cuenta que pueden darse algunas pautas, aunque las prefiero generales, porque "[...] la plupart des méthodes d'analyse de cas sont relativement abstraites puisqu'elles ne sont pas pleinement opérationnalisées".[888] Con respecto a los miembros en particular, cabe resaltar que "[...] es mejor convocar a todos los interesados, salvo algunos criterios de exclusión, como estar bajo tribunal de disciplina deontológico, con causa abierta civil o penal, o bajo sumario administrativo".[889]

---

[886] "Los profesionales con título de grado están en igualdad de condiciones para ocupar los cargos de conducción y gestión de los servicios y las instituciones, debiendo valorarse su idoneidad para el cargo y su capacidad para integrar los diferentes saberes que atraviesan el campo de la salud mental. Todos los trabajadores integrantes de los equipos asistenciales tienen derecho a la capacitación permanente y a la protección de su salud integral, para lo cual se deben desarrollar políticas específicas."

[887] El proyecto parece colocar al Derecho en el "estadio histórico primitivo" que señalaba ("La teoría trialista...", cit.), mientras que la prehistoria estaría constituida por la visión normativista. Se iría por el buen camino, civilizado, cuando se culmine en el reconocimiento de la "complejidad" del Derecho. Véase especialmente el cap. 19.

[888] RACINE, op. cit., pág. 31. "[...] la mayor parte de los métodos de análisis de casos son relativamente abstractos porque ellos no son plenamente operacionalizados" (trad. del autor).

[889] VIDAL, "Los comités...", cit., pág. 435.

Hay que tener en cuenta los reglamentos que propone cada comité.

> [...] se sugiere que la regulación de su funcionamiento sea elaborada por la propia institución, según sus propias características y necesidades: número de integrantes y conformación del grupo, periodicidad de sus reuniones, determinación de los casos en que intervendrá, condiciones para conformar sus recomendaciones así como el desarrollo de sus funciones docentes y de difusión.[890]

Hay que tener en claro cómo se puede problematizar cada una de estas afirmaciones. La "institución" que reglamente el funcionamiento del comité puede ser el hospital en el cual se encuentra inserto el comité o el propio comité. Se sugiere que sea este último, para evitar la confusión de objetivos y valores de cada uno de ellos y sobre todo para evitar la burocratización del comité. El número de integrantes, fundamental, puede ser establecido en un mínimo por la legislación y ampliarse en función de las necesidades del hospital, sobre todo para evitar que se manipule la necesidad de su carácter multidisciplinario y plural.

Una introducción cabe realizar a partir de una investigación sobre comités parisinos que señala tres grados en la puesta en marcha del servicio de "consulta ética". En el primer nivel la consulta simple es evacuada por un miembro del comité. En el segundo nivel el que aconseja es el equipo de salud, formado por personas rápidas para reunir. En el tercer nivel sí se recurre al equipo multidisciplinar. La persona de guardia en el hospital, luego de una selección, decide qué nivel de servicio es necesario. Esto se da en los hospitales estadounidenses, por ejemplo el Salt Lake City VA Medical Center.[891]

---

[890] BRENA SESMA, op. cit., pág. 156.
[891] MINO, "Lorsque...", cit., pág. 84.

Procedimentalmente el comité funciona a instancia de parte, es decir, cuando un profesional de la salud o su paciente somete el caso[892] al comité. "Analizará las dudas del consultante y la opinión de los mismos, ya sean profesionales, auxiliares, pacientes o familiares, y emitirá su dictamen".[893] Esto incluye como legitimado al enfermero. Aunque debo señalar que con ocasión de observar el funcionamiento del único comité de Rosario que permitió mi acceso, el caso fue planteado por el director del Hospital Velocidad, precisamente porque los médicos trataban de resolver el asunto en que estaba involucrada una persona con un problema de género, por ellos mismos y con posturas dispares. Cabe mencionar que en Alemania un caso puede ser presentado por un grupo interdisciplinario del pabellón o por la familia.[894]

Luego se suele indicar una etapa de recolección de datos, lo "dado", y a la par, una serie de trámites preliminares para clarificar la naturaleza del caso sometido o analizar la pertinencia del pedido.[895]

Es necesaria la charla con la persona que formula la demanda, porque estas cuestiones no son siempre claras y precisas.[896] En efecto, una investigación sobre comités de Noruega señala distintas etapas en el procedimiento: 1) identificación de los hechos; 2) identificación de las partes involucradas; 3) identificación de los valores, principios y virtudes en juego; 4) descripción de los posibles cursos de acción; 5) balance de los diferentes intereses y conside-

---

892 Véase el punto 28 d.
893 BRENA SESMA, op. cit., pág. 155.
894 NEITZKE, Gerarld, "Confidentiality, Secrecy, and Privacy in Ethics Consultation", en *Healthcare Ethics Committee Forum*, 19(4), pág. 294.
895 RACINE, op. cit., pág. 31.
896 GAGNON, op. cit., pág. 24.

ración para alcanzar una conclusión aceptable.[897] Algunas preguntas como para disparar la discusión en el seno del comité pueden ser: ¿cuál es el problema ético principal en este caso?; ¿cuáles serían las partes involucradas y cómo puede involucrarlas el comité?; ¿cuáles son los resultados de las deliberaciones, como ser: conclusiones posibles, complementos, documentación? También se puede hacer alusión a comentarios generales, falta de competencia, nuevas perspectivas, cómo difiere la actuación del comité de la deliberación en la realidad.[898] También se ha resaltado, a propósito de una investigación, que estos pasos no deben darse necesariamente de manera sucesiva, sino que puede haber simultaneidad.

Realizando la declinación trialista de la labor de los comités, fuerza es aplicar a su procedimiento el mismo mecanismo. El comité, a la hora de decidir, debería hacer una declinación trialista del caso, en tanto será vital analizar los beneficiados y perjudicados en torno a él, tener en cuenta qué dicen las normas sobre el tema, lo que los forzará a argumentar un eventual conflicto entre las normas y su posición adversa, y juzgar en el caso sin temor a producir criterios generales orientadores de valor. En la dimensión sociológica se pueden englobar los aspectos médicos, en tanto la forma para llegar a la decisión implica valerse de la técnica médica para curar enfermedades. Si la propia ley previó su existencia, en alguna medida habilita a juzgar por el caso, es decir, la norma ha previsto que el caso sea el eventual disruptor con respecto a la generalidad de los términos en que se expresa una norma. "On pensé ici aux

---

897 PEDERSEN, R.; AKRE, V. y FØRDE, R., "What is happening during case deliberations in clinical ethics committees? A pilot study", en *Journal of Medical Ethics*, 35(3), London, 2009, pág. 148. Muy similares pasos se establecen en VIDAL, "Proyecto...", cit., pág. 90.

898 Íd.

situations qui comportent plusieurs dimensions potentiellement conflictuelles: pronostic clinique incertain, patient incapable, relations difficiles avec la famille, éventualité de poursuites judiciaires, coûts économiques importants, normes juridiques sujettes à interprétation."[899] Los autores que termino de citar hacen un análisis complejo impuro del tema, pero la aproximación con el trialismo es destacable. También se señala que esto es producto de la introducción de valores al proceso de toma de decisión,[900] y el trialismo ya tiene categorías para abordar los dilemas que se plantean en el comité.

Es fundamental la existencia de una coordinación que estructure las deliberaciones, por ejemplo, haciendo uso de un protocolo o invitando a cada uno de los miembros a expresar su punto de vista.[901] Incluso se puede usar un pizarrón que, sumado al protocolo, haría las deliberaciones más abarcativas, explícitas, transparentes y sistemáticas.[902]

Según una investigación del razonamiento moral de los comités realizada en Quebec, hay distintos tipos de mecanismos de juzgamiento moral, que pueden trasladarse a los distintos aspectos que los miembros de un comité deberían tener en cuenta a la hora de analizar un caso sometido a su dictamen. Ante la pregunta por la administración de morfina a un paciente terminal que padece cáncer, muchas respuestas hacían referencia a la calidad de la morfina como medicamento, a la evaluación de la mejor

---

[899] LECLERC y PARIZEAU, op. cit., pág. 93. "Se piensa aquí en situaciones que comportan varias dimensiones potencialmente conflictivas. Pronóstico clínico incierto, paciente incapaz, relaciones difíciles con la familia, eventuales persecuciones judiciales, costos económicos importantes, normas jurídicas sujetas a interpretaciones" (trad. del autor).

[900] VIDAL, "Los comités...", cit., pág. 425.

[901] PEDERSEN y otros, cit., pág. 148.

[902] Íd.

dosis, al hecho de realizar terapias para juzgar la lucidez real del paciente en cuestión, lo que da a entender respuestas que hacen referencia a un esquema técno-científico.[903] También se aludió a normas jurídicas cuando los dilemas tocaban aspectos abstractos, es decir, consideraciones generales, principios societales o evaluaciones globales de los problemas éticos.[904] Asimismo, se hizo alusión a "la propia consciencia", y se incluyó en ella una integración de normas sociales y profesionales, una forma de evadir las consideraciones sociales, y el hecho de que el Derecho no se inmiscuya en las relaciones médicas últimas, entre un paciente y su médico.[905] Esta descripción guarda relación con la declinación trialista propuesta como mecanismo de resolución de dilemas de los comités en tanto parecen abarcarse aspectos englobados en las tres dimensiones.

En cuanto a la deliberación, justamente se incluyen varias profesiones, debido a que muchas de ellas propician la escucha y el diálogo. Si bien se señala que las ciencias religiosas y la teología son afectas a la escucha,[906] no creo que sea así, precisamente por las nociones de pecado, dogma, mandamiento, que tienden a reprimir más que a involucrarse en la escucha. De hecho se señala: "[...] on note un certain malaise quant à l'intégration des perspec-

---

903 PATENAUDE y BÉGIN, op. cit., pág. 121.
904 Íd.
905 Ibídem. Entre uno de los argumentos se señalaba que "le droit vise des situations générales ou publiques. La médecine s'adresse à des situations particulières ou privées. [...] l'apport du droit dans les décisions médicales est une intrusion qui dénigre la relation professionnelle. Cet apport est considéré généralement comme une atteinte à la conscience personnelle du professionnel". "Al Derecho le conciernen situaciones generales o públicas. La medicina se dirige a situaciones particulares o privadas. [...] el aporte del Derecho en las decisiones médicas es una intrusión que denigra la relación profesional. Este aporte es considerado generalmente como una invasión a la conciencia personal del profesional" (trad. del autor). Esto explica los rechazos a los comités, y por qué, en consecuencia, fue tan difícil esta investigación.
906 RACINE, op. cit., pág. 30.

tives religieuses dans les CÉC observés".[907] Asimismo, "[...]
no es posible conseguir hoy un consenso moral amplio
a partir de convicciones religiosas particulares, a no ser
que convirtiésemos a todo el mundo a una sola religión".[908]
Sí rescato la idea de la escucha propicia en ciertas profesiones, como en la Filosofía, y la Psicología sobre todo.
"[...] les personnes voient l'éthique clinique et les problèmes éthiques en référence à leur formation, à leur expérience professionnelle et à leur vécu. Le souci premier de
l'interdisciplinarité dans les CÉC [Comités d'Éthique Cli-
nique] n'est pas étranger à ces constats".[909] En referencia a
la escucha "[...] les récits de patients ou de membres de la
famille peuvent réorienter significativement la discussion
d'un cas [...]".[910] Con respecto a la manera en que tiene
que entenderse la educación en Bioética como función del
comité, se relaciona con el proceso que se da a su interior, donde no hay una transmisión a la manera dogmática,
sino una deliberación del tema. A lo cual hay que sumar lo
dicho respecto de la "idoneidad" del bioeticista miembro
de un comité, en el sentido de su capacidad de integración
y su vocación por la tolerancia y la apertura, lo que demanda una visión laica de las temáticas.

> No se trata [...] de transmitir un saber [...] sino de conducir
> una reflexión crítica y problematizar la realidad, identificando
> valores [...] e introduciendo un modelo deliberativo pluralista
> a través del cual se pueda arribar a consensos morales. Esto
> requeriría de algunos rasgos de los miembros del comité, como

---

[907] Íd. "[...] se nota un cierto malestar en cuanto a la integración de perspectivas
religiosas en los CEC observados" (trad. del autor).

[908] FERRER, op. cit., pág. 38.

[909] RACINE, op. cit., pág. 30. "[...] las personas ven la ética clínica y los problemas
éticos en referencia a su formación, a su experiencia profesional y a su vivencia.
El primer recurso de la interdisciplinariedad en los CEC no es extraño a esas
constataciones" (trad. del autor).

[910] Íd., pág. 31. "[...] los relatos de los pacientes o de los miembros de su familia pueden reorientar significativamente la discusión de un caso [...]" (trad. del autor).

la tolerancia en las ideas, el respeto por los valores, la capacidad de escucha, una actitud reflexiva, crítica y prudente, así como la incorporación de saberes de otras disciplinas, en la tarea de construcción de una *transdisciplina* y en la promoción de un modelo de democracia participativa en el marco del hospital.[911]

Es de destacar la alusión a la transdisciplina, vinculada a conceptos que he reseñado en todo el trabajo: la pluralidad de opiniones, la singularidad del caso, la tolerancia, el laicismo, la deliberación, la escucha, el no dogmatismo.

En cuanto a la presencia de miembros religiosos, no auspiciosa, pero a veces registrada, de haberlos, deberían lograr el consenso a través de la limitación de su contribución a lo que se pueda calificar en un lenguaje laico.[912] "It is empirically sound to claim that the number of case consultation grows due to lay people on the CEC".[913]

En cuanto a la decisión final, "[...] [los] dictámenes le brindarán al médico una perspectiva más amplia del problema, sobrepasando los aspectos meramente médicos, y prestarán ayuda a los mismos afectados o sus parientes cuando ante el dolor y la muerte se sientan incapacitados para tomar decisiones".[914] Se recomienda que el dictamen, que no es vinculante, se obtenga por consenso, lo que no descarta un voto mayoritario.[915]

Debería existir una etapa de seguimiento del caso, luego de haber dado la recomendación,[916] en donde ocurriría algo similar a lo que sucede con los egresados de la Universidad, que forman parte del gobierno de las casas

---

[911] VIDAL, "Los comités...", cit., pág. 426. El resaltado me pertenece.
[912] RACINE, op. cit., pág. 30.
[913] NEITZKE, op. cit., pág. 295. "Es empíricamente sólido para afirmar que el número de consulta de casos crece debido a gente laica en los comités" (trad. del autor).
[914] BRENA SESMA, op. cit., pág. 152.
[915] Íd., pág. 155.
[916] RACINE, op. cit., pág. 31.

de altos estudios. Su palabra permite controlar y evaluar el proceso universitario en el que aquéllos se inscriben como sujetos de conocimiento. En el caso que nos llama a reflexionar, la evaluación del recorrido "final" del problema dará pautas para reencaminar, redireccionar o replantear pasos o decisiones tomadas. Sería auspicioso que el representante de la comunidad no cubra las exigencias del "paciente" dado de "alta", ya que se trata de dos visiones distintas: la de la comunidad y la del usuario de las prestaciones de salud, que vivió personalmente el procedimiento del comité.

o. *Funcionamiento de las normas.* A propósito de lo proyectado por el autor de las normas y lo realizado por el encargado del funcionamiento de éstas, particularmente el juez, ahora se incorpora un nuevo encargado: el comité. "Les comités d'éthique viennent donc bouleverser l'autorité sur laquelle reposent les normes, tout en cherchant à réconcilier les point de vue divergents".[917] En efecto, ellos son el lugar en donde se pone en análisis y cuestión a las normas. "[...] cette même décontextualisation et cette généralité des normes limitent la pertinence de recourir à la norme juridique lorsque vient le moment de débattre de situations particulières où entrent en conflits différents droits, normes et intérêts".[918] De ahí que se señale que el caso es el momento en donde entran en tensión el autor y el encargado del funcionamiento.[919]

---

[917] AA.VV., *Hôpital...*, cit., págs. 12-13. "Los comités de ética vienen entonces a conmocionar la autoridad sobre la cual reposan las normas, buscando reconciliar los puntos de vista divergentes" (trad. del autor). Lo que se relaciona con el punto 28 f.

[918] BEGIN, op. cit., pág. 47. "[...] esta misma descontextualización y esta generalidad de normas limitan la pertinencia de recurrir a las normas jurídicas cuando llega el momento de debatir situaciones particulares o entran en conflicto diferentes derechos, normas o intereses" (trad. del autor).

[919] Véase CIURO CALDANI, *El Derecho Universal (perspectiva para la ciencia jurídica de una nueva era)*, Rosario, FIJ, 2001, pág. 91.

En el caso "B., L. A."[920] sobre aborto terapéutico, el juez toma en cuenta el informe del Comité de Bioética del Hospital Notti de Mendoza, coincidente con su resolución final de negar la autorización para abortar solicitada por la madre de la menor violada, que quiere tener a su hijo. No es vinculante, pero es tenido en cuenta.

En el caso "S. M. E. y otros"[921] el juez hizo lugar al pedido de los padres de un menor que padece una grave encefalopatía progresiva en estado terminal, para que en caso de que el paciente entre en paro cardiorrespiratorio, sólo se le practiquen maniobras de resucitación básicas no cruentas. A propósito de ese caso, la Defensora General consideró necesaria la intervención de un comité de bioética y se dio participación al de la Facultad de Ciencias Médicas de la UNR, aunque allí figura que se constituyó un comité *ad hoc*. El comité dictaminó que debe respetarse el derecho del paciente a morir en forma espontánea y dignamente, que éticamente sólo son obligatorios los tratamientos considerados proporcionados y ordinarios, y que prolongar innecesariamente el sufrimiento del paciente que cursa una enfermedad terminal equivaldría a una distanasia tampoco permitida por la Ética.

En el caso "E. C."[922] el juez también tuvo en cuenta lo dictaminado por el comité ante el pedido de los padres de un menor que se encuentra en la etapa terminal de una enfermedad incurable de negarse al prolongamiento artificial de la vida de su hijo mediante el ingreso a la sala de

---

[920] Fallado el 16/9/2008 por el Juzgado de Familia n° 1 de Mendoza y publicado en *La Ley* del 27/11/2008.

[921] Fallado el 15/8/2008 por el Juzgado de 1ª Instancia de Distrito en lo Civil y Comercial de la 9ª Nominación de Rosario, publicado en *La Ley Litoral* de octubre de 2008.

[922] Fallo del Juzgado de Familia, Niñez y Adolescencia n° 2 de Neuquén, del 20/03/2006, publicado en *LLPatagonia* 2006, págs. 278 y ss., con nota de Andrés Gil Domínguez (DJ 14/06/2006, págs. 517 y ss.).

cuidados intensivos para la implementación de mecanismos invasivos. Los cuidados paliativos se realizarían en el
hogar con posibilidad de traslado.

En el caso "M."[923] se inició una acción para que se
respeten las directivas anticipadas del paciente por las que
solicitó no someterse a tratamientos médicos invasivos
permanentes, es decir, respiración mecánica e hidratación
por tubo. El juez hizo lugar a la medida y el comité *ad hoc*
del Programa Temático Interdisciplinario de Bioética de la
Universidad de Mar del Plata destacó el consenso familiar
al respecto y que debe hacerse lugar a la autonomía del
paciente para que no se modifique su actual calidad de
vida, rodeada de un entorno afectivo que le permite aceptar con dignidad su proceso de enfermedad.

En el caso "C. P. d. P., A. K.",[924] se trató de interrumpir
un embarazo por miocardiopatía dilatada con deterioro
severo de la función ventricular. El juez Roncoroni señaló
que el ámbito de la decisión debió quedar en manos del
médico actuante, en su relación con el paciente, y si alguna
duda cabía, debía acudir a la junta con otros profesionales del arte de curar o al comité de bioética, pero nunca
al juez. Si bien la expresión es exagerada, podría decirse
que se trataría de lograr por todos los medios posibles que
la resolución del caso quede en el marco autonómico del
paciente en su relación con el médico y, en caso de auxilio,
que se someta el caso a la recomendación del comité, para
reforzar la decisión del profesional. El Comité de Bioética del Hospital Interzonal de Agudos "Evita" señala que
son los profesionales tratantes quienes deben decidir en el

---

[923] Fallado el 24/7/2005 por el Juzgado en lo Criminal y Correccional n° 1 de Transición de Mar del Plata y publicado en *La Ley* del 15/9/2005.
[924] Fallado el 27/6/2005 por la Corte Suprema de Justicia de la Prov. de Bs. As. y
publicado en *La Ley Buenos Aires* de diciembre de 2005.

caso (voto del juez Soria). Lo que guarda estrecha relación con la posición de la CSJN en cuanto a evitar la judicialización de los abortos no punibles.[925]

A propósito del caso "S. M. de C.",[926] referido a un supuesto de estado vegetativo permanente e irreversible, y frente al pedido de suspensión del tratamiento, finalmente desestimado por la Corte, la jueza Kogan dispuso que debe estarse al estudio de cada caso particular, al diagnóstico y pronóstico de cada paciente y a la opinión del comité de bioética correspondiente. La jueza se arriesga a sostener que la opinión del comité contribuye a eximir de responsabilidad al profesional tratante, junto con el consentimiento familiar. Estimo que la recomendación del comité tiene peso considerable en la evaluación de la responsabilidad, sobre todo en aquellos casos dudosos para la ciencia médica. La magistrada señala también que ha tomado especialmente en cuenta para decidir el informe del Comité de Bioética de la Sociedad Argentina de Terapia Intensiva, que en el caso propone seguir el mejor interés del paciente, a lo cual agrega que la familia es el sustituto adecuado para tomar la decisión.

Lo expresado nos invita a replantear el esquema de fuentes, considerando la "recomendación" como una fuente bivalente, en el sentido semejante a los convenios colectivos de trabajo, en tanto hay consenso y autoridad en su composición, ya que los miembros acuerdan, pero puede haber votos por mayoría, hay aristocracia, que implica grados de autoridad científico-tecnológica, y como es una recomendación, llama al acuerdo con la relación médico-

---

[925] Sobre el tema véanse los fallos "F. A. L. s/ medida autosatisfactiva", del 13/3/2012 y su confirmación en "Pro Familia Asociación Civil c. GCBA s/ impugnación de actos administrativos", del 11/10/2012.

[926] Fallado el 9/2/2005 por la Corte Suprema de Justicia de la Prov. de Bs. As. y publicado en *La Ley Buenos Aires* de marzo de 2005.

paciente. Pienso que hay más autonomía que autoridad en la naturaleza de la recomendación. A lo que hay que sumar su flexibilidad, dinamismo, actualización y singularismo. Una verdadera tendencia vanguardista en materia de fuentes.

Es famoso el caso de "Camila", que se encontraba en estado vegetativo desde que nació. Si bien se logró en este caso que tres comités de ética dictaminaran que su estado era irreversible, los médicos se negaron a desconectar el respirador y el botón gástrico que la alimentaba, por lo que la madre optó por impulsar la sanción de la ley de "muerte digna".[927]

Es para destacar la decisión tomada por el Comité de Ética Asistencial del Hospital Interzonal General de Agudos "Dr. José Penna" de Bahía Blanca el 23/9/1991[928] por la fecha en que se tomó, muy anterior a la ley de "muerte digna". El caso trataba de una niña de 109 días, hija de una madre soltera de 17 años, oligofrénica. Con *distress* respiratorio inmediato, ingresa en grave estado general, con sufrimiento por frío y requiere asistencia respiratoria mecánica por tiempo prolongado, que la llevó a padecer displacia broncopulmonar. Durante la internación sufrió varias extubaciones accidentales y en una de esas ocasiones se produjo una severa encefalitis hipóxica-isquémica que la llevó al coma. Tenía escasa actividad cerebral, el diagnóstico era coma profundo y el pronóstico era pésimo. La niña estaba abandonada y la abuela no ha vuelto a interesarse por ella, mientras que la madre seguía internada. El dictamen hace muchas referencias a la escasez del

---

[927] Véase "Camila cumple 3 años y su madre sigue luchando por su 'muerte digna'", del 27/4/2012, en http://goo.gl/iY3T3G (27/4/2012). En mayo de 2012, finalmente, se modificó la Ley de Derechos del Paciente 26529, incorporando la posibilidad del rechazo a los tratamientos médicos de continuación de la vida en situaciones terminales y sin pronóstico favorable. Véase la Ley 26742.

[928] Véase *Cuadernos de Bioética*, año 3, nos. 2-3, cit., págs. 232-237.

recurso hospitalario. Recomienda tomar contacto con los familiares de la menor, que no realizaron los profesionales de la salud, y solicitar una decisión, "que puede ser razonablemente compartida". La decisión tiene que ser escrita y firmada, pero si no se pudiera hallar a la familia, se debe recurrir al Poder Judicial. Si se hubieran cubierto estas instancias, se recomienda el retiro del respirador. Se cuenta que finalmente se logró contactar a los familiares que no concurrían a la institución porque preveían el desenlace fatal. La familia aceptó el retiro del respirador y así se firmó en la historia clínica, lo que tuvo lugar en presencia del tío, y la menor falleció cuatro horas después.

Hay que resaltar también el dictamen del Comité de Bioética del Hospital "J. B. Iturraspe" de la ciudad de Santa Fe del 6/1/1998[929] no sólo porque fue publicado, sino porque lo fue con la siguiente salvedad de la editorial: "Por razones éticas y jurídicas de privacidad e intimidad, se omiten los nombres de los interesados". Lo que permite publicitar los actos y posibilitar las investigaciones y a su vez se aleja el fantasma de la confidencialidad abusiva que termina en ocultamientos. En el caso una paciente solicitó una ligadura tubaria al hospital y a su vez los médicos solicitaron autorización judicial, a propósito de lo cual el tribunal declinó su competencia por no ser materia judicial. El caso trataba de una paciente insulinodependiente que presentaba alteraciones en la vista que se agravaban con cada embarazo, afectación vascular y alto riesgo perinatal negativo, lo que presentaba riesgo de vida para la mujer. No había una enfermedad de base, por lo que no había una indicación médica para evitar males mayores. El matrimonio atravesaba una situación económica crítica, empobrecida. Contaba con cinco hijos y el sexto por nacer. El señor

---

[929] Véase íd., págs. 239-246.

trabajaba como lustrador de muebles, con la ayuda de su hijo de 18 años y la señora trabajaba en el servicio doméstico. El ingreso económico era inestable e insuficiente. Residían en la casa de la madre de la señora, con quien compartían gastos. La familia concurría al hospital público al no poder afrontar una medicina prepaga. Ambos tenían estudios primarios completos. La señora ya no toleraba las píldoras y en los últimos años presentaba una intolerancia hepática. El DIU fue descartado por el temor a su real eficacia y complicaciones que pudiera generar. Saben las consecuencias de la ligadura y lo que quieren es la imposibilidad de nuevos embarazos. Lo habían pensado para el nacimiento del cuarto hijo, y sienten que ya han realizado su función procreativa. La situación que atraviesan les impone *límites*,[930] en el caso, económicos y familiares. Al fundamentar su recomendación, el comité recurrió al hecho de la autonomía, y que la decisión no perjudicaba a terceros ni a la moral u orden público. Al contrario, señaló que implica un beneficio a futuro tomando en consideración la situación socioeconómica de la familia y las posibilidades y limitaciones para responder a sus necesidades de subsistencia. Con la consistencia similar a la de un tribunal, el comité cita un fallo sobre el tema del Supremo Tribunal de Justicia de Entre Ríos y la Convención sobre la Eliminación de todas las formas de Discriminación contra la Mujer. Cita las entonces vetustas leyes de ejercicio de la medicina a nivel nacional y el Código de Ética de los Profesionales del Arte de Curar y sus Ramas Auxiliares de la provincia de Santa Fe que coincidían en limitar la ligadura a motivos terapéuticos. En lo que concierne a nuestro tema vale la pena citar textualmente las consideraciones de Teoría General y bioéticas que formula el comité:

---

[930] Véase el punto 26 e.

Pero *la costumbre se va imponiendo a tal legislación.*

Como es de público conocimiento, actualmente en algunos Centros Privados de Salud se accede a la práctica de lisis tubaria como método anticonceptivo.

A nivel nacional existen fallos judiciales basados en la situación socioeconómica de la solicitante y/o en la sola voluntad autodeterminada de las personas [...].

[...] *no puede el médico imponer a su paciente por sobre su voluntad un canon moral ajeno, interfiriendo en el ejercicio de la libertad personalísima de decidir acerca de la planificación de su familia.*

Nótese la franqueza, claridad y sinceridad del comité. También hay que subrayar que la recomendación del comité fue anterior a la sanción de la ley sobre contracepción quirúrgica.

El caso "B., D. J."[931] trataba sobre el pedido de vasectomía que realizó el Sr. D. J. B., que era casado, padre de ocho hijos, sin trabajo estable, realizaba changas, cobraba un Plan Nacional de Jefe de Hogar, recibía una ayuda municipal que consistía en una caja de alimentos, y que retiraba el almuerzo de un comedor comunitario. Tenía un hogar precario, que era usurpado y lo impactante del caso es que, en ciertas oportunidades, se enfrentaba a la elección entre un litro de leche para sus hijos y la compra de anticonceptivos. Quería impedir la llegada de nuevos hijos para asegurar el futuro de los existentes. Hay que destacar que la Sociedad Argentina de Urología señaló el artículo 20 de la Ley 17132 que prohibía practicar intervenciones que provoquen la esterilización sin que exista indicación terapéutica y sin haber agotado los recursos

---

[931] Fallado por el Tribunal en lo Criminal n° 1 de Necochea el 3/9/2004 y publicado en *LLBA* de noviembre de2005.

conservadores de los órganos reproductores.[932] La alusión
se "justifica" porque en aquella época no se había sancionado la Ley 26130 de Contracepción Quirúrgica en donde
se reformula el inciso 18º del artículo 20 de la antigua Ley
17132 de Ejercicio de la Medicina, el que queda redactado
de la siguiente forma: "Practicar intervenciones que provoquen la imposibilidad de engendrar o concebir sin que
medie el consentimiento informado del/la paciente capaz
y mayor de edad o una autorización judicial cuando se
tratase de personas declaradas judicialmente incapaces".
Así las cosas, el Comité de Bioética del Colegio de Médicos
sostiene una posición contraria a la Sociedad Argentina
de Urología. Por mayoría, los jueces fallaron a favor de la
intervención contraceptiva.

Cabe destacar un caso canadiense que pone en marcha las relaciones entre tres instituciones: el hospital, el
Poder Judicial y el comité de ética clínica. Se trataba de
un médico que a través de su instituto de salud mental
demandaba la autorización para tratar un paciente violento que sufría de esquizofrenia. La autorización otorgada no
fue un simple cheque en blanco ya que, no garantizando
el médico por sí solo los derechos del paciente, y a fin
de controlar el tratamiento en función de los parámetros
dados por el tribunal, éste le ordenó al médico tratante que
envíe un reporte mensual a las partes implicadas y al comité de ética, el que recibía la orden de comunicar al tribunal
toda divergencia de opiniones entre el comité y el médico
tratante.[933] Lo cual es fundamental para nuestro Derecho,
sobre todo al modificar la Ley de Salud Mental, mucho

---

[932] La palabra tenía doble sentido: literal, en tanto aludía a mantener los órganos
reproductores, y un sentido filosófico, en tanto apuntaba a mantener, inmovilizar un estado de situación en donde el hombre se ataba a las Sagradas Escritu-
ras, fuente de conocimiento propia de la Edad Media, no de la contemporánea a
nuestros tiempos.
[933] LECLERC y PARIZEAU, op. cit., pág. 101.

más favorable a los padecimientos que vienen sufriendo los hospitalizados en psiquiátricos a la manera tradicional. Hay que agregar también que esto da lugar a otra función por parte del comité.[934]

Una mención destacada merece lo tratado en el Comité de Ética del Hospital La Feliz,[935] donde se han tratado varios casos, entre los cuales, cito los siguientes. Un caso versó sobre la anencefalia, frente a lo cual el comité decidió en primer lugar comunicar la situación a la madre, lo que significó dar prioridad a un basamento no sólo de la Bioética sino del Derecho mismo, que es la protección de la autonomía, clave en Derecho de la Salud. Luego de realizar una detallada descripción de la enfermedad, las posibilidades y alcances de ésta, emite una recomendación, que consiste en contar con un diagnóstico, informar para contar con una decisión libre, se reconoce la posibilidad de suspender el embarazo apenas hecho el diagnóstico, esperar hasta la viabilidad del feto, o hasta el trabajo de parto. He aquí la ubicación de la situación en el aborto terapéutico, sin eufemismos, no utilizándose la palabra "inducción del parto" y sin necesidad de esperar a una determinada cantidad de semanas, como ocurrió con el caso de la Corte "T., S. c. Gob. de la Ciudad de Bs. As.".[936] Hay que poner de relieve la labor bibliográfica del comité, con el estudio y sistematización que implica.[937] En otra oportunidad el comité dictaminó a propósito de un caso de acrania llevado a cabo por el juzgado correccional n° 5 de Mar del Plata en 2011, ya que la mujer cursaba un embarazo de dieciocho semanas y había solicitado su interrupción. Se trata

---

[934] Como lo trato en los puntos 27 b, 27 c y 40.

[935] La mención de los casos que se hará a continuación está basada en un documento que me fue entregado por uno de los integrantes del comité.

[936] Sentencia del 11/01/2001, en *ED*, n° 10.213, supl. del 13/3/01.

[937] Véase http://goo.gl/Ii0lti

de una malformación incompatible con la vida extrauterina, de carácter irreversible. De seguirse con la gestación hasta alcanzar la viabilidad fetal, según criterio de "T., S." se podrían generar daños no sólo a la gestante sino a su entorno familiar (esposo e hija). El comité avaló entonces la solicitud contestando al requerimiento del tribunal.

El comité elaboró un documento sobre el consentimiento informado, muy completo, y en una parte señala que "[...] no deben transmitirse los valores del equipo de salud sino respetar los del paciente y su familia". Tema clave que no sólo acepta al valor, sino que tiene en cuenta al paciente y los suyos. Tomando consciencia de la "realidad social" del consentimiento, el comité señala que no basta con que el paciente firme el escrito donde éste consta, sino que comprenda los alcances de la prestación que debe ser "comunicada". De esta manera, la comprensión no es sustituida por el papel.

El comité aporta casos sobre sexualidad adolescente en donde está comprometido el consentimiento informado, ya que los familiares preguntan, por ejemplo, acerca de las vías de contagio de ciertas enfermedades. Frente a lo cual cabe preguntarse si la respuesta beneficia a la paciente. ¿Puede la madre saber la causa del desgarro vaginal poscoital de una menor de 15 años? ¿Puede prescribirse la anticoncepción de emergencia frente a la rotura del preservativo, frente a posibles efectos adversos, sin la autorización de un mayor, para una paciente de 17 años? El meduloso documento que elabora el comité incluye pensamientos lúcidos como éste:

> Si bien el adolescente no puede decidir todo, hay muchas cosas en las que sí puede hacerlo y tanto las posibilidades como las limitaciones deben ser equilibradas por todos los que participan en el diálogo. Aquí la función docente y mediadora de un profe-

sional de la salud formado en la práctica del diálogo y de la argumentación puede jugar un papel decisivo en la recomposición o
mejoría de las relaciones del adolescente con su entorno.

Con una claridad sorprendente, producto de la viva
práctica que le toca afrontar, el comité señala, exponiendo
una lección de Teoría General del Derecho, en referencia a
la sexualidad adolescente, que "[...] si bien se han realizado
avances importantes en términos de legislación sancionada tanto a nivel nacional como provincial, dicha legislación no parece tener un impacto significativo en las vidas
y experiencias de la gente, en particular, del sector más
pobre de la población". Como aporte, el comité ofreció la
posibilidad de desarrollar un "programa de formación para
el proceso responsable de la sexualidad del adolescente".

En vinculación con dicho tema, el Comité de Ética
del Hospital La Feliz me brindó su recomendación final
en un dictamen que tuvo que hacer, guardando la confidencialidad del caso. Se trata de una norma individual de
2010[938] sobre un caso de "reasignación sexual" que invo-
lucraba una disforia de género. El comité detectó competencia, voluntariedad y la existencia de un consentimiento
informado, lo que habilitaba la reasignación. Es observable
la utilización de lo que llama "principios", que actualmente
podría reemplazarse por el más complejo tratamiento que
haría una "Bioética compleja".

El comité elaboró un documento en donde se explaya
sobre la necesidad del miembro de la comunidad en
dichos organismos bioéticos colegiados. Expuso un dictamen a raíz de un pedido de interrupción del embarazo
por inviabilidad fetal por síndrome de uretra posterior. Se
trata de una malformación encefalocraneal que impide la
vida autónoma del feto extrauterinamente, lo que amerita

---

[938] Emitida por un Tribunal de Familia de Mar del Plata.

la interrupción del embarazo para evitar daños por sufrimiento de la gestante. El comité también expuso en un
documento todos los pormenores y alcances de los argumentos a favor y en contra de las esterilizaciones quirúrgi-
cas, el que presentó en 1997 en unas jornadas académicas,
antes de que se sancionara la Ley de Contracepción Quirúrgica, lo que esboza un método de racionamiento sobre
temas bioéticos vinculado a un tema candente, antes de
su consagración legislativa. Esto muestra la importancia
de su función y existencia para eventuales temas que no
serán tratados por las normas, pero sí por la realidad de
los hechos. De ahí la importancia de una concepción compleja de la Bioética. Por ello no creo teóricamente viable
la siguiente consideración del comité, que desconoce la
tridimensionalidad del Derecho y, en suma, la complejidad de la vida:

> Un tercer caso a tener en cuenta es cuando el paciente demanda
> la esterilización sin que exista indicación terapéutica alguna,
> invocando razones que respondan a una decisión autónoma
> y responsable. Esta circunstancia ya no ofrece consideracio-
> nes sobre el orden legal vigente, sino sobre la posibilidad de
> reformarlo. Supone aceptar que detrás de la norma, regla o ley
> hay una dimensión valorativa que les da sentido, respetando
> la importancia de la construcción social que permite analizar
> la significación que la sociedad otorga a las normas histórica-
> mente. La regla nos obliga a cumplirla y a respetarla, pero no
> a renunciar a la participación en la innovación o modificación
> de la misma.

No puede esperarse al trámite legislativo para restau-
rar una situación de injusticia, porque la norma es para la
justicia, no vale por sí misma a punto de defenderla sin
razón valedera.

El comité elaboró un texto relativo al VIH-SIDA en donde señala que "[...] la mayoría de los cuidados clínicos no involucran procedimientos invasivos y por lo tanto presentan riesgo nulo de infección ocupacional por VIH. No hay riesgo de contraer la enfermedad por mero contacto de piel o por vía aérea". Quienes sí tienen riesgo son los cirujanos y personal de quirófano que padecen lesiones en la piel en un tramo que va del 1,7% al 6,9% de las operaciones; suponiendo que la población es portadora, frente a lo cual hay que sumar la profilaxis postexposición, que reduce el riesgo en un 80%. Si los trabajadores de salud no desarrollaran procedimientos invasivos en infectados con HIV, éstos harían todo lo posible para ocultar el problema y los más necesitados se verían sumidos en la clandestinidad y marginación, con perjuicio de la salud pública e incremento de la epidemia.

El comité presentó en Rosario en 2001 un documento sobre la interdisciplina y la Bioética, donde planteaba la posibilidad de las redes y señalaba que el modo debe crearse a partir del objeto y de las necesidades que éste demanda. Es ésta la filosofía que impregna cada uno de mis trabajos epistemológicos.[939] Incluso se alude a la constitución de un "corpus antropológico transdisciplinario" que, como en la mayoría de los casos, no se explicita en sus pormenores para que pueda operacionalizarse la idea. Elaboró también una serie de lineamientos referidos a la procreación humana asistida. Ya en 1997 dijo el comité que "[...] consideradas desde la justicia en la asignación de los recursos escasos de salud, en un país como el nuestro, deberían estar en un punto muy bajo en la lista de prioridades". Sobre todo frente a la judicialización por demandas de tratamientos, ante otras prioridades en salud.

---

[939] Véase por ejemplo GALATI, "Introducción...", cit. y GALATI, "Visión...", cit.

Asimismo, elaboró lo que menciono como una función de estos organismos colegiados, que consiste en la emisión de líneas directrices. Al hablar del tema de la eutanasia pasiva en 1995 llama al tema "[...] pautas para el retiro o la abstención de los tratamientos de soporte vital en pacientes en situaciones clínicas irreversibles". Las pautas a destacar consisten en no prolongar precaria y penosamente la existencia, no producir al paciente más sufrimiento del que ya padece, las medidas a tomar deben ser proporcionadas en cuanto a sus cargas en relación con el beneficio que se espera de él, identificar las consecuencias de las decisiones que se tomarán, que haya consentimiento informado del paciente, directivas anticipadas u opinión de la familia respecto de los deseos del paciente.

El comité ha elaborado un documento relativo al diagnóstico del cáncer de próstata, en donde problematiza la viabilidad del testeo,[940] ya que se ha observado que la enfermedad se reduce también con un cambio en la alimentación, hay falsos positivos y negativos, las biopsias tienen sus efectos secundarios. Además, no hay evidencia de que el testeo de cáncer de próstata reduzca la mortalidad, como ocurre con el cáncer de mamas y la ecografía. Los testeos toman en cuenta los resultados favorables para escasos individuos en quienes se detectó la patología, en lugar de los riesgos y daños causados a la gran mayoría de sanos investigados. Se ha visto que el 70% de los tumores

---

[940] Sobre los criterios que tiene que reunir un testeo para ser considerado masivo véase MINYERSKY, Nelly, "Futilidad de los testeos", en http://goo.gl/0Lf3i1 (8/2/2013). Allí señala que la enfermedad debe plantear un importante problema de salud pública, debe existir un tratamiento, las técnicas de diagnóstico y tratamiento deben estar disponibles, deben existir un estadio precoz y otro definitivo en donde la detección temprana conlleve más beneficios, una forma confiable de testeo, el test debe ser aceptado por la población, la historia natural de la enfermedad debe ser conocida, los riesgos físicos y psicológicos del testeo deben ser inferiores a los beneficios, y el costo del testeo debe ser acorde con los beneficios que aporta.

son benignos. Cuando es agresivo el tumor hay tratamiento localizado y cuando es radical no hay tratamiento. Para la época del documento -2001-, no se sabía si el tratamiento iba a beneficiar al paciente. Muchas asociaciones señalan la necesidad de discutir con el paciente el camino a seguir en función de los beneficios y riesgos/daños. Se problematiza la cuestión en tanto no hay que dañar al paciente, y con el testeo se lo expone a daños sin seguridad de que se le haga un bien o se le evite un mal, porque no se sabe, aunque se puede perder una ocasión de ayudar.[941]

En 1998 publicó un documento relativo a los rechazos de transfusiones de sangre por los testigos de Jehová, tema clave y fundante de la Bioética y el Bioderecho para los comités, ahora ya más elaborados por los profesionales, como lo fueron en su momento también los casos de anencefalia. Se señala que el documento fue preparado por el comité a pedido del Departamento Médico del Hospital para fijar la "política hospitalaria", con lo cual se ve aquí una vez más cómo el comité cumple su función de elaboración de líneas directrices, que lo legitiman por su previo tratamiento caso por caso. Enfatiza lo difícil de la temática en tanto ataca el principio de defensa de la vida, que es fundamental para la ética médica. Aporta algo que señalara ya a propósito del caso "Bahamondez", en el sentido de que pueden rechazarse tratamientos no sólo por motivos religiosos. Tanto la hoja de consentimiento informado como la tarjeta identificatoria acerca de su negativa, que deben portar firmada, para casos de urgencia, constituyen directivas anticipadas del rechazo de transfusión que liberan al médico de ser acusado de mala *praxis* y, al contrario, podría serlo si vulnera sus voluntades producto de su autonomía, aplicando el tratamiento rechazado. El comité

---

[941] Sí parece útil el test de HIV en las embarazadas que puede llegar a revertir el cuadro de seropositividad en la neonatalidad. Íd..

recomienda que el equipo de cirugía sea informado sobre las implicancias de una operación a los testigos, ya que habría que detener la operación si ocurre una hemorragia con peligro vital. Se prevé el uso de hierro y eritropoyetina recombinante humana para corregir la anemia perioperatoria, considerar sustitutos de la sangre y transportadores artificiales de oxígeno, técnicas apropiadas para el *bypass* cardiopulmonar usando soluciones sin sangre. En el caso de los niños, la mayoría de los padres acepta que la transfusión sea la última opción para evitar que muera el paciente. En cuanto a los niños cuyos padres son testigos de Jehová, se señala que la patria potestad no puede ejercerse de modo abusivo y que dichos sujetos no han manifestado aún su voluntad de adoptar una convicción religiosa. Se establece la primacía del derecho a la vida, en tanto es insustituible una vez que se pierde. Frente a la insistencia del rechazo de los padres, se recomienda el recurso al Poder Judicial. Sería conveniente la consulta con otros profesionales que acordaran acerca de la imposibilidad de otras medidas alternativas. De la misma manera debe procederse ante el caso de una mujer grávida, ya que su negativa a trasfundirse afectaría a un tercero, la persona por nacer. El comité señala como excepción el hecho de que el paciente tenga "niños pequeños a cargo". Para los niños de 14 a 18 años, debe requerirse la intervención judicial a fin de escuchar al menor, quien podría ser considerado competente para tomar la decisión.

Hay que destacar un dictamen del comité de 2010 en un tema que abordó la CSJN en 2012 referido a la vacunación obligatoria.[942] Los argumentos de los padres hacían alusión al sistema estatal perfeccionista, producto del paternalismo médico. Señalaron que no había emer-

---

942 "N. N. o U., V. s/ protección y guarda de personas" del 12/6/2012.

gencia que habilite a recurrir a la medicina tradicional; que hay una presunción abstracta de peligro. Menciona-ron que el tribunal no tuvo contacto personal con el niño para evaluar su estado de salud y que la familia es res-ponsable prioritaria de impartir cuidado y educación a los hijos. La CSJN dice que prefieren el modelo homeopático y ayurvédico. Al contrario, el Estado esboza que la vacuna-ción no sólo alcanza al individuo, sino que su objetivo es reducir y erradicar los contagios en la población. Se alu-de a un régimen de política pública, que los propios jue-ces reconocen como ajeno al examen de su oportunidad, mérito o conveniencia. El tribunal habla de "perjuicio" a terceros y entonces aplica el artículo 19 de la CN según el cual el respeto a la autonomía cede en caso de afectar a terceros. Alude al mayor beneficio para ellos. El tribunal menciona el compromiso del Estado de facilitar las pres-taciones de salud que requiera la minoridad, asumido en diversos instrumentos internacionales; y al "interés supe-rior del niño", para el cual se requiere la mayor certidum-bre a fin de satisfacerlo. No vacunar al menor lo expone al riesgo de contraer enfermedades, y que el resto de las personas sea vacunada reduce las posibilidades del niño de contraer enfermedades. Si todos imitaran la actitud de los reticentes, se contraerían las enfermedades que se tra-tan de prevenir.

Frente a un caso marplatense, el comité emitió un dictamen ante un caso de niños residentes cuyos padres se negaban a la vacunación incluida en el calendario oficial al ser partidarios de medicinas alternativas como la homeo-patía y el ayurveda, entre otros. El comité señala que las acciones de cada uno repercuten en los demás, cuestio-na la división entre lo "natural" y lo "artificial", en tanto las vacunas provienen de microbios, que son naturales, y que estimulan la inmunidad natural de las personas, frente a productos naturales que tienen efectos secundarios severos y aun venenosos. Expresa que la objeción de consciencia, válida para cuestiones autorreferentes, no funciona cuando sus efectos recaen sobre menores, incapaces, y la sociedad toda, que padecería el posible contagio de enfermedades infecciosas prevenibles. Frente a los clásicos principios de ética médica referidos a la intervención (más latina) o autonomía (más anglosajona) se pronuncia por los autóctonos y una nivelación o jerarquía entre ellos, donde prevalecen los derivados de la prosecución del bien común. La claridad valorativa en la exposición del comité es evidente y exhibe una fundamentación transparente que emana de aquello que verdaderamente caracteriza el manantial de las decisiones.[943] Se pronuncia por la vacunación obligatoria ante el hecho de vivir en sociedad.

Todos estos serían casos que me hubiera gustado conocer en el ámbito de la ciudad de Rosario, porque conocer más nos ayuda más. Es de destacar entonces que el Comité del Hospital La Feliz haya podido sistematizar toda su labor,[944] para su perfeccionamiento y el aprendizaje de otros comités. En el documento del comité se hace alusión a la "Red de Instituciones de Bioética del Sudeste de la Provincia de Buenos Aires". Es importante que en el Comité del Hospital La Feliz haya un médico residente en calidad de rotante, lo que aporta no sólo una visión generacional

---

[943] Nótese cómo la existencia de estos comités de ética abona la posición que señala al valor como fundante de la ciencia jurídica. Sobre el tema p. v. GALATI, "El Derecho de la Salud, los Comités de Bioética Asistencial y los Niños" (cap. 6 del título II de la primera sección del tomo 1), en AAVV, "Tratado de Derechos de Niños, Niñas y Adolescentes. La protección integral de derechos desde una perspectiva constitucional, legal y jurisprudencial. (Nuevo Código Civil y Comercial de la Nación)", dirigido por Silvia Fernández, Ciudad Autónoma de Buenos Aires, Abeledo Perrot, 2015, págs. 373-400.

[944] Sobre el tema véase http://goo.gl/Ii0lti

distinta, sino también relativamente "desinstitucionaliza-da" a fin de no reproducir los viejos esquemas del sistema del cual el comité forma parte.

Es interesante en este apartado preguntarse cómo razonan los comités de ética clínica u hospitalarios. Y cómo funcionan efectivamente, para lo cual es fundamental lo dicho en el "estudio de casos".[945]

p. *Determinación.* La norma que ha tomado protagonismo en este caso es el Decreto 1089/2012 que ha regulado, completado los pormenores de los comités hospitalarios de bioética.

La enumeración de los dilemas bioéticos que se enuncian en la ley nacional de comités es incompleta, porque es imposible que una ley abarque casos tan problemáticos, conflictivos y dependientes del avance de la ciencia como en rama alguna del Derecho y la Medicina. En este sentido, será labor de los comités reglamentar dicho artículo, completando la norma nacional. De hecho el propio artículo 2 señala que los temas señalados no lo son en forma "excluyente". También señala como un reglamentador al Ministerio de Salud, que "[...] establecerá las normas a las que se sujetará el desarrollo de las actividades de los Comités Hospitalarios de Ética" (art. 5).

El Ministerio de Salud de la Nación dictó en 1993 la Resolución 857 por la que establece, en el marco del Programa Nacional de Garantía de la Calidad de la Atención Médica una serie de directivas para la conformación de los comités hospitalarios de ética. Señala sobre todo que deben ser "interdisciplinarios", "pluralistas" y "participativos", propendiendo a la constitución de redes, todo lo cual los hace compatibles con las líneas del pensamiento complejo. Pero se trata más bien de principios, que no son

---

[945] Véase el cap. 5.

normas, es decir, no se describe allí un sector social y se le asigna una consecuencia jurídica, sino que son líneas programáticas, tal vez impropias de una resolución ministerial, que debería ser más detallista, reglamentarista. De hecho la ley de los comités es más precisa en este sentido. Lo cual puede aprovecharse por los comités para adaptar esas pautas a sus circunstancias.

Los reglamentos que elaboran los comités pueden señalarse en este lugar, en tanto son verdaderas normas que guían su funcionamiento. Prefiero señalar en la elaboración las soluciones que aportan los comités, para casos bioéticos no previstos, donde se ven las carencias, tanto históricas como dikelógicas, que en esta rama necesitan cubrirse por la gran distancia que hay entre las regulaciones y los avances científicos y morales. Los comités tienen un rol normativo, en tanto pueden darse su propio reglamento.[946] En él pueden prever el procedimiento a seguir para tomar una decisión, las cuestiones que deberán plantearse, los criterios que deberán tenerse en cuenta y jerarquizarse.[947] Es decir, pueden formular normas para ser seguidas por el personal de la institución en casos generales y de excepción.[948] "[...] comités d'éthique, les plus symptomatiques d'un nouveau type de normativité".[949] Hay que tener en cuenta, además, que podría pensarse en la reunión de delegados de los comités a uno central, al tipo del Comité Consultivo de Francia, a fin de dar su opinión en temas de salud, biotecnología y vida. Cabe destacar en este lugar como un reglamento modelo al elaborado por el Hospital La Feliz. Es importante que en el primero de sus

---

946 Véase el caso del Hospital Dos Cincuenta de Rosario en el punto 30.
947 MATHIEU, op. cit. Véase también el punto 34, donde el médico francés detalla el funcionamiento del comité de ética clínica del Hospital Babe.
948 MATEOS GÓMEZ, op. cit., pág. 197.
949 MONNIER, op. cit., pág. 31.

artículos se diga que el objetivo de los comités es "velar
por los intereses de los pacientes", lo que fundamenta la
existencia de la rama del Derecho de la Salud en tanto
débiles a proteger. Menciona como especial requisito para
integrar los comités la especialización en bioética, el compromiso con los Derechos Humanos y a dos miembros
de la comunidad, en lugar de uno (art. 3). Hay un apartado especial dedicado a los residentes que integrarán el
comité, lo cual es doblemente valioso, por incorporar a los
egresados, generalmente jóvenes y su consecuente aporte generacional, y por incluir la institución universitaria
en tanto el residente necesita formación y en tal sentido
comprende a la Medicina como necesitada de su aspecto
humanista o, lo que es lo mismo, comprendiendo a la salud
de manera compleja. No es auspicioso que pueda participar de las reuniones como mero observador, sin firmarlas,
lo que conspira contra su compromiso y responsabilidad.
Sobre todo teniendo en cuenta que hay un miembro de
la comunidad que no es profesional. Enumera los problemas que pueden ser objeto de su tratamiento entre los que
comienzan, los que transcurren y los que finalizan con la
vida, logrando una enunciación no taxativa pero didáctica
(art. 4). Incluye los problemas de investigación científica.[950]
Señala como pautas metodológicas la interdisciplina, el
diálogo, los juicios de valor y el caso (art. 4), pautas todas
que guardan afinidad con este trabajo. La tan reclamada
urgencia en temas de salud es receptada por el reglamento en tanto prevé que el tema sea tratado por tres miembros, con posterior conocimiento del plenario, quienes a
su vez podrán convocar a una reunión extraordinaria (art.

---

[950] La inclusión de esta temática en un comité de ética asistencial puede ser objeto
de otro trabajo, por las distintas implicancias que ello significa, aunque puedo
aventurar que parece poco conveniente la mezcla, pero no las relaciones entre
ambos.

4). Los miembros de los comités que fueron objeto de esta investigación deberían leer el artículo 5 del reglamento, en tanto norma lo relativo a la confidencialidad. "Todo lo actuado en el CHE-HPC, salvo aquello que específicamente se decida hacer público, estará sujeto por la regla de confidencialidad a las normas éticas y legales del secreto profesional, la cual obliga a *todos* los que tomen parte de las discusiones y/o tengan acceso a los registros, *sean o no* profesionales de la salud".[951] Se ve claramente cómo todo el que participa de las reuniones o tiene acceso a información tiene el deber de confidencialidad, por lo personal, en tanto profesional, y por lo temático, al haber tomado contacto con problemas del comité. En cuanto al funcionamiento se expresa la posibilidad de fijar las diferentes posiciones conciliables (art. 14), lo que guarda relación con la postura oscilatoria que menciono.

Ciertos organismos públicos, como el Ministerio de Salud, también participan de la redacción de normas, como en el caso de la Resolución 610/07 relativa a los estudios de investigación con células madre de origen humano, que tienen que contar con la aprobación y autorización del INCUCAI.[952] Tanto en Francia como en Argentina se dan los casos de guía de buenos usos o prácticas destinadas a profesionales de la salud. En el país galo son elaboradas por la Agencia Nacional de Acreditación y Evaluación de la Salud,[953] y en Argentina por el Ministerio de Salud, como ocurrió a propósito de la *Guía Técnica para la Atención*

---

[951] Los resaltados son míos.
[952] Véase https://goo.gl/np8rY5 (30/5/2015). En Francia, la Agencia Francesa de Seguridad Sanitaria de Productos de la Salud goza de un poder delegado y controlado por el Ministerio de Salud, lo que implica que dispone de un poder reglamentario monitoreado. Véase MONNIER, op. cit., pág. 31.
[953] Véase íd., pág. 32.

Integral de los Abortos No Punibles.[954] Lo que da pruebas acerca del nuevo "derecho suave", del que también participa el comité de ética hospitalario.

q. *Elaboración.* La elaboración por carencia dikelógica se pudo ver en una investigación de comités en Quebec donde los miembros se alejaban de las normas jurídicas, alegando la "consciencia personal". Lo que en alguna medida se da en el Derecho en general, cuando el encargado del funcionamiento no comparte el juicio moral del autor. "[...] ce qui entraîne cette difficulté d'intégration des divers schémas argumentatifs dans l'élaboration des raisonnements moraux chez plusieurs répondants est la fonction déterminante de la conscience personnelle comme norme de résolution de conflit".[955] Lo destacable sería entonces que se tuviera en cuenta este modo de razonamiento, para evidenciarlo. Abiertamente, un informe mexicano señala: "[...] esos dictámenes pueden llegar a constituir 'fuente de derecho', especialmente cuando las aportaciones se refieren a cuestiones no legisladas, o incluso, situaciones legisladas cuya regulación es deficiente u obsoleta".[956]

Frente a los clásicos principios bioéticos de no maleficencia, beneficencia, autonomía y justicia, deberían reciclarse en otros principios más acordes a una Bioética compleja y autóctonos, que no son materia de este trabajo, pero se plantean como línea de investigación. De lo contrario, se caerá en "[...] un mero procedimentalismo, es decir, la aplicación pragmática de principios sin ninguna

---

[954] Véase http://goo.gl/Bflu4o y http://goo.gl/MPWQps (30/5/2015). Sobre los abortos no punibles véase GALATI, "Consideraciones...", cit.

[955] PATENAUDE y BÉGIN, op. cit., pág. 124. "[...] lo que supone esta dificultad de integración de diversos esquemas argumentativos en la elaboración de razonamientos morales en varios encuestados es la función determinante de la consciencia personal como norma de resolución de conflictos" (trad. del autor). Véase también el punto 27 ñ.

[956] HOSPITAL GENERAL DR. MANUEL GEA GONZÁLEZ, op. cit.

reflexión sobre la realidad contextual".[957] De ahí que plantee la declinación trialista como más clarificadora de los intereses en juego.

La consciencia personal aparece como un modo intuitivo de solución, producto de la singularidad, el vitalismo y tal vez la urgencia de la decisión, todos condicionantes que obligan a replantear las decisiones generales que incluye toda norma. Recuerdo el caso en donde Mainetti decía que había que dejar la decisión respecto de la pastilla del "día después", debido a la incertidumbre de sus efectos, al ámbito de la relación médico-paciente. Todas estas características harían a la especificidad de la rama del Derecho de la Salud, en donde la calidad de vida del paciente condiciona lo aceptable.

También parece obtenerse de la lectura del Decreto Reglamentario 1089, el espíritu de la norma vinculado al comité, en el sentido de verlo como una última instancia, a la que se recurrirá en casos de dudas. Porque siendo la autonomía un principio basal en la relación médico-paciente, la idea es que se respete lo decidido en dicha relación. La norma legislativa se dictó con el fin de dar basamento a la protección del paciente y la norma reglamentaria hace alusión a criterios no parternalistas (art. 10). Tal idea puede inferirse de los distintos casos en que es mencionado en la disposición reglamentaria. Por ello habría que descartar las alusiones al comité cuando no se presenten dudas o éstas estén meramente en la mente del legislador como miedo, pero que no se concreten en casos específicos, que así no fueron redactados en las normas, como cuando se menciona a propósito de las "directivas anticipadas" que el médico debe consultar al comité cuando el paciente quiera desarrollar prácticas eutanásicas (art.

---

[957] VIDAL, "Los comités...", cit., pág. 425.

11). Tal eufemismo se utilizó en la modificación a la Ley de Derechos del Paciente, cuando se permitió la "muerte digna" pero se prohibió la eutanasia, cuando en realidad, el rechazo de tratamientos es una forma de eutanasia, la pasiva. En este caso que prevé el reglamento, por miedo se promueve al comité cuando en realidad no es necesaria su consulta, ya que la propia Ley 26529 admite la eutanasia pasiva. Sí podría habilitarse la función del comité, si se entiende por eutanasia ("prácticas eutanásicas") la activa, en donde sí se daría un caso susceptible de ser analizado por el órgano colegiado.

r. *Argumentación*. Esta tarea es fundamental para los comités, en tanto deben razonar moralmente los casos y brindar fundamentos a sus decisiones. En ellas está la legitimidad de su accionar en tanto no han sido elegidos popularmente y la corrección, equilibrio y lógica de sus argumentos es la base de sus decisiones, lo que remite a pautas aristocráticas. Son la posibilidad de ir más allá del pensamiento vulgar, muchas veces irritado, irreflexivo o tradicional.

s. En cuanto al ordenamiento normativo, la visión de los comités de bioética hace pensar no tanto en la pirámide que planteó Kelsen sino en un sistema jurídico visto como "red".[958] Partiendo del caso, sin descuidar eventuales directrices, podrían hacer del Derecho de la Salud una rama jurídica pionera en la ejemplaridad, es decir, en la cultura del valor del precedente sanitario.

---

[958] MONNIER, op. cit., pág. 27.

28. Visión jurístico-dikelógica

Cada vez más es reconocida en los ámbitos jurídicos la necesidad de incorporar ideas de justicia en el análisis del Derecho, en tanto lo contrario tornaría al análisis incompleto. Así se sostiene en el prefacio a una tesis doctoral francesa sobre los comités de ética:

> Non seulement l'auteur utilise les ressources du droit positif pour analyser les phénomènes et les institutions objets de sa recherche, mais encore elle manifeste une grande capacité à mettre en valeur les évolutions et les logiques dont ce système normatif est porteur.[959]

Incluso desde la interdisciplina se la justifica para fines éticos en la ciencia: "Aujourd'hui plus que jamais, le savoir se révèle dangereux s'il est coupé de l'éthique qui devrait l'inspirer".[960] Nicolescu, coincidiendo con Morin, señala que la especialización es un mal necesario, que determina la aceleración del progreso del conocimiento y de las aplicaciones tecnológicas, pero que oscurecen el sentido. "L'accumulation délirante d'armes nucléaires est un exemple parmi d'autres d'une telle progression du non-sens".[961] Comprendiendo a la dikelogía fundamentalmente

---

[959] MATHIEU, "Préface", cit., pág. 13. "No solamente el autor utiliza los recursos del derecho positivo para analizar los fenómenos y las instituciones objeto de su investigación, sino que también manifiesta una gran capacidad para valorizar las evoluciones y las lógicas de las cuales ese sistema normativo es portador" (trad. del autor). "[...] el derecho [...] no se puede conformar con la legalidad, pues la norma exige moralidad". BERGEL, op. cit., pág. 318. Incluso el autor trata las tres dimensiones del Derecho de manera implícita. "El legislador, cuando la dimensión social del problema en el campo de las ciencias de la vida requiere de su intervención, crea normas de incuestionable contenido bioético [...]". Íd.

[960] RESWEBER, op. cit., pág. 137. "Hoy más que nunca, el saber se revela peligroso si él es separado de la ética que debería inspirarlo" (trad. del autor).

[961] NICOLESCU, Nous..., cit., pág. 239. "La acumulación delirante de armas nucleares es un ejemplo entre otros de una semejante progresión del sin sentido" (trad. del autor).

como herramienta de crítica en el Derecho, se comprenderá entonces la importancia de vincular las ideas interdisciplinarias con este aspecto del Derecho en tanto se cree
que la interdisciplinariedad nació al calor de los acontecimientos de Mayo del 68.[962] Justamente Nicolescu asocia
la capacidad creativa en la investigación científica con la
facultad de lo posible.[963] Posible que es a lo que apunta la crítica de lo existente, para exigirle que sea de otra
forma. El filósofo rumano-francés expresa, a propósito de
la creación científica, citando a Hadamard: "[...] la voi la
plus courte et la meilleure entre deux vérités du domaine
réel passe souvent par le domaine imaginaire".[964] En efecto,
lo que conecta lo posible con lo querido es la imagina-
ción puesta en marcha con las categorías trialistas de la
dikelogía. También coincido con Nicolescu en el fundamento de la transdisciplinariedad, que ya lo había señalado en mi tesis doctoral: el fundamento de toda justicia es
la viva e independiente experiencia de la relación. "Comment incarnes-tu dans la vie quotidienne la Présence abso-
lument énigmatique du Tiers? B. N. Tout d'abord dans la
relation à l'autre".[965] Esta idea guarda relación con otra que
señala que el cuerpo existe a causa de nosotros, y no a la
inversa,[966] como cuando decimos que las normas existen a
causa de la justicia, y no a la inversa; o que las normas existen a causa del reparto. Tomando palabras de Nicolescu,
esta relación, que él llama "tercio sagrado", y que yo llamaría "ligazón humana", expresión más moriniana, laica, es el

---

[962] RESWEBER, op. cit., pág. 52.
[963] NICOLESCU, Nous..., cit., pág. 118.
[964] Íd., pág. 123. "[...] la vía más corta y la mejor entre dos verdades del ámbito real
pasa seguido por el ámbito imaginario" (trad. del autor).
[965] NICOLESCU y CAMUS, op. cit., pág. 39. "¿Cómo encarnas en la vida cotidiana la
presencia absolutamente enigmática del tercio? B.N. Ante todo en la relación
con el otro" (trad. del autor).
[966] Íd., pág. 41.

recurso último de nuestros valores.[967] Es interesante cómo Michel Camus llama a la cumbre del conocimiento como el "conocimiento silencioso", es decir, sin palabras ni pensamientos,[968] que en el trialismo se llamaría la intuición, base de la primera fase de captación de la injusticia, en tanto luego se la racionaliza aportando las razones, que la hacen científica y jurídica.

En lo que se refiere a la crítica de las normas, el comité, como encargado del funcionamiento de las normas del Bioderecho y del Derecho de la Salud, no se haya limitado a ellas, sino que puede elaborar ante una carencia. "[...] le comité peut mettre ces normes à distance et, en les questionnant, déterminer leur valeur respective en regard de la situation problématique particulière à résoudre".[969] La pérdida de certeza y de fe en la objetividad que acompaña a la edad postmoderna se refleja en el valor, es decir, en el campo de la dikelogía, lo que mina aquella concepción objetivista que impulsó Goldschmidt para el carácter del valor.[970] Así lo reconoció Ciuro Caldani postulando el carácter "construido" de los valores, y en cuanto al contenido se refiere a aquellos que acuerden al respecto.[971] Sobre el tema se ha dicho que "[...] un consensus préalable était

---

[967] Véase íd., pág. 43. "Le tiers-sacré s'incarne en nous, il naît en nous, il est ce *nous* qui réconcilie l'homme et l'univers." "El tercio sagrado se encarna en nosotros, él nace en nosotros, él es ese *nosotros* que reconcilia el hombre y el universo" (trad. del autor). Y lo que reconcilia a los hombres.

[968] Íd., pág. 44.

[969] BEGIN, op. cit., pág. 54. "[...] el comité puede poner esas normas a distancia y, cuestionándolas, determinar su valor respectivo según la situación problemática particular a resolver" (trad. del autor).

[970] Para la naturaleza "compleja" del valor que propongo véase GALATI, "La teoría trialista...", cit., t. 2. Para una anticipación de estas ideas véase GALATI, "Una interpretación goldschmidtiana del objetivismo valorativo de Werner Goldschmidt", en AA.VV., *Dos Filosofías del Derecho argentinas anticipatorias: homenaje a Werner Goldschmidt y Carlos Cossio*, coord. por Miguel Ángel Ciuro Caldani, Rosario, FIJ, 2007, págs. 101-106.

[971] CIURO CALDANI, *Metodología dikelógica...*, cit., pág. 23.

nécessaire pour que la rencontré et la discussion soient possibles [...] le consensus se fera sur la [...] règle du jeu à respecter pour que les diverses positions puisent exister."[972] Los comités de bioética hospitalarios son una prueba más de que la moral no es objetiva y más bien relativa.[973] No son objetivistas en el sentido de que priorizan la importancia del caso, frente a las características muchas veces universalistas o generalistas de los valores. "Hay que colocarse a igual distancia del objetivismo absolutista (e ingenuo) que del subjetivismo relativista."[974] Sí pueden ser objetivistas los comités si no le dan el cauce adecuado a su dictamen y lo transforman en algo distinto a la recomendación. Ellos no dicen lo ético, sino que sugieren caminos a tomar, que expresan contenidos, pero en donde el peso está precisamente en las opciones que ofrezcan. De ahí la validez de la observación de Cortina:

> La objetividad de una decisión moral no consiste en la decisión objetivista por parte de un grupo de expertos (espectador imparcial, vanguardia de la clase obrera, intérpretes privilegiados del derecho natural), sino en la *decisión intersubjetiva* de cuantos se encuentran afectados por ella.[975]

Mientras más se considere el caso, más participen los afectados, más se tomen en cuenta las circunstancias, más opciones, argumentos en cada una de ellas y claridad haya, mientras más argumentada sea una posición conservadora, a fin de mantenerla, en tanto es poseedora de una presunción de anacronismo, y mientras más revolu-

---

[972] GAGNON, op. cit., pág. 14. "Un consenso previo era necesario para que el encuentro y la discusión sean posibles [...] el consenso se hará sobre la 'regla del juego a respetar para que las diversas posiciones puedan existir" (trad. del autor).

[973] MATHIEU, "Préface", cit., págs. 12-13.

[974] FERRER, op. cit., pág. 35.

[975] CORTINA, op. cit., pág. 34.

cionaria sea la recomendación, en tanto es poseedora de
una presunción de liberación humanista, más se acercará a la complejidad del valor que postulo. Los bioeticistas
deberían apuntar a un valor complejo,[976] es decir, partiendo de la realidad, a fin de diagnosticar lo que ya vale, para
modelar esa realidad en función del deber ser, que incluye
aspectos ideales, es decir, ideas propuestas para cambiar
la realidad. Estas ideas coinciden con las de Nicolescu,
para quien hay una asociación profunda entre lo real y lo
imaginario, que puedo traducir para el campo del Derecho
diciendo que hay una asociación ontológica entre la materialidad y la idealidad. *"L'imaginaire et le réel se complètent
l'un l'autre, dans une féconde relation de contradiction [...]
en révélant une réalité plus profonde que celle accessible
aux organes de sens".*[977]

La visión transdisciplinaria del comité tiene relación
con la crítica a lo que se llama la "función apostólica" de la
Medicina, en tanto ésta sacraliza la opinión del médico en
su relación con el paciente, mientras que la transdisciplinariedad complejiza la temática de la salud, no limitándola
a criterios biologistas.

> [...] chaque médecin a une idée vague mais presque inébranlable
> du comportement que doit adopter un patient lorsqu'il est
> malade [...] Tout se passe comme si tout médecin possédait la
> connaissance révélée de ce que les patients sont en droit ou non
> d'espérer, de ce qu'ils doivent pouvoir supporter et, en outre,
> comme s'il avait le devoir sacré de convertir à sa foi tous les
> ignorants et tous les incroyants parmi ses patients. C'est ce qui
> nous a suggéré le nom de *fonction apostolique.*[978]

---

[976] Para una fundamentación más ampliada de esta postura véase mi tesis doctoral,
cit. y también GALATI, "Introducción...", cit.
[977] NICOLESCU, *Nous...*, cit., pág. 125.
[978] GAGNON, op. cit., pág. 12. "[...] cada médico tiene una idea vaga pero casi
inquebrantable del comportamiento que debe adoptar un paciente cuando está
enfermo [...] Todo pasa como si todo médico poseyera el conocimiento revelado

Por ello en alguna oportunidad señalé, a propósito de la nueva visión que aporta la Ley de Derechos del Paciente, que ello implicaba quebrar con la idea de la medicina como continuadora del dogma religioso.[979] Esta ley también aporta el valor de la autonomía del paciente, vital para un cambio de visión de los problemas de salud. Su puesta en marcha será difícil porque nuestra población, afecta al paternalismo en gran parte, resiste la idea de decidir en sus propias cuestiones de salud.[980] Por ello, esta labor de "hormiga" implica crear

> [...] una atmósfera de convencimiento, tanto de las autoridades administrativas de los hospitales, de los médicos que laboran en él y en general de todos los usuarios del centro hospitalario, para que vean en los comités una instancia de solución y mediación de sus conflictos.[981]

---

de aquello que los pacientes tienen derecho a esperar o no, de aquello que ellos deben poder soportar y, además, como si él tuviera el deber sagrado de convertir a su fe a todos los ignorantes y a todos los incrédulos de entre sus pacientes. Es aquello que nos ha sugerido el nombre de función apostólica" (trad. del autor).

[979] GALATI, "Un cambio...", cit.

[980] Sobre el tema véase CIURO CALDANI, *Bases jusfilosóficas del Derecho de la Cultura*, Rosario, FIJ, 1993. Hay un paternalismo cultural, no sólo vinculado a la Medicina, que se ve patentemente en el ámbito político, donde, por ejemplo, el ciudadano se expresa cada dos años, y sobre aspectos no precisos. Sobre el tema véase GALATI, "Cuestiones de Derecho Electoral", en *Revista del Colegio de Abogados de Rosario*, Rosario, 2003, págs. 49-78.

[981] BRENA SESMA, op. cit., pág. 157.

Así como el comité de ética nació en EE.UU., país de raíz anglosajona[982], donde el espíritu que rige sus acciones es el pragmático, flexible, participativo, consensual y deliberativo, lo propio impregna a los caracteres de la ética que acompaña a los comités en estudio.

> [...] il traduit plus profondément un nouveau mode d'appréhension des problèmes qui se veut plus flexible. Derrière le terme éthique se profile une approche différente de la conduite des affaires humaines, pragmatique, évolutive, soumise à la réflexion et à la discussion, à la différence de la morale perçue comme dogmatique, intangible et préétablie.[983]

Nótese que estos últimos caracteres eran los que Goldschmidt señalaba a fin de dar cuenta de la objetividad del valor: "Siendo realidad, los entes ideales son objetivos, lo que quiere decir que son trascendentes a la razón que únicamente los capta, pero no los inventa. Con miras a esta objetividad es posible controlar las afirmaciones de la razón como acertadas o desacertadas".[984] Vuelve sobre la evidencia y la universalidad del valor en este párrafo:

---

[982] Es muy duro para un argentino percibir que en las Islas Malvinas se celebre un *referendum* en marzo de 2013 acerca de si los isleños quieren seguir siendo británicos, porque las Malvinas son argentinas. Pero ello no debería dejar pasar el hecho de que el Reino Unido lleva a cabo un mecanismo de consulta popular que crea Derecho, lo que es digno de imitar, por el papel que juega el pueblo isleño y la importancia fundamental que se le da. En este sentido, el Comité comienza por cuestionar el poder del médico para que luego se lo ejerza por los pacientes.

Ya se señala que una estructura ética no debería actuar como un sustituto del razonamiento para el cuidado de la salud de los profesionales, sino que habría que darles importantes herramientas para que puedan evaluar sus acciones. Véase MINO y otros, op. cit., pág. 303.

[983] MONNIER, op. cit., pág. 17. "[...] él traduce más profundamente un nuevo modo de aprehender los problemas que se ve más flexible. Detrás del término ético se perfila una aproximación diferente de la conducta de los asuntos humanos, pragmática, evolutiva, sometida a la reflexión y la discusión, diferente de la moral percibida como dogmática, intangible y preestablecida" (trad. del autor).

[984] GOLDSCHMIDT, *Introducción...*, cit., pág. 369.

"Las ciudades griegas en la antigüedad eran regímenes de Derecho, mientras que Persia poseía un régimen despótico. Ninguno de esos regímenes era un régimen de justicia, aunque sólo fuera por la sencilla razón de que mantenían la esclavitud y la inferioridad de la mujer."[985] La justicia siempre, y en todo lugar, sostendrá la igualdad de los seres humanos. Así, "[...] la esclavitud o la desigualdad de la mujer eran tan injustas en la Antigüedad como en la Edad Media como en la actualidad."[986] He ahí una ventaja, pero que muestra su desventaja en la inmovilidad del valor objetivo; o en las tendencias a objetivizar posturas no tan esenciales o fundamentales en cuanto a los derechos humanos.

Aquí veremos el punto central del trabajo, ya que pienso que el aporte que puedo hacer gira en torno a las relaciones entre las disciplinas y para ello la transdisciplinariedad brinda un marco teórico importante, junto a la teoría de las relaciones entre valores, que se encuentra a su vez en el ámbito de la dimensión dikelógica de la visión trialista del Derecho. No obstante haber visto que el esquema de Nicolescu coincide filosóficamente con el trialismo, puedo agregar que específicamente en el ámbito de los valores, la coincidencia se intensifica cuando considera la necesidad de pensar a la persona, al ser, más allá de los sentidos. "[...] ce qu'apporte le Transpersonnel c'est le message que désormais on peut quitter cette conception de 'l'égo encapsulé dans un corps' pour s'ouvrir à

---

[985] Íd., pág. 17. "La tesis del posible divorcio entre deber ser ideal aplicado personal e impersonal es prácticamente de gran importancia. Su repudio conduce fácilmente a un conformismo que acepta esclavitud y miseria, porque parecen en su momento irremediables. Su aceptación, [...] aunque el conflicto entre deber ser ideal aplicado impersonal y personal puede dar lugar a una tensión nerviosa y a fenómenos psico-sociales como la 'juventud iracunda', provocará más tarde o más temprano la abolición efectiva de la injusticia". Íd., pág. 395.

[986] Íd., pág. 397.

une expansion de la conscience et à une forme plus large
de vie et par conséquent plus généreuse de l'existence".[987]
También se dice que aquello que no vemos da cuerpo a
aquello que vemos.[988]

Por otra parte, en algún momento se dijo, a propósito
de la visión interdisciplinaria, que bien puede aplicarse a la
transdisciplinariedad, si no es la forma de oponer un saber
a otro,[989] en relación con el saber disciplinar. A lo cual cabe
contestar que la multidisciplina en general, y la transdisciplinariedad en particular, apuntan a pluralizar el saber, a
democratizarlo, en tanto otras voces se oyen y se controlan,
lo que no hace banal o superficial el estudio que se propone. De ahí la importancia de la filosofía, y del valor que
reclama posición gracias al trialismo. "Il suffit de signaler
au passage le discrédit jeté sur la philosophie, 'discipline'
qui a précisément pour tâche d'expliciter le non-dit que
comporte tout discours clos [...]".[990] En este caso, el discurso
de la medicina tradicional y del derecho normativista.

Por ello hay que tener especialmente en cuenta que
el comité de ética es un comité intrínsecamente valorativo,
y de ahí las dificultades en la conformación de su composición. "Cette fonction d'aide à la décision des profession-

---

[987] DESCAMPS, ALFILLE y NICOLESCU, op. cit., pág. 18. "[...] lo que aporta lo
Transpersonal es el mensaje que a partir de ahora permite abandonar esa concepción del 'ego encapsulado en un cuerpo' para abrirse a una expansión de la
consciencia y a una forma más amplia de vida y en consecuencia más generosa
de la existencia" (trad. del autor).

[988] NICOLESCU y CAMUS, op. cit., pág. 45.

[989] RESWEBER, op. cit., pág. 37.

[990] Íd. "Basta con señalar al paso el descrédito tirado sobre la filosofía, 'disciplina'
que tiene precisamente por tarea explicar lo no-dicho que comporta todo discurso cerrado [...]" (trad. del autor).

nels n'est pas complètement neutre au plan des valeurs. Une orientation axiologique est présente dans plusieurs mandats".[991]

a. *Los despliegues del valor justicia.* La valencia, que el valor vale, es ínsita a los comités, en tanto la reflexión bioética y el dictamen de los comités no solamente no pueden hacer abstracción del valor sino que están fundadas en los valores.[992] "Los valores [...] son realidades que, aunque existen en las cosas, tienen su propia consistencia, que se nos impone".[993] Podría decirse que los comités de ética son en tanto valen, es decir, que valen valiendo. Lo que se relaciona con el aspecto más puro de la valencia: la abstracción, a lo que también hace referencia Nicolescu, producto de su visión y estilo de razonamiento complejos. "[...] *l'abstraction est une partie constitutive de la Réalité, une forme d'énergie qui a comme support le cerveau et l'être entier de l'homme*".[994] El comité tiene su manera de ser en la valencia, en tanto exige de otros, los médicos en relación con sus pacientes. Y en este sentido engendrará un deber ser, ínsito en la recomendación. A él le es posible entonces deshacer la situación de injusticia que se le plantea, dando paso al deber ser actual o aplicado personal,[995] que nace del deber ser puro.

La valoración, para el caso concreto, consecuencia de la existencia de la valencia, consecuencia a su vez de la abstracción, es lo que permite desarrollar la actividad crítica, aplicada a una situación de salud que merece evalua-

---

991 LECLERC y PARIZEAU, op. cit., pág. 90. "Esa función de ayuda a la decisión de los profesionales no es completamente neutra al plan de valores. Una orientación axiológica es presente en muchos mandatos" (trad. del autor).

992 MONNIER, op. cit., pág. 36.

993 FERRER, op. cit., pág. 37.

994 NICOLESCU, *Nous...*, cit., pág. 241. "[...] la abstracción es una parte constitutiva de la Realidad, una forma de energía que tiene como soporte el cerebro y el ser entero del hombre" (trad. del autor).

995 GOLDSCHMIDT, *Introducción...*, cit., págs. 393 y ss.

ción, con la consiguiente recomendación, como producto[996] de la dimensión dikelógica. Es decir, la consecuencia de la valoración respecto del comité es el dictamen que emite a pedido del paciente o del juez.

La categoría del criterio general orientador permite articular la generalidad con la particularidad en tanto se crea un criterio -pauta- a partir de la suma de casos coincidentes, pero como es un mero criterio, puede ser reconsiderado a partir de otros casos particulares disidentes.[997] "[...] cette application peut amener à la remise en cause des principes éthiques d'origine [...] l'éthique n'est pas une discipline figée qui n'a aucune vocation à subir des évolutions d'influence".[998] El criterio es orientador no dogmatizante.[999] Nicolescu señala: "L'ouverture de la transdisciplinarité implique, de par sa propre nature, le refus de tout dogme, de toute idéologie, de tout système fermé de pensée".[1000] Metodologizando dichas ideas, puede decirse que "[...] partiendo de la experiencia cotidiana elaboramos

---

[996] Goldschmidt habló de productos de las normas, Ciuro Caldani habló de productos de la dimensión dikelógica, y no hay que olvidar los productos de la dimensión sociológica. Sobre el tema véase GALATI, "Metodología...", cit., pág. 311.

[997] "[...] hay quienes se apegan a los criterios para dejar de lado las valoraciones que los desmentirían". CIURO CALDANI, "Los criterios de valor y la crisis en el mundo jurídico", en *Estudios...*, t. 2, Rosario, FIJ, 1984, pág. 68. Véase también CIURO CALDANI, "La realización de la justicia como valor (El 'funcionamiento' del valor justicia)", en *Boletín del Centro de Investigaciones de Filosofía Jurídica y Filosofía Social*, n° 2, Rosario, FIJ, 1984, pág. 10.

[998] BERTHIAU, op. cit., pág. 25. [...] esta aplicación puede llevar a la puesta en duda de los principios éticos originales [...] la ética no es una disciplina fija que no tiene vocación alguna a sufrir las evoluciones que la influyen" (trad. del autor).

[999] De no haber equilibro, se "destrozaría" la justicia. Véase CIURO CALDANI, "Ubicación de la justicia en el mundo del valor (el asalto al valor justicia)", en *Estudios de Filosofía Jurídica y Filosofía Política*, t. II, Rosario, FIJ, 1984, pág. 28. "El excesivo apego a los criterios generales es signo de fanatismo [...]". CIURO CALDANI, "Los criterios...", cit., pág. 69.

[1000] NICOLESCU, *La transdisciplinarité. Manifeste*, cit., pág. 179. "La apertura de la transdisciplinariedad implica, por su propia naturaleza, el rechazo de todo dogma, de toda ideología, de todo sistema cerrado de pensamiento" (trad. del autor).

teorías para explicar la realidad empíricamente observada (*razonamiento inductivo*). *A posteriori* utilizamos esas teorías para analizar los casos conflictivos (*razonamiento deductivo*).[1001] Por ello, "[...] cada caso es diferente y no se puede determinar con anticipación cuál es la decisión correcta".[1002] De ahí que la metodología nunca puede *a priori* ser la deductiva. "[...] la norma deontológica surge desde la experiencia y supone una reflexión de ella, de la experiencia, se enriquece siempre con la deliberación colectiva".[1003]

b. El comité es un lugar preciso para el ejercicio del método de las variaciones, donde puesto en tratamiento un caso, se cambian mentalmente sus circunstancias, protagonistas, y otras variables, a fin de lograr la comparación de la solución propuesta con las otras derivadas de la variación. Por ello, "[...] para los propios comités extender la discusión más allá de los ámbitos tradicionales y promover una participación más heterogénea puede constituirse en una oportunidad para conocer y aprender valores y experiencias de 'esos otros' que tienen perspectivas diferentes".[1004] De esta manera, la variación se vincula con el equilibro que debería existir entre la aristocracia y la democracia en el comité.

De la constante actividad del comité se generarán entonces, producto de la similitud de los casos y la constancia en la forma y resultado del dictamen, pautas generales, criterios generales orientadores de salud, que tienen

---

[1001] CATALDI AMATRIAIN, op. cit., págs. 131-132.

[1002] DRANE, James, "Métodos de ética clínica", en *Bioética. Temas y perspectivas. Publicación científica*, nº 527, Washington, OPS, 1990, pág. 41.

[1003] GRACIA, *Fundamentación...*, cit., pág. 120.

[1004] DIGILIO, op. cit.

lugar cuando el comité elabora las "líneas directrices", que se pueden ver a propósito de los trabajos, por ejemplo, del Comité del Hospital La Feliz.[1005]

    c. *Las clases de justicia.* Tomando por caso la justicia distributiva,[1006] que apunta a repartir bienes proporcionalmente en función de los méritos, es muy difícil hablar de ellos en salud, ya que todos la "merecen". Pero sí puede hablarse de mérito por la regla inmemorial del Derecho según la cual el primero en el tiempo es el primero en el Derecho, frente a, por ejemplo, dos casos de transplante de igual necesidad y urgencia. Es difícil que el comité utilice esta clase de justicia en tanto apunta a la distribución entre iguales, y el comité sólo está, por su naturaleza, frente a un caso, ya que no tiene funciones políticas en el sentido de captación y análisis de situaciones globales, que sí tendrían en cuenta los organismos políticos de las unidades locales (provincias y Ciudad de Buenos Aires) a la hora de repartir recursos para los hospitales, por ejemplo.

    El comité puede realizar justicia correctiva, en tanto apunte a corregir el desequilibrio ya producido. Si bien no es un organismo sancionatorio, sino dictaminador, puede recomendar el restablecimiento del desequilibrio producido en la relación médico-paciente, para que alguno de los protagonistas de esa relación recobre el protagonismo perdido, que generalmente será el del paciente. Y le dará libertad, por ejemplo, para que se respete su voluntad de no recibir un tratamiento, de establecer las condiciones en que pasará sus últimos días, en suma, de respeto a las "directivas anticipadas" que haya dejado. Aquí la colectividad no le debe algo al individuo, como en la justicia distri-

---

[1005] Véase el punto 27 o.
[1006] Sobre el tema véase SALDAÑA, Javier, "Poder estatal y libertad religiosa. Fundamentos de su relación", en http://goo.gl/qgnD0G (30/5/2015).

butiva,[1007] sino que la relación se da entre dos personas, el médico y el paciente, y entonces sí es propia del análisis del comité. Y se dará la justicia conmutativa o sinalagmática, en donde algo cambiará por otra cosa o habrá compensación. El silencio se transformará en escucha y la palabra restituirá el equilibrio. No habrá justicia judicial, en tanto el comité trata de evitar la judicialización de la salud.

La equidad, que apunta a concretizar la pauta de la regla general, adaptándola al caso, es la labor central del comité, que es un "productor de equidades". Más aún, tantas equidades debe producir que es ya un productor de nuevas reglas, ya que la regla del comité es el caso. Su razón de ser lo lleva a no tener otra importancia para el caso que sus circunstancias y sus detalles. La norma jurídica sanitaria cobra especial relevancia, pero es la equidad la que lo habilita a apartarse de ella. De lo contrario, no se justificaría que un cuerpo colegiado dedique todos sus recursos al análisis de un caso, si sólo va a aplicar automáticamente reglas o diciendo que las aplica cuando en verdad las elastiza tanto que en verdad crea otras reglas. Es un principio que la relación médico-paciente debe consistir en la verdad, que en el caso concreto, de decírsela al paciente, puede matarlo.

En el comité se da la particularidad del funcionamiento de la justicia absoluta, en tanto no hay punto de comparación del caso con otros, ya que se analiza "ese" caso, que cobra valor trascendental. El caso puede quebrar reglas establecidas en precedentes anteriores. Al caso se le da lo que le es debido, no lo posible, producto de la introducción de otras variables, ajenas al análisis del comité. El comité pudo autorizar un caso de eutanasia pasiva, aunque para

---

[1007] Véase íd.

otros casos anteriores a 2012 no haya habido permiso legal por la reforma de la Ley 26742. Si la eutanasia corresponde, hay que darla.

d. Funcionamiento de los valores en los comités de ética. No se tratará de que el comité aplique a un caso una norma jurídica o moral preformada, *a priori*, sino precisamente de que pueda transformase en una "usina valorativa". En efecto, "[...] a diferencia de lo que sostienen todos los 'apriorismos', los criterios se descubren '*ad referendum*' de las valoraciones. [...] en muchos casos se entiende erróneamente que son creados por el sujeto o por lo menos son conocidos con tanta certeza que basta con 'deducir' de ellos las valoraciones".[1008] Parece aventurera o temeraria la afirmación que sostiene un "bien objetivo".[1009] Si bien se reconoce la autonomía, señala que no es posible obligar al médico a hacerle un mal al paciente.[1010] Con lo cual se vuelve sobre el problema, ya que la autonomía significa que el paciente señala lo que para él es bueno o malo. Entonces, "[...] la definición de los mínimos comunes exigibles a todos por igual no está dada *a priori* sino que tiene que construirse".[1011] En tanto estamos frente a dilemas, y como tales, son aporías, encrucijadas filosóficas en sentido existencial, sólo las circunstancias y la decisión pueden delimitar el problema. "La función del jurado [...] es [...] 'deliberar' a la vista de las circunstancias que concurren en ese caso concreto. Las decisiones del jurado no sólo intentan ser legales, sino también prudenciales".[1012] En una investigación sobre comités hecha a los miembros, se les

---

[1008] CIURO CALDANI, "Los criterios...", cit., pág. 66.
[1009] Véase LEÓN CORREA, Francisco, "Métodos de análisis de casos ético-clínicos. La Bioética como ayuda en la toma de decisiones clínicas", en AA.VV., *Bioética general...*, cit., pág. 136.
[1010] Íd.
[1011] GRACIA, *Bioética...*, cit., pág. 127.
[1012] Íd., pág. 125.

dijo en abstracto si una persona que violaba la ley debía ser pasible de pena, a lo que contestaron que sí porque es la razón de ser del Derecho, para que el juez evite el caos, la anarquía y así poder vivir en sociedad, y porque las leyes son el reflejo de la voluntad colectiva. Todo lo cual cambió ante la modificación de la perspectiva referida a un caso: en donde el médico es encontrado responsable del homicidio por el suicidio asistido de su paciente. Ante lo cual respondieron mayoritariamente que había que suspender la sentencia por las siguientes razones: actuó por compasión, a la demanda del paciente, de buena fe, por deber de cuidarlo, porque no hay otros individuos responsables.[1013] De la misma manera, frente a una enfermedad terminal y sin pronóstico de cura se podría recomendar el cese del tratamiento, aunque en un caso se pidió que no se cortara la ventilación mecánica del menor para ganar tiempo y esperar a los padres, para que puedan bautizarlo.[1014] "Los libros tienen un lugar en el aprendizaje y la práctica del derecho, pero leerlos o estudiarlos no es equivalente a aprender derecho, es una parte: el derecho se aprende *trabajando* en resolver casos y problemas singulares y concretos [...]".[1015]

Habrá condicionantes, pero como señala el criticismo jusnaturalista, a una decisión se le podrá aplicar la crítica de un valor, pero la solución nunca vendrá de un cuerpo cerrado ni sagrado. En este sentido, la crítica a una decisión de un comité servirá para revisar un criterio y generar uno nuevo. De esta forma, un comité sólo puede actuar a partir del caso, con meras tendencias y con

---

[1013] PATENAUDE y BÉGIN, op. cit., pág. 123.

[1014] PEDERSEN y otros, op. cit., pág. 150.

[1015] GORDILLO, Agustín, *Introducción al Derecho*, Bs. As., Fundación de Derecho Administrativo, 2000, cap. 3.

una postura flexible.[1016] "Il s'agit d'appliquer une éthique du cas particulier".[1017] Tal es la tendencia. "[...] le centre ne traite que des questions éthiques soulevées au cas par cas [...]".[1018] En efecto, "[...] l'éthique véritable est toujours concrète. Elle concerne toujours des individus singuliers qui sont des êtres de désir, engagés dans des relations et des situations singulières, et cela par la médiation d'actions précises et singulières".[1019] No es casual entonces que en el Reino Unido no haya oficialmente un comité de ética a nivel nacional, debido a su filosofía que huye del intervencionismo estatal y está apegada al particularismo, herencia de David Hume, William Occam.[1020] De ahí que se diga que de su accionar puede deducirse una normatividad propia, distinta de la moral o la deontología.[1021] Y agregaría a la del Estado, como ocurre en Francia, en alguna medida, y a nivel general, con el CCNE. Se trataría de una especie o aplicación de lo que se ha llamado el "derecho suave" o *soft*

[1016] "[...] la capacidad es algo relacionado directamente con la decisión clínica concreta que deba tomarse. [...] rechazar la realización de una radiografía de tórax para estudiar una hemoptisis en un paciente fumador requerirá grados de capacidad más elevados. Sin embargo, [...] aceptar la realización de análisis de sangre para hacer el seguimiento de un diabético estable y no complicado precisará grados de capacidad más bajos". SIMÓN-LORDA, op. cit., pág. 341.

[1017] BERTHIAU, op. cit., pág. 25. Véase también el punto anterior referido a las "clases de justicia".

[1018] FOURNIER, "Les enjeux...", cit., pág. 2209. "[...] el centro no trata más que cuestiones éticas levantadas caso por caso [...]" (trad. del autor). "Ils doivent en quelque sorte résoudre dans la pratique, cas par cas [...]". LECLERC y PARIZEAU, op. cit., pág. 94. "Ellos deben en cierta manera resolver sobre la práctica, caso por caso" (trad. del autor).

[1019] MISRAHI, op. cit., pág. 101. "[...] la verdadera ética es siempre concreta. Ella concierne siempre a los individuos singulares que son seres de deseo, comprometidos en relaciones y situaciones singulares, y ello por la mediación de acciones precisas y singulares" (trad. del autor).

[1020] Véase sobre el tema MONNIER, op. cit., pág. 156. No obstante se encuentra allí una fundación privada http://goo.gl/ZOMBk2 (1/6/2012).

[1021] Íd., pág. 34.

law.[1022] "Ce terme polysémique, qualifié de terme 'omni-bus' ou 'passe partout', suscite des critiques en raison de son imprécision, néanmoins il est révélateur d'une trans-formation du mode de production des normes".[1023] En este sentido, los comités encuadran en la categoría, en tanto a partir de ellos "[...] la régulation met en œuvre des modes d'intervention souples et sans caractère obligatoire telles que les recommandations".[1024] Y por ello, los destinatarios de la norma participan de su elaboración. Esto es lo que distingue al "derecho suave", y de ahí que sea recomenda-ble que los comités de bioética clínicos contengan en su seno a miembros de la comunidad, con carácter de "per-manentes", y al "médico-paciente", en principio, y según su demanda de participación. Por ejemplo, en el Hospital Babe" el *staff* toma conocimiento directo de la demanda de los involucrados, aunque no participan de las delibe-raciones. "[...] les destinataires de la norme participent à son élaboration".[1025] Si bien esto es claro para el trialismo, en el ámbito del Derecho de la Salud, para algunos autores parece novedoso, en tanto las nuevas ramas hacen repen-sar los criterios de las teorías generales, lo que, sin embar-go, las encuadra en una complejidad impura, o lo que denominé un estadio jurídico primitivo.[1026] "[...] les fron-tières entre normes et énoncés non normatifs de même

---

[1022] Íd., pág. 39. Sobre el tema véase GIMÉNEZ CORTE, Cristian, "Usos comerciales, costumbre jurídica y nueva lex mercatoria en América Latina con especial refe-rencia al Mercosur", tesis doctoral, Rosario, Fac. de Derecho, Univ. Nac. de Rosa-rio, 2006.

[1023] MONNIER, op. cit., pág. 39. "Este término polisémico, calificado de término 'ómnibus' o que 'pasa por todo', suscita críticas en razón de su imprecisión, sin embargo es revelador de una transformación del modo de producción de nor-mas" (trad. del autor).

[1024] Íd., pág. 40. "[...] la regulación pone en marcha modos de intervención flexibles y sin carácter obligatorio como las recomendaciones" (trad. del autor).

[1025] Íd. "[...] los destinatarios de la norma participan en su elaboración" (trad. del autor).

[1026] Véase el cap. 19 de mi tesis doctoral, y también GALATI, "Introducción...", cit.

que celles, entre droit et non-droit sont de plus en plus floues".[1027] El "no-derecho" estaría constituido por las jurísticas sociológica y dikelógica, excluidas desde el kelsenianismo. La extraordinaria justificación que se brinda para con este "derecho suave" es que "[...] l'incertitude quant aux évolutions scientifiques, nécessitant des règles souples".[1028] Incertidumbre que tanto es enfatizada por Morin como por Nicolescu, que se desarrolla en el ámbito de la Bioética y el Derecho de la Salud, y de la que toma cuenta el trialismo.[1029]

La importancia de dejar espacio para la singularidad del caso la relaciona con la creación, porque conocer es en alguna medida dejar espacio para la construcción, la comprensión. Como cada caso necesita su solución, deberíamos encontrar la solución para ese caso, lo que nos demanda tiempo, esfuerzo, inteligencia, creatividad, en suma, complejidad.[1030] En efecto, "[...] chaque situation nouvelle à propos de laquelle le Centre est saisi est un nouveau cas".[1031]

No obstante, hay que tener en cuenta la oscilación entre la autonomía y la autoridad, para cuando se necesite a alguna de ellas. Recuérdense los abusos que cometieron los médicos nazis antes de la Segunda Guerra Mundial,[1032] en donde fue necesario intervenir dicha "autonomía" sesgada de un exceso de benevolencia, condescendencia y confianza hacia la aristocracia.

[1027] MONNIER, op. cit., pág. 41. "[...] las fronteras entre normas y enunciados no normativos iguales que ellas, entre derecho y no-derecho son cada vez más imprecisas" (trad. del autor).

[1028] Íd., pág. 42. "[...] la incertidumbre en cuanto a las evoluciones científicas necesitan reglas flexibles" (trad. del autor).

[1029] Sobre esto último véase mi tesis doctoral en su cap. 14.

[1030] Véase LE MOIGNE, "Sur la modelisation de la complexité", cit., pág. 286.

[1031] FOURNIER y GAILLE, op. cit., págs. 127. "[...] cada nueva situación a propósito de la cual el Centro es llamado es un nuevo caso" (trad. del autor).

[1032] MONNIER, op. cit., págs. 43-44.

Considero criticable adjudicar principalmente al comité la labor de formador de reglas del actuar médico,[1033] ya que éstas deberían formar parte de los planes de estudio de las carreras respectivas, cuyo contralor debería estar a cargo de los colegios correspondientes. "[...] el principal inconveniente reside en el peso inadecuado que se le otorga a la función educativa de los propios comités y a la falta de una seria voluntad de formación por parte de algunos de sus miembros".[1034] Ello no implica que sea una tarea secundaria del comité o que dichas reglas surjan como nacen de los tribunales reunidos en pleno, es decir, *mutatis mutandi*, podrían crearse reglas o líneas directrices cuando los delegados de los comités se reúnan a su vez en colegios especialmente dedicados a buscar uniformidad

---

[1033] TEALDI y MAINETTI, op. cit. Si bien algún autor considera que se destaca entre la función de los comités de ética la "función educativa", tanto para la comunidad médica como para los usuarios de los sistemas de salud, luego señala que "entre las funciones de los comités está presente de manera algo confusa la función docente, formativa [...]. Es necesario sacar a la luz los debates realizados en los comités, las conclusiones a las que llega, la manera en que fundamenta". ANGUITA M., op. cit. Pero esto no implica desnaturalizar su función, ya que puede evidenciar su trabajo sin desnaturalizarlo. "[...] formación formal en bioética, requieren de instancias apropiadas de formación formal de la bioética [...]". Íd. Reclamar de los agentes de salud formación en Bioética tampoco implica que los comités se las proporcionen. En el mismo sentido BECA y KOTTOW, op. cit., pág. 6. Lo que no implica que otros organismos puedan consultar las decisiones de los comités y elaborar pautas. "[...] muchos CEH [Comités de Ética Hospitalaria] han sugerido mejorar condiciones de horarios de visitas, facilidades para el contacto de pacientes terminales con sus familias, modos de personalizar más la atención, mejorías en la información a los pacientes [...]". Íd. También se señala la necesidad de "impartir docencia y realizar investigación [...]". GÓMEZ VELÁSQUEZ y GÓMEZ ESPINOSA, op. cit., pág. 163. "[...] la educación en bioética, y el trazado de políticas institucionales [...]" LUNA y BERTOMEU, op. cit. "Promover para todos los miembros de la institución programas educacionales, relacionados a la identificación y solución de cuestiones bioéticas". MATEOS GÓMEZ, op. cit., pág. 197.

[1034] LUNA y BERTOMEU, op. cit. "Función educativa o docente en bioética en forma permanente [...]". RODRÍGUEZ, op. cit., pág. 238.

en temas pacíficamente controvertidos. Lo que no significa inmovilizar las reglas ni dejar de recomendar en función de las prioridades y circunstancias del caso.

Algo similar ocurre cuando se le quieren adjudicar al comité funciones consultivas o el establecimiento de foros de discusión,[1035] ya que ello es más bien propio de los centros de investigación; salvo que la consulta se refiera a las decisiones que ha tomado el propio comité y que consten en un registro de consultas.[1036] Hay que cuidar que esta dispersión de funciones no desvirtúe su labor básica. Si se quiere capacitar a sus miembros, pueden acudir a las instituciones educativas correspondientes, y si se quiere hacer investigación, puede buscarse la financiación privada, nacional o internacional, o la de organismos que tengan sobrada solvencia científica. Así, las instituciones articularán esfuerzos y cada uno hará principalmente lo que es propio de sí.

Para abundar en el tema, en Francia existe algo que podría muy bien trasladarse a Argentina, que es el caso del Comité Consultivo Nacional de Ética para las Ciencias de la Vida y la Salud, en donde su rol no es influenciar en la ley, sino dar su punto de vista, que puede inspirar pero que no se impone al legislador.[1037] De esta manera, va preparando el terreno para la legislación, estudia temas y no quita tiempo a la función propia del comité, que es emitir recomendaciones sobre casos específicos de dilemas bioéticos urgentes, concretos y claves. En Francia se dio el caso de

---

[1035] BECA y KOTTOW, op. cit., pág. 6; GÓMEZ VELÁSQUEZ y GÓMEZ ESPINOSA, op. cit., pág. 163.

[1036] Que no suceda lo que suele ocurrir con los jueces a quienes se los carga con deberes y responsabilidades para los que no están capacitados ni habilitados. "[...] que después de cada reunión se escriban actas resumidas de los temas tratados y de las conclusiones o recomendaciones que de ellas surgen". BECA y KOTTOW, op. cit., pág. 11. "[...] es conveniente considerar la necesidad de establecer formas de intercambio de experiencias con otros comités [...]". Íd., pág. 12.

[1037] BERTHIAU, op. cit., pág. 22.

los ensayos sobre los tratamientos en el ser humano, que fijaron los pilares en la materia, en un momento en donde no existía ley sobre la investigación biomédica.[1038]

Actuar a partir de un caso no significa sin embargo juzgar un caso que ya se encuentra en el Poder Judicial, en donde el comité se encontraría evaluando el accionar de terceras personas, cuando su deber es emitir una recomendación, no un juicio.[1039]

> No corresponde al comité realizar juicios sobre la ética profesional o las conductas de los pacientes y usuarios, no es un órgano controlador, ni tiene capacidad para imponer sanciones. Su función deliberativa no es de reemplazo, ni de subrogación de aquellos que deben tomar las decisiones.[1040]

e. Los principios[1041] tradicionales que adopta la Bioética, el de beneficencia, no maleficencia, justicia, confidencialidad, deben ser trocados en criterios generales orientadores y, como tales, sujetos a constante revisión, o lo que es lo mismo, funcionarán como meras tendencias a confrontarse con la realidad del caso. Pueden mencionarse también la calidad de vida y la autonomía del paciente, que poseen un "peso ético" más grande que el respeto o la preservación de la vida biológica, o el valor sagrado de la vida, típico de las culturas religiosas, pero que pueden inducir a encarnizamientos terapéuticos[1042] o dolores físicos. También se menciona la pauta de promover la humanización

---

[1038] Íd., pág. 23.

[1039] ANGUITA M., op. cit. No puede convertirse en perito. Íd.

[1040] BRENA SESMA, op. cit., pág. 155.

[1041] Nótese que el trialismo hace también alusión a los principios como uno de los mecanismos para cubrir carencias históricas o dikelógicas, junto con la analogía.

[1042] Véase LECLERC y PARIZEAU, op. cit., pág. 97.

de los cuidados.[1043] Un trabajo especialmente dedicado a la mecánica de los principios en materia bioética señala las variantes que pueden adoptar al confrontarse con un caso:

> La confrontation des principes à la réalité concrète du terrain permet de vérifier leur pertinence, de la refonder, ou de s'apercevoir qu'il faut peut-être les remettre en cause, les faire évoluer, ou les compléter par une nouvelle valeur collective n'ayant pas été considérée comme suffisamment fondamentale jusque-là pour accéder au rang de principe éthique, mais éventuellement susceptible de le devenir.[1044]

f. Parecería que la mejor decisión sería que un reparto autónomo o autoritario resolvieran el caso según que la situación demandara mayor o menor intervención, en función del tiempo y lugar determinados. Es decir, se oscilaría en función de la falta, sea a favor de la autoridad o autonomía.[1045] Frente a esta postura de "justicia oscilante",[1046] el comité de ética se presenta como una herramienta ade-

---

[1043] Íd.

[1044] FOURNIER y GAILLE, op. cit., pág. 129. "La confrontación de principios con la realidad concreta del terreno permite verificar su pertinencia, refundarla, o darse cuenta de que hay que tal vez ponerla en cuestión, hacerla evolucionar, o completarlos por un nuevo valor colectivo que no había sido considerado como suficientemente fundamental hasta ese momento para acceder al rango de principio ético, pero eventualmente susceptible de devenir" (trad. del autor).

[1045] No obstante, pueden leerse posturas fuertemente críticas de la medicina tradicional, fundada en el paternalismo. "Hoy en día, el modelo en la relación médico-paciente ha cambiado; ya no se ejerce el de tipo paternalista; la autonomía da lugar a que el paciente exija sus derechos y los problemas que se pueden suscitar en esa relación llevan a una medicina defensiva, donde es indispensable el consentimiento válidamente informado". GÓMEZ VELÁSQUEZ y GÓMEZ ESPINOSA, op. cit., pág. 163. Sobre el tema véase GALATI, "Un cambio...", cit.

[1046] Para profundizar en este tema dikelógico, de justicia, véase mi tesis doctoral, cit., t. 2. La vuelta a la humanidad que significa el comité actualiza las características de aquel deber ser cabal de nuestro ser que es el actuar como dinamizador y equilibrador de los valores especiales. CIURO CALDANI, "Acerca de las características y la dialéctica de los valores", en *Investigación...*, nº 24, Rosario, FIJ, 1994, pág. 5.

cuada, porque su dictamen no es vinculante,[1047] ya sea para el equipo médico y el paciente, constitutivos del reparto autónomo, o para el juez, que representaría el reparto autoritario.[1048] Ambos ámbitos pueden valerse del consejo antes de tomar la decisión. Es importante destacar que la finalidad del comité no es sustituir la responsabilidad de quien toma la decisión por la que se hizo la consulta ni enjuiciar las decisiones tomadas en la relación médico-paciente.[1049] Es interesante en este sentido cómo Nicolescu habla, a propósito del antagonismo energético, que éste se traduce matemática y físicamente en la propiedad de orientabilidad.[1050] Lo que da a entender una noción de oscilación. También coinciden con la oscilación las miradas transdisciplinarias que hablan de la "alternancia". En un caso, al articular los saberes teóricos, de acción y experimentales;[1051] y en otro caso al hablar de la "Pedagogía de la Alternancia".[1052] Aclarar esto en el ámbito médico también contribuiría a que los profesionales de la salud se valieran de la consulta ética, para dejar de ver al comité como

---

[1047] "[...] se constituyeron en grupos de referencia consultivos y nunca resolutivos [...] no son quienes deben tomar las decisiones sino sólo iluminar la decisión de quien ha consultado. [...] su sugerencia de acción concreta no es vinculante [...]". ANGUITA M., op. cit.

[1048] No creo que la humanidad sea más afín a la legitimación autónoma, como lo entiende Ciuro Caldani. Véase "Acerca...", cit., págs. 6 y 8. O que el humanismo más cabal sea el abstencionista. CIURO CALDANI, "La ciencia del valor humanidad ('Praxitología')", en *Investigación...*, nº 25, Rosario, FIJ, 1995, pág. 54. Por la función oscilante entre autoridad y autonomía que le asigno a la justicia. Véase "La teoría trialista...", cit.

[1049] BOBO RUÍZ, Jesús, "Intervención y gestión en la genética humana: el ámbito sanitario, la protección de datos y la investigación", tesis doctoral, Granada, Depto. de Derecho Administrativo, Univ. de Granada, 2005, pág. 241.

[1050] NICOLESCU, *Nous...*, cit., pág. 208.

[1051] GALVANI, op. cit.

[1052] SOMMERMAN, op. cit.

dioses que saben lo que es bueno o correcto y comenzar a verlo como "[...] a body that clarifies issues and treatment options".[1053]

Es importante en este sentido, frente al aporte que hiciera sobre la justicia oscilante, repasar los principios tradicionales de la bioética,[1054] sobre todo los de autonomía y de justicia. Partiendo de la autonomía, ya no se la absolutizará, dado que pueden existir casos en donde sea necesaria la autoridad, como el de un paciente que no ha dejado de manera fehaciente constancia de su voluntad ante una situación incapacitante y terminal, y es necesaria la decisión de sus familiares cercanos. La justicia es un llamado, como decir que a cada uno corresponde lo suyo, pero hay que llenarla de "contenido", es decir, expresar cuánto de igualdad y cuánto de libertad hay en sus límites y así se verá que variará según las circunstancias e ideologías de los participantes del comité. "Debe existir un adecuado equilibrio entre la autonomía individual y el bien colectivo".[1055] Devienen imprescindibles las enseñanzas trialistas actualizadas por el pensamiento complejo. No dañar -no maleficencia- es tanto como ser justo. Por ello, las tendencias bioéticas serían entonces la autonomía y la autoridad en clave oscilante en función de lo que se carezca en una situación y tiempo determinados, en este caso, a juicio de los integrantes del comité, por mayoría, si de algo sirve la colegiación. Suma a esta idea la argumentación del Centro de Ética Clínica del Hospital Babe de París. "[...] l'ambition du Centre est de jouer le rôle d'un tiers neutre qui aide et accompagne la prise de décision médicale 'éthiquement'

[1053] DAVIES y HUDSON, op. cit., págs. 121-122. "[...] un cuerpo que clarifica resultados y opciones de tratamiento" (trad. del autor). Véase también el punto 25 d.

[1054] Véase ANGUITA M., op. cit. Lo que no es materia de investigación en este trabajo.

[1055] BENÍTEZ, op. cit., pág. 355.

difficile, par l'intermédiaire d'une réflexion collégiale et multidisciplinaire".[1056] Explicando la libre concurrencia y la protección al consumidor, que en el caso se traduce en la protección del paciente, se dice:

> De allí que los grandes estadistas se han movido siempre en las aguas del equilibrio. Piénsese que hasta el presidente Roosevelt, uno de los mandatarios que mantuvo una fe inquebrantable en los dogmas fundamentales que motivaron la sanción de las leyes *antitrust*, creó monopolios transitorios a fin de sostener los precios durante la depresión evitando así el uso de prácticas desleales.[1057]

De hecho se plantea como una forma de razonar que se exhiban los cursos de acción poniéndose en el lugar de los actores, presentando ambas argumentaciones en pie de igualdad.[1058] Lo que se relaciona con la característica transdisciplinaria del "tercio incluso", que ayuda a la convivencia recíproca de posturas muchas veces contradictorias en el seno de un mismo ámbito. "[...] elle [le Centre] permet que le dialogue se renoue, lorsqu'il a été interrompu à force de passions contradictoires, chacun ayant mieux

---

[1056] FOURNIER, "La médiation...", cit. "[...] la ambición del Centro es jugar el rol de un tercero neutro que ayude a acompañar la toma de decisión médica 'éticamente' difícil, por la intermediación de una reflexión colegial y multidisciplinaria" (trad. del autor).

[1057] KEMELMAJER DE CARLUCCI, Aída, "Derecho de los consumidores y derecho de la libre competencia", en *Academia Nacional de Derecho*, 2000, en www.laleyonline.com. La autora confirma mi idea de la oscilación señalando que todo depende de la situación: "No hay una respuesta única; es menester tener en consideración el grado de desarrollo; en ciertos sectores, en el estado actual del conjunto de las economías subdesarrolladas, es difícil que el empresariado pueda alcanzar un cierto nivel de industrialización sin recurrir a un mínimo de protección; sin esa protección, las empresas parecen condenadas a permanecer como exportadoras de productos primarios y a depender para su crecimiento de las inciertas perspectivas de los mercados". íd.

[1058] Véase RARI, Eirini y FOURNIER, "Strengths and limitations of considering patients as ethics 'actors' equal to doctors: reflections on the patients' position in a French clinical ethics consultation setting", en *Clinical Ethics*, nº 4, pág. 153.

compris la position de l'autre et étant devenu plus disponible à l'entendre".[1059] Lo importante del aporte del texto
es que la mediación que sugiere no necesariamente obliga
a llegar a un consenso para reunir o reintegrar a todo el
mundo, sino que se utiliza para llegar al fondo de la cuestión.[1060] En muchos casos hemos visto cómo se "sugiere"
que el comité logre el consenso, cuando no sería lo más
saludable, en tanto llama a la uniformidad, tan visible en
muchos casos. "The objective is not to reach a consensus
or a majority decision, but to open the discussion to the
broadest possible range of opinions and arguments".[1061]

Con respecto al funcionamiento de los valores en los
comités, un límite es el referido al reconocimiento de las
posiciones divergentes.[1062] Lo que se relaciona con la justicia oscilante.

g. El consejo, que surge de la articulación de las distintas disciplinas, es la transaristocracia -superaristocracia-,
que será tal, es decir, logrará llegar a su cometido en lo
que propone, cuanto más respete a su contraria, la democracia, aquello que reclama su intervención: el paciente
o su representante. Por su parte, el paciente, quien debe
tomar la decisión, llegará a tomar la mejor si tiene en cuen-

---

1059 FOURNIER, "La médiation...", cit. "[...] el [Centro] permite que el diálogo se
    renueve, cuando ha estado interrumpido a fuerza de las pasiones contradicto-
    rias, cada uno comprende mejor la posición del otro y deviene más disponible a
    entenderla" (trad. del autor).
1060 Íd.
1061 MINO y otros, op. cit., pág. 304. "El objetivo no es alcanzar un consenso o una
    decisión mayoritaria, sino abrir la discusión al rango más amplio posible de opi-
    niones y argumentos" (trad. del autor).
1062 GAGNON, op. cit., pág. 14.

ta lo aconsejado por la sabiduría científico-técnica y así la democracia llega a ser cabal -transdemocracia- si toma en cuenta la aristocracia.[1063]

h. *Relaciones entre valores*.[1064] El eje articulador de las disciplinas que convergen en los comités, según lo propuesto, es el de las relaciones entre valores, teoría creada al abrigo de la "ciencia de la justicia".

El valor es un ente ideal exigente[1065] y hay uno por cada disciplina en el conjunto de la ciencia con su respectivo espacio académico. "L'abstraction fait partie intégrante de la réalité".[1066] Así, la belleza fundará la estética y la veremos desarrollada en la Facultad de Arquitectura y Urbanismo o en la Facultad de Arte; la salud fundará la Facultad de Medicina y Psicología según sea la física o mental respectivamente; la verdad fundará la Facultad de Filosofía; la justicia, la Facultad de Derecho; la utilidad o riqueza, la Facultad de Ciencias Económicas; etc. Como el hombre es uno solo y es dividido en aspectos a los fines de su mejor estudio, luego hay que volver a unirlo, para lo cual son indispensables las relaciones entre los valores, entre las disciplinas, que marcan la forma de vincularse, de manera que cada una mantenga su autonomía, sin independizar-

---

[1063] "El elitismo y la oligarquía por un parte y la demagogia por otra son frecuentes expresiones del destrozo de la justicia". CIURO CALDANI, "Ubicación...", cit., pág. 30. Véase también CIURO CALDANI, "La integración democrático-aristocrática", en *Boletín del Centro...*, n° 14, Rosario, FIJ, 1991, págs. 21-22.

[1064] Sobre el tema véase CIURO CALDANI, "Ubicación...", cit., págs. 16-35 y "Metodología dikelógica...", cit.

[1065] Véase GOLDSCHMIDT, *Introducción...*, cit., págs. 369-370. En otras palabras, es algo que reclama que la realidad sea de una manera distinta a lo que ya es. Es aquello que nos permite ser inconformes y nos llama a luchar contra las injusticias. Véase también CIURO CALDANI, "Reflexiones sobre los valores jurídicos en una sociedad en transformación", en *Zeus*, t. VI, sec. D, págs. 25-30. Existen etapas en el funcionamiento del valor, que van desde el descubrimiento de la injusticia, su asunción y su efectivización, en donde se concretiza el deber ser ideal. Véase CIURO CALDANI, "La realización...", cit., págs. 9-11.

[1066] NICOLESCU, *Qu'est-ce que la réalité...*, cit., pág. 51.

se[1067] ni invadir al resto, a fin de que de esa forma puedan mantenerse y así aportar a la hora de aconsejar al cuerpo médico o al tribunal en cuestión.

El valor alude a la justicia en tanto exige de algo que es algo que debe ser. La disciplina científica hace referencia al conocimiento, a la verdad. Con lo cual, cuando hablamos de relaciones entre valores, entre disciplinas, estamos vinculando el valor justicia con el valor verdad y ya hay algo en común entre ellas, es decir, todas concurren a buscar la verdad *para* el caso. Que sea la verdad para el caso ya la hace la debida, la justa, porque sólo es para este caso y no para otro.[1068] De allí que diga que el comité sólo es tal si su función es singularista, máxima de la complejidad.[1069]

Un comité funcionará armónicamente si en su seno hay entonces profesionales representantes de las disciplinas científicas y si se comportan como lo demarca la teoría de las relaciones entre valores, es decir, a través de rela-

---

[1067] "[...] la autonomía del mundo jurídico [...] existe por el valor justicia, que lo identifica en última instancia, pero se trata de autonomía, no de 'soberanía', porque el valor justicia está integrado, a su vez, dentro del complejo surgido del más elevado valor a nuestro alcance, que es la humanidad [...]". CIURO CALDANI, "La autonomía del mundo jurídico y de sus ramas", en *Estudios...*, t. II, Rosario, FIJ, 1984, pág. 174. Véase también *Derecho y Política. El continente político del Derecho. Elementos básicos de una filosofía política trialista*, Rosario, Depalma, 1976, pág. 132.

[1068] "[...] buscar lo correcto en cada caso y situación [...] no proteger ningún interés que no sea el de los involucrados, etc. De manera que si hay que defender a alguien, ha de ser, necesariamente, a todos aquellos que están vinculados al caso clínico y no sólo al paciente". ANGUITA M., op. cit. "[...] para el médico tratante que puntualiza exactamente su necesidad. No es recomendable aceptar casos para una valoración genérica". Íd.

[1069] Sobre el pensamiento complejo véase MORIN, Edgar, *El Método*, 6 t., trad. de Ana Sánchez, Madrid, Cátedra. "[...] el interés está puesto en el paciente y su entorno familiar y social. Se trata de buscar lo mejor para ese individuo particular". ANGUITA M., op. cit. "Cada caso es diferente, por esto es importante el diálogo desde las distintas disciplinas, con un análisis minucioso de todos los elementos en juego". BENÍTEZ, op. cit., pág. 354. "La Bioética es una disciplina destinada a resolver situaciones particulares; de allí la vocación de convertirse en un procedimiento para tomar decisiones. Los problemas morales son particulares y concretos [...]". CATALDI AMATRIAIN, op. cit., pág. 130.

ciones de *coadyuvancia* y sin relaciones de oposición. Esto denota además el complejo de valores en que se divide la humanidad[1070] y que ahora vuelven a unirse articuladamente en el comité. "[...] les relations interdisciplinaires authentiques conduisent plus ou moins nécessairement à des services réciproques [...]".[1071] Será fundamental entonces el diálogo entre las distintas disciplinas.[1072] Así, "[...] su decisión es tanto más sabia cuantos más hayan sido los ángulos y perspectivas bajo los cuales fue analizado el problema en cuestión".[1073] Esto implica un método de reflexión y análisis colectivo, abierto a la participación, donde todos exponen sus razones y están dispuestos a modificarlas si en la escucha descubrimos que están erradas o incompletas.[1074] De ahí que Nicolescu señala, citando a Lupasco, el origen del equilibrio: para que haya simultaneidad y conjunción, debe haber elementos a la vez idénticos y

---

[1070] El más alto valor que somos, conocemos y podemos alcanzar. Ciuro Caldani dijo que la divinidad era un valor que podíamos reconocer pero no alcanzar. Véase CIURO CALDANI, "Ubicación...", cit., pág. 17. Pero hoy su agnosticismo nos llama a revisar esa afirmación. Ya el jurista rosarino, cuando creía, sostenía: "Aunque creemos en una posición 'trascendente' de este tipo, sostenemos básicamente -en analogía con la célebre idea de Grocio [un Derecho Natural que subsistiera de cualquier modo, incluso si se admitiera que Dios no existiese o no se ocupase de la Humanidad, cosa que, aclaraba, no puede hacerse sin impiedad gravísima]- que la razón de inmanencia es suficiente". CIURO CALDANI, "Nota sobre los caracteres de los valores", en *Investigación...*, nº 4, Rosario, FIJ, 1988, pág. 36.

[1071] PIAGET, "L'épistémologie...", cit., pág. 136. "[...] las relaciones interdisciplinares auténticas conducen más o menos necesariamente a servicios recíprocos [...]" (trad. del autor).

[1072] "[...] el énfasis está en los procedimientos para arribar a decisiones y en la institución social del comité, que implementa el diálogo como herramienta. Más que un *corpus* bioético, lo que debe buscarse es la cultura del debate moral en torno a la ciencia y la tecnología". LOLAS, Fernando, "El desafío bioético de la equidad: su relevancia en la salud pública", en *Revista Española Salud Pública*, 75(3), 2001, pág. 188, en http://goo.gl/HCyxbj (29/10/2010). "El método proporciona el marco para la adopción de decisiones de índole ética que garantiza que se tengan en cuenta los datos pertinentes". DRANE, op. cit., pág. 189.

[1073] MARTÍNEZ MIGUÉLEZ, op. cit., pág. 43.

[1074] RODRÍGUEZ, op. cit., pág. 241.

diversos, y cuanto más contradicción haya de la identidad y de la diversidad, más equilibro habrá, y así se constituirá el conjunto.[1075]

Si bien las relaciones de coadyuvancia por *contribución* aluden a la vinculación de los valores inferiores *solamente* del mundo jurídico,[1076] como la cooperación, el poder, la previsibilidad, la solidaridad, el orden, la paz, y los valores de la dimensión normológica, con los valores superiores como la justicia, aquellos pueden apuntalar igualmente a los valores que no son del mundo jurídico, es decir, de las disciplinas que integran un comité. Por ejemplo, el comité necesitará de la cooperación de sus miembros para llevar a cabo un diálogo, del poder para imponer la necesidad de su existencia y la persuasión de sus decisiones, de un cierto número de normas para dotarlo de previsibilidad en cuanto a los plazos de su funcionamiento, tal vez genere normas consuetudinarias en donde un comité se solidarice con otro imitando su comportamiento, todo lo cual genera orden y paz.

> Pour que les comités puissent se mettre en place et se répandre dans les hôpitaux, les premiers promoteurs devront trouver un appui auprès des administrations hospitalières, des associations professionnelles et du gouvernement.[1077]

[1075] NICOLESCU, *Nous...*, cit., págs. 210-211.

[1076] "[...] un ordenamiento correctamente estructurado debe respetar la superioridad de la justicia, como único valor absoluto del Derecho, sobre los valores jurídicos relativos (poder, cooperación, etc.). Cuando [...] no [...] es un ordenamiento axiológico falso" (CIURO CALDANI, "Los criterios...", cit., pág. 96).

[1077] GAGNON, op. cit., pág. 20. "Para que los comités puedan ponerse en su lugar y expandirse en los hospitales, los primeros promotores debieron encontrar un apoyo entre los administradores hospitalarios, asociaciones profesionales y el gobierno" (trad. del autor).

La cooperación es buena incluso dentro de la propia Medicina y con disciplinas afines como la Psicología, sobre todo para el tratamiento del diagnóstico.

> Mais le diagnostic n'aboutit pas toujours à déceler la maladie de façon aussi nette, pour la bonne raison que souvent le malade est d'abord atteint d'un dysfonctionnement ne comportant pas de lésion organique. [...] la coordination des méthodes joue ici spontanément, de telle sorte que la méthode d'une spécialité donnée supplée à l'insuffisance de la méthode d'une autre, soit que la cause de la maladie affectant l'organe soit cherchée au plan du fonctionnement d'un autre organe, soit qu'un même organe, tel le cerveau ou l'appareil digestif, soit envisagé selon un autre aspect.[1078]

Para evitar desde las normas relaciones de oposición entre el poder y la justicia y la salud, algunas recomendaciones en cuanto a la designación de los miembros del comité son importantes:

> [...] que los CHB [Comités Hospitalarios de Bioética] dependan de los departamentos o comités de docencia e investigación, [...] aunque deban ser designados [...] por la propia dirección de la institución para poder funcionar.[1079]

[1078] RESWEBER, op. cit., págs. 83-84. "Pero el diagnóstico no termina siempre revelando la enfermedad de manera tan clara, por la buena razón de que seguidamente el enfermo es en primer lugar expectante de una disfunción que no comporta lesiones orgánicas. [...] la coordinación de métodos juega aquí espontáneamente, de tal manera que el método de una especialidad dada suple la insuficiencia del método de otra, sea que la causa de la enfermedad que afecta al órgano sea buscada en el plano del funcionamiento de otro órgano, sea que un mismo órgano, como el cerebro o el aparato digestivo, sea considerado según otro aspecto" (trad. del autor).

[1079] Sobre el tema véase el punto 27 e.

Los directores no deben estar facultados para remover los miembros del Comité o para sancionar a sus miembros por el desempeño de sus funciones (salvo que se transgredan específicamente normativas institucionales o leyes vigentes).[1080]

Las relaciones de coadyuvancia por *integración* ya aluden a las vinculaciones propias de un comité en tanto se articulan aquí las distintas ramas de la ciencia portadoras de valores diferentes, entre los cuales se encuentra el valor fundamental del mundo jurídico, la justicia. La mención de la utilidad como un valor también relevante hace referencia a la necesidad de un contador o licenciado en Economía, sobre todo para aquellos casos en donde se requiere el análisis de distribución de recursos o tratamientos a largo plazo en comparación con la escasez de recursos de un efector de salud. No olvido que la problemática de la escasez de los recursos genera de por sí todo un dilema filosófico-económico. Además, "[...] el reconocimiento institucional debe traducirse en facilidades, recursos y formas de remuneración o de compensación de tiempo, para que los CEH [Comités de Ética Hospitalarios] y sus miembros ejerzan adecuadamente sus funciones".[1081] La alusión a la santidad dependerá de si el paciente es o no creyente y tal vez podrá cubrir su espiritualidad la Psicología, la Filosofía o la Teología. La idea de la integración nos demandará un esfuerzo intelectual en tanto nos pide un pensamiento que trabaje más allá de la lógica binaria, en donde los ejemplos sobran: sujeto/objeto, real/ideal, capital/trabajo, autoridad/autonomía, etc. La esencia de la transdisciplinariedad es lo que está más allá de las disciplinas y el comité es un ejemplo de aquello que exige arti-

---

[1080] VIDAL, "Los comités...", cit., pág. 435.
[1081] BECA y KOTTOW, op. cit., pág. 11.

cular las disciplinas diversas. De ahí que Nicolescu hable del tercero incluido[1082] más que del tercero excluido según la lógica clásica.

La metodología de la integración coadyuvante es algo que dejó vacante el trialismo y que pueden cubrir las ideas transdisciplinarias.[1083] Un atisbo de la necesidad de captar en los comités distintos niveles de realidad puede verse cuando se piden

> [...] médicos, enfermeras,[1084] profesionales de salud mental y trabajadores sociales [...] profesionales de la conducta humana[1085] o de las ciencias sociales, como filósofos, eticistas,[1086] abogados, antropólogos, sociólogos, etc. [...] un representante de la administración del hospital [...] y un representante de la comunidad.[1087]

En este sentido, puedo valerme de los niveles de realidad y del tercero incluido. Usando la primera categoría, se necesitará la opinión de las disciplinas vinculadas con la realidad y el espíritu[1088] de manera permanente,[1089] es decir, será necesaria la opinión de un médico y un psicólogo que dictaminen acerca de la realidad biológica, fisiológica

---

[1082] NICOLESCU, "Transdisciplinarity – Past...", cit.
[1083] "La ética médica es muchas cosas, pero en esencia es, [...] una estrategia o método" (DRANE, op. cit., pág. 189).
[1084] Y enfermeros también.
[1085] ¿Acaso los psicólogos no tienen esta incumbencia?
[1086] Parece muy difícil encontrar a dichos profesionales, salvo que ostenten un título de postgrado en bioética, por ejemplo.
[1087] VIDAL, "Los comités...", cit., pág. 434.
[1088] El caso "Bahamondez, Marcelo, s/ medida cautelar" del 6/4/1993 nos enseñó que no todo es cuerpo, sino que las creencias son las que realmente "sostienen" el esqueleto. En realidad, ambas se sostienen recíprocamente. Cuando se analiza la capacidad del paciente para tomar decisiones también se supo reducir todo a nivel psicológico habiendo también un sustrato biológico de tal elemento (SIMÓN-LORDA, op. cit., págs. 338-339). El afásico severo y el que padece el Síndrome del Lóbulo Frontal presentan alteraciones neurológicas que alteran las actividades mentales (íd., pág. 339).
[1089] Se utiliza también esta categoría en BRENA SESMA, op. cit., pág. 153.

y psicológica del paciente, y por otro lado un religioso/ teólogo, artista o filósofo,[1090] para que abarquen el lado espiritual. De ahí que no sea bien visto que se recomiende integrar a los comités con un "clérigo",[1091] ya que el espíritu puede ser abarcado desde otras aristas y no solamente por la religiosa. Nótese el caso del Hospital Experiencia que incorpora al cura católico, cuando puede haber residentes agnósticos o ateos. Se expresa respecto de los comités que son pluridisciplinarios, pluralistas e independientes, lo que funda su legitimidad.[1092] Aún desde una visión religiosa se señala:

> Incluso cuando se habla de apertura a la trascendencia, no significa solamente la idea de un Dios creador, sino el reconocimiento de una dimensión no inmanente intrahumana o intramundana. [...] apertura a la trascendencia significa exclusivamente que las experiencias de sentido (en la acción, en el amor, en el arte) son auténticas experiencias; no han sido producidas por mí, ni deben esperar aprobación expresa de mi parte, pues existen aun cuando haya quienes las nieguen explícitamente.[1093]

En efecto, señala Morin: "Nunca dejé de leer novelas y poesías y creo, cada vez más, que hay en ellas verdades que no pueden alcanzar las ciencias humanas".[1094] En otro sentido, Nicolescu también hace referencia a la necesidad

---

[1090] Las tres ramas en que Hegel dividía el espíritu absoluto. Véase HEGEL, G. W. F., *Enciclopedia de las ciencias filosóficas*, t. 3, *Filosofía del espíritu*, trad. de Eduardo Ovejero y Maury, Madrid, Librería General de Victoriano Suárez, MCMXVIII (1918). Vale destacar aquí lo que señala Ciuro Caldani respecto de un componente de la humanidad: nada de lo que es humano le es extraño, citando a Terencio. "La ciencia...", cit., pág. 52. De manera que la humanidad tiene que abarcar su componente misterioso.

[1091] En contra GÓMEZ VELÁSQUEZ y GÓMEZ ESPINOSA, op. cit., pág. 164; RODRÍGUEZ, op. cit., pág. 245. Mucho menos se puede recomendar que dicho clérigo sea de una religión determinada. Véase BORDIN y otros, op. cit., pág. 65.

[1092] MONNIER, op. cit., pág. 34.

[1093] BORDIN y otros, op. cit., pág. 55.

[1094] *Mi camino...*, cit., pág. 68.

de estos niveles en el estudio del ser humano cuando hace alusión a las distintas inteligencias o a una nueva inteligencia. Se trata de una basada en el equilibrio entre la mente, el cuerpo y los sentimientos.[1095] En cuanto a los representantes religiosos

> [...] la presencia [...] esté relacionada con el caso a debatir y se convoque como asesor a aquel representante de la religión que el paciente o el caso compromete [...] según el caso. Esta recomendación tiende a evitar la influencia confesional sobre las decisiones que aspiran a tener el mayor grado de pluralidad y basarse en un procedimiento de decisión racional y no confesional.[1096]

La Psicología plantea el difícil desafío de ubicarla como parte de la mente o como parte del espíritu, es decir, como con un contenido material o inmaterial. Sea que se haga alusión a la Psicología experimental o conductual, a la psicoanalítica o sistémica, creo que forma parte de la realidad en tanto el espíritu alude a algo más irracional, misterioso, inaccesible. De todas formas es fundamental tener en cuenta lo señalado por la transdisciplinariedad a propósito de la importancia dada a la dimensión subjetiva. Y en este ámbito se da, en tanto el psicólogo es quien decide la interpretación, y su intervención forma parte integrante del trabajo común.[1097] Se señala que la participación de los psiquiatras es útil en tanto tienen habilidades para la evaluación del carácter, procesos de grupos, examen del estatus mental, facilitan la comunicación, desarrollan consultas, y contribuyen a la educación y armado de políticas.[1098] Así como la Biología, la Psicolo-

---

[1095] NICOLESCU, "Transdisciplinarity – Past...", cit.

[1096] VIDAL, "Los comités...", cit., pág. 434.

[1097] KIPMAN, Daniel, "Deuxième entretien", cit., pág. 95.

[1098] GEPPERT, Cyntia y COHEN, Mary Ann, "Consultation-Liaison Psychiatrists On Bioethics Committees: Opportunities for Academic Leadership", en *Academic Psychiatry*, n° 30, 2006, pág. 417.

gía es un entrecruzamiento de perspectivas que involucran distintos y heterogéneos elementos, como la lingüística, lo orgánico, lo neurológico, lo comportamental, lo espiritual y lo sistémico. "[...] la psychologie qui est une discipline en bonne partie biologique est aussi souvent considérée comme une science naturelle que comme une science de l'homme [...]".[1099] En efecto, Piaget muestra la necesidad de tener en cuenta "[...] perception, de motricité, d'affectivité et même d'intelligence [...]".[1100] Ya llegará a esta ciencia la hora de su integración.

Con respecto al nivel de realidad "espiritual", algunos bioeticistas señalan que los comités asistenciales deben estar compuestos por personas que no pertenezcan al área de la salud.[1101] En este sentido, un nivel de realidad es lo que es porque los otros existen al mismo tiempo.[1102] También se ha dicho que la interdisciplina es un método para equilibrar las disciplinas, unas por las otras.[1103] Si ambos niveles de realidad son necesarios es que las disciplinas (afines a ellos) son indispensables, así como un espacio que las articule, como el comité de bioética. Con esta diversidad se gana en calidad ya que se satisfacen simultáneamente las necesidades del cuerpo, de la mente y del espíritu al mismo tiempo, reduciendo costos también.[1104] La

---

[1099] PIAGET, "L'épistémologie...", cit., pág. 138. "[...] la psicología que es una disciplina en buena parte biológica es también considerada una ciencia natural como una ciencia del hombre [...]" (trad. del autor).

[1100] Íd. "[...] percepción, de motricidad, de afectividad y asimismo de inteligencia [...]" (trad. del autor).

[1101] ANGUITA M., op. cit.

[1102] NICOLESCU, La transdisciplinarité. Manifeste, cit., pág. 81; NICOLESCU, "Le tiers inclus...", cit., pág. 137. Véase también NICOLESCU, "Toward...", cit. "Cada manifestación del deber ser de nuestra condición humana se interrelaciona con todas las demás" (CIURO CALDANI, "La ciencia...", cit., pág. 52).

[1103] RESWEBER, op. cit., pág. 105.

[1104] NICOLESCU, "Transdisciplinarity – Past...", cit.

participación de otras ramas de la ciencia se decidirá por la necesidad que el caso amerite, lo que implica también miembros eventuales en un número a determinar.[1105]

Otra clasificación que sigue las ideas de Nicolescu señala como niveles de realidad al corporal, regido por los deseos corporales y con su aparato perceptivo en los cinco sentidos; el psíquico, regido por las emociones y los pensamientos y cuyo aparato perceptivo es la razón, las representaciones y las formulaciones mentales; el anímico, regido por los sentimientos y las formas imaginarias, cuyo aparato perceptivo estaría constituido por la inteligencia y la intuición; y el espiritual, constituido por las esencias y los arquetipos primordiales, regido por el amor y la compasión y cuyo aparato perceptivo sería la visión estática.[1106] El nivel corporal puede encuadrar en lo que llamo realidad, y de hecho puede subdividirse, de manera que de lo corporal se ocupe un médico. Aquí habría que incluir también, en la realidad, al nivel psíquico, y en donde es necesario el psicólogo y el psiquiatra. Estos profesionales se encargarían también del nivel anímico. En cuanto al nivel espiritual, encuadrado en el homónimo que propongo, sería tratado por aquellos que trabajan las abstracciones mencionadas.

Respecto de la cantidad de miembros se recomienda que no sean pocos para evitar que se establezca la "mentalidad de grupo" que excluya otras visiones, ni que sean excesivos para evitar la burocratización y poca agilidad. Con un número adecuado se gana en reflexión y diversi-

---

[1105] Si se trata de un diagnóstico preimplantatorio de un embrión en una fertilización asistida, será necesaria la presencia de un genetista; si se trata de una enfermedad terminal como el cáncer, un oncólogo y un especialista en cuidados paliativos. "Si es necesario, se puede solicitar la presencia de algún especialista de manera de aclarar posibles problemas técnicos" (ANGUITA M., op. cit.). En el mismo sentido, BECA y KOTTOW, op. cit., pág. 10.

[1106] SOMMERMAN, op. cit.

dad de enfoques.[1107] Hay que tener en cuenta, sobre todo cuando analice los "casos", que "[...] el modo como se constituyen los comités no es neutro respecto de su posterior funcionamiento".[1108] Cabe tener en cuenta que el número es una mera forma, un cascarón, ya que lo importante también es qué piensan los integrantes, qué ideología tienen, y lograr pluralidad, diálogo entre ellos.

El tercero incluido nos indicará la necesidad de abarcar eventuales posturas contradictorias a tratar dialógicamente.[1109] De una manera pertinente al problema de investigación tratado, Nicolescu señala la importancia de la oscilación: "Le déséquilibre du ternaire, la réalisation préférentielle d'une direction ou d'une autre par la suppression de la contradiction équivalent, selon la logique et la philosophie de Lupasco, à une redoutable pathologie".[1110] La necesidad del comité de resolver en clave oscilatoria y problemática deviene indispensable porque quien tiene que decidir en última instancia es el juez o el paciente, y sólo frente a un tratamiento problemático se tendrá la variedad de opciones para elegir. Esto muestra un aspecto que remarca Resweber en cuanto a la necesidad de dejar espacio a lo no-dicho en el discurso de las disciplinas.[1111] "La confusión [...] la oscuridad [...] y los barbarismos [...] más bien que indicaciones de error, son aquí síntomas de veracidad".[1112] Sin hablar de la oscilación, otros autores hacen referencia a ella cuando hablan de la Bioética y

---

[1107] BECA y KOTTOW, op. cit., pág. 10.

[1108] BERTOMEU, "Comisiones y Comités de Bioética. Una mirada retrospectiva", en *Perspectivas Bioéticas*, 6(11), pág. 39.

[1109] Véase el punto 26 l.

[1110] NICOLESCU, *Qu'est-ce que la réalité...*, cit., pág. 37. "El desequilibrio del tercio, la realización preferencial de una dirección o de otra por la supresión de la contradicción equivalen, según la lógica y la filosofía de Lupasco, a una temible patología" (trad. del autor).

[1111] RESWEBER, op. cit., pág. 92.

[1112] GUSDORF, op. cit., pág. 49. Tal como lo señala Morin.

los comités: "Le commandement impose le respect d'une conduite de manière obligatoire, la recommandation indique le souhaitable. [...] elle n'est pas obligatoire par elle-même, elle laisse une marge d'appréciation aux intéressés [...]".[1113] Y Nicolescu la menciona: "[...] la réalité tout entière n'est qu'une perpétuelle oscillation entre l'actualisation et la potentialisation".[1114]

Además, "[...] sin un contraste de las propias opiniones con las de los demás, nunca sabríamos si nuestra opinión es probable, más probable o menos probable que la de los demás, y por tanto no podríamos hacer juicios verdaderamente prudenciales".[1115] Así como el pensamiento complejo reaviva la contradicción en el marco de la dialógica, "[...] en el mundo de los valores también se da la paradoja, el pluralismo,[1116] y en él también han de ser tenidas en cuenta todas las opiniones [...]".[1117] Tomando ideas de la interdisciplina, en la parte que coincide con la transdisciplinariedad, al hablar de síntesis, se supera la idea tradicional de totalización, a la manera hegeliana,[1118] para pasar a una síntesis distinta: "La méthode interdisciplinaire aboutit donc à une synthèse obtenue non par totalisation idéale mais par réduction herméneutique. [...] les écarts obtenus et exprimés dans le concept restent problématiques: ils explicitent et portent sur un front plus général

---

[1113] MONNIER, op. cit., pág. 22. "El mandato impone el respeto de una conducta de manera obligatoria, la recomendación indica lo deseable. [...] ella no es obligatoria por ella misma, ella deja un margen de apreciación a los interesados [...]" (trad. del autor).

[1114] NICOLESCU, *Nous...*, cit., pág. 196. "[...] la realidad entera no es sino una perpetua oscilación entre actualización y potencialización" (trad. del autor).

[1115] GRACIA, *Bioética clínica,* Colombia, El Búho, 1998, pág. 124.

[1116] Véase también el punto 30.

[1117] GRACIA, *Bioética...*, cit., pág. 125.

[1118] RESWEBER, op. cit., pág. 90.

le message conclusif de chaque discipline".[1119] De hecho se podría reemplazar o decir "aspecto" por disciplina. Es esencial al comité que su existencia sea plural, es decir, un lugar en donde *estén representadas todas las corrientes de pensamiento* o de opinión, lo que funciona como un mecanismo de balance para los contra-pesos.[1120] En efecto, cuando Nicolescu hace referencia a la vida en sociedad señala que "[...] la tolèrence est l'acceptation du contradictoire, en renonçant à la vanité destructrice de transformer tout 'contradictoire' en 'contraire' [...]".[1121] De ahí la necesidad de brindar la opción al médico-paciente, por parte del comité, para que ellos decidan.

Por otra parte, "[...] la opinión de un grupo, aun en el caso de que sea mayoritario, no garantiza, sin más, su corrección moral".[1122] Si bien puede ser mejor no hablar de corrección, en tanto parece dar lugar a lo que es correcto, sí puede plantearse el hecho de considerar que hay distintas visiones que pueden confrontarse. Incluso desde perspectivas no occidentales se hace referencia elíptica o implícita a esta dualidad integradora. "Julia Tao-Lai Po-Hwa points

---

[1119] Íd., pág. 92. "El método interdisciplinario termina entonces en una síntesis obtenida no por totalización ideal sino por reducción hermenéutica. [...] las separaciones obtenidas y expresadas en el concepto permanecen problemáticas: ellas explicitan y llevan sobre un frente más general el mensaje concluyente de cada disciplina" (trad. del autor).

[1120] MONNIER, op. cit., págs. 160-161. Véanse también los puntos 27 f y 28 h.

[1121] NICOLESCU, *Nous...*, cit., pág. 215. "La tolerancia es la aceptación de lo contradictorio, renunciando a la vanidad destructora de transformar todo 'contradictorio' en 'contrario' [...]" (trad. del autor). "Un ensemble biologique est d'autant plus résistant qu'il est plus divers". Íd. "Un conjunto biológico es más resistente si él es más diverso" (trad. del autor).

[1122] GRACIA, *Fundamentación...*, cit., pág. 115.

out that health care and biomedical ethics in the twentieth century have been grounded on two broad principles, the principle of right and the principle of need".[1123]

La oscilación también permite, en una nueva aplicación, dejar espacios libres para que cada disciplina representada por un profesional participante del comité pueda tomar acción en función de las necesidades del caso, lo que tornaría a la presidencia mudable en función del caso y fija para casos residuales donde no se sepa a qué profesión asignar la coordinación. Si se trata de una temática sobre el cáncer, primará la coordinación de la Medicina, si se trata de un tratamiento a un esquizofrénico, primará la Psicología, si se trata de la eutanasia, primará el Derecho. Aunque lo importante es que las disciplinas se comportarían en la visión del problema a la manera de círculos concéntricos, en donde en el centro estaría la disciplina más pertinente, y rodeándola seguiría el resto.[1124] Así como en el trialismo se da esta especie de válvula que regula el sujeto en donde deja fluir cada aspecto de cada dimensión en función de la necesidad del caso, lo propio puede ocurrir con el comité. Tomando la metáfora de un agente vial, que nosotros asemejaríamos al encargado del funcionamiento de las normas en el Derecho o al coordinador del comité, se señala:

> [...] situé au centre axial du carrefour, peut réglementer selon le temps et les besoins la circulation de plusieurs façons, en privilégiant certains passages, en répartissant uniformément le flux des véhicules, en condamnant certains voies ou en imposant un

---

[1123] REN-ZONG QIU, op. cit., pág. 2. "Julia Tao-Lai Po-Hwa señala que el cuidado de la salud y la ética biomédica en el siglo XX ha venido creciendo en dos principios extensos, el principio de lo correcto y el principio de necesidad" (trad. del autor).

[1124] RESWEBER, op. cit., pág. 74. Así también define Goldschmidt el Derecho, en cuyo centro se halla el reparto, luego captado por la norma, y cerrando el círculo se halla la valoración.

détour obligé... Telle est la stratégie: occupant une position centrale, elle se diversifie d'après la façon dont elle comprend et réagit aux coordonnées mobiles et multiples de l'expérience.[1125]

Hay que tener cuidado con respecto a que esta oscilación no se transforme o confunda con la cristalización, que significaría un comité multidisciplinar, con una presidencia, funciones y miembros fijos. Además, dicha oscilación puede transformarse en cristalización de la disciplina dominante, en donde ella califica el saber y la oportunidad de la oscilación; lo que ocurre en el caso de los comités, abordados y dominados en muchos casos por la Medicina.[1126] "Il n'y a pas de lieux propres au discours interdisciplinaire, sinon cette scène mobile et confectionnée avec les charpentes des méthodes disjointes".[1127]

Ahondando en el método para la coordinación de las disciplinas, una buena táctica de articulación puede ser la del olvido del objeto de estudio de cada una de las disciplinas de base que acompañan a los miembros del comité, lo que promoverá la ausencia de una realidad absoluta y normativa a descubrir por fuera del discurso que la define.[1128] Este objeto de estudio puede ser un pretexto para el debate, el cual, luego de desarrollado, ve su perfil empírico destruido para ser reconstituido y desplazado.[1129] En efecto,

[1125] Íd., pág. 60. "[...] situado en el centro axial de la encrucijada, puede reglamentar según el tiempo y las necesidades la circulación de varias maneras, privilegiando ciertos pasajes, repartiendo uniformemente el flujo de vehículos, condenando ciertas vías o imponiendo un rodeo obligado... Tal es la estrategia: ocupando una posición central, ella se diversifica según la manera por la cual comprende y reacciona a las coordenadas móviles y múltiples de la experiencia" (trad. del autor).
[1126] Véase también el punto 42.
[1127] RESWEBER, op. cit., pág. 85. "No hay lugares propios para el discurso interdisciplinario, si no esa escena móvil y confeccionada con los armazones de los métodos desunidos" (trad. del autor).
[1128] Íd., pág. 88.
[1129] Íd.

luego de que cada uno escuche al otro en función de los límites de su disciplina e intente escucharse a sí mismo en la lengua del otro y escuchar al otro en su propia lengua, se descubrirá que cada disciplina es sólo una manera de simbolizar la vida del saber, por lo que los simbolismos que determina no son intangibles.[1130]

Lo que obliga a la articulación, lo que muestra también la importancia de la oscilación, unida al importante papel del sujeto o dimensión subjetiva, más la relevancia de decidir por caso, se ponen en evidencia debido a "[...] la difficulté d'articuler une perspective dans laquelle les divers contextes (personnel, professionnel, légal) seraient envisagés en relation les uns avec les autres dans une réelle cohérence d'ensemble".[1131] Lo propio ocurre con el Derecho, cuando el profesional se encuentra con la complejidad del caso, que se evidencia en cada aspecto que señala la teoría trialista: sociológico, normológico y dikelógico.

La amplitud filosófico-jurídica del trialismo no sólo se presta entonces a su aceptación, por su impronta compleja e integradora, sino también por su andar oscilatorio, en donde en virtud de esa amplitud abarcadora, negocia y cede a cada dimensión en función de la necesidad. Lo que es todo una novedad en función de las declaraciones por el "todo o nada" tan propias de las polémicas de antaño. Esto revela también una actitud transdisciplinaria en tanto se toma del bazar del trialismo aquello que se necesita.

Son también indicaciones valederas las que sostienen no incluir como argumentos válidos para respaldar una solución la mera expresión de deseos o intereses, descrip-

---

[1130] Íd., págs. 89-90.
[1131] PATENAUDE y BÉGIN, op. cit., pág. 125. "[...] la dificultad de articular una perspectiva en la cual los diversos contextos (personal, profesional, legal) serían enfocados en relación unos con los otros en una coherencia real de conjunto" (trad. del autor). Véase también el punto 27 ñ.

ción de hechos, tradiciones, costumbres, como si se dijera que la profesión médica siempre se ha manejado así.[1132] Se trata de la petición de principios y el argumento de autoridad. Lo que sí lleva a dar razones de las decisiones.[1133] "[...] el comité de ética es un foro que promueve la toma de decisiones meditadas".[1134] En esta investigación fue insistente por parte de los médicos que integraban los comités el recurso a la "confidencialidad"[1135] para negarme la posibilidad de la pesquisa científica, no tomando en cuenta que soy un profesional y que estoy abarcado por el "secreto profesional" en los términos del artículo 156 del Código Penal. Además, el investigador científico, a la hora de realizar su labor, sabe que no puede afectar con ella el consentimiento de las personas eventualmente involucradas, por lo que, en su caso, se protegería la intimidad de las personas implicadas. En este caso, los investigados son los miembros de los comités, todos profesionales, no los "pacientes", a los cuales hay que proteger, por ejemplo, a través del consentimiento informado y la aprobación del protocolo en cuestión. Lo cual hay que inscribir también en el temor de los médicos a los juicios y en la obsoleta creencia de la prevalencia de su saber.[1136]

[1132] BERTOMEU, op. cit., pág. 39.

[1133] Sobre los modos de fundamentar en la ciencia, véase GALATI, "Notas sobre investigación jurídica cuantitativa", en *Investigación...*, n° 39, Rosario, FIJ, 2006, págs. 187-206; también en http://goo.gl/5TFggU (10/2/2008).

[1134] FLACSO, op. cit.

[1135] Sobre el tema véase también el punto 39.

[1136] Véanse los casos del Hospital Pureza, en la última carta dirigida hacia mí y en el correo electrónico de la presidenta del comité del Hospital Dos Cincuenta. Hago referencia al correo electrónico porque nunca pude obtener por escrito la negativa del Hospital. Hasta el día del envío a publicación de esta investigación, el comité rechazó el acceso a la documentación y la observación de sus casos, lo que motivó el pedido a la dirección, que lo reenvió al comité y éste a la dirección. Tampoco la dirección de dicho hospital pudo darme una respuesta, pedida en junio de 2011, y que esperé hasta enero de 2013. En febrero de 2013 informalmente me dijeron que podría tener una entrevista con la nueva directora del hospital, que no se dio.

En el caso del Hospital Babe de Francia, el único médico integrante de un comité que me atendió y accedió a una entrevista no permitió que la grabe, sabiendo que el francés no era mi lengua materna y que me costaría tomar apuntes y seguir el hilo de la charla. "[...] la composition multi-disciplinaire du groupe d'éthique clinique leur apporte un éclairage particulièrement appréciable, [...] parce que diversifié et susceptible, par sa polyvalence, de les enrichir".[1137]

Lo importante es proteger la información privada,[1138] no generar un celo formalista. Lo que guarda relación con la confrontación entre norma y justicia, creyendo erróneamente que el mero hecho de la obediencia a las normas logra de por sí justicia. En este caso no se apunta a violar la confidencialidad, sino a que determinadas personas, por su calidad y conocimiento de la cuestión, están especialmente capacitadas a acceder a la información, para propósitos científicos, sin violar la intimidad de las personas. También se podría señalar que la investigación en temas bioéticos es una consecuencia del servicio sanitario que se le brinda al paciente, tal como la consulta médica, ya que redundará en esencia a la mejora del servicio.[1139]

Es importante que profesional alguno sea excluido, y si alguno estuviera ausente, es necesario que la vacante sea inmediatamente cubierta. Lo cual debe ser controlado por las autoridades públicas, para que sea cumplido por las autoridades sanitarias.[1140]

[1137] FOURNIER y POUSSET, op. cit., pág. 966. "[...] la composición multidisciplinar del grupo de ética clínica aporta un esclarecimiento particularmente apreciable [...] porque la diversidad es susceptible, por su polivalencia, de enriquecerlos" (trad. del autor).

[1138] NEITZKE, op. cit., pág. 293.

[1139] Íd., pág. 299.

[1140] Al respecto, la responsable designada por el Ministerio de Salud de la Provincia de Santa Fe para que entreviste sólo me señaló una página de internet de la Provincia vinculada a comités de ética de la investigación. Véase el punto 27 e.

Puede proponerse como tentativa la existencia de una presidencia del comité. Este tópico plantea la espinosa pregunta por la articulación de las ciencias o disciplinas científicas, tema sobre el que se pronunció Jean-Louis Le Moigne. "[...] quelle discipline ici jouera le rôle des racines, et celui du tronc?".[1141] La articulación puede estar a cargo de abogados.[1142] Ya Ciuro Caldani señaló que la justicia tiene la particularidad de ser un valor cuya valía consiste en permitir que los demás valores valgan.[1143] Además, la justicia puede hacer amar la vida, descubrir fuertes causas de sociabilidad y desarrollar una creación sólidamente satisfactoria.[1144] Pueden coordinar también licenciados en Ciencia Política, en tanto Ciuro Caldani ha propuesto a la Política como la que logra la convivencia entre los miembros de la comunidad.[1145] Aunque hay que destacar también que "[...] la transdisciplinariedad [...] es un sillón vacío en el que todos ambicionan sentarse; corresponde a uno de los principales fines en la feria de las vanidades intelectuales".[1146] Pero la regla no está en adjudicar la coordinación a una disciplina en especial, sino a una persona en particular, que revele distintas capacidades: articulación, diálogo, conocimientos, predisposición, lo que de antemano no posee disciplina alguna, sino que está depositado en ciertas personalidades. Actualmente, no sólo hay médicos en las presidencias, sin variaciones, sino que es la única profesión que se repite, como se dio en el caso del Hospital Dos Cincuenta de Rosario. No hay que hablar de propietarios ni de titulares sino de idóneos o capaces.

[1141] LE MOIGNE, "La connaissance...", cit.
[1142] Por la presencia de los abogados en los comités, véase GÓMEZ VELÁSQUEZ y GÓMEZ ESPINOSA, op. cit., pág. 164.
[1143] "Ubicación...", cit., págs. 20-21.
[1144] Íd., pág. 31.
[1145] Véase "Derecho...", cit., págs. 18, 27.
[1146] GUSDORF, op. cit., pág. 41.

Es necesario incluir a la Enfermería[1147] en el comité, como eslabón necesario entre el paciente y el médico, que puede facilitar la comunicación entre ambos, por ser otra forma de entendimiento entre ambos, por ser más accesible al paciente debido a la mayor frecuencia de trato, la mayor comprensión respecto del lenguaje, su mayor proximidad con la institución de salud, etc.[1148]

> Les infirmières vont lier l'affirmation de leurs compétences et de leurs responsabilités avec les intérêts des patients, en faisant valoir leur sensibilité et leur situation privilégiée pour connaître et comprendre les désirs et volontés de ces patients.[1149]

No es casual que enfermero alguno, salvo en contados casos, "[...] integre el comité de bioética. Una explicación que se ensaya para ello consiste en la reproducción de una jerarquía y una desvalorización, lo que no se corresponde con el espíritu de diálogo democrático que habita en la bioética que se dice interdisciplinaria".[1150]

A fin de lograr espacios para la incertidumbre, advirtiendo su llegada y haciendo previsibles sus efectos, hay que dejar vacíos a llenar en las situaciones que demanden la actuación del comité. Por ejemplo, la composición final del comité, el modo de actuación, la inclusión del paciente

---

[1147] GÓMEZ VELÁSQUEZ y GÓMEZ ESPINOSA, op. cit., pág. 164.

[1148] Sobre el tema véase ARIAS, Rosa María; CASTRO SÁNCHEZ, Laura; GARCÉS PÉREZ, María Eva y otros, "Comunicación mediante imágenes entre enfermera y paciente en estado crítico", en *Revista de Enfermería del Instituto Mexicano del Seguro Social*, 7(1), México, 1999, págs. 49-51. Aquí se explica cómo a través de un código de tarjetas con distintas imágenes con colores que representan distintas necesidades, pacientes que no pueden expresarse verbalmente pueden manifestar sus inquietudes en casos de estados críticos, mostrándose la importancia de la comprensión del paciente por parte de la Enfermería.

[1149] GAGNON, op. cit., pág. 11. "Los enfermeros van a unir la afirmación de sus competencias y de sus responsabilidades con los intereses de los pacientes, haciendo valer su sensibilidad y su situación privilegiada por conocer y comprender los deseos y voluntades de los pacientes" (trad. del autor).

[1150] RACINE, op. cit., pág. 30.

o su representante, el médico tratante.[1151] En efecto, "[...]
que en estos Comités haya miembros de la comunidad,[1152]
además de los diferentes expertos (carácter interdisciplinario), es para que los usuarios o pacientes estén representados, ya que decisiones éticas correctas serían aquellas que
contemplan los puntos de vista de todos [...]".[1153] También
se justifica en el hecho de que integren el órgano aquellos
que se verían afectados por sus decisiones.[1154] De allí que
parezca criticable que se esboce como una mera posibilidad la inclusión en un comité de un hospital de niños de
los padres de éste.[1155] Deben estar porque la decisión los
afectará directamente. "[...] tout idéologie ou tout fanatis-
me qui se donnent comme ambition de changer la face
du monde sont fondés sur la croyance dans la *complétude*
de leur approche".[1156]

Implica todo un problema la inclusión del paciente.
En contra se señala que puede ser dañino para él, que
los participantes en el debate pueden verse privados de la
capacidad de hablar libremente frente a él, y que como los
comités son instituidos para su protección, eventuales posturas a favor en los comités pueden darles una equivocada
proyección de lo finalmente decidido. A favor se señala que
son una parte de la relación que hay que escuchar, que
su posición no está constituida por simples preferencias,
como lo sostenía la medicina tradicional, de esta forma se
aclaran mejor o se introducen nuevos hechos.[1157]

[1151] RODRÍGUEZ, op. cit., pág. 244. "Es recomendable la presencia de aquellos
quienes presentaron la consulta al comité". BRENA SESMA, op. cit., pág. 154.

[1152] GÓMEZ VELÁSQUEZ y GÓMEZ ESPINOSA, op. cit., pág. 164. En el mismo sentido véase MATEOS GÓMEZ, op. cit., pág. 198. Véase también NICOLAU, op. cit.

[1153] CATALDI AMATRIAIN, op. cit., pág. 131.

[1154] Véase FERRER, op. cit., pág. 33.

[1155] BORDIN y otros, op. cit., pág. 65.

[1156] NICOLESCU, "Le tiers inclus...", cit., pág. 132.

[1157] RARI y FOURNIER, op. cit., pág. 154.

En el caso francés, se ve desde un organismo no-gubernamental cómo se respetan los niveles de realidad del espíritu y del cuerpo. "La situation est ensuite présentée et discutée par un staff composé pour moitié de soignants (médecins, infirmières, psychologues, etc.) et pour moitié d'experts en sciences sociales et humaines (juristes, philosophes, sociologues, etc.) ou autres représentants de la société civile".[1158]

Algunos bioeticistas reconocen que muchos comités no han incluido en sus comienzos a profesionales que no sean del área de la Salud interesados en Bioética frente a lo que serían los miembros ideales.[1159] Lo que manifiesta una situación a revertir ante la mirada compleja que plantean la transdisciplinariedad y el trialismo. "[...] les sciences sociales peuvent apporter des données utiles sur le contexte social (politique, sanitaire, etc.) [...]".[1160] Además, de lo que se trata es de convertir al comité como "[...] le terrain de l'expression et de la confrontation d'intérêts et d'opinions contradictoires".[1161]

La necesidad de resolver en clave problemática no parece ser la metodología de algunos bioeticistas en tanto puede leerse: "[...] hay varios caminos para llegar a concluir lo *correcto*, que es el aporte de la ética en este caso. Es decir, no sólo se busca encontrar el camino de lo posible sino de lo que es *correcto* para ese caso y en esa situa-

---

[1158] Véase http://goo.gl/GZyr3u (7/9/2011). "La situación es entonces presentada y discutida por un *staff* compuesto por la mitad de sanitaristas (médicos, enfermeros, psicólogos, etc.) y por la mitad de expertos en ciencias sociales y humanas (juristas, filósofos, sociólogos, etc.) u otros representantes de la comunidad civil" (trad. del autor).

[1159] BECA y KOTTOW, op. cit., págs. 9-10.

[1160] BATEMAN, Simone, "Regard de sociologue: au-delà de la polarisation des conflits", en *Regards croisés sur l'éthique clinique*, Centre d'Ethique Clinique de l'Hôpital Cochin, cit., pág. 14.

[1161] MONNIER, op. cit., pág. 160. "[...] el terreno de la expresión y de la confrontación de intereses y de opiniones contradictorias" (trad. del autor).

ción".[1162] La corrección, que implica la posesión de la verdad, si bien mitigada por el hecho de valer para el caso concreto, no se desliga de la absolutez de la precisión asociada a "lo correcto". A esta posición se le ha criticado su extremismo:

> La production normative de terrain apparaît au contraire plutôt comme la réalisation d'un plan d'action susceptible de permettre la réalisation la plus satisfaisante possible des buts de la vie quotidienne. Dans le cas de conflit, la décision alternative cherche précisément à tirer le meilleur parti possible pour les protagonistes d'une contestation qui les oppose, alors que la décision de justice conventionnelle vise à discerner celui qui a raison de celui qui a tort, ce qui ne fait qu'aggraver la situation de discorde en développant au moins chez l'un d'eux un sentiment d'échec qui hypothèque toujours l'action future.[1163]

Mientras que la transdisciplinariedad sostiene: "[...] sans que l'on puisse arriver jamais à un élément dernier qui signifierait [...] l'identité parfaite et la non-contradiction absolue [...] et qui réduirait donc tout chose à un élément unique [...]".[1164] En otros casos, si bien no se hace mención de esta metodología, a la hora de señalar los pasos a seguir ante un dilema ético se enumeran: la historia clínica, el diagnóstico, los antecedentes, la opinión del paciente, las dudas planteadas y las alternativas o cursos de acción posibles. Pero se expresa luego del pronóstico el mejor interés del paciente, los principios éticos involucrados y las recomendaciones del comité junto con los

---

1162 ANGUITA M., op. cit.
1163 ARNAUD, André-Jean, "Le droit comme produit. Présentation du dossier sur la production de la norme juridique", en *Droit et Société*, 27, 1994, pág. 299.
1164 NICOLESCU, *Qu'est-ce que la réalité...*, cit., pág. 32. "[...] sin que podamos llegar jamás a un elemento único que unificaría [...] la identidad perfecta y la no-contradicción absoluta [...] y que reduciría entonces todo a un elemento único [...]" (trad. del autor).

fundamentos de las mismas.[1165] Como el comité es quien emite una recomendación,[1166] pero la decisión es la del juez o la del médico-paciente, debe dar cauces de acción. Así lo revela un estudio en donde se examina la validez de revelar toda la información sobre un diagnóstico o terapéuticas a un paciente. "[...] sigue sin estar claro en qué condiciones y hasta qué punto puede llegar a ser dañina para la salud de un paciente la revelación completa en nombre del consentimiento informado".[1167] Se trata de la habilidad que debe tener el comité de oscilar entre la autoridad y la autonomía, que los bioeticistas llaman el conflicto entre la autonomía y la beneficencia. "Como ambos puntos de vista son válidos, no es de suponer que ni el derecho ni la ética médica resuelvan algún día el asunto con una directriz única".[1168] De ahí la importancia de la dialógica. Así,

> [...] todas las normas generales que definan las responsabilidades del médico en el manejo de información a través de un único modelo fracasarán inevitablemente. Seguir el modelo de autonomía e insistir únicamente en el derecho del paciente a la información ignora la realidad clínica. Algunos pacientes sencillamente no están preparados para escuchar al médico. [...] Insistir exclusivamente en el modelo de beneficencia [...] [puede] utilizarse para exagerar tanto los efectos del dolor, la enfermedad, el sufrimiento y la debilidad que no podría considerarse autónomo a ningún paciente [...] los pacientes cuya capacidad de decisión esté sustancialmente intacta [...] deben ser tratados primariamente de acuerdo con el modelo de autonomía y un criterio subjetivo de revelación de la información que procure la revelación relativamente completa.[1169]

[1165] BECA y KOTTOW, op. cit., pág. 14.
[1166] GÓMEZ VELÁSQUEZ y GÓMEZ ESPINOSA, op. cit., pág. 163.
[1167] BEAUCHAMP y McCULLOGUGH, *Ética médica. Las responsabilidades morales de los médicos*, Barcelona, Labor, 1987, pág. 69.
[1168] Íd., pág. 72.
[1169] Íd., pág. 84.

De ahí que ante una eventual contienda de posturas en el comité, la resolución en clave problemática le daría a "la autonomía" (del paciente) o a "la autoridad" del juez la posibilidad de la decisión, pero sobre la base de una gama de opciones. Si esto no es posible sería recomendable un espacio para las disidencias.[1170] En efecto, "[...] la 'lógica del tercero incluido' vendría a representar un concepto de importancia trascendental en el enfoque transdisciplinario por su capacidad de formalizar la inevitable presencia de las paradojas y antinomias y de sus aportes complementarios en el conocimiento".[1171] He aquí la complementariedad de los pensamientos que resaltan Nicolescu y Morin, en tanto la dialógica por un lado y el tercero incluso por otro permiten que, filosófica y pragmáticamente, se brinde un espacio de diálogo y propuestas abarcador, para brindar una solución "en clave problemática" al dilema de salud en este caso.

> [...] no situar el concepto de verdad en la teoría, doctrina, la idea, sino en la problemática. Se trata por tanto de preguntarse, no si existen situaciones que produzcan "ideas verdaderas", sino si existen situaciones donde puedan plantearse abiertamente y debatirse problemas "verdaderos", es decir, los problemas fundamentales de la naturaleza del hombre, de la sociedad, del mundo, de Dios, de la justicia, y el problema de la verdad misma [...][1172]

Un buen análisis de un comité incluye también indicar cuándo no funciona bien. El trialismo ha llamado a este aspecto relaciones entre valores por *oposición*. Hay que destacar aquí el secuestro de un valor hacia otro. No haré referencia a la subversión ni a la inversión, ya que

---

[1170] "Los disensos se anotan también en el informe" (RODRÍGUEZ, op. cit., pág. 244).
[1171] MARTÍNEZ MIGUÉLEZ, op. cit., pág. 45.
[1172] MORIN, *El Método 4...*, cit., pág. 90.

ellas se dan frecuentemente al interior de las disciplinas en cuestión; por ejemplo, si se tratara de que el poder, valor inferior, tratara de secuestrar a la justicia, valor superior. Aunque no hay que olvidarlos, ya que pueden ocurrir este tipo de relaciones, por ejemplo, si alguien externo al comité quiere imponerle por su poder la decisión (subversión). Cabe destacar igualmente que no puede pretenderse que en un comité todo se logre por el acuerdo, en donde la cooperación subvertiría a la justicia, sino que es necesaria una cuota de poder, para al menos coordinar y llegar a un resultado. No menos importante para destacar, en el campo normológico, es lo relativo al valor subordinación, ante el cual se rinde la justicia cuando triunfa la burocracia.[1173] Tal como lo dije anteriormente,[1174] hay que tener cuidado con la preponderancia de la institución por sobre el objetivo del comité, es decir, el hospital es el lugar de habitación del comité, pero no su encuadramiento institucional. Se vale del hospital, pero no se somete al hospital.

> Les cadres de référence normatifs imposés par le milieu hospitalier et la pratique professionnelle renforcent généralement la tendance à s'en remettre à une routine semblable en ce qui concerne l'ensemble des autres comportements.[1175]

Que el comité sea visto de este modo, es decir, relacionando armónicamente la subordinación con la justicia, permite que sean encuadradas sus funciones en el Dere-

---

[1173] CIURO CALDANI, "Ubicación...", cit., pág. 25. "Una excesiva reglamentación suele producir trabas burocráticas para su mejor funcionamiento, a la vez que la falta de formalidades lleva a menor valoración y al posible desprestigio de los CEH [Comités de Ética Hospitalaria]" BECA y KOTTOW, op. cit., pág. 11.

[1174] Véanse los puntos 26 l y 42.

[1175] BÉGIN, op. cit., pág. 55. "Los cuadros de referencia normativos impuestos por el medio hospitalario y la práctica profesional refuerzan generalmente la tendencia a meterse en la rutina semejante a lo que concierne al conjunto de los otros comportamientos" (trad. del autor).

cho de la Salud y no en el Derecho Administrativo. Que se dé prevalencia a la salud del paciente y todo lo que ella necesita para promoverse implica la jerarquización del Derecho de la Salud, mientras que darle prevalencia a una buena gestión, y con el abuso que ella puede implicar en la burocracia, implica jerarquizar el Derecho Administrativo en protección de la Administración. No hay que confundir la lógica de la salud con la lógica de la gestión. Mucho menos conveniente será, permaneciendo en el ámbito de los valores, sustraer la decisión a la justicia y sumar a la subordinación la utilidad, con lo cual se priorizará también el análisis de los costos y beneficios de cada decisión. Aquí veremos que no da lo mismo valerse del Análisis Económico del Derecho que del Trialismo, por ejemplo. Será interesante ver el costado positivo de la faz organizativa que implica todo comité como institución, como valiéndose de la red sanitaria en la cual se encuentra. "[...] le comité d'éthique serait une structure souple aux contours plus ou moins précis, mis en place dans un contexte d'évolution des valeurs sociales et des pratiques médicales".[1176]

De hecho se puede plantear una absorción de la gestión por la salud, en tanto aquélla sea para ésta, y no al revés. "[...] se aspira a introducirlas [a las normas sobre los comités] en el ámbito del hospital, para que el personal sanitario en su conjunto las incorpore y las haga propias".[1177] Muchas veces, como señala Morin al hablar de la "ecología de la acción", se sabe dónde comienzan los deseos arrojados al ambiente, pero no cómo ni en qué culminan.

[1176] LECLERC y PARIZEAU, op. cit., pág. 92. "[...] el comité de ética sería una estructura flexible a los contornos más o menos precisos, puesto en un contexto de evolución de los valores sociales y de las prácticas médicas" (trad. del autor). Véanse también los puntos 27 b y 28 d.

[1177] VIDAL, "Los comités...", cit., pág. 425.

Un comité debe tener en cuenta que trata con problemas muy delicados, que requieren de urgencia, dedicación de los profesionales intervinientes y buena fe, cuya exigencia generalmente no plasma en norma alguna. Si el comité no tiene en cuenta estas necesidades, caerá en un supuesto de inversión, en donde los valores superiores olvidan que necesitan de valores inferiores para llegar a su cometido.[1178] Atinadamente Ciuro Caldani se refiere a valores inherentes al funcionamiento de los valores o valores de segundo grado, como la sabiduría para descubrirlos, la templanza para asumirlos y la fortaleza para efectivizarlos.[1179] Además, es necesaria la prudencia para replegarse en ciertos casos y la audacia para expandirse en otros.[1180] "[...] los jueces quedan satisfechos cuando las personas que intervienen debidamente en la adopción de una decisión lo hacen de manera cuidadosa y sistemática. Esto es algo que un buen método puede garantizar".[1181]

La vinculación que más nos interesa es la relativa a la *arrogación* en tanto en el comité se relacionan valores superiores. En una difícil vinculación, el abogado deberá saber ubicarse para respetar el saber del médico, para que diagnostique y brinde el cúmulo de opciones terapéuticas a fin de que decida el paciente. Debería ser un puente entre el médico y el paciente.[1182] De esta manera, la justicia no se arrogaría el material valorativo de la salud; ni los médicos tampoco,[1183] de modo que se respetaría al hombre en su

---

[1178] Se confía caprichosamente que la justicia ha de realizarse por sí misma. CIURO CALDANI, "Ubicación...", cit., pág. 26. "[...] entre los [valores] más relacionados con la humanidad está el amor". CIURO CALDANI, "La ciencia...", cit., pág. 53.

[1179] CIURO CALDANI, "Notas...", cit., pág. 39.

[1180] Íd.

[1181] DRANE, op. cit., pág. 190.

[1182] Parece que así lo prevé la Ley de Derechos del Paciente 26529.

[1183] "[...] con frecuencia, los clínicos tienden a pensar que, cuando un paciente es incapaz, entonces son ellos los que deben retomar el control de la situación y decidir unilateralmente". SIMÓN-LORDA, op. cit., pág. 330.

totalidad para que decida el paciente. Así, la salud debe respetar a la justicia. Es decir, ambas deben tener en cuenta la unicidad de cada cual, en suma, la humanidad.[1184]

En este sentido, es común que los médicos se arroguen el material estimativo de la justicia. Es decir, es normal que se llamen conocedores del Derecho, cuando en realidad lo reducen a la norma, y aún más al sentido de la norma que a ellos les conviene. Mientras que el abogado puede brindar las distintas interpretaciones a las que sobre el tema puede dar lugar una norma, o en el mejor de los casos agregar una visión trialista/transdisciplinaria y sumar las perspectivas sociológicas y dikelógicas al análisis jurídico. "[...] nous avons souvent constaté que les praticiens se font une idée exagérément formaliste du droit qui se traduit par une religion de la signature [...]".[1185] Otro ejercicio de arrogación se da cuando no se nombra en los comités a los juristas ni a otros miembros en general. Es justo que todos los miembros estén. Ya Piaget señalaba que las jerarquías entre las disciplinas no se deben a cuestiones objetivas sino a pseudojerarquías imperialistas.[1186]

La gran amenaza de nuestro tiempo es la santidad, que sobrevuela sobre todos los valores del complejo humanístico. Ella pretende atribuirse el material valorativo de la verdad al imponer los métodos de contracepción provenientes de la religión y que suelen ser ineficaces, como el de la abstención periódica (del ritmo, temperatura basal o rectal, del moco cervical). Al prohibir prácticas pacífica-

---

[1184] "[...] no siempre la misma solución es válida para todo lugar o cualquier momento. De aquí los errores que se producen frecuentemente cuando se exceden los alcances generales de los criterios y asimismo la conveniencia de tener en cuenta los criterios y las valoraciones de los propios protagonistas de los casos, conocedores de la realidad con una perfección que a los terceros es muy difícil alcanzar". CIURO CALDANI, "Los criterios...", cit., pág. 97.

[1185] DREIFUSS-NETTER, op. cit., pág. 22.

[1186] PIAGET, "L'épistémologie...", cit., pág. 136.

mente aceptadas como el aborto terapéutico o sentimental, la santidad católica se arroga el material valorativo de la salud física y psíquica.[1187] También señala Nicolescu, en referencia al valor utilidad, que "[...] l'économie doit être au service de l'être humain et non l'inverse".[1188] Nótese por ejemplo que mantener con vida, como ante estados vegetativos persistentes, implica tratamientos costosos.[1189] A la hora de hablar del origen de las normas éticas, investigaciones sobre los comités de ética clínica se encargan de señalar la laicización.

> Aucune autorité ne s'impose d'emblée comme étant légitime dans la sphère éthique. L'Église catholique, qui a déjà figuré comme autorité légitime, ne peut plus être considérée à ce titre dans notre société grandement laïcisée, multi-ethnique, tolérante à l'égard des diverses dénominations religieuses, et où les préceptes de l'Église sont fréquemment remis en question par les croyants eux-mêmes [...][1190]

Los miembros de los comités, en contadas excepciones, no se relacionan con la verdad, fundante de la ciencia, ya que todos los comités, sin excepción y sin razón valedera, me negaron la posibilidad de la investigación científica, que incluso contribuiría a hacer avanzar la ciencia de la salud, no por mi investigación en sí, sino por el hecho de permitir que los científicos se vinculen con los comités, con los médicos. La salud se ha opuesto aquí a la verdad.

[1187] Sobre el tema véase GALATI, "Consideraciones...", cit. Véase también lo resuelto por la CSJN en el caso "Asociación Civil Mujeres por la Vida c. Ministerio de Salud y Acción Social de la Nación", del 31/10/2006, donde se dijo que los ideales (católicos) de una asociación no se pueden colectivizar, imponer a la sociedad, ya que se pretendía por un amparo la inconstitucionalidad del programa nacional de salud sexual y procreación responsable.

[1188] NICOLESCU, La transdisciplinarité. Manifeste, cit., pág. 225. "[...] la economía debe estar al servicio del ser humano y no a la inversa" (trad. del autor).

[1189] Véase MONNIER, op. cit., pág. 145.

[1190] BEGIN, op. cit., pág. 50.

Por su parte, un artículo del Centro de Ética Clínica del Hospital Babe de París recomienda que integre el Centro un representante del departamento de Derecho Médico de la Universidad, alguien del CNRS (Conseil National de la Recherche Scientifique), organismo estatal que administra la ciencia en Francia, y un representante de filosofía de las ciencias biológicas y médicas del Collège de France.[1191] El espectro que todos estos representantes cubren en nombre de la verdad es diverso.

Es imprescindible que en los comités la utilidad no se arrogue el material estimativo de la justicia y la salud, sobre todo por la inserción de los comités en la institución hospitalaria que no deja de ser una institución administrativa, burocrática, en la que se tiende a la eficacia.[1192] "L'efficacité de l'institution, envisagée de l'extérieur de celle-ci comme un *moyen*, devient [...] une fin en soi dès lors que l'on se place à l'intérieur de l'institution".[1193] Es indicativo que cuando se señala a los miembros que deben integrar el comité se dice que tiene que ser "[...] un abogado experimentado en asuntos médicos, de preferencia ajeno a la administración del hospital, para evitar que su vinculación profesional lo llevara a defender los intereses de la institución".[1194] Lo que perfectamente puede aplicarse a todos los otros miembros, en tanto la línea principal de trabajo debe ser el respeto a la salud, que debe estar en relación con otros valores pero no en sumisión a ellos. Otro ejemplo se da en el caso en que la técnica, el lado de la verdad más

---

1191 FOURNIER, "Les enjeux...", cit., págs. 2210-2211.

1192 BEGIN, op. cit., pág. 36. Un ejemplo de esto se puede ver a lo largo de toda mi investigación por las idas y vueltas para aceptarme como observador, y más precisamente en el caso del Hospital Dos Cincuenta. Véase el punto 30.

1193 Íd., pág. 37. "La eficacia de la institución, considerada desde el exterior de ella como medio, deviene [...] un fin en sí desde que se ubica al interior de la institución" (trad. del autor).

1194 BRENA SESMA, op. cit., pág. 153.

pragmático, se apodera del material estimativo de la salud, cuando la medicina es copada por los costosos aparatos destinados a diagnosticar, pronosticar y tratar. "[...] une formulation claire des problèmes à discuter par le comité d'éthique nécessite habituellement d'être au moins attentif au jugement médical, c'est-à-dire à ce qui résulte d'une pratique médicale respectueuse des normes de la technoscience".[1195] Se habla de la medicalización de la vida, en donde la tecnociencia médica se arroga el material estimativo del valor humanidad, ya que todo pretende ser tratado por la Salud/Medicina, cuando deben intervenir otras ciencias o directamente el hombre mismo.[1196]

El corolario de esta metodología relacional es la filosofía subyacente de considerar a estos comités como un espacio en el que los problemas no son abarcados por una disciplina, ya que, tomando palabras de Nicolescu: "[...] reality is [...] the continuous fluctuation of the experience as captured by consciousness. [...] it can never be identified to a closed system [...]".[1197]

Un protocolo[1198] de un comité hospitalario de ética debería respetar la expresión de las distintas disciplinas de la ciencia relacionadas con el problema en cuestión. Un

---

[1195] BEGIN, op. cit., pág. 39. "[...] una formulación clara de los problemas a discutir por el comité de ética necesita habitualmente ser menos atenta al juicio médico, es decir, a lo que resulta de una práctica médica respetuosa de las normas de la tecnociencia" (trad. del autor).

[1196] Sobre el tema véase GALATI, "Perspectiva compleja de la medicalización de la vida y la juridización de la salud", inédito.

[1197] NICOLESCU, "Transdisciplinarity – Past...", cit. "[...] la realidad es la fluctuación continua de la experiencia capturada por la conciencia. [...] nunca puede ser identificada con un sistema cerrado [...]" (trad. del autor). Lo que tomó del libro de Werner Heisenberg *Philosophy - The manuscript of 1942*. "La relativité a rendu vivant le tissu cosmique en montrant que son activité est l'essence même de son être". DESCAMPS, ALFILLE y NICOLESCU, op. cit., pág. 38. "La realidad devolvió vivo el tejido cósmico mostrando que su actividad es la esencia misma de su ser" (trad. del autor).

[1198] "[...] las funciones normativas se refieren a la elaboración de protocolos". BENÍTEZ, op. cit., pág. 353.

problema central será el de definir el encargado de señalar los participantes en la resolución del dilema ético en cuestión.[1199] Para lo cual es indispensable contar con una presidencia.

i. *Pantonomía de la justicia.* Si bien el comité de bioética hospitalario, como su denominación lo indica, puede dar lugar a fraccionar, recortar su labor a la recomendación respecto de los aspectos éticos del trabajo de los profesionales de la salud,[1200] hay que procurar un tratamiento complejo, abarcativo de los problemas de salud. O se complejiza la Medicina, o se complejizan los comités. Es decir, el comité de ética debe ser un comité de salud compleja. Desfraccionando la función del comité, sobre todo a propósito de las resistencias a ser muchos de ellos investigados.

> [...] on peut se demander si, avant de pouvoir solutionner des problèmes ou donner des avis, le comité ne doit pas d'abord susciter des changements d'attitudes chez le personnel hospitalier, l'amener à se préoccuper des questions éthiques, à prendre conscience de leur importance, à y réfléchir et, dans une certaine mesure, à philosopher.[1201]

En la salud hay varios "recortes" del complejo vital del caso sanitario, que es realizado en primer lugar por el médico y el paciente, para luego pasar el ámbito del comité, que hace un nuevo "corte". Los desfraccionamientos son en gran parte realizados por los pacientes, que plantean

---

[1199] Véase el punto 28 h.

[1200] "On découpe, on isole la dimension éthique d'une conduite pour en faire un 'problème' à résoudre par un comité spécialisé". GAGNON, op. cit., pág. 23. "Se corta, se aísla la dimensión ética de una conducta por hacer un 'problema' a resolver por un comité especializado" (trad. del autor).

[1201] Íd., pág. 25. "[...] puede demandarse si, antes de poder solucionar los problemas o dar sus opiniones, el comité no debe en primer lugar suscitar cambios de actitudes en el personal hospitalario, llevarlo a preocuparse de las cuestiones éticas, a tomar conciencia de su importancia, a reflexionar y, en cierta medida, a filosofar" (trad. del autor).

sus perspectivas que muchas veces no coinciden con las de la Medicina. En este sentido el comité puede cambiar las prácticas de un grupo: de los médicos, que tal vez practican lo que se llama encarnizamiento terapéutico o la no aceptación a las órdenes de rechazo de ciertos tratamientos; de los pacientes, que se empeñan en mantener con vida a sus familiares.[1202]

Respecto de los distintos complejos involucrados en los comités, espacial, personal y material, hay que tener en cuenta posibles desfraccionamientos, es decir, posibles ampliaciones de los efectos[1203] de las decisiones de los comités, en tanto lo decidido en un caso puede afectar a otros similares e incluso instalar un tema para debate en la sociedad. La decisión de un comité sobre una cuestión de género impacta en el caso, en la política del hospital, y en la sociedad toda. Si bien el dictamen es para que surta efectos en la relación médico-paciente, en la vida del paciente está su contexto, ampliándose el espectro de influencia de la decisión del comité. La madre que consulta por una cuestión de aborto tiene que volver al ámbito de su familia, a su trabajo. El avance de la tecnología médica, que dio nacimiento a los comités, genera continuos planteamientos y modificaciones en las recomendaciones.

j. *Justicia de los comités.* Cabe preguntarse qué corresponde en justicia respecto de los comités hospitalarios, es decir, cómo deben desarrollarse para lograr la mayor justicia en el ámbito de la salud.

Una pregunta es quién está habilitado para juzgar el interés, el confort y la calidad de vida del paciente.[1204] Aquí pueden ensayarse como respuestas generales: el paciente mismo, su familia, el médico, el comité, el Congreso,

---

1202 Íd., pág. 8.
1203 Véase también el punto 26 l.
1204 Íd.

la población. Cada uno de ellos se manifiesta de diversa forma. El paciente, a través de sus directivas anticipadas, expresión postmoderna de la crítica a la ciencia y del exacerbado individualismo, visto ahora en la Medicina. "[...] on ne peut évaluer la qualité de vie sans l'appréciation du principal intéressé ou de ceux qui peuvent le mieux se mettre à sa place [...]".[1205] La familia es expresión también de la pertenencia primaria del individuo, que a su vez revela las tradiciones en materia de salud, que pueden no coincidir con la visión del paciente por distintos motivos: económicos, religiosos, personales. El médico, poseedor del saber relativo a la cura, al mantenimiento de la vida de un cuerpo, que también está formado por su psiquis y su espiritualidad. A lo cual puede agregar el bioeticista, ya que la ética implícita de los miembros del comité, centrada en el respeto a las personas y su autonomía, no aparecería lo suficientemente sofisticada en el plano teórico como para que se los considere autorizados sobre cuestiones éticas. Mientras que otros consideran que depende del "buen sentido".[1206] La dialógica moriniana puede ser una respuesta a la pregunta nunca acabada de "[...] comment peut-on faciliter l'échange entre la vision de l'éthique implicite du terrain et la vision de l'éthique explicite que l'on retrouve chez des éthiciens?".[1207]

El comité es el cuestionador del poder del médico a través de la mirada de las otras disciplinas que viabilizan el tratamiento complejo del problema de la salud. Si permanecemos en este campo, vendrá el cuestionamiento

---

[1205] Íd., pág. 10. "[...] no se puede evaluar la calidad de vida sin la apreciación del principal interesado o de aquellos que pueden mejor ponerse en su lugar [...]" (trad. del autor).

[1206] RACINE, op. cit., pág. 35.

[1207] Íd., pág. 36. "¿Cómo puede facilitarse el intercambio entre la visión de la ética implícita del terreno y la visión de la ética explícita que encontramos en los eticistas?" (trad. del autor).

acerca de la competencia en materia ética, ya que hay que preguntarse si la ética se obtiene del sentido común o si hay una "competencia ética" derivada de la formación.[1208] El Congreso, como poder legislativo de la sociedad organizada, implica la participación de la sociedad en la vida del individuo que es su miembro. La población, el mandante del contrato social, puede asimismo ser consultada a través de las formas de democracia semidirecta y expresará lo que se entiende por "moral común", receptada en el caso del artículo 19 pero nunca fehacientemente descripta. Los jueces aluden a ella pero sólo incluyen ahí sus apreciaciones morales, muchas veces encubiertamente. A su vez, cada demandante de legitimidad se basa en una postura filosófica sobre el tema: el individualismo, la aristocracia, la transdisciplinariedad o la complejidad, el pactismo o el colectivismo. En definitiva, el comité se plantea como oponiéndose a la orientación según la cual la moral médica tradicional fundada en el bienestar para el paciente era definida por el médico.[1209] Lo que implicaba una jerarquización del reparto autoritario, que no goza de una presunción de justicia en el Derecho de la Salud.

Tomando partido por el comité, la gran tensión que refleja la teoría trialista en este aspecto es la de quiénes son los que tienen que repartir la recomendación de salud, es decir, quiénes son los que tienen que conformar el comité. Nadie niega que sea multidisciplinar, aunque en los hechos vimos que la conformación efectiva se resiste y las vacancias proliferan. Pero una gran disputa es la relativa a la incorporación del aspecto "democrático" al comité en la persona del miembro de la comunidad. "[...] leur légitimité de nature oligarchique tend à se substituer à celle démo-

---

[1208] Íd., pág. 31.
[1209] LECLERC y PARIZEAU, op. cit., pág. 91.

cratique du législateur".[1210] Una investigación señala "[...] revisar el discurso tradicional de la bioética, porque este discurso alienta un modelo de comité conformado como 'un grupo de expertos' alejado de la comunidad [...]".[1211] Goldschmidt señala que debe privilegiarse el reparto autónomo, que en el caso se asimila a la democracia y la incorporación del miembro de la comunidad. También señala que en los ámbitos donde sea necesaria la técnica se dé privilegio al saber en cuestión, que en el caso sería el médico. Como lo involucrado alude también a cuestiones de "política sanitaria", es decir, relativa a valores enmarcados en la salud, la democracia, vista como estrategias para lograr la convivencia, es necesaria. "[...] los sujetos poseen un especial saber sobre su salud y sobre los problemas que afectan su entorno".[1212] Ciuro Caldani también señala que debe haber un equilibrio entre la aristocracia y la democracia. A lo cual podría agregar que el comité retome la oscilación en otro aspecto, ya que la comunidad puede incluso sobrepasar en número a los expertos, si la situación lo amerita, como ocurriría por ejemplo en un tema de asignación de recursos para el hospital, donde no es relevante la calificación médica, psicológica ni jurídica.

Respecto de la justicia de incluir un miembro de la comunidad en los comités, una investigación referida al modo en que razonan moralmente las personas llegó a la conclusión de que "[...] les membres de ces comités d'éthique ne semblent donc avoir ni de plus grandes ni

---

1210 MATHIEU, "Préface", cit., pág. 12. "[...] su legitimidad de naturaleza oligárquica tiende a sustituir a aquella democrática del legislador." El trialismo le llamará "aristocrática" en lugar de "oligárquica", en tanto la aristocracia alude más a una superioridad ligada al saber, y no tanto al dinero, como la oligarquía. Supo decir la Real Academia Española que oligarquía es una "forma de gobierno en la cual el poder supremo es ejercido por un reducido grupo de personas que pertenecen a una misma clase social". Véase www.rae.es (22/5/2012).
1211 DIGILIO, op. cit.
1212 Íd.

de moins grandes aptitudes que le reste de la poblation [...] puisque le recrutement des membres ne s'effectue pas sur la base de compétences particulières de raisonnement moral".[1213] Lo que refuerza la idea de la pluralidad[1214] ideológica y la aceptación del miembro de la comunidad.

Por otra parte, es justo que el comité jerarquice la importancia de la participación del saber vivencial en la "mesa de expertos", lo que implica dar voz a las clases no dominantes, en tanto ellas son las que concurren al hospital público. Transdisciplinar y trialistamente, cada uno de los participantes en el comité es un experto[1215] en el ámbito de la salud, desde su aspecto y posición.

Con respecto a la forma, el comité debería ser un negociador. "Les comités d'éthique sont apparus comme étant d'utiles instruments pour assurer une médiation entre les médecins et leurs patientes, et pour négocier certains changements".[1216] El intercambio propuesto para el comité es una clave incluso para alcanzar más saber. "[...] le savoir n'est libérateur que s'il relie l'expérience, l'action et la théorie [...]".[1217] Incluso desde una posición de jerarquización de la igualdad de todos los participantes en el

---

[1213] PATENAUDE y BÉGIN, op. cit., pág. 124. "[...] los miembros de esos comités de ética no parecen tener ni más grandes ni menos grandes aptitudes que el resto de la población [...] porque el reclutamiento de los miembros no se efectúa sobre la base de competencias particulares de razonamiento moral" (trad. del autor).

[1214] Véase también VIDAL, "Los comités...", cit., pág. 424.

[1215] Véase GALVANI, op. cit., pág. 41.

[1216] GAGNON, op. cit., pág. 15. "Los comités de ética aparecieron como siendo instrumentos útiles para asegurar una mediación entre los médicos y sus pacientes, y para negociar ciertos cambios" (trad. del autor).

[1217] GALVANI, op. cit., pág. 40. "[...] el saber no es liberador si no une la experiencia, la acción y la teoría [...]" (trad. del autor).

comité, "[...] la règle de la co-construction tient au fait que chacun des acteurs-auteurs possède une expertise indispensable aux autres".[1218]

Debería tenderse a que la razón prevalente para justificar la existencia del comité sea la preservación de la salud del paciente, que coincide con la especial exigencia de justicia de la rama Derecho de la Salud.

k. *Justicia del régimen.* Aquí analizaré la justicia de la temática de los comités vista desde un plano global, en el conjunto del sistema de salud.[1219] Si se quiere superar la visión paternalista de la Medicina, fuerza es integrar al paciente, que es el otro extremo de la relación sanitaria.

> Finalmente, si las políticas públicas forman parte de las modalidades que adopta la relación entre Estado y sociedad, una política que pretenda trascender formas tradicionales de intervención caracterizadas por ser formas de tutelaje sobre la población deberá tender a la incorporación de los ciudadanos/as y a promover su participación para el diseño, planificación y gestión de esas políticas.[1220]

La participación de la comunidad en el comité también puede ser vista como una forma de lograr la vida en comunidad y la igualdad superadora de la individualidad del conflicto médico-paciente, a la vez que puede ser una forma de hacer justicia a los vulnerables.

[1218] Íd., pág. 41. "La regla de la co-construcción tiende al hecho de que cada uno de los actores-autores posea una experticia indispensable a los otros" (trad. del autor). Véanse también los puntos 5 y 10.

[1219] No forma parte de esta investigación el estudio de la filosofía económica en materia sanitaria, donde podría cuestionarse cómo las distintas leyes de salud (derechos de los pacientes, comités, medicamentos, etc.) regulan aspectos vinculados únicamente a la relación médico-paciente. Por esta misma razón, es difícil que accedan a los comités, ubicados en los grandes centros urbanos, temáticas de contenido social, como las que aluden a la distribución de los recursos sanitarios y al acceso a las prestaciones de salud en sus aspectos más básicos.

[1220] DIGILIO, op. cit.

De manera que -si verdaderamente se quiere transformar esas situaciones de desigualdad y opresión- es preciso promover la participación activa de los interesados/as a la hora de analizar situaciones específicas y de intervenir sobre ellas y generar procesos colectivos de producción y apropiación del conocimiento social y de protagonismo creciente de los colectivos concernidos en esas "intervenciones".[1221]

De alguna manera el comité interviene en la decisión de la relación médico-paciente, lo que se justifica por la cantidad y complejidad de problemas que se dan en el hospital, por la evolución de la técnica y los cambios sociales.[1222]

Un trabajo sobre los comités señala la difícil interacción entre la unicidad, la igualdad y la comunidad, representada por el papel del Estado. Aunque se pronuncia también por la relación entre la aristocracia y la democracia, es decir, por la superioridad científico-técnica del saber médico y el papel del paciente.

[...] el contenido de esos valores no lo ha de poner la ciencia, ni el científico en la figura del médico, sino el propio interesado, el paciente y, en última instancia, la sociedad en su conjunto, aceptando la pluralidad de ideas y el reconocimiento de la igualdad de derechos de los individuos e incluyendo a los grupos marginales o los grupos diferentes.[1223]

Lo que me recuerda aquello que señalaba en mi tesis doctoral, referido al papel de compensación de la justicia, y la opción por los débiles que esto implica.

[1221] Íd.
[1222] LECLERC y PARIZEAU, op. cit., pág. 90.
[1223] VIDAL, "Los comités...", cit., pág. 423.

l. *Horizonte ético-económico.* Es aquí el lugar para plantear los distintos modelos de comités de ética clínica tomando como criterio diferenciador las distintas concepciones de la ética que pueden desarrollarse: la ética como verdad, como experticia y la ética de la discusión.[1224]

Hay que tener en cuenta también el trasfondo filosófico e incluso de filosofía económica en la problemática de la transdisciplinariedad e interdisciplina y la integración en general, aplicable al Derecho de la Salud y al Derecho. Se asocia el neoliberalismo o el capitalismo a la disciplinariedad, que en suma abreva en un paradigma de simplificación. La disciplina está desprovista de toda organización colectiva de los asuntos, al privilegiar la producción y el consumo individual.[1225] Incluso no hay una metodología de trabajo en equipo, propia de la interdisciplina, pero que también puede desarrollarse transdisciplinarmente. Además, sólo será selectiva una ciencia especializada, fundada sobre la competición y no sobre la colaboración.[1226] Es de destacar también la asociación inmediata entre la atomización que se da en la ciencia, en disciplinas, y la que ocurre entre los individuos, que compiten entre ellos en la vida, y en la vida académica, como galgos guardianes a fin de mantener sus territorios, expandirlos, pero sin integrar o colaborar. Así como en la vida económica hay posiciones dominantes (monopolios) y oligopolios, lo propio ocurre en la ciencia. Son conocidos los intentos, a propósito del Análisis Económico del Derecho que puede ser el paso previo, para la absorción del Derecho por la Economía, con lo cual se genera una situación de arrogación.[1227] Así,

---

[1224] PARIZEAU, op. cit., pág. 4.
[1225] APOSTEL, "Les instruments...", cit., pág. 149.
[1226] Íd.
[1227] Sobre el tema véase el punto 28 h.

"[...] l'interdisciplinarité sera acceptée, voire exigée, mais uniquement comme un moyen permettant d'accroître la productivité".[1228]

Como extremo alguno es bueno, no hay que creer que en un modelo socialista, la inter- y transdisciplinariedad se organicen de manera adecuada, en tanto la mayor intervención propia de los regímenes sociales puede asfixiar la ciencia, y tornarla en lugar de articuladora, organizada a antojo del burócrata de turno. "Il en résultera souvent de fortes différences de statut et une organisation délibérément autoritaire de la science, qui conduira à une science organisée, mais non interdisciplinaire".[1229] De ahí la importancia de la oscilación.[1230]

> Que le système économique soit socialiste ou capitaliste, il y régnera toujours des tensions entre le groupe des producteurs de la science et la société globale, entre les organisateur qui cherchent à établir le plus grand nombre de combinaisons et ceux qui tendent à demeurer dans le plus grand isolement. Ces contradictions se retrouvent partout et on n'arrivera jamais à les concilier.[1231]

[1228] APOSTEL, "Les instruments...", cit., pág. 149. "[...] la interdisciplinariedad será aceptada, incluso exigida, pero únicamente como un medio que permite acrecentar la productividad" (trad. del autor).

[1229] Íd. "Resultarán seguido fuertes diferencias de estatus y una organización deliberadamente autoritaria de la ciencia, que conducirá a una ciencia organizada, pero no interdisciplinaria" (trad. del autor).

[1230] Tan remarcada en este trabajo y que pensé en GALATI, "La teoría trialista...", cit. Véase también GALATI, "Introducción...", cit.

[1231] APOSTEL, "Les instruments...", cit., pág. 150. "Que el sistema económico sea socialista o capitalista, reinarán siempre tensiones entre los grupos de productores de la ciencia y la sociedad global, entre los organizadores que buscan establecer la más grande cantidad de combinaciones y aquellos que tienden a permanecer en el más grande aislamiento. Estas contradicciones se encuentran por todos lados y no se llegará jamás a conciliarlas" (trad. del autor).

Tratando de articular, como es el espíritu de este trabajo de investigación, se apuntará a vincular entonces las ideas que relacionan con la realidad de los comités. Para lo cual será indispensable estudiar casos de comités en la ciudad de Rosario y en París.

5

Estudio de casos

Aquí se analizarán, sin ánimo de realizar un estudio estadístico ni cuantitativo del objeto de investigación abordado, los comités hospitalarios de bioética más específicos, singulares y representativos de la ciudad de Rosario. El conocimiento no se encuentra en la uniformidad ni en la cantidad que se deriva del número, sino allí donde se encuentra lo significativo o lo desviante. Se abordará el tema en los casos en que ocurre lo que hay que investigar en su forma más típica,[1232] y en función de un criterio delimitador según el cual "[...] los casos presentan características comunes [...]".[1233] He recortado materialmente el objeto en función de los comités hospitalarios que realizan estudios de los casos clínicos, dejando de lado las actuaciones de los comités que autorizan o aprueban proyectos de investigación científica en el ámbito hospitalario o médico, y he recortado el objeto espacialmente desde el punto de vista territorial al limitarme al ejido de la zona urbana de Rosario. Como la investigación no sólo es lo diseñado en el comienzo, sino que es deviniendo, hago una referencia a un emblema en Bioética que es el comtié del Hospital La Feliz, lo que también enriquece la investigación por comparación. Seleccioné al principio las institu-

---

[1232] COLLER, Xavier, "Estudio de casos", colección *Cuadernos Metodológicos*, nº 30, Madrid, Centro de Investigaciones Sociológicas, 2000, pág. 25.

[1233] PARDINAS, Felipe, *Metodología y técnicas de investigación en ciencias sociales. Introducción elemental*, 14ª ed., Bs. As., Siglo XXI, 1975, pág. 54.

ciones más emblemáticas y a las que pude tener acceso, teniendo en cuenta efectores públicos municipales y provinciales, ya que el gobierno federal no tiene a su cargo la administración de la salud (en las provincias). Debo agregar también la experiencia que desarrollé en Francia, ya que al ir prioritariamente para completar la bibliografía en transdisciplinariedad, aproveché la ocasión para analizar los comités de ética clínica en París. Lo que completa la información y compara la existente, de modo que se torna más rico el estudio.

A través de estos casos podremos conocer mejor la población de fenómenos de casos similares.[1234] Será fundamental cómo "[...] en créant des comités, on attribue des sièges, des voix, des status, des votes; on distribue des droits de parole".[1235]

Debo destacar que a diferencia de otras investigaciones,[1236] no pude acceder a los registros de las recomendaciones de los comités, por las razones señaladas a lo largo del trabajo. Parece haber coincidencia respecto de quienes han intentado abordar esta temática. "Empirical research observing such deliberations is scarce, with some exceptions".[1237] En mi caso, se dio dicha excepción "a medias" con respecto al Hospital Velocidad y al Hospital La Feliz. Como señala Morin, dicha investigación ha tenido un estímulo extra constituido por el carácter fragmentario[1238] y escaso de la información proveniente de los comités seleccionados. Todo lo cual es ya un conocimiento de la cuestión.

[1234] COLLER, op. cit., pág. 34.
[1235] GAGNON, op. cit., pág. 18. "Creando comités, se atribuyen asientos, voces, estatus, votos; se distribuyen derechos a la palabra" (trad. del autor).
[1236] RACINE, op. cit., pág. 32.
[1237] PEDERSEN y otros, pág. 147. "Investigación empírica que observa semejantes deliberaciones es escasa, con algunas excepciones" (trad. del autor).
[1238] MORIN, "El derecho a la reflexión", en *Sociología*, cit., pág. 66.

29. Hospital Unidad Local

Está situado en la ciudad de Rosario. Tuve una entrevista con el presidente del comité, que es médico, en mayo de 2011.

No hay enfermeras, no hay psicólogos,[1239] ni abogados, según él me dijo, y tampoco puedo controlar qué otros miembros no hay en tanto no puedo acceder a reglamentación ni a actas del comité. Es de destacar que diga que "hay un porcentaje importante de médicos", lo que significa que son mayoría. Sí hay una trabajadora social. La abogada dijo que se retiró por razones personales, al igual que la enfermera. Dice el presidente que "no hay constancia de las enfermeras", tratando a la profesión en femenino. Expresa que vienen a hacer catarsis de sus problemas, en una actitud denunciante de los problemas que acosan. Y señala que se los ha llamado. La obligación principal de conformar el comité es de sus autoridades. Al preguntarle respecto de la integración de algún miembro de algún credo religioso, dijo que nadie lo integra, a diferencia del Hospital Experiencia, en donde forma parte de él un capellán (católico), "que les hace mucho bien". Resalta el beneficio que tendría el comité de contarse con su presencia. Ante mi cuestionamiento acerca de qué beneficios traería, me repreguntó acerca de lo que yo pensaba.

El sigilo y la reserva no se compadecen con la publicidad que debería reinar en instituciones públicas. Más allá de que no cobren un sueldo que paguemos todos, utilizan infraestructura de todos los habitantes de Rosario. Cuando como docente de Derecho Constitucional comprobé la escasa voluntad de control y crítica que padecen los fun-

---

[1239] Ya en EE.UU. también costó a los psiquiatras la participación en los comités. Tomando como inicio de los comités el período 1983-1999, recién comenzaron a incrementar su presencia en 2005. GEPPERT y COHEN, op. cit., pág. 417.

cionarios argentinos, no la adjudico solamente a la clase política, que no fue transplantada de un planeta extraño, sino que es reflejo de lo que ocurre en otros estamentos con más o menos responsabilidades, como en este caso, donde no pueden resistirse a una investigación científica, ni periodística, ni particular.

Es difícil confrontar lo señalado por la doctrina con lo que efectivamente ocurre en este comité en tanto él, por indicación de su presidente, nos remarcó que no podían darse a conocer los nombres de sus miembros, con lo cual se dan las siguientes consecuencias: no puedo confrontar los dichos del presidente con los de sus miembros ni validar sus afirmaciones. El comité de bioética es un organismo público, no una logia secreta. Es sorprendente que durante la entrevista el presidente haya dicho que los integrantes del comité deberían dar su testimonio a la comunidad para tener una relación con los medios de comunicación. No puedo acceder a otras perspectivas. Se rodea de un halo de secreto un tema que no debería serlo, porque precisamente he elegido a los efectores públicos para no encontrar el obstáculo del carácter privado de la institución. No habría habido problemas de confidencialidad, en tanto siendo profesional, conozco las consecuencias de la revelación de datos privados, cosa que tampoco necesito hacer.[1240] No sólo no comentó particularidades de los casos, sin dar nombres, sino que dijo que necesitaría la autorización de la dirección del hospital, lo que confirma aquí la dependencia del comité del hospital, es decir, la dependencia fáctica del Derecho de la Salud del Derecho

---

[1240] Con excesivo celo dice un texto como función de los miembros de los comités: "Respetar la confidencialidad de los asuntos tratados en las reuniones del Comité, así como el secreto en las deliberaciones del mismo". RODRÍGUEZ, op. cit., pág. 241. Tal vez debió aclararse que la confidencialidad alude a los datos personales de los involucrados, pero no a las particularidades en tanto tengan relación con aspectos académicos.

Administrativo. También señaló que hay un porcentaje alto de resistencia de los médicos a presentar casos al comité, dijo específicamente que sube al 70%. Las autoridades o representantes suelen expresar el sentir de sus asociados, en este caso, la resistencia a la evaluación.

En una sorprendente analogía Luna y Bertomeu señalan: "[...] no se valora la interdisciplina y mucho menos el aporte de miembros de la comunidad".[1241] De esta manera, teniendo yo como hipótesis de la investigación que los comités desarrollaban una visión interdisciplinaria, a la cual aportar la mirada fresca de la transdisciplinariedad, me encuentro en este caso con un comité en un estadio que podemos llamar "prehistórico", ya que ni siquiera hay interdisciplina, en tanto se reniega de profesionales de la propia salud como psicólogos y enfermeros. "La concepción pluralista [de la democracia] [...] introduce a los grupos o a las facciones como los principales actores de los procesos de toma de decisión democrática".[1242] De hecho, cuando se le preguntó al presidente acerca de la metodología de funcionamiento del comité, dijo que escuchan al paciente, y en un momento expresó que se lo "interroga".

Producto del conocimiento de la práctica de los comités, Bertomeu conceptualiza lo que ocurrió en este nosocomio. El presidente del comité descontaba la falta de participación de la enfermería, de la comunidad y de los psicólogos por problemas que adjudicaba a ellos, cuando la responsabilidad de la convocatoria y de la inasistencia radica en el titular del comité.

[1241] Op. cit.
[1242] BERTOMEU, op. cit., pág. 37.

> La concepción elitista [de la democracia] se conforma con que
> un "pequeño grupo de expertos" tome las decisiones, porque se
> descuenta que los temas en discusión son para los profesionales
> y también porque se considera como indiscutido que existe una
> apatía general frente a la participación política ciudadana.[1243]

En este caso se descontaba la apatía del resto de los profesionales. Y se trató y se logró neutralizar a los grupos que alcanzaron demasiado poder.[1244] Cuando en realidad, "[...] un buen comité de ética mejora la imagen de la institución, ya que muestra un nivel de excelencia en la atención al paciente y de verdadera preocupación por sus problemas".[1245] Y un comité será mejor en tanto tenga en cuenta lo querido por el legislador en este caso, que es el contacto con las instituciones de investigación, que hacen avanzar la ciencia, es decir, dan soluciones a problemas en el área en cuestión.

El aporte para la ciencia jurídica, para el Derecho de la Salud que hizo el hospital en este caso fue la falta de información, el ocultamiento,[1246] lo que contribuye a la idea del gatopardismo de los comités, en tanto se ha cambiado para que nada cambie.

30. Hospital Dos Cincuenta

El comienzo del contacto con este hospital público tuvo lugar en abril de 2011. El último contacto a considerar para esta investigación fue en febrero de 2013. Interesa saber las fechas para medir los "tiempos" de la burocracia sanitaria

---

[1243] Íd.
[1244] Ibídem.
[1245] FLACSO, op. cit.
[1246] Aunque en la entrevista, el presidente dijo que ellos tienen una formación humanista.

santafesina. En mayo de 2011 se realizó la entrevista a los miembros del comité, a los que pudo accederse, coordinada por la presidenta. A diferencia del caso anterior, hablaron todos, no sólo su presidente.

Se plantea aquí lo que ocurre a nivel general, en el plano político, se reproducen los "vicios" o "irregularidades", por no decir "ilicitudes" o "incorrecciones", sin caer en el extremo. No está claro por ejemplo el proceso de elección de los integrantes del comité, o parece "dedístico", en tanto nadie los elige democráticamente, y la aparente pluralidad de disciplinas no alcanza a colmar la necesidad de la pluralidad de opiniones. El reglamento señala que los miembros son elegidos "por el Director del Hospital" (art. 1), lo que anula toda pluralidad que pueda pretender alcanzar la interdisciplina. Sólo hay miembros permanentes, lo que conspira con el dinamismo requerido.

El reglamento menciona curiosamente a la transdisciplina, que en la práctica deviene inexacta, es decir, desde el punto de vista teórico transdisciplinario se plantea una cosa, que no es lo que ocurre en la práctica del comité. Fundamentalmente, no hay posturas contradictorias a plantear, conciliar, dialogar, por la uniformidad férrea de la ideología (católica) de sus miembros. De hecho uno de ellos señaló en la entrevista que era posible, aunque no había ocurrido allí, que haya dos dictámenes separados. Es saludable el antagonismo, porque da opciones.

Por un lado, algunos sostienen: "El comité se crea porque creemos en la importancia de la racionalidad consensual como vía para el progreso moral. El pluralismo, lejos de ser una amenaza, es la condición fundamental para el progreso en la verdad".[1247] En una investigación de comités en Noruega se señala: "No committee made use

---

[1247] GRACIA, *Fundamentación...*, cit., pág. 121.

of only one moral theory. Instead, pluralistic approaches dominated".[1248] Por otro lado, otros remarcan la realidad: "En lo referente a la elección de sus miembros no hay un criterio unánime, pero se observa que en algunos casos éstos son propuestos por la dirección [...]".[1249] Se vuelve a insistir en la pluralidad: "La pluridisciplinarité et le pluralisme sont censés répondre à l'éclatement du savoir et à l'absence d'identification à des valeurs communes dans les sociétés dites pluralistes".[1250] En efecto, se dice que se encuentra en el núcleo de estos comités la pluridisciplinaridad y el pluralismo, como reglas de organización, y el consenso como sistema de decisión.[1251] En mi caso, la pluridisciplinaridad será reemplazada por la transdisciplinariedad, que a su vez caracterizará también a la forma de decidir. Cuando se habla de la pluralidad, se llega a decir incluso que esto los acerca a la sociedad, dividida en distintos sistemas de valores. De ahí que también tengan que favorecer el debate público.[1252] Poco de lo señalado puede alcanzarse cuando entre los miembros del comité figura el "capellán del hospital" (art. 1). La entrevistada dijo que la parte "espiritual" está cubierta por él, como si el espíritu fuera propiedad de Dios. ¿Cómo puede fomentarse el diálogo y el intercambio desde la religión, que precisamente lo bloquea con sus dogmas? Tengo la certeza de que la presidenta y dos vocales son católicos. En el caso de los vocales, una por sus manifestaciones y contacto cotidiano, y el otro, por el contacto que tuve en su cursado en el Pro-

---

1248 PEDERSEN y otros, cit., pág. 148. "Ningún comité hace uso solamente de la teoría moral. En su lugar, las aproximaciones pluralistas dominan" (trad. del autor).
1249 DIGILIO, op. cit.
1250 MONNIER, op. cit., pág. 34. "Se supone que la pluridisciplinariedad y el pluralismo responden a la explosión del saber y la ausencia de identificación en valores comunes en las sociedades llamadas pluralistas" (trad. del autor).
1251 MATHIEU, op. cit.
1252 MONNIER, op. cit., pág. 159.

fesorado en la Pontificia Universidad Católica Argentina y por ser miembro de la Universidad Austral. La presidenta también ha participado en jornadas que organiza la UCA, junto a su colega. Nótese que el Estado argentino con sus recursos sostiene la infraestructura y el servicio -de salud- en el que se encuentran.

Así como es clara, también es infundada la mayoría de personal médico o afín, como enfermeras. "Personal facultativo: médicos y enfermeras en mayor porcentaje".[1253] En este comité no hay filósofos, tampoco antropólogos ni trabajadores sociales; cuando los entrevisté había dos médicos y una enfermera, más la psicóloga, la abogada y la representante de la comunidad. Es de destacar el "olvido" que tuvo la presidenta del comité en la entrevista que le realicé con respecto al miembro de "la comunidad", que estaba presente. Y no se olvidó del "capellán" a pesar de su ausencia.

El comité se negó a ser investigado científicamente, es decir, sólo me recibió para que les hiciera una entrevista colectiva a sus miembros, y me dieron la copia del reglamento. Como quise acceder a sus actas y a la observación de sus reuniones, y me fue negada verbalmente, ingresé un expediente en Mesa de Entradas del hospital a la Dirección el 30 de junio de 2011, la que giró la petición al comité y éste luego a la dirección. Para que no se llegue a esta situación de "idas y vueltas" con un pedido simple, que bien pudo haber resuelto el comité, pero que se resistió debido a su profunda creencia respecto del temor a cuestionar el saber y poder del médico, se podría independizar al comité de la dirección,[1254] sea para que en uno u otro sentido se resuelva pronta, idónea y pertinentemente.

[1253] RODRÍGUEZ, op. cit., pág. 244. Véase también GEPPERT y COHEN, op. cit., pág. 417.
[1254] DIGILIO, op. cit.

Nótese que la Ley 24742 expresa que el comité depende de la dirección del hospital, pero que está fuera de su estructura jerárquica, lo que es contradictorio. En este caso, el comité y la dirección se simbiotizan y termina siendo su cabeza la dirección, lo que se refuerza porque el propio reglamento del comité señala que el director del hospital es el que nombra a los miembros (art. 1). Un texto, teniendo en cuenta estas actitudes corporativas, se cuestiona: "Jusqu'à quel point ont-ils pour finalité de défendre les droits des patients et non pas seulement de s'adapter aux demandes du personnel ou de l'institution?"[1255] El reglamento señala gatopardísticamente que el comité depende de la dirección administrativamente (art. 6), lo que es cierto, pero que queda fuera de su estructura jerárquica (art. 6), lo que no es cierto, ya que en otro artículo se señala que el director nombra a los miembros. En los hechos vi también cómo el comité no puede decidir respecto de la dación de información relativa a él. En el expediente puede verse que el comité señala: "En cuanto al acceso al libro de actas del Comité, al pertenecer como documentación al Hospital Dos Cincuenta, *más allá de corresponder al Comité*, su acceso debe ser autorizado por las Autoridades del Hospital, quienes se responsabilizarán de dicha autorización".[1256] Aquí se ve cómo contradictoriamente dicen que las actas son del comité pero que su visión debe ser autorizada por la dirección. En concreto, depende el comité de la dirección en algo que es fundamental: la titularidad de la información. Cuando dice que la dirección se responsabilizaría de la muestra de las actas, la opinión que se entrevé del comité con respecto al tema es que sería la dirección

---

[1255] GAGNON, op. cit., pág. 24. "¿Hasta qué punto tienen por finalidad la defensa de los derechos de los pacientes y no solamente adaptarse a las demandas del personal o de la institución?" (trad. del autor).
[1256] El resaltado es mío.

responsable de algo que no debe hacerse. La conjetura la hago porque no obtuve opinión del comité por escrito con respecto al pedido. En la entrevista, la secretaria señala que "el comité es una dependencia de la dirección". En momento alguno se señala en la ley nacional que el comité es un "órgano asesor" -como dice la secretaria- de la dirección. Esto muestra lo que efectivamente son en un hospital público de la ciudad de Rosario. Es curioso que cuando el comité dice que es la dirección la que debe responsabilizarse de la autorización para que acceda a las actas, la directora dice: "Responder al solicitante que el Comité acepta la entrevista". Pero no se pronuncia por el acceso a las actas. Luego insistí en el pedido en abril de 2012 sin respuesta e insistí en febrero de 2013, sin respuesta aún.

Volviendo sobre mi experiencia, que es indicativa de la relación existente entre la dirección y el comité, y sobre el acceso a los datos públicos, cabe hacer una cronología de los hechos. El 28 de abril de 2011 comencé a tomar contacto con el hospital para averiguar si allí había un comité de ética. Ahí tomé contacto con la médica coordinadora de la Comisión de Bioética de la Facultad de Medicina, e ignorando que no era un comité, insistí para reunirme con ellos. Insistí varias veces por teléfono, por correo electrónico a la coordinadora hasta que di con la dirección de la presidenta del comité de ética del hospital el 10 de mayo de 2011. Después de malos entendidos, logré que uno de los miembros del comité pudiera facilitarme el acceso. Finalmente tuve la entrevista. Pero como no pude acceder a observar sus reuniones ni a sus actas, presenté en Mesa de Entradas un pedido en tal sentido dirigido a la dirección, como me lo recomendó la presidenta del comité el 30 de junio de 2011. Para el 19 de julio el trámite había pasado al comité de bioética. El 26 de agosto pregunto y sigue en el comité. Desde el 23 de mayo está en dirección. Los últimos días de diciembre de 2012 me presento personalmente en la dirección y empiezo trato con el secretario, que me dice que presente una *nueva nota,* que así ingresó el 28 de diciembre. En el curso del pedido hubo un cambio de autoridades y me dijeron informalmente que podría tener una entrevista con la nueva directora a su regreso de las vacaciones. Esta investigación, que comenzó en marzo de 2010, no puede ser eterna, el financiamiento concluyó y los plazos del postdoctorado de la UBA, en la cual también se encuentra inscripta, vencen en febrero de 2013. Así como una investigación no puede ni debe abarcar todos los casos en su aspecto espacial, tampoco debe abusar del tiempo, deviniendo necesario su fraccionamiento. No puedo estar pendiente de este caso por siempre.[1257]

Lo que pedía del comité es justamente el Registro de Actas del Comité, archivo de casos consultados, conclusiones y recomendaciones (art. 2), lo que me fue negado. Precisamente la presidenta del comité no brindó información sobre esos casos porque como eran tan distintos y particulares no podía memorizarlos. Cuando les pregunté si ellos tienen acceso a las resoluciones de los otros comités, que la ley santafesina manda registrar, me dijeron que desconocían el tema. Se puede hacer una investigación sobre la "ciencia en Argentina" y estudiar su grado de avance. O tomar casos testigos como el mío y pretender hipotetizar respecto de las causas de su estancamiento. Aquí se puede ver por qué la uniformidad de criterios influye en dicho estancamiento. Los dogmatismos reproducen cerrazones. Tal vez una mente disruptora podría haber tomado consciencia de lo que hacía y permitir que pueda investigar el funcionamiento de los comités. De ahí que concluya que

---

[1257] Véase también el punto 28 g.

la gran mayoría de ellos son "cerrados"[1258] y que todo cambió para que nada cambie. Es gracioso que el artículo 2 alude al "material científico", que será responsabilidad del secretario para su custodia. Pero la negativa de información precisamente no hace avanzar la ciencia, que se nutre de la materia prima básica.

Es interesante destacar que una de las funciones del comité, según el reglamento, es la de promover la capacitación de los recursos humanos en temas de la Bioética Médica (art. 4). Lo que da un indicio acerca del prevalente, preponderante poder de la Medicina en la configuración del comité. La ética no es sólo médica. Es rara la negativa de información hacia mí, cuando el propio reglamento habla de difundir sus conclusiones y recomendaciones (art. 4). Quiere educar pero niega información... Incorrectamente el reglamento señala que el comité no emitirá dictámenes o recomendaciones en materia legal no vinculados a la Bioética (art. 5), lo que da a entender que el Derecho se reduce a las normas. Por argumento *a contrario*, podría el comité expedirse en temas que no son bioéticos en los aspectos jurístico-sociológicos y dikelógicos. En la entrevista, la presidenta del comité insiste en separar la cuestión legal de la ética, cuando no es así en tanto no hay algo más valorativo que lo normativo. En este sentido el comité debería ser el lugar de la integración, no de la separación.

Un miembro del comité puede ser removido por "conducta reprochable" (art. 15), lo que es harto vago. Frente al carácter relativo de la moral, un Estado se organiza señalando qué considera "conducta reprochable" estableciendo un "código penal", que es una guía básica y exime de juicios subjetivos y tendenciosos. También podría incor-

---

[1258] Tal es también la expresión que utilizó un miembro del comité de ética de la investigación del Hospital San Luis. Véase el punto 39.

porarse y precisarse el "mal desempeño", criterio que se cumpliría si hubiera falta de idoneidad sobreviniente o de actualización de los conocimientos.

Es extraño, cuando les pregunto por los conflictos que tuvieron, que mencionen casos con resolución normativa, como la ligadura de trompas, aceptada legalmente en 2006, y el aborto no punible, aceptado legalmente en 1921. Para la entrevistada lo problemático era que pacientes jóvenes menores de 30 años pidieran la ligadura por motivos económicos y no terapéuticos, lo que adelanta la posición de la entrevistada, ya que hoy es aceptado pedir una contracepción quirúrgica por planificación familiar. Aunque la entrevistada no señala qué tipo de aborto fue el tratado por el comité. Asombra más cuando la presidenta señala que hubo veinte casos de ligadura de trompas. No asombra que sean casos en donde la mujer pide la contracepción quirúrgica. ¿Por qué no hubo vasectomías? Evidentemente por la posición predominante del hombre, todavía, en materia sexual.[1259] Siguiendo con el cuestionario, la presidenta dice que los motivos de consulta de las ligaduras tubarias eran por factores económicos de mujeres jóvenes menores de 30 años. Yo le dije que era por planificación familiar, a lo que contestó que sí. En efecto, se trata de una discusión propia de tiempos anteriores a la Ley 26130 de 2006, en donde se enfrentaban los motivos terapéuticos y los motivos de planificación familiar, sustentados aquéllos por las posiciones católicas, hoy perimidas en cuanto a su influencia en los argentinos "no católicos". Siguiendo con la línea "de eso no se habla" por el hermetismo enorme, la presidenta menciona el caso del aborto como motivo de

---

[1259] Cabe apuntar que cuando la presidenta se refiere a una resolución por la que los transexuales tienen que alojarse en el hospital de acuerdo con lo que sienten, habló de "transexuales femeninos" que "se sienten" mujeres pero que "son" varones biológicamente.

consulta y expresa que se trató de un caso de aborto "no indicado porque podía seguir el embarazo y podía hacerse un parto prematuro". No sólo no especifica, lo que me habilita a suponer, sino que parece un caso en donde "su" posición le decía que había que seguir con el embarazo, lo que sostienen las posturas católicas desconociendo la vida o salud de la mujer embarazada.

Es de destacar que el comité me haya permitido presenciar el tratamiento de un caso artificial, en su función de "autodocencia". El caso trataba del llamado "bebé medicamento", así denominado por los miembros del comité y que ya manifiesta una carga ideológica, en tanto sólo lo ven como un objeto a ser utilizado para un fin. Sin posibilidad de compatibilizar ambas existencias. Y frente a mi planteo por la inter-retro-acción entre medios y fines -en tanto en una situación extraordinaria un fin noble puede ser conducido por medios innobles-, utilizando el ejemplo de la dictadura de Franco y la salida a través del reinado de Juan Carlos, cuando uno de los miembros planteó qué era la democracia, mientras que aquí se podría plantear qué es la persona, si una entidad aislada de su medio, o lo es con el medio, la entrevistada dijo que cambiar un sistema político no afecta la vida de nadie. Una de los integrantes también dijo que no hay un "derecho al hijo" que contradiga las funciones procreativas (naturales). La presidenta agrega que ser humano alguno puede ser manipulado, nacido o no. También criticaron que dos madres lesbianas puedan acceder a tratamientos de fertilidad. Aquí, en este diálogo informal con los miembros del comité, se cae en la cuenta de su poca flexibilidad. Algunos hablan de que no hay distintos valores, sino valores y "antivalores", que hay que procurar la personalización, afín a la Bioética personalista –de orientación católica– e incluso a la postura clásica del trialismo de Goldschmidt. Poco puede dialo-

gar en un comité quien cree en cosas "evidentes". También
señalan que no todo deseo es un derecho, cuando siempre
hay deseos en los derechos y sólo algunos se formalizan en
leyes, y no por ello son justos. Cuando se le pregunta a la
presidenta por el grado de acatamiento de los médicos de
las resoluciones del comité, señalan que es "un refuerzo de
lo que ellos [médicos] pensaban se podía hacer". Cabe preguntarse entonces para qué se sometió el caso al comité.
¿No hubo tampoco contradicciones, desencuentros?

31. Hospital Pureza

El camino de la investigación comenzó aquí el 29 de abril
de 2011, cuando pedí la entrevista y la investigación del
comité en una nota dirigida a la coordinadora, una médica. La nota dirigida daba mis datos personales, el propósito de la investigación, qué iba a hacer con los resultados
de la investigación, el marco teórico de la investigación, y
como anexo el proyecto, quién lo financia, intereses, etc.
Y esperé. El jueves 5 de mayo se iba a reunir el comité
y decidirían. Llamé el 10 de mayo y me dijeron que no
se habían reunido. Me expresaron que se iba a tratar mi
asunto en la reunión posterior del 13 de junio. Llamo el
14 de junio y me dijeron que no había novedades. Finalmente me dijeron que vaya el 27 de junio a las 12.30 h.
El comité señaló en pleno que era difícil, para no violar la
confidencialidad, que pueda acceder a los casos clínicos
y documentación, pero sí a entrevistas a miembros. Tenía
que llevar el proyecto y una constancia de mi carácter de
becario postdoctoral, y se reunirían el 4 de julio para tratar
mi pedido. El 30 de junio me llaman y me dicen que retire
una nota. El 1 de julio piden una constancia oficial de la
aprobación del Conicet de mi proyecto y de la asignación

de beca, más la constancia de investigador en formación. Acerqué parte del documento extraído de la página web del CONICET donde consta la asignación de mi beca. Allí pudieron haber preguntado también. Se escudan pidiendo requisitos formales cuando en otros lugares bastó la declaración jurada del requirente. El 20 de julio, luego de tres meses, niegan mi pedido.

El comité de docencia planteó al investigador un camino arduo lleno de obstáculos que hicieron difícil la investigación del fondo del tema. Sin caer en el extremo de no indagar al menos un *curriculum* y un proyecto de investigación, en este caso se pretendía que el CONICET mismo certificara la validez del proyecto de investigación, cuando ya lo hizo al otorgarme la beca postdoctoral. Lo máximo que pude lograr fue que dicho organismo colocara en un certificado que yo hacía la investigación en cuestión titulada de la manera en que fue concedida la beca postdoctoral, pero dicho certificado recién sería otorgado a los tres meses de la solicitud, con lo cual le dije al comité que admitieran lo dicho como una "declaración jurada". Dicho comité se erigió en una especie de "superinstancia" evaluadora, incluso del CONICET mismo, que vengara tal vez la evaluación que el resto de las profesiones hace de la Medicina. El exceso de celo o de inseguridad también puede entenderse si se piensa que es un hospital que sólo está acostumbrado a tratar con niños. Se llegó al colmo del formalismo, que en el fondo, valga la contradicción, esconde un "motivo de fondo", que es el temor a ser investigados, ya que si se sortearan todos estos obstáculos, lo que se lograría sería que ellos me cuenten cómo resuelven casos bioéticos conflictivos en donde están involucrados niños. "[...] davantage de recherches empiriques seraient nécessaires pour approfondir notre compréhension de la réalité de l'éthique en milieu de santé".[1260] El tan y muy loable requisito de la confidencialidad sería resguardado ya que no trabajo para una agencia de detectives privados, con las cuales la población suele asociar a veces la palabra "investigación", en tanto no soy un detective, sino un aprendiz de científico. Como me dijo un médico una vez, con gran razón, la ausencia de información, constante en la comunidad médica rosarina, es ya una información. Incluso, como puedo leer de cómo se maneja el Hospital Francés Babe, quien habría podido negar la información podría haber sido el paciente, pero no el médico, que no es el dueño de la información ni de los pacientes. De manera que a él podría habérsele solicitado el permiso para que yo accediera a la información que le concernía. "[...] le fait qu'ils aient explicitement consenti, plusieurs mois plus tard, à ce que leur histoire, dans le respect de l'anonymat, soit présentée et débattue publiquement à visée pédagogique est aussi un élément qui permet de penser qu'ils ont estimé la démarche intéressante".[1261]

Las frases de la nota denegatoria son fácilmente rebatibles. Cuando dice que parto de la premisa de que hay problemas en los comités, el organismo desconoce que de alguna idea tiene que partir la investigación, luego de la cual se confirmará o no. Incluso las ideas rectoras, que no son hipótesis, son tentativas, aproximaciones al problema de investigación, que pueden cambiar a lo largo del traba-

---

[1260] RACINE, op. cit., pág. 36. "[...] más investigaciones empíricas serían necesarias para profundizar nuestra comprensión de la realidad ética en el medio sanitario" (trad. del autor).

[1261] FOURNIER, "Introduction à l'éthique clinique et à ses méthodes à travers l'exposition d'un cas", en *Regards croisés sur l'éthique clinique*, Paris, Centre d'Ethique Clinique de l'Hôpital Cochin, 2003, pág. 10. "[...] el hecho que ellos hayan explícitamente consentido, varios meses más tarde, a que su historia, en el respeto de su anonimato, sea presentada y debatida públicamente con miras pedagógicas es también un elemento que permite pensar que ellos valoraron como interesante al trámite" (trad. del autor).

jo. No hay confusión entre comités de ética hospitalarios y los de investigación, precisamente porque me dirigí a ellos y no a otros, y se puede ver en el trabajo la distinción que siempre estuvo clara, como punto central de la demarcación del objeto de estudio. El comité dice conocer la "transdisciplina". El primer error se da porque en este trabajo se alude siempre a la transdisciplinariedad, que es algo distinto, en tanto esta última no pretende ser una disciplina. No es muy conocida la transdisciplinariedad en el ámbito de los comités, y precisamente ello hubiera querido investigar si me hubieran dejado. Incluso suele confundirse con la interdisciplina. De todas formas no explican qué entienden ellos por "transdisciplina". Se dicen ser conocedores de la "Bioética" cuando ella es un ámbito de diálogo y participación, que no se dio en este caso. El espíritu de la nota sin dudas informa que el comité ha tomado mal que se le adjudiquen "problemas". Quien hace todo bien, quien todo lo sabe, es difícil que pueda dejar que se le diagnostiquen problemas o ser poseedor de ellos. ¡Bienvenidos sean los problemas! Porque de ellos surgen los conflictos y las opciones.

De hecho la confidencialidad es dejada de lado por el médico que somete su caso al comité, en primer lugar. En segundo lugar, algunos autores también admiten dejar de lado la confidencialidad de la historia clínica para fines de docencia o investigación.[1262] Y en diversas oportunidades dejé aclarado que un organismo gubernamental financiaba mi investigación y que trabajaba en una institución educativa pública, la Universidad Nacional de Rosario. No me financia un laboratorio, es decir, una empresa que lucra, sino el pueblo argentino para que haga avanzar el Derecho de la Salud. En otras investigaciones también se dejó esto

---

[1262] BORDIN y otros, op. cit., pág. 76.

en claro: "The study did not include patients or patient data
[...]".[1263] Pudiendo reemplazar la "docencia" por "investigación" se dice: "Resulta inevitable el interés docente que
suscitan muchos de estos casos tratados por un comité. A
los efectos de proteger la identidad del paciente, se deberán alterar algunos aspectos para dificultar la posibilidad
de identificarlo".[1264] Es evidente que la confidencialidad fue
una excusa.

De ahí entonces que sea tan necesaria y ahora se
entiende por qué es tan resistida, la formación humanística
en las carreras médicas. El ser humano debe saber procedimientos, cómo ejecutar un cheque, cómo curar un resfrío,
cómo elevar una columna de un edificio y cómo elaborar
un balance, pero también debe conocer de valores y de
la importancia de la investigación científica, porque con
ella avanza la ciencia y progresa y se actualizan los conocimientos mismos que reciben los profesionales, incluidos
por supuesto los médicos.[1265]

32. Hospital Experiencia

Este caso particular revela otro más en donde se nos muestra la resistencia de los miembros de los comités a dar
información y ser investigados. Una de sus miembros, la
abogada, secretaria del que a la vez es presidente del Comité del Hospital Unidad Local y de este nosocomio, me
canceló la entrevista en dos oportunidades. Esto merece

1263 PEDERSEN y otros, cit., pág. 147. "El estudio no incluye pacientes o información
     sobre pacientes [...]" (trad. del autor).
1264 BORDIN y otros, op. cit., pág. 78.
1265 "[...] la necesidad [...] de que los diversos agentes de la salud alcancen, junto
     con la excelencia de su formación científica y técnica, una seria formación
     humanística general, donde la Bioética no podría estar ausente". BORDIN y
     otros, cit., pág. 5.

varias reflexiones. En primer lugar, es más que raro que dos instituciones médicas públicas tengan como presidente de un comité de bioética a una misma persona. En segundo lugar, la resistencia no se justifica por la predisposición manifestada por mí, debido a mi interés particular en llevar a cabo la investigación, por el hecho de haberla llamado en las dos ocasiones, y por el hecho de tener dedicación exclusiva por el tiempo a la investigación. En tercer lugar, el propio presidente del comité dijo que éste contaba, a diferencia del Unidad Local, con un sacerdote. Cabe aquí el pensamiento de Bertomeu: "La excesiva representación que tienen la profesión médica o la Iglesia católica en algunos Comités, representación que en la mayoría de los casos poco se relaciona con una formación en bioética [...]".[1266] Recuérdese que en el Comité del Hospital Unidad Local no estaban representados los psicólogos ni las enfermeras ni los abogados, que sí tienen relación directa con la salud.

El presidente dice, en la entrevista de mayo de 2011, que el comité tiende a la bioética personalista, es decir, católica. También persistió en este caso la resistencia del médico y mi insistencia en conocer los problemas que les eran sometidos. En cuanto al representante de la comunidad, "es deseable que haya", dijo, pero no está.

Sí pude acceder a una entrevista, en julio de 2011, con un miembro del comité, que a la vez compartía conmigo la Secretaría del Centro de Investigaciones de Filosofía Jurídica y Filosofía Social. Se trata de una abogada, que concurre al comité en representación del Centro de Investigaciones en Derecho de la Vejez de la Facultad de Derecho de la Universidad Nacional de Rosario. La entrevistada dijo que como miembros participan la abogada, que es asesora legal del hospital y secretaria; el médico que es el

---

[1266] BERTOMEU, op. cit., pág. 37.

presidente; un miembro de la Sociedad de Beneficencia, dueña del edificio donde está el hospital; la enfermería, en ese momento en tren de cambiarse; un encargado del mantenimiento del edificio, que finalmente no terminó de integrar el comité; el capellán, en tanto hay una iglesia católica al lado del hospital y antiguas monjas, que viven arriba del hospital y cuidaban el asilo antiguo. La entrevistada aclara que ello no significa imponer el culto católico. Pero si un crucifijo puede condicionar y por eso se lo saca de los edificios públicos, como los tribunales, hay que imaginar el impacto que genera tener toda una parroquia "en" el hospital. Hay que agregar que la Sociedad de Beneficencia es también católica. Lo que guarda sentido si se ve que al anciano hay que "darle", siendo que él es el que también puede dar.[1267] Hasta el año 2010 integraba el comité un residente internado. Hay que cubrir la vacante, a pesar de que lo que más haya son residentes. Estuvo una psiquiatra, que se retiró por motivos personales. Nunca tuvieron un representante de la comunidad. No hay miembros *ad hoc*. La variedad de la integración se justifica por la calidad del lugar en donde se ubica el comité, que es un hospital y una residencia. Da la impresión de que se asocia al residente con la enfermedad y la partida al cielo (católico) y en ese sentido se lo estructura ediliciamente: como hospital, teniendo arriba un convento y al lado una iglesia. De hecho la entrevistada dice que hay una puerta que comunica a ambos edificios, iglesia y hospital, sin

---

[1267] Sobre el tema véase GALATI, "La complejidad de la ancianidad en el ámbito universitario", en *Zeus*, 5/3/2012, t. 118, págs. 305-307. Hay que prestar atención porque el anciano también contribuye a "engendrar" violencia desde su pasividad, reaccionando. DABOVE, María Isolina, "Violencia y ancianidad", en *DJ*, 1992-2, en www.laleyonline.com. Y también permitiendo la ocasión o permanencia de la situación de violencia. Como lo sostengo en el espíritu del trabajo "La complejidad de...", cit., hay que pasar una "actividad" en la "pasividad" y dejar de "dar" para "recibir" de la riqueza de la ancianidad.

necesidad de salir al "exterior". Cuando se podría asociar la vejez a otras cosas, como tener cerca una agencia de turismo, una plaza, una cancha de bochas, el río, y otros lugares de entretenimiento, no donde la gente va a sufrir y ser confesada de sus pecados. Dabove, especialista en vejez, señala que la violencia hacia el anciano se traduce en la imposición, es decir, se le presentan hechos ya resueltos a los cuales no puede oponerse. Es decir, se trata de aquella fuerza avasalladora que se traduce en la lógica de la dominación.[1268] "No es fortuito, entonces, que en todo este entramado ius-sociológico el anciano quede situado preponderantemente en el lugar del débil, en el lugar de objeto del poder de otro [...]".[1269]

La elección de los miembros se hace por los integrantes del comité de entre aquellos que tienen "perfil bioético", la entrevista la lleva a cabo el presidente y se propone a votación. No se hace referencia a antecedentes en Bioética, sino al "perfil", que seguro reproduce la ideología de la institución.

En cuanto a la resolución de los casos, no hay protocolos, se tratan los temas que plantean los miembros internos. El discurso médico es muy escuchado, aunque tiene más relevancia la palabra del "adentro" frente al "afuera". La entrevistada dijo que la opinión de afuera molesta. En un caso una anciana se resistía a una práctica médica en el oído, lo que también traía problemas por la opinión de la familia. Allí se resolvió como la institución lo decía, mediante una conciliación entre comillas entre parientes, que no tenía que ver con la opinión del comité. Al final la anciana cedió. El comité hace actividades de investigación, queriendo llamar con esto a la autoformación continua. También hay actividades de extensión, que no son

---

[1268] Íd.
[1269] Ibídem.

las principales, pero que le dan visibilidad. Es destacable que la entrevistada diga que esas actividades, guardando equilibrio con la función principal, contribuyen a la unidad y fortalecimiento del grupo. Hubo un caso vinculado a la obesidad, que tenía unida a ella una enfermedad psiquiátrica y se rechazaba un tratamiento. Hubo otro caso sobre la propiedad de las cosas de los ancianos, en tanto se planteaba si el hospital tenía que reponer lo robado frente a la depresión del residente. Otro eventual caso trata acerca de una residente en excelente estado de salud, que incluso sale de vacaciones, pero que convive con una paciente afásica, en tanto aquélla tiende a deprimirse si se queda en la habitación.

Es importante que la entrevistada haga referencia a los miembros externos y a los internos, según desarrollen funciones o no en el hospital. A tal punto está marcada la diferencia que muchos conflictos se resuelven con la apelación a la frase: "Pero ustedes son de afuera". Este lugar común, como tal, es perjudicial, porque es un prejuicio que cierra el debate a las razones y recurre a la autoridad de la opinión de quienes constituyen la estructura del comité, que a su vez reproduce sus tradiciones. Lo que la misma entrevistada señala que bloquea el diálogo bioético. A su vez, está compuesto mayoritariamente por miembros internos. Esto lleva a pensar respecto de la "internación", sobre todo de los llamados "autoválidos" o "sanos".

En referencia al conocimiento sobre las actas del comité y la normativa provincial, la desconoce, lo que conspira contra el tratamiento de ellas en red. Se lo desconoce, se lo ve como un tribunal, con gente externa ("los de afuera"), que cierra sus puertas para respetar la confidencialidad, lo que genera cierto malestar. Algunos residentes consideran que no sirven, y otros miran con recelo.

33. Hospital Cordura

Se trata de una institución dedicada al tratamiento de personas con padecimientos mentales. Las tratativas para conseguir la entrevista comenzaron el 26 de abril de 2011 por correo electrónico, me dijeron que no había un comité pero quise realizar igual la entrevista para que me expliquen el por qué y la directora, una psicóloga, no contestó. Intenté por teléfono, y ante innumerables derivaciones que no conducían a mi objetivo intenté nuevamente por correo electrónico. El 9 de mayo logré enviar mi *curriculum* y un resumen de mi proyecto a la directora para lograr la entrevista que, luego de aprobación por el Comité de Docencia, me fue concedida para el 20 de mayo.

Este efector de salud posee un comité de docencia e investigación, que es un "comité básicamente científico",[1270] pero no posee un comité de ética clínica, como los analizados en este trabajo. Así lo confirmaron la directora del hospital y un miembro del comité de docencia. Ellos hacen derivaciones por disciplinas, pero no hay un equipo multidisciplinario que evalúe conjuntamente un caso clínico. Lo que dificulta la transdisciplinariedad en tanto el caso se despedaza y es vuelto a unir en la mente de una sola persona, con los riesgos de la pérdida de distintos enfoques y el enriquecimiento mutuo que plantea un comité.

Me dijeron que hubo situaciones conflictivas, pero que no necesitaron de un comité, sino que se resolvieron de "otro modo". Hay pacientes que se niegan a recibir medicación, frente a lo cual se contesta que ello se aborda "clínicamente". Señala que hay supervisión en psicofarmacología, clínica grupal y un grupo de supervisores que recibe en sus consultorios individuales, en convenio con la Secreta-

---

[1270] FLACSO, op. cit.

ría de Extensión de la Facultad de Psicología. Si se observa, todos ellos forman parte de la Medicina (tradicional) y la Psicología (clínica), también tradicional. Hay interdisciplina, "cuando es posible", en función de los recursos y la disponibilidad de cada uno, señala la directora. Y hay una asesoría jurídica. Hay que destacar que todo es posible y que se vuelve realidad cuando se quiere que lo posible ocurra y finalmente ocurre. Les costaba relatar casos conflictivos. La misma opinión que tienen los médicos en el resto de los hospitales, ya que no los plantean ante el comité. Una persona que estaba en la entrevista señaló el caso del secreto profesional, en tanto el profesional escucha información que puede poner en riesgo a otros. Frente a la pregunta del lugar a donde lo derivarían, se dijo que era "buena pregunta". Vendría "acá", dijo la directora, donde se consultaría con el abogado. Mencionó el retraso mental y la ligadura de trompas, que es un tema regulado por la Ley de Contracepción Quirúrgica 26130 en su artículo 3: "Cuando se tratare de una persona declarada judicialmente incapaz, es requisito ineludible la autorización judicial solicitada por el representante legal de aquélla". Ante la pregunta, dijo la directora que también se han dado casos de violaciones a personas con padecimientos mentales, que se judicializaron. Señala que se abordó con abogados, pero era un problema también de salud, a tratarse en el ámbito de la salud mental (compleja). Cuando se preguntó qué se hizo con el embarazo, se dijo que "no se pudo abortar".

No sólo este hospital contraría la Ley de Salud Mental 26657 de 2010, que no auspicia las instituciones monovalentes, sino que tampoco hay una visión externa a la Psiquiatría, que evalúe a los pacientes psiquiátricos. Cuando digo Medicina, asocio el cuidado del cuerpo, sin connotaciones humanistas. La directora señala que la situación es complicada con la nueva ley y que falta la reglamentación.

34. Hospital Babe de París[1271]

Este hospital cuenta con un Centro de Ética Clínica creado desde septiembre de 2002.[1272] Ubicado en el barrio n° 14 de París, acepta casos del hospital, de toda la región parisina, de las instituciones privadas ("secteur libérale") y de provincia. En 2005 parece ser el único en Francia[1273] y por comentarios del propio comité en 2011 lo sigue siendo en París. Ya en 2002 una investigación escribía: "Dans notre pays, la place et les activités des comités d'éthique dans le hôpitaux sont mal connus".[1274] El mismo estudio según el cual, en la región parisina, cuarenta y seis hospitales de la Asistencia Pública Hospitalaria de París (AP-HP) o que tienen un Centro Hospitalario-Universitario (CHU) podían consultar dieciséis comités.[1275] A diferencia de lo que ocurrió en los casos rosarinos, en este hospital todo fue documentado: desde los casos, hasta los métodos de funcionamiento. De manera algo similar a lo ocurrido en el Hospital La Feliz.

En uno de los artículos de difusión de dicho centro se cuentan dos de los casos que allí se trataron. El primero, de un dador vivo de hígado, en donde debía apreciarse su libertad frente a la decisión, su motivación, su comprensión de la información relativa al balance de los riesgos y beneficios para el dador y el receptor. En el otro caso, se tra-

---

1271 Sobre una excelente introducción histórica a los comités en Francia véase MINO y otros, op. cit., págs. 300-307.

1272 FOURNIER y POUSSET, op. cit., pág. 961.

1273 SEBAG-LANOE, Renée, "Centre d'éthique clinique de l'hôpital Cochin", en *Revista del Centro de Ética Clínica*, n° 133, Paris, 2005, págs. 12-13.

1274 MINO, Jean-Christophe, "Lorsque l'autonomie du médecin est remise en cause par l'autonomie du patient: le champ hospitalier de l'éthique clinique aux Etats-Unis et en France", en *Revue Française des Affaires Sociales*, 56(3), pág. 74. "En nuestro país, el lugar y las actividades de los comités de ética en los hospitales no son bien conocidas" (trad. del autor).

1275 Íd., pág. 76.

taba de interrogar los argumentos relativos a la decisión de introducir o no una sonda en una persona de edad avanzada desnutrida y que planteaba el problema de la "competencia mental".[1276] También se brindan otras clasificaciones en donde se explayan los autores sobre otros casos, de los que se puede hablar sin dar nombres ni violar la confidencialidad. Respecto del fin de la vida, ¿cómo hacer para que mi padre termine más dignamente su vida?; ¿la familia puede forzar a los médicos a reanimar al paciente cuando éstos estiman que es un encarnizamiento terapéutico?; el suicidio asistido, la eutanasia; en cuanto a la ayuda a la procreación, ¿hasta cuándo prohibirla si los médicos han dicho que el solicitante se ha curado de cáncer?; ¿puede aceptarse una ligadura de trompas y una fecundación *in vitro* en una mujer de 47 años?; la aceptación de la demanda de reducción embrionaria de un embarazo de gemelos obtenida por fecundación *in vitro*; respecto de la estrategia terapéutica, la pregunta acerca de si es legítimo el transplante de médula a un niño que, a pesar de eso, tiene fuertes chances de desarrollar una deficiencia neurológica pesada en un plazo de 15 años; la eticidad de interrumpir un embarazo; y en cuanto al derecho de los enfermos, la pregunta por el rechazo a un protocolo de investigación que podría beneficiar al paciente.[1277]

Otro grupo de problemas consistía en saber si correspondía una nueva angioplastia a un hombre de 71 años dilatado varias veces y en el cual la cardiopatía se agravaba de nuevo, mientras que se descubría una leucemia aguda intercurrente. ¿Cabe comprometer en él un tratamiento maximalista contra la leucemia? ¿Hay que acceder a una demanda de inyección intracitoplasmática de espermatozoides si hay un riesgo importante de transmisión al

---

[1276] FOURNIER y POUSSET, op. cit., pág. 962.
[1277] Íd.

niño de una enfermedad genética grave? ¿Cómo responder a la demanda de un joven hombre de terminar con su vida mientras está fuertemente discapacitado luego de un accidente y sin esperanzas de recuperación? ¿Hay que proponer un tratamiento agresivo, teniendo pocas chances de éxito, a un niño canceroso que ya tiene un retardo psicomotor que puede agravarse por el tratamiento? En este caso, ¿la preferencia de los padres debe tenerse en cuenta por el único motivo del riesgo del cambio de equipo en caso contrario? ¿Cómo saber si la toma de decisión de un paciente actualmente atendido de una esclerosis lateral amiotrófica respeta su deseo anterior de no encarnizamiento terapéutico?[1278] Todo esto es parte de lo que yo hubiera querido preguntar en los comités de ética hospitalarios de Rosario. No hubo acceso a las actas ni a publicaciones, sino a la información en cuentagotas e insistentemente pedida a los entrevistados.

Los problemas siguen. ¿Hay que informarle a una dama que ella fue transplantada con un hígado de un dador portador de cáncer descubierto luego de haberle sacado el órgano? ¿Hay que tener en cuenta la negativa de una mujer de 83 años de hacerse amputar una pierna, mientras que podría vivir todavía unos años sin ella?[1279] ¿Puede aplicarse un tratamiento de ayuda a la paternidad a una pareja en donde uno de los padres tiene una enfermedad genética que puede transmitirse con un 50% de probabilidades?[1280] ¿Qué hacer con una anciana hospitalizada que sufre de una oclusión intestinal y que se niega a tratarse, lo que significa su muerte en breve tiempo? Ella es anciana, ha vivido demasiado y la cama podría estar disponible para alguien más joven. Como otros miembros

---

[1278] FOURNIER, "Les enjeux...", cit., pág. 2212.
[1279] FOURNIER, "La médiation...", cit.
[1280] Se trata de la *polykystose rénale*. FOURNIER, "Introduction...", cit., págs. 7-8.

de la familia se oponían a la decisión de este adulto mayor, se decidió dar intervención al comité, que llegó a la conclusión de convencer a la paciente que finalmente aceptó el tratamiento.[1281]

En el artículo de Fournier y Pousset referido a este hospital francés, se ha llevado a cabo un registro estadístico de los casos,[1282] cómo lo manda la ley argentina y en alguna medida la santafesina, y qué es necesario para hacer avanzar el conocimiento sobre el área en cuestión. Algo interesante que los autores dan a conocer es que los pacientes que reclamaron la asistencia del Centro tuvieron conocimiento de él por afiches internos, otros por el "boca a boca" y otros por artículos de prensa;[1283] de manera que la difusión de las actividades de los comités es importante, lo cual no tiene que ver con las actividades académicas de los miembros de los comités, ya que se trata de gestión sanitaria y exhibe el grado de involucramiento de las autoridades con el centro o comité.

Hay que destacar que se dice en los artículos que el Centro de Ética Clínica está disponible las 24 h.[1284]

Con respecto a los miembros está compuesto de la mitad de sanitaristas, como especialistas en cuidados paliativos, reanimación neonatal, cancerología, transplantes, psiquiatría, y por la mitad de expertos en ciencias sociales y humanas, como filósofos, juristas, sociólogos, psicoanalistas, economistas de la salud, historiadores de la medicina.[1285] Llegará el momento en que la Medicina no necesite de las ciencias humanas y sociales porque ella

---

[1281] DREIFUSS-NETTER, op. cit., pág. 23.
[1282] FOURNIER y POUSSET, op. cit., págs. 963, 964.
[1283] Íd., pág. 963.
[1284] FOURNIER, "Les enjeux...", cit., pág. 2211. Véase también SEBAG-LANOE, op. cit.
[1285] FOURNIER, "Les enjeux...", cit., pág. 2211. Véase también FOURNIER, "Introduction...", cit., pág. 7.

misma será considerada una ciencia social y humana, así como el trialismo logró que el Derecho no se disocie de la justicia ni necesite de ella, porque la incluye como dimensión dikelógica. Se suman al equipo los médicos tratantes, que demandan la consulta.[1286] En la entrevista, el médico me dijo que al Centro lo componen dos médicos, un filósofo y un jurista, con carácter de permanentes.

Con respecto al procedimiento del Centro de Ética Clínica, se comienza con la exposición de las informaciones recolectadas en el curso de las consultas, es decir, con los elementos estrictamente médicos de la observación que son presentados y debatidos. Luego son expuestas las informaciones de los pacientes. Hay que destacar que el propio Centro llama a esta etapa de "instrucción",[1287] con todas las connotaciones que tiene en el campo del Derecho Procesal. En un caso, se trataba de preguntarles si comprendían la demanda del equipo médico que cuestionaba los riesgos genéticos de la práctica de ayuda a la procreación. La pregunta consistía en saber cuál era el mejor interés del niño a nacer y quién es el garante más legítimo. Venía después el listado y formalización de las cuestiones éticas del caso. El paseo por la mesa podía entonces tener lugar y ahí cada miembro expresaba su posición y los argumentos que la fundaban.[1288] Una de las preguntas realizadas alrededor de este caso fue hasta qué punto la búsqueda de la mejor salud posible no derivaría en un eugenismo,[1289] ya que se impediría el nacimiento por la futura enferme-

---

1286 Íd., pág. 8.
1287 FOURNIER y GAILLE, op. cit., págs. 128-129. Muchas veces, la construcción del caso influye en la posterior recomendación. "[...] son los hechos los 'que hacen aplicable o inaplicable una determinada regla sustantiva'; que 'el alcance de una regla y, por lo tanto su sentido, depende de la determinación de los hechos' [...] 'Una vez bien estudiados los hechos y expuestos ordenadamente, está resuelto el 98% del problema'". GORDILLO, *Introducción...*, cit., cap. 3.
1288 FOURNIER, "Introduction...", cit., págs. 8-9.
1289 DREIFUSS-NETTER, op. cit., pág. 20.

dad. A la par se señalaba que no hay un derecho al hijo, pero que el hecho de favorecer el nacimiento de una persona que vivirá la mayor parte de su vida con buena salud, y en la cual sus síntomas, tardíamente declarados, se controlan bien por diálisis, no constituye una falta.[1290] No participan los pacientes ni sus allegados en la deliberación, me dijo en la entrevista el médico. Debaten caso por caso y si hay posturas contradictorias, ellas son dichas al solicitante. El Centro expone los caminos de las cuestiones que fueron planteadas y las posiciones presentes.[1291]

Ante el pedido de una entrevista que realicé al ir al hospital mismo, la secretaria del Centro tomó mis datos personales y los días en que estaba ocupado y también una fotocopia de mi atestación de invitación por el profesor Napoli, del EHESS. Habiendo ido el jueves 8 de setiembre, la respuesta llegó el miércoles 14 por parte del médico. La puntualidad es destacable, y me recibió en el Centro el médico especialista en dermatología y geriatría, miembro del comité. No pude grabarlo, sino sólo tomar nota de nuestra entrevista en francés. Hay que resaltar que grabé a todos los comités rosarinos analizados, salvo al del Hospital Pureza, que me negó el acceso.

Con respecto al relato, no varía de lo leído en los boletines publicados en sitios de internet del Centro. Sí vale resaltar la importancia que el *staff* le da a la consulta directa que toman con las partes, sus allegados y los médicos, para ver cuáles son sus intereses. Es importante tener en cuenta que todos los miembros del Centro están formados dos años a través de seminarios. De ahí que se entienda por qué no forma parte del Centro un miembro de la comunidad, ya que deben fundamentarse las posiciones. Nótese cómo se trata al saber vulgar, que no se formaliza por los

---

[1290] Íd., págs. 20-21.
[1291] FOURNIER y GAILLE, op. cit., pág. 128.

canales del saber científico, pero que tiene seguramente sus razones. Al hablar, se manejaba a través de los clásicos principios de la Bioética: autonomía, beneficencia, nomaleficencia y justicia. Es de destacar que hizo referencia a una consulta que tuvo lugar en Francia con los États Généraux de la Santé en France[1292] organizados por el ministro Bernard Kouchner del presidente socialista François Mitterrand, donde la población se pronunció por recortar el poder paternalista de los médicos, modificando el sistema de salud. Es para tener en cuenta como un elemento importante de la democracia sanitaria, lo que originó luego que se vote en 2002 la Loi de Droits de Patients.[1293] La palabra de los pacientes debía ser escuchada, de manera que tenían derecho a acceder a su *dossier*, historia clínica, y contar con derechos. Continúa relatando el médico que la actual directora del Centro fue a Chicago a capacitarse en comités de bioética. Este relato es importante para tener en cuenta que, como dice un artículo, estos comités, tal como ocurre en Argentina,[1294] no son propios del lugar. "Ce mouvement n'est pas propre à la France".[1295] Esto traerá como consecuencia la reticencia de los médicos a su investigación, lo que a su vez acarrea el estancamiento de la ciencia en este sentido. Hay que tener en cuenta el paternalismo[1296] propio de las culturas hispánico-tradicionales, es

---

[1292] Véase http://goo.gl/nrEqGD (19/9/2011).

[1293] Que en Argentina tuvo lugar en el año 2009.

[1294] Y la experiencia relatada en este estudio de casos así lo revela.

[1295] MATHIEU, op. cit.

[1296] Se ha llegado a hacer referencia a la relación de "padre e hijo" que tendrían el médico y el paciente: "[...] hablándole al paciente adulto como si fuera un niño, o asumiendo actitudes sadomasoquistas (hacer esperar innecesariamente al enfermo, 'retarlo', evitar cualquier sombra de sonrisa, negar información terapéutica) [...]". RABINOVICH-BERKMAN, Ricardo, "De médicos y dioses (o de las aporías que a veces construimos)", en *RCyS*, 2006, en www.laleyonline.com. Quien se cree infinitamente sabio ejerce una forma de violencia. Véase DABOVE, op. cit.

decir, católicas como la Argentina,[1297] en donde el médico dice a los pacientes lo que tienen que hacer, lo que me lleva al asombro ya que Francia, en alguna medida protestante, se resiste a dicha práctica participativa de los pacientes.

Lo más importante era saber si me daban acceso a una observación del funcionamiento del Centro, ante lo que me contestó que no, porque me dijo que puedo escandalizarme, "shockearme", y perturbar el funcionamiento de los pasantes, que no se sentirían libres de practicar con mi presencia.[1298] Las razones de la negativa cambian pero la negativa sigue siendo la misma. La diferencia con Argentina es que los casos sometidos al Centro son mejor relatados, pero no pude tener acceso a ellos tampoco. A pesar de lo que se reclama por la población, el evidente poder del médico sigue siendo fuerte. Es lo que concluyo luego de ver que no pude grabar la entrevista, no pude acceder a las reuniones, a las actas del Centro, y que por la composición de éste, la medicina es la única profesión que se repite. En efecto, un autor señala que las leyes bioéticas de Francia no fueron hechas para proteger la autonomía individual. En Francia, tampoco los juristas o filósofos nunca denunciaron públicamente el paternalismo médico, ni los tribunales de ese país permitieron a los pacientes o sus familiares tomar acciones contra las decisiones médicas. No hubo en Francia un equivalente al caso "Karen Quinlan" de EE.UU.

[1297] En sentido concordante véase GORDILLO, *Tratado de Derecho Administrativo*, 4ª ed., Bs. As., Fundación de Derecho Adminstrativo, 2000, t. 2, cap. 5, "El 'poder de policía'". "[...] un país con tradición autoritaria como el nuestro, que ha vivido bajo gobiernos de facto, construcciones sobre el derecho de la necesidad del Estado, reglamentos estatales de necesidad y urgencia, decretos leyes que todos llaman y tratan como si fueran leyes, como si la diferencia ya se hubiera perdido en la memoria colectiva. Un país en el que la corrupción es endémica, y se entremezcla con las prácticas paralelas que nacen del ejercicio del poder". íd.

[1298] Éste fue el argumento que dio uno de los miembros del comité de ética de la investigación de la Secretaría de Salud Pública de Rosario, ubicado en el Hospital San Luis. La observación, participante o no, es una técnica de investigación válida si se respeta el consentimiento libre e informado de los investigados.

que impulsara a los hospitales a crear comités de ética.[1299] Lo que refuerza la idea de que la directora del Hospital Babe fuera a Chicago a capacitarse, como para "transplantar" dichos comités. A esto hay que sumar el hecho de que el Código de Ética Médica señale que cada médico es responsable de sus decisiones en relación con el paciente. Y tradicionalmente, las técnicas éticas formaban parte de las técnicas médicas.[1300] Otro estudio ya señalaba que compartir decisiones éticas con el comité o la familia del paciente implicaría para muchos médicos una abdicación de su responsabilidad, cuando su tarea es ser un líder que genere confianza tomando decisiones.[1301] Se señala que el término "eticista" no existe por ausencia de la ocupación en Francia.[1302] Y cuando observamos a un referente importante de un comité de "ética clínica" -no de Bioética-, dice que dicho término no se utiliza porque se asocia a una pretensión ilegítima de dictar normas morales o se convierte en un riesgo de ver a ciertas personas como censoras de valores éticos.[1303]

Salvo por la sistematización de los casos, muy elogiable como material de difusión en el Hospital Babe, y como material para la investigación y avance en el Derecho de la Salud, el comité parisino reproduce el famoso centralismo francés, ya que París sólo tiene ese comité y en otros sentidos no hay diferencias con los comités rosarinos, en tanto no pude acceder a las reuniones, y para peor, no pude ni siquiera grabar la entrevista, desarrollada en francés, que no es mi lengua materna, y que hubiera ayudado mucho a describir y volver a reflexionar sobre lo tratado.

[1299] Véase MINO y otros, "A French...", cit., pág. 301.
[1300] Íd.
[1301] DAVIES y HUDSON, op. cit., pág. 120. En este artículo se explica por qué los médicos no toman consultas éticas. Sobre el tema véase 26 d.
[1302] MINO y otros, "A French...", cit., pág. 302.
[1303] FOURNIER y GAILLE, op. cit., pág. 129.

35. Resto de los hospitales franceses

En un monólogo uno de los miembros del Centro de Ética Clínica del Babe me explicó el funcionamiento de los comités de ética en Francia, ya que hay uno nacional, que es Comité Nacional Consultivo de Ética por las Ciencias de la Vida y la Salud;[1304] otro regional,[1305] donde los médicos se forman en bioética; los comités de protección de personas, que serían nuestros comités de ética de la investigación científica y los comités de ética clínica. Con respecto a estos últimos, el del Hospital Babe no es el único ya que hay otro CHU[1306] en Nantes,[1307] y el Centro de Ética Médica de Lille, de orientación católica.[1308] Una investigación sobre comités galos señala que en el "resto" de Francia hay trece estructuras éticas, que existen en los otros veintisiete CHU. Mientras que en París se contabilizaron once.[1309]

La APHP es la Assistance Publique des Hôpitaux de Paris. Es el centro hospitalario-universitario de la región Ile-de-France,[1310] que reagrupa el cuidado de la salud, la enseñanza, la investigación médica, la prevención, la educación de la salud y la ayuda médica de urgencia. Hablo de los hospitales de la APHP porque también hay hospitales públicos en París que caen fuera de dicho agrupamiento. En París, existe lo que se llama el "Espace Éthique", que es otra forma de llamar a los comités de ética.[1311] En este caso, corresponde a la asistencia pública hospitalaria de París. Es definido como un lugar de intercambio, ense-

---

1304 Que veremos en el próximo punto.
1305 Véase http://www.espace-ethique.org/ (30/5/2015).
1306 Centro Hospitalario-Universitario.
1307 Sobre el tema véase http://goo.gl/rq3Mcu (19/9/2011). Traté de contactarme, sin éxito, con este Centro.
1308 Véase http://www.eehu-lille.fr/ (7/6/2015).
1309 MINO, "Lorsque...", cit., pág. 79 y 76.
1310 Véase http://www.aphp.fr/ (7/6/2015).
1311 MATHIEU, op. cit.

ñanza universitaria, formación, investigación, evaluación y proposición sobre la ética hospitalaria y de cuidados. Tiene también una función de documentación.[1312]

Desde la propia página se encuentra un enlace que dirige hacia el Centro de Ética Clínica del Hospital Babe.[1313] Lo que confirma lo visto en mi pequeño recorrido: no hay en los hospitales franceses, al menos de la APHP, comités de bioética hospitalarios. De manera que, si hubiera algún caso bioético problemático que reclamara el tratamiento en comisión, éste sería derivado al Babe. En mi caso fui al Hospital "Pitié-Salpêtrière", y en la sala de información no me supieron decir si había allí un comité de ética clínica, frente a lo cual me derivaron al servicio de asistencia a los usuarios, y allí me dijeron que tampoco había comités en el hospital. Me dieron una lista de asociaciones que colaboran con el hospital y allí tampoco se mencionaba a comité de ética clínica alguno, lo cual confirmó mi hipótesis originaria, anterior a la visita al Babe, de que todos los casos eran derivados al Babe. Otro caso que confirma esta idea es el Hospital "Gardiens de la Paix", que se ocupa de la recuperación y reeducación, pero tampoco allí hay comités. Además, sí hay comités en cada hospital, pero de investigación biomédica.

> Dans chaque centre hospitalier et universitaire est institué un comité de la recherche en matière biomédicale et de santé publique, consulté notamment sur les conditions dans lesquelles l'établissement organise sa politique de recherche conjointement avec les universités et avec les établissements publics

---

[1312] Véase http://goo.gl/jph85X (7/6/2015). Mandé un correo electrónico al representante de este ámbito, que no contestó.

[1313] Véase http://goo.gl/GRCT9Z (7/6/2015).

scientifiques et technologiques ou autres organismes de recherche ayant passé une convention d'association au fonctionnement du centre hospitalier universitaire [...][1314]

Otro comité de ética hospitalario se encuentra en Béziers, en la región de Languedoc-Rousillon, al sur, en la costa de Francia.[1315]

36. Comité Consultatif National d'Éthique

Creado en 1983 por decreto del gobierno,[1316] es regulado en el Código de la Salud Pública en el artículo L1412-1 (modifié par Loi n° 2004-800 du 6 août 2004, art. 1 JORF 7 août 2004): "Le Comité Consultatif National d'Éthique pour les sciences de la vie et de la santé a pour mission de donner des avis sur les problèmes éthiques et les questions de société soulevés par les progrès de la connaissance dans les domaines de la biologie, de la médecine et de la santé".[1317]

En la biblioteca del comité, que se encuentra en las oficinas del Primer Ministro de la República Francesa, pude conseguir información gracias a la muy amable gestión y predisposición de su secretario. Pensaba que era una

---

[1314] LAUDE y otros, op. cit., pág. 237. "En cada centro hospitalario y universitario es instituido un comité de la investigación en materia biomédica y de salud pública, consultado fundamentalmente sobre las condiciones en las cuales el establecimiento organiza su política de investigación conjuntamente con las universidades y con los establecimientos públicos científicos y tecnológicos u otros organismos de investigación que hayan pasado un convenio de asociación en el funcionamiento del centro hospitalario-universitario [...]" (trad. del autor).

[1315] Véase http://goo.gl/1E3JjB (29/9/2011). También allí me contacté, sin éxito en la respuesta.

[1316] MONNIER, op. cit., pág. 157.

[1317] Véase http://goo.gl/16dcfa (31/5/2012). "El Comité Consultivo Nacional de Ética para las Ciencias de la Vida y la Salud tiene por misión dar su opinión sobre los problemas éticos y las cuestiones sociales planteadas por el progreso del conocimiento en el ámbito de la biología, la medicina y la salud" (trad. del autor).

agencia más pero encuadraba en el marco gubernamental. Entonces, luego de una entrevista, de dejar mi pasaporte y de una pequeña explicación acerca de cómo funciona la biblioteca, pude consultar el variadísimo material específicamente dedicado a la Bioética y el Derecho de la Salud. Lo importante de ir al sitio, y no quedarse sólo con la consulta a través de la base de datos que figura en internet, es que siempre hay algo más que puede lograrse. En este caso, el bibliotecario imprimió a través de las palabras clave que le di una pequeña base de datos en donde amplió el material bibliográfico. Esto justifica la necesidad de las estancias de investigación y la llamada investigación empírica o de campo, entre otros motivos.

37. Entrevista a Basarab Nicolescu[1318]

El 10 de octubre de 2011, en su domicilio particular, me recibió el filósofo rumano-francés y hablamos sobre mi investigación. El motivo de la visita era la relación de la salud, a través de los comités, con la transdisciplinariedad. El comité era un marco propicio para ver animada la teoría epistemológica fuertemente vinculada con el pensamiento complejo, también nacido en Francia. Allí él señaló que no habla de la "transdisciplina" para evitar la asociación con la disciplina, ya que el término "transdisciplina" corre el riesgo de convertir a dicha herramienta en una disciplina y el objetivo es el contrario, crear un espacio que atraviese las disciplinas. Por ello propone la "transdisciplinariedad", más afín a su pensamiento, en tanto lo que está más allá de las disciplinas no puede ser una disciplina. Al expresar su

---

[1318] Algunos libros del autor pueden obtenerse en línea. Véase http://goo.gl/Fzpf6d (14/11/2012).

gusto por la Física Teórica, señala que es la que le permite ir a los límites del pensamiento científico y más que por la filosofía él se interesó por los lazos entre las disciplinas. Además menciona que aquel interés que había al nacer la física cuántica con autores como Pauli, Bohr, Heisenberg en 1900-1930 hoy no existe, y eso es lo remarcable.

Es de destacar que en la entrevista expresa que la madre de las ciencias según Comte, la física, hoy se la entiende, a partir de Gödel, desde la incompletud, cuando es puesta como modelo de ciencia. Puede serlo y habría que hacer un estudio comparativo, pero lo que sí es admirable es que reconozca su incompletud.

Algo remarcable es definir la transdisciplinariedad por su metodología, y en este sentido realza la relación, en este caso, entre el sujeto y el objeto. Critica la lógica binaria y plantea la ligazón compatible con la complejidad a través del tercio incluso. Habla de la *unificación temporaria* de aquello que forma parte de la lógica contradictoria. Señala que lo que en un momento fue el "pilar" de la transdisciplinariedad hoy es el postulado epistemológico de ésta: la complejidad. Luego remarca que la transdisciplinariedad fue ideada por Piaget en 1970, como lo señalé.

38. Hospital Velocidad

Con respecto a las tratativas para lograr la entrevista que finalmente se realizó en agosto de 2012, los trámites comenzaron el 26 de abril de 2011 cuando llamé por teléfono y me comuniqué con Zulma, quien me comunicó a su vez con Ana María del Comité de Docencia, que fue quien me instruyó acerca de los trámites a realizar para que dicho comité admita mi pedido de investigación. Llevé la copia del proyecto, completé un formulario. Ella me dio los contactos de dos miembros para que vaya adelantando la reunión, pero dichos miembros no me contestaron. Tuve que llevar mi pedido al Comité de Ética de la Secretaría de Salud Pública para que autorizara el pedido. El 2 de junio retiré la autorización del Hospital Velocidad y la llevé al Hospital San Luis, donde reside la Secretaría. Saqué 7 copias del proyecto para que pueda ser analizado por los miembros del comité. El Comité del Hospital San Luis dijo que resuelva con independencia el Comité del Hospital Velocidad acerca de mi investigación. La abogada del Comité de Docencia del Hospital Velocidad fue la que sugirió que mi proyecto de investigación lo viera el Comité de Ética de la Secretaría de Salud Pública de la Municipalidad. Una traba burocrática innecesaria que lentificó todo el proceso. La propia Ana María dijo que le parecía una barbaridad lo que me estaban haciendo. Pude conseguir el interno de la abogada miembro del Comité del Hospital Velocidad, a la que llamé insistentemente. En una de esas tantas llamadas consigo el celular de dicha abogada. Comunicado con ella me dice que llame luego del 13 de junio, fecha en que se reunirá el comité y en donde les hablará de mí. Cuando la burocracia dijo que sí, yo tenía programado mi viaje a Francia por la misma investigación. Al volver en noviembre de 2011, decidí retomar los trámites en 2012, luego de los cuales obtuve la entrevista.

La entrevista tuvo lugar en agosto de 2012. Es de destacar que en este comité, al menos en la palabra teórica, uno de sus integrantes haya dicho que la transdisciplinariedad supera a la interdisciplina en tanto en ésta hay un predominio de las partes y en aquélla se aspira a lograr una finalidad común. De entrada el comité planteó que se ofrecía a que observara su funcionamiento. Hay allí un cardiólogo que trabaja en el hospital, un médico, una trabajadora social, una abogada, un empresario, una psiquiatra, un ex profesor titular de la Facultad de Derecho, un docente de Filosofía (que no estaba) y el presidente (médico). El entrevistado dice que los enfermeros son los que más fallan. Hacen alusiones a faltas, que bien se podrían cubrir con miembros suplentes, además de los titulares. Se reúnen los segundos miércoles de cada mes pero están al llamado de los pedidos. El presidente expresa que los casos reclaman a los especialistas (psiquiatría, neurocirugía) y hace alusión al trabajo en equipo. El director mismo insiste en la idea incorporada de que el comité es un órgano asesor de la dirección. En el mismo día de la entrevista el comité también organizó un seminario sobre "muerte digna" a propósito de la sanción de la ley que autorizaba la eutanasia pasiva.

El presidente planteó el caso de enfermeros que no querían presentarse a tratar pacientes terminales en terapia intensiva, porque era un trabajo extra, ya que si había médicos especiales en el CUDAIO, tenía que haber también enfermeros especiales para ese cuidado. El presidente señala que en este caso sí participaron los enfermeros. Durante la entrevista surgió que algunos asimilaron el comité al "consejo de ancianos", lo que es cierto, porque la sabiduría se adquiere en gran parte con la experiencia, pero no tiene en cuenta la visión de las distintas generaciones, en tanto los problemas no son sólo de adultos mayores. Señaló que la "conciencia de los médicos" y enfermeros es un obstáculo al funcionamiento del comité, no la burocracia hospitalaria, a fin de superar el aspecto biológico de los temas de salud. El director mismo señala que los jefes de servicio no traen los casos; por lo que el comité fue directamente a los servicios. Se pregunta cómo no puede haber casos en el servicio de guardia, terapia intensiva, clínica, traumatología, cirugía. Una excusa fue que "los ahoga el tiempo". El presidente señala que en ocho años de trabajo sólo recibieron veintiocho consultas, de las cuales veinticinco fueron planteadas por el servicio de clínica. De ahí que el presidente señala que si sólo tiene el enfoque biológico, sólo apunta a la técnica de la amputación, por ejemplo. Insiste en la formación marcadamente organicista. Creo que también conspira contra el comité el hecho de ver al paciente como formando parte de un sistema eminentemente cuantitativo, ya que el médico tratante lo que desea es atender a la mayor cantidad de pacientes, creyendo que así da un buen servicio, y no profundizando en la calidad del servicio. Lo que a su vez guarda relación con la masividad en la educación, con el colapso de causas en el Poder Judicial, etc. Sí es de resaltar que la Medicina trate de quebrar el paradigma cuantitativista introduciendo una brecha de calidad, un espacio de "tiempo", como señalaba aquel jefe del servicio, para darle al caso la calidad de la escucha, el diálogo, el intercambio y la posibilidad de quebrar supuestos que todo caso implica.

Tuve la "suerte" de poder observar un (único) caso hospitalario planteado por el director del hospital, que en ese momento formó parte de la reunión. Se trata de un conflicto de identidad de género, no planteado por el jefe del servicio. Señala que las leyes cambiaron y que las actitudes tienen que ser distintas, a pesar de la agresividad reinante. Por ejemplo, el varón operado como mujer. Siendo tan rechazados por la sociedad van en grupo, esperando el rechazo, y si no lo reciben lo provocan. La primera persona que recibió el documento nacional de identidad de manos de la intendenta se presentó al hospital, y así mencionó dicha circunstancia ante el administrativo, de mala forma, frente a un cuadro de dolor abdominal. Espera en consultorio y dice que como era transexual la discriminaban y no la atendían. Sale alguien y dice que había dos urgencias que reclamaban atención (traumatismo de cráneo y herida

de arma de fuego) y comenzaron las agresiones. El personal administrativo la trata por el nombre de varón, y fue lo
peor. De ahí que sea necesario no responder a las agresiones. Porque es duro llamar como varón en una guardia a
quien espera y se siente como mujer. Por las agresiones, los
pacientes terminaron en un destacamento policial.

El director plantea el caso de un paciente varón transexual no operado, vestido como mujer. Y pregunta en
dónde internarlo, ya que hay habitaciones de dos camas,
en donde se comparte el baño también. Internarlo solo
es sentido como una discriminación. Algunos señalan que
haya habitaciones especiales. El director expresa que al
lado de esa persona puede haber un homofóbico. También expresa que no sólo se está frente al transexual, sino
su "entorno", compuesto por otros transexuales, agresivos,
violentos. Señala el caso del preso, que recibe droga del
exterior, que fuma marihuana tapado bajo las sábanas en
la habitación, que escribe las paredes. Frente a ello, una
persona común y corriente que no puede dormir, pero que
está en el hospital por falta de cobertura. Algunos plantearon un "biombo" que separe a los pacientes de los transexuales. Otros señalan buscar a los enfermeros que no
tienen objeción de consciencia para higienizar a transexuales. Un miembro señala que podría funcionar un "referente" del grupo porque son diferentes. Es rescatable que
el director diga que son vulnerables. Pienso, tratando de
variar el caso, que cuando se incorporó a las personas con
movilidad reducida al transporte público, no se les dio un
transporte especial, sino que se les hizo un espacio en lo
existente. De lo contrario se refuerza el estigma, el este-
reotipo a erradicar. Lo mismo dijo la abogada pero con
respecto a los pacientes psiquiátricos, que no se los trata
de encerrar, aislar. El director mismo señala que el paciente psiquiátrico que va al hospital de emergencias no es

un loco, sino un enfermo antes que nada, que tiene de base una enfermedad clínica, y así tratado no es distinto de los demás y se interna en sala general. Si la persona que está al lado del internado es homofóbico, el que tiene el problema es el homofóbico, no el transexual. Algunos señalaban que no se puede ejercer un derecho violando otro. La homofobia no es un derecho y si tiene alguna "violencia", será un problema psicológico de tolerancia lo crucial en el caso. Pero toda integración tiene un costo, un esfuerzo, una "compensación" para tratar de igualar, porque si todos realmente fuéramos iguales no se plantearía el problema de la igualdad. La igualdad se plantea porque un distinto quiere el mismo tratamiento. De ahí que no sea válido aquello que sostienen con respecto a que sólo haya igualdad entre iguales. Si se señala que son diferentes, poco espacio queda para igualar. Calificar al entorno de los transexuales como agresivo o violento contribuye a reforzar un prejuicio, porque actitudes violentas hay en todos los géneros, clases y profesiones. Frente a este caso, el comité evidenció una actitud conservadora y uniformidad de criterios, lo que conspira contra su función. No es lo mismo si el compañero de habitación fuma marihuana, lo que traspasa su esfera personal a través del humo, ya que en el caso del transexual o cualquier otra persona, tiene necesidad de higienizarse y hay que soportar el pudor. El biombo me recuerda al muro que separaba a la ciudad de San Fernando de la de San Isidro.

La investigación en este comité planteó el novedoso caso de la investigación-acción, ya que mi investigación y las preguntas que hacía fueron el marco para que los integrantes se plantearan cuestiones como la falta de propuestas de casos por parte de los jefes de servicio, cómo llegar a conocimiento de los médicos, etc. Y se plantearon acciones, como el hecho de llevar listas de problemas a consultar por los servicios, una encuesta a todo el hospital para ver por qué no hay respuestas o por qué cuesta que se conozca la labor del comité, reflexionando sobre la formación organicista de los médicos, que escapa al comité mas no a la enseñanza universitaria.

39. Hospital San Luis

Aquí me dijeron que no hay comité de ética clínica, sino de la investigación. Muy gentilmente, un médico, del Centro Rosarino de Estudios Perinatales, me dio el contacto de la directora de la Maternidad, que está en el 5º piso del Hospital San Luis. El médico me dijo que en la maternidad *había* un comité. Me atendió su secretaria, le di mi tarjeta y quedó en llamarme. Nos íbamos a reunir el 9 de junio a las 10.30 hs. pero no pudo atenderme porque "tenía la agenda cargada y se le complicó". Pasó la entrevista para el jueves próximo a las 8.30 h. No llegué a tiempo ese día y me dijo que ella estaba a la hora señalada pero que la habían llamado del "Carrasco" por un tema de gripe. Dejé nuevamente el celular para reprogramar y nunca más llamó. Me hubiera gustado que me conteste por qué en un hospital para niños no hay un comité de ética, indispensable en las instituciones de salud en tanto todas tratan problemas conflictivos desde el comienzo de la vida, sana mentalmente o no,[1319] hasta la muerte.

La burocracia trajo como consecuencia positiva que mi proyecto fuera objeto de evaluación del Comité de Ética de la Investigación Científica del Hospital San Luis, que opinó "metodológicamente" del tema. Aclararon al inicio que no eran un comité de ética asistencial. Su ámbito espa-

---

[1319] Recuérdese que en el Hospital Cordura tampoco hay comité.

cial de aplicación era la Secretaría de Salud Pública. Uno de los miembros dijo que eran "unidades muy cerradas". Lo que significa una opinión calificada en tanto proviene de personas que se dedican a estudiar protocolos de investigación biomédicos y que trabajan en el ámbito de la Medicina. En realidad, fui a este comité pensando que él "aprobaría" mi protocolo para que pudiera investigar al Comité del Hospital Velocidad. Cuando llego al Hospital Velocidad allí me dijeron que ellos habían hecho el envío al Comité del Hospital San Luis porque pensaban que yo quería estudiar a todos los hospitales de la ciudad. El miembro que habló antes volvió a decir que los miembros son cerrados, muy difíciles, incluso dentro de la propia institución, lo que es muy significativo para resaltar. Entonces se expresó acerca de la viabilidad de la investigación. Frente a lo cual señalo que "todo" puede investigarse, y más si se relaciona con el manejo de fondos públicos y en un tema tan vital para la población como es la calidad de la salud y la salud misma. Otro miembro señaló que su intervención en mi caso no tenía sentido ya que ellos avalaban (o no) protocolos de investigación biomédicos, que no era mi caso, en tanto no quiero que aprueben un medicamento o un tratamiento para curar una enfermedad, aunque involucro personas, sino que quiero investigar el funcionamiento de los comités hospitalarios. El miembro señala que no hay riesgos de salud para las personas, lo que refuerza la inutilidad del envío del Hospital Velocidad hacia el Hospital San Luis. Una estadística, miembro del comité, tuvo un problema de "confidencialidad" similar al mío en tanto intentó analizar, en una investigación sobre mortalidad infantil, los certificados de defunción, que no fueron accesibles por la decisión de la directora general de estadísticas de Rosario, de turno, y tuvo que ir a Santa Fe. Y se formaba parte de la propia área de salud, sin involucrar fines personales. Es de rescatar, ante la tan amenazada independencia de los comités, que desde el Comité del Hospital San Luis se diga que ellos no se inmiscuirán en las decisiones del Hospital Velocidad respecto de aceptar o no que presencie sus reuniones. Uno de los miembros dijo que algunos me dejarán y otros no, pero que son muy "cerrados". Otro miembro[1320] introdujo la comparación, muy valiosa, del comité de ética y un órgano colegiado del Poder Judicial, donde los jueces resuelven sin la presencia de terceros. Este ejemplo es muy asociable al que expongo en las clases de Introducción al Derecho referido a la pantonomía de la justicia y los obstáculos a ella derivados del presente. Ahí digo que por más que haya una injusticia que no se resuelva en algún lugar del mundo, ello no es obstáculo a que se haga justicia en este caso concreto donde sí se pudo. Con esto quiero decir que si alguien no planteó investigar a los tribunales, pues habrá que esperar que alguien lo haga, pero no negar la investigación en los comités porque todavía nadie se haya planteado investigar a los jueces. Parece más bien una actitud de defensa de la corporación en donde el ejemplo de la comparación tampoco es inocente ni casual, en tanto viene de un médico y se dirige a un hombre del Derecho. Luego el médico compara la reunión de jueces de cámara con la confesión de un pecador a un cura católico. Siempre la comparación se hace entre "objetos comparables". La confesión no forma parte de las actividades del Estado, en primer lugar. Y en segundo lugar, no hay evidencia empírica para comprobar lo que se dice en la confesión, de poder accederse, porque lo religioso no forma parte de la ciencia. El mismo miembro trae otro ejemplo vinculado a los acuerdos que hacen los cuerpos legislativos. Hay que recordar que la reforma constitucional estableció que

---

[1320] Hay que tener en cuenta que este médico estudió muchos años de la carrera de Abogacía, y quería mostrar ese conocimiento.

los acuerdos que los senadores hacen de los jueces ahora son públicos.[1321] Y que todo secreto, en el ámbito público, es más que reprobable, en tanto no hay que olvidar que todo se hace para que gobierne el pueblo, si es que eso alguna vez se pudiera lograr. Y el pueblo gobierna cuando sabe de qué se trata. Para reforzar mi posición, una mujer miembro dijo que el proceso de decisión, tanto del comité como del tribunal, es investigable en sus resultados: recomendaciones y sentencias. Recomendaciones a las que no pude acceder, salvo la del Comité del Hospital La Feliz. El miembro "disidente" sí aceptó que las actas tendrían que habérmelas mostrado. Porque si no, dijo otro, habría una ciencia oculta. Aquí también me confirmaron que la Maternidad no tiene comité.

40. Hospital La Feliz[1322]

Hago alusión a este comité, que no estaba entre las posibles instituciones a analizar, porque está en la ciudad de Mar del Plata y porque a raíz de unas jornadas de Bioética que se realizaron en Rosario, una integrante de dicho comité vino a la ciudad y me comentó de su existencia. Muchas referencias se hicieron a lo largo del trabajo. Sólo cabe resaltar aquí algo que es pertinente siguiendo la coherencia de la temática del capítulo, y es que fue el único comité, que no formaba parte de Rosario, al que no accedí

[1321] Cuando la Constitución se refiere al nombramiento de los jueces, en las atribuciones del Presidente de la *República*, expresa: "4. Nombra los magistrados de la Corte Suprema con acuerdo del Senado por dos tercios de sus miembros presentes, en *sesión pública*, convocada al efecto. Nombra los demás jueces de los tribunales federales inferiores en base a una propuesta vinculante en terna del Consejo de la Magistratura, con acuerdo del Senado, en *sesión pública*, en la que se tendrá en cuenta la idoneidad de los candidatos". Los resaltados son míos.

[1322] Véase www.hpc.org.ar. Hay allí bibliografía y una revista.

físicamente, pero que me brindó la documentación que tanto ansiaba de los hospitales de Rosario. No obstante, si bien pude acceder a alguna documentación, no puedo publicarla, por expresa disposición del comité. Lo que confirma la regla general de excesivo celo y abuso de la confidencialidad, que nada tiene que ver con el secreto profesional, que es compatible con el avance de la ciencia y la investigación.

41. Hospital Arcángel

Dice la página web: "Cuenta con equipos de salud interdisciplinarios, capaces de dar respuestas desde un criterio integral de la salud".[1323] Ante el llamado dijeron que no tiene comité de ética hospitalario. Hubo hace tiempo un comité, pero ya no funciona, y que lo saben actualmente porque había una placa.

42. Ideas globales del capítulo

Producto de la investigación de campo, puedo concluir que de todos los contactos realizados, los comités funcionan de manera no transdisciplinar. Y de ahí la recomendación de la propuesta trialista y transdisciplinaria. Ya Luna y Bertomeu señalaban que para la mayoría de las instituciones, la instauración de un comité de bioética se trata de una carga burocrática,[1324] que en última instancia, cierra el cerco al resto de las profesiones no médicas y cubre con un halo de formalidad de pseudodiálogo a la Medicina, en tanto los

---

[1323] Véase http://goo.gl/69cfPH (1/7/2010).
[1324] LUNA y BERTOMEU, op. cit.

médicos dialogan con ellos mismos. Esto explica por qué al principio de mi investigación los hospitales provinciales de Rosario: el Unidad Local y el Dos Cincuenta, fueron tan cerrados; en el primero, sus miembros no me contestaron y en el segundo, sólo pude acceder a la voz de su presidente y miembros, pero sin poder contar con los casos, las resoluciones. Sin contar con el Comité del Hospital Pureza, que cerró completamente sus puertas. Tampoco la directora de la Maternidad me pudo explicar por qué no hay comités en su hospital. Y recuérdense los continuos rechazos de la abogada del Hospital Experiencia. En el Hospital Cordura tampoco hay comité. Por el lado del Ministerio de Salud de la Provincia, en tanto se manda la creación de un registro de las decisiones de los comités, esperaba alguna especie de control, que no existe, en tanto la Provincia sólo emplea sus recursos para los comités de ética de la investigación científica. En una investigación sobre lo comités parisinos al 2002 se señala : "Des comptes rendus sont faits systématiquement mais peu diffusés en dehors du groupe".[1325]

Ya se alertó acerca del peligro de la excesiva intervención de los médicos en la vida del hombre, en suma, de la llamada medicalización de la vida.[1326] "Frente a esto [...] la Bioética incluye a la ética médica, pero no se limita a ella".[1327] Así como resalté la coincidencia del pensamiento complejo con la transdisciplinariedad en la vitalización de la contradicción, ésta es fundamental en un comité, porque permite que del entrecruzamiento de datos, posiciones doctrinales, e incluso filosóficas, surjan aspectos no tenidos en cuenta y que puedan enriquecer el debate y la solución final. Recuérdese la uniformidad de criterios en el

---

[1325] MINO, "Lorsque...", cit., pág. 77. "Las actas son hechas sistemáticamente pero poco difundidas fuera del grupo" (trad. del autor).
[1326] BORDIN y otros, cit., pág. 7. Sobre el tema véase GALATI, "Perspectiva...", cit.
[1327] Íd.

Comité del Hospital Dos Cincuenta y la que supongo en el Hospital Unidad Local y en el Experiencia. Por ello Nicolescu señala, citando a Lupasco, que la ciencia progresa porque la experiencia, como el pensamiento, se tropiezan incesantemente con contradicciones.[1328] Pero para ello hay que dar lugar al diálogo, y no cerrar los caminos a los científicos, como ocurrió conmigo en Rosario.

Parecería que la reticencia, dificultades, excesiva burocracia y obstáculos encontrados a lo largo del contacto con los comités demuestran que el pensamiento médico que se pretendía modificar con la instalación de los comités de bioética sigue vigente, dándose el fenómeno del gatopardismo, en donde se cambia para que nada cambie.[1329] Sea porque hay pluralidad pero sólo de personas, no de pensamientos, o porque hay directamente homogeneidad de profesionales, con marcada preponderancia de la disciplina médica,[1330] con lo cual poco puede hablarse siquiera de interdisciplina, y mucho menos de transdisciplinariedad. En realidad, "[...] le centre ne vit que de la sollicitation d'autrui: si les médecins ne sont pas convaincus de l'intérêt d'avoir parfois recours à une structure tierce, alors le centre a peu de chances d'être saisi et de faire la preuve de son intérêt".[1331]

[1328] NICOLESCU, *Qu'est-ce que la réalité...*, cit., pág. 14.

[1329] "La medicina entra dentro [sic] de la Bioética, combinándose con las otras ciencias de la vida [...]". BORDIN y otros, cit., pág. 17. El saber-poder deberá compartirse con una Bioética compleja.

[1330] De acuerdo con esta posición: DIGILIO, op. cit. "[...] la preeminencia de una perspectiva médica para el tratamiento de los temas que implica una *valoración insuficiente del trabajo multidisciplinario* [...]". El resaltado es mío. "Otro elemento que ayuda mucho a la vida del comité hospitalario de ética es que, dentro de éste, nadie tenga privilegios y no existan jerarquías profesionales". BORDIN y otros, op. cit., pág. 68.

[1331] FOURNIER, "Les enjeux...", cit., pág. 2210. "[...] el centro no vive más que de la solicitud de los otros: si los médicos no están convencidos del interés de tener recurso a una estructura tercera, entonces el centro tiene pocas chances de ser recogido y de dar prueba de su interés" (trad. del autor).

A los valores hay que practicarlos para aprenderlos y también aprenderlos por imitación. "This type of 'comittee' will therefore initiate a process and encourage an exchange of ideas rather than proscribing a particular opinion."[1332] Es el caso del Proyecto Ético del Instituto Curie de Francia que apunta a desarrollar en los propios profesionales de la salud sus capacidades para hacer razonamientos morales.[1333]

Mi ciudad me negó la posibilidad de la descripción efectiva del funcionamiento de los comités, en última instancia dejó en la oscuridad el núcleo de la investigación que era averiguar las formas de articulación empleadas o, lo que es lo mismo, hasta dónde se había limitado el poder del médico o humanizado su comportamiento. Pensaba que la tierra en donde se desarrolló teóricamente el pensamiento articulador me iba a brindar esa posibilidad. Pensaba que sería difícil porque son también médicos y porque era extranjero en tierras lejanas. Occidente primó y así también su uniforme patrón predominante en el poder del médico sobre el paciente. Hay que destacar la excepción del Hospital Velocidad, que fue el que mostró cómo los médicos y las instituciones de salud realmente son.

[1332] MINO y otros, op. cit., pág. 303. "Este tipo de 'comité' por esto va a iniciar un proceso y encarar un intercambio de ideas en lugar de proscribir una opinión particular" (trad. del autor).

[1333] Íd., pág. 305.

Conclusión

De la lectura de Nicolescu puede obtenerse que la actitud transdisciplinaria sugiere al trialismo una fundamentación filosófica fuerte además de herramientas que podrá aprovechar incorporando a su sistemática. La teoría trialista sería una aplicación del procedimiento transdisciplinario y, como dije en oportunidad de relacionarla con el pensamiento complejo, podrá aportar categorías a la transdisciplinariedad.[1334]

Así como el trialismo prevé tres dimensiones; el pensamiento complejo, tres elementos en la humanidad -individuo/especie/sociedad- y la transdisciplinariedad, tres aspectos -teorético/fenoménico/experimental-, pareciera que la tríada de lo diverso atraviesa constantemente al pensamiento humano llevándolo siempre *más allá*, y en nuestro caso, más allá de la norma.

Este trabajo ha aportado la metodología transdisciplinaria de Basarab Nicolescu en vinculación con las relaciones entre valores del trialismo a aplicar al comité de bioética asistencial, el cual se convierte en un caso más de la fértil aplicación de las categorías dikelógicas actualizadas por el pensamiento complejo y transdisciplinario. También se ha realizado el análisis trialista, aplicándose la novel categoría de las "consecuencias" en la dimensión sociológica y naciendo la categoría de las "razones filosóficas" en el aspecto social y la de "procedimiento" en la dimensión normológica.

[1334] Véase GALATI, "Visión...", cit.

El comité de ética es un intento de volver a unir al hombre despedazado por el pensamiento simplificante, que hizo eclosión en un aspecto sensible como es la salud, debido a los avances tecnológicos que desnudan los dilemas éticos que deben acompañar los procesos biológicos y psicológicos. Frente a ello, un saber complejo permite la articulación de juicios de hecho y juicios de valor provenientes de las distintas disciplinas que representan los distintos valores del ser humano, a fin de dotarlo de capacidad reflexiva. A ello tiende una vida valorativa, una vida más verdadera.

La razón de ser del comité es el cuestionamiento al saber-poder del médico por parte del paciente, lo que requiere un entrenamiento y conocimiento por parte de éstos acerca de sus derechos o de las limitaciones de aquéllos. Lo que, a pesar de contar con una ley respectiva, todavía falta madurar, por lo difícil que se me hizo acceder a la información y a la población también. Es importante, como señalan un integrante francés y otro rosarino de un comité, que los propios médicos tengan consciencia de ellos, porque de lo contrario, no tendrán oportunidad de plantear los casos, que son la vida del comité.

Parece que también el comité de bioética, al menos en los ámbitos rosarino y parisino, es el reflejo de lo que ocurre a nivel político: egoísmos, mezquindades, inseguridades, intolerancia, desprecio por los demás. Si nos quejamos de ello a nivel nacional, de los partidos políticos, no menos puede ocurrir en nuestra comunidad doméstica. "Las corporaciones médicas, la Iglesia y los distintos grupos de presión pugnan por imponer sus intereses tanto en el nivel legislativo como en los Comités y Comisiones".[1335] Es mi intención, mi finalidad, liberar al hombre de ataduras y reconocer y promover en todos la autonomía. "L'éclaircissement de ce 'au nom de quoi' me semble être une condition préliminaire absolue à toute recherche transdisciplinaire, comprise le sens [...]".[1336]

Si bien Bertomeu parece un poco utópica o idealista al creer que con la deliberación se puede lograr el convencimiento, pudiendo ello ser remotamente posible, al menos me conformaría con lograr la participación de todos los profesionales relacionados con el problema de la salud, para que, fruto de la deliberación, pueda ocurrir algún cambio, o se fundamente una postura, para luego votar y vencer con el número, sin llegar a vencer con la exclusión, que en muy poco se diferencia de la fuerza. En ello consiste la democracia aplicada al comité: diálogo, transparencia y votación. Mientras más se considere el caso, más participen los afectados, más se tomen en cuenta las circunstancias, más opciones, argumentos en cada una de ellas y claridad haya, mientras más argumentada sea una posición conservadora, a fin de mantenerla, en tanto es poseedora de una presunción de anacronismo, y mientras más revolucionaria sea la recomendación, en tanto es poseedora de una presunción de liberación humanista, más se acercará a la complejidad del valor que postulo.

Así como en su momento el Derecho pasó por diferentes etapas de complejidad impura, simplicidad pura y complejidad pura en el trialismo, donde se desarrolla un Derecho integrado a la vida y los valores, tal vez ocurra lo mismo con la Medicina, en donde el comité sea tal vez

---

[1335] BERTOMEU, op. cit., pág. 38. En el caso del médico que preside el comité del hospital Unidad Local, la reticencia parecía mayor en tanto le comuniqué innecesariamente mi condición de no creyente.

[1336] NICOLESCU, Nous..., cit., pág. 243. "La aclaración de este 'a nombre de quién' me parece ser una condición preliminar absoluta a toda investigación transdisciplinaria, comprendido el sentido [...]" (trad. del autor).

un eslabón que permita reflexionar a las ciencias médicas sobre la necesidad de tomar contacto con su contexto social y valorativo, para incorporarlos a su objeto, y los comités devengan entonces innecesarios.

El desarrollo del Derecho de la Salud, en donde se inscribe esta investigación, exhibe que la justicia, elemento clave para diferenciar a una rama jurídica por su especial exigencia, muestra que en este estadio de la justicia oscilante, debe fomentarse la autonomía del paciente, siendo la libertad y la autonomía consiguiente necesitadas de protección. Lo que ocurre en 2013 a nivel político en Argentina, pero que no ocurría en la década de los 90 de corte "neoliberal".

La clave de la evolución, y pienso que para lo mejor, está en la ruptura con lo establecido, que sólo puede hacerse cuando se proponen conexiones entre las disciplinas, o cuando una disciplina se abre a realizar interrelaciones con otras.[1337] La transdisciplinariedad apunta a la integración, al intercambio, al nacimiento "entre" y "de" disciplinas, a que hay aspectos de todas en cada una de ellas.[1338] Esto las hace devenir, no ser y en el cambio está la clave del progreso de la investigación.

Cabe resaltar que la Medicina trate de quebrar el modelo cuantitativista y biologista introduciendo un espacio de audiencia, para darles a los casos la calidad que exigen los continuos desafíos. De hecho provino de un país

---

[1337] "L'interdisciplinarité cesse ainsi d'être un luxe ou un produit d'occasion pour devenir la condition même du progrès des recherches". PIAGET, "L'épistémologie...", cit., pág. 133. "La interdisciplinariedad termina así de ser un lujo o un producto de ocasión para devenir la condición misma del progreso de las investigaciones" (trad. del autor).

[1338] Es así como este trabajo completa, complementa mi anterior investigación doctoral sobre las relaciones de la complejidad con el trialismo. Véase GALATI, "La teoría trialista...", cit., y también GALATI, "Introducción...", cit.

anglosajón en sus orígenes y la particularidad es una de las claves del cambio porque se ve al ser en evolución, dinamismo, parecido a otros, no a reglas o dogmas.

La manera en que tendrían que funcionar los comités poco puede tener que ver con la "dación" de una recomendación, en tanto se sustituye una actitud paternalista por otra. En lugar de saber y dar el médico la salud, la da un grupo de expertos que saben de ética. Por ello, debería progresarse a que se apropien de la ética todos los profesionales de la salud. Y así como el comité puede dar la ética, así el médico la tomaría para luego darla, en los ámbitos de salud, a los pacientes, para que se esparza en toda la población. A los valores hay que practicarlos para aprenderlos y también aprenderlos por imitación. Como en el caso del poder, y el saber sobre la salud es en alguna medida un poder, el objetivo no es acumularlo, sino compartirlo y ejercerlo. De esta manera, el comité vendría a ser el eslabón intermedio en la cadena de la futura participación plena del paciente en las decisiones de salud.

Bibliografía

A. Libros o artículos de revistas científicas

AIZENBERG, Marisa, "El tratamiento legal y jurisprudencial de las técnicas de reproducción humana asistida en
Argentina", en *Derecho Privado - Bioderecho*, año 1, nº 1,
Bs. As., Ministerio de Justicia y Derechos Humanos de
la Nación, 2012, págs. 47-72.

AMANN, Jean-Paul, "Quelle philosophie pour l'éthique clinique?", en *Regards croisés sur l'éthique clinique*, Centre
d'Éthique Clinique de l'Hôpital Cochin, págs. 25-30.

ANGUITA M., Verónica, "La presentación de casos clínicos
al Comité de Ética Asistencial", en AA.VV., *Experiencias
de los comités de ética asistencial en España y Latinoamérica. Análisis de casos ético-clínicos*, coord. por Francisco León Correa y otros, Santiago de Chile, FELAIBE,
2013, págs. 14-24.

APOSTEL, "Les instruments conceptuels de
l'interdisciplinarité: une démarche opérationnelle", en
AA.VV., *L'interdisciplinarité. Problèmes d'enseignement
et de recherche dans les universités*, Paris, Organisation
de Coopération et de Développement Économiques,
1972, págs. 77-82.

ARIAS, Rosa María; CASTRO SÁNCHEZ, Laura; GARCÉS
PÉREZ, María Eva y otros, "Comunicación mediante
imágenes entre enfermera y paciente en estado crítico", en *Revista de Enfermería del Instituto Mexicano del
Seguro Social*, 7(1), México, 1999, págs. 49-51.

ARNAUD, André-Jean, "Le droit comme produit. Présentation du dossier sur la production de la norme juridique", en *Droit et Société*, 27, 1994, págs. 293-300.

ARNOULD, Jacques, "Pierre Teilhard de Chardin", en *Le Monde Religions*, del 2/7/2010, en http://goo.gl/VVFq-JA (8/4/2012).

ATLAN, Henri, *Con razón y sin ella. Intercrítica de la ciencia y el mito*, trad. de Josep Pla i Carrera, Barcelona, Tusquets, 1991.

BATEMAN, Simone, "Regard de sociologue: au-delà de la polarisation des conflits", en *Regards croisés sur l'éthique clinique*, Centre d'Ethique Clinique de l'Hôpital Cochin, cit., págs. 13-17.

BEAUCHAMP y McCULLOGUGH, *Ética médica. Las responsabilidades morales de los médicos*, Barcelona, Labor, 1987.

BECA, Juan Pablo y KOTTOW, Miguel, *Orientaciones para comités de ética hospitalaria*, Santiago de Chile, Serie Documentos Programa Regional de Bioética OPS/OMS, 1996.

BEGIN, Luc, "Les normativités dans les comités d'éthique clinique", en AA.VV., *Hôpital & Éthique. Rôles et défis des comités d'éthique clinique*, dirigido por Marie-Hélène Parizeau, 5a imp. (2007), Quebec, Les Presses de l'Université Laval, 1995, págs. 32-57.

BENÍTEZ, Alberto, "Los Comités de Ética Clínica en un Hospital de Pediatría", en *Revista Hospital de Niños Buenos Aires*, 142(190), 2000, págs. 349-357.

BERGEL, Salvador, "Los derechos humanos entre la Bioética y la Genética", en *Acta Bioética*, año 8, nº 2, págs. 315-331.

BERTHIAU, Denis, *Droit de la Santé*, Paris, Gualiano, 2007.

BERTOMEU, "Comisiones y Comités de Bioética. Una mirada retrospectiva", en *Perspectivas Bioéticas*, 6(11), pág. 35-42.

BOBO RUÍZ, Jesús, "Intervención y gestión en la genética humana: el ámbito sanitario, la protección de datos y la investigación", tesis doctoral, Granada, Depto. de Derecho Administrativo, Univ. de Granada, 2005.

BOFF, Leonardo, "Marxismo en teología: la fe requiere eficacia", en AA.VV., *La teología de la liberación*, ed. al cuidado de Juan José Tamayo Acosta, Madrid, Cultura Hispánica, 1990, págs. 121-127.

BORDIN, Celia; FRACAPANI, Marta; GIANNACARI, Liliana; BOCHATEY, Alberto, *Bioética. Experiencia transdisciplinar desde un comité Hospitalario de Ética*, Bs. As., Lumen, 1996.

BOTTOMORE, Tom, "Introducción", en AA.VV., *Interdisciplinariedad y ciencias humanas*, trad. de Jesús Gabriel Pérez Martín, Madrid, Tecnos, 1983, págs. 11-20.

BOURDIEU, Pierre; CHAMBOREDON, Jean-Claude y PASSERON, Jean-Claude, *El oficio de sociólogo. Presupuestos epistemológicos*, trad. de Fernando Azcurra, Bs. As., Siglo XXI, 2008.

BRENA SESMA, Ingrid, "El Derecho y la Salud. Temas a reflexionar", en http://www.bibliojuridica.org/libros/libro.htm?l=1334 (8.6.2012).

BYK, Christian y MÉMETEAU, Gérard, *Le droit des comités d'éthique*, Paris, ESKA, 1996.

CATALDI AMATRIAIN, Roberto, *Manual de Ética Médica*, Bs. As., Eudeba, 2003.

CIURO CALDANI, Miguel Ángel, *Derecho y Política. El continente político del Derecho. Elementos básicos de una filosofía política trialista*, Rosario, Depalma, 1976.

___, *El Derecho Universal (perspectiva para la ciencia jurídica de una nueva era)*, Rosario, Fundación para las Investigaciones Jurídicas (FIJ), 2001.

___, "La autonomía del mundo jurídico y de sus ramas", en *Estudios de Filosofía Jurídica y Filosofía Política*, t. II, Rosario, FIJ, 1984, págs. 175-204.

___, "La ciencia del valor humanidad ('Praxitología')", en *Investigación y Docencia*, n° 25, Rosario, FIJ, 1995, págs. 51 y ss.

___, "La realización de la justicia como valor (el 'funcionamiento' del valor justicia)", en *Boletín del Centro de Investigaciones de Filosofía Jurídica y Filosofía Social*, n° 2, Rosario, FIJ, 1984, págs. 9-11.

___, "Los criterios de valor y la crisis en el mundo jurídico", en *Estudios...*, t. II, Rosario, FIJ, 1984, págs. 63-167.

___, *Metodología Dikelógica. Métodos constitutivos de la justicia. Las fronteras de la justicia*, Rosario, FIJ, 2007.

___, *Metodología jurídica*, Rosario, FIJ, 2000.

___, "Nota sobre los caracteres de los valores", en *Investigación...*, n° 4, Rosario, FIJ, 1988, págs. 35-37.

___, "Notas sobre la investigación científica universitaria", en *Investigación...*, n° 28, Rosario, FIJ, 1997, págs. 71-74.

___, "Notas sobre los valores inherentes al 'funcionamiento' de los valores", en *Investigación...*, n° 4, Rosario, FIJ, 1988, págs. 39-42.

___, "Panorama general de los recursos para promover en los alumnos la formación para la investigación en las materias de Derecho Positivo", en *Boletín del Centro de Investigaciones en Filosofía Jurídica y Filosofía Social*, n° 20, Rosario, FIJ, 1995, págs. 107-112.

___, "Ubicación de la justicia en el mundo del valor (el asalto al valor justicia)", en *Estudios...*, t. II, Rosario, FIJ, 1984, págs. 16-35.

COLLER, Xavier, "Estudio de casos", colección *Cuadernos Metodológicos*, nº 30, Madrid, Centro de Investigaciones Sociológicas, 2000.

CORTINA, Adela, *Ética mínima. Introducción a la filosofía práctica*, 6ª ed., Madrid, Tecnos, 2000.

COSSIO, Carlos, *La teoría egológica del derecho y el concepto jurídico de libertad*, 2ª ed., Bs. As., Abeledo-Perrot, 1964.

CUETO RÚA, Julio César, *Fuentes del Derecho*, Bs. As., Abeledo-Perrot, 1961.

DABOVE, María Isolina, "Violencia y ancianidad", en *DJ*, 1992-2, en www.laleyonline.com.

DAVIES, Louise y HUDSON, Leonard, "Why don't physicians use ethics consultation?", en *The Journal of Clinical Ethics*, 1999, 10(2), págs. 116-125.

DESCAMPS, Marc-Alain; ALFILLE, Lucien y NICOLESCU, *Qu'est-ce que le transpersonnel?*, Paris, Trismegiste, 1987.

DIGILIO, Patricia, "Los comités hospitalarios de bioética en Argentina y las implicancias de sus funciones para las políticas de salud", en http://goo.gl/YldP4D (17/12/2010).

DRANE, James, "Métodos de ética clínica", en *Bioética. Temas y Perspectivas. Publicación Científica*, nº 527, Washington, OPS, 1990, págs. 41-49.

DREIFUSS-NETTER, Frédérique, "Du droit à l'éthique et de l'éthique au droit", en *Regards croisés sur l'éthique clinique*, Centre d'Ethique Clinique de l'Hôpital Cochin, págs. 19-24.

DUGUET, Pierre, "L'approche des problèmes", en AA.VV., *L'interdisciplinarité...*,cit., págs. 9-17.

FARALLI, Carla, "La Bioética y los desafíos futuros de la Filosofía del Derecho", en *Frónesis. Revista de Filosofía Jurídica, Social y Política*, 17(1), Zulia (Venezuela), 2010, págs. 121-132.

FERRER, Jorge, "Historia y fundamentos de los comités de ética", en AA.VV., *Comités de Bioética*, ed. al cuidado de Julio Martínez, Henao, Desclée De Brouwer, 2003, págs. 17-42.

FOLGUERA, Guillermo, "Avatares en las relaciones disciplinares. El caso de la caracterización del hombre en la biología evolucionista y la filosofía existencialista", en *Prometeica. Revista de Filosofía y Ciencias*, nº 4, 2011, en http://goo.gl/dRDSu7 (30/5/2015).

FOLLARI, Roberto, "Estudios culturales, transdisciplinariedad e interdisciplinariedad (¿hegemonismo en las ciencias sociales latinoamericanas?)", en *Utopía y Praxis Latinoamericana*, nº 14, 2001, págs. 40-47.

___, "La interdisciplina revisitada", en *Andamios. Revista de Investigación Social*, 1(2), México, Univ. Autónoma de la Ciudad de México, 2005, págs. 7-17.

FOURNIER, Véronique, "Introduction à l'éthique clinique et à ses méthodes à travers l'exposition d'un cas", en *Regards croisés sur l'éthique clinique*, Centre d'Ethique Clinique de l'Hôpital Cochin, 2003.

___, "Les enjeux d'un centre expérimental d'éthique clinique", en http://goo.gl/25gJaF (30/5/2015).

___, "La médiation: L'expérience d'une équipe d'éthique clinique dans la gestion et le traitement des situations critiques", en http://goo.gl/6DV8uv (30/5/2015).

FOURNIER y GAILLE, M., "Approche par les principes, approche par les cas: sur le terrain, une complémentarité nécessaire et féconde", en *Éthique et Santé*, nº 4, 2007, págs. 126-130.

FOURNIER y POUSSET, Maud, "Bilan d'activité du Centre d'éthique clinique de l'hôpital Cochin après deux ans de fonctionnement", en http://goo.gl/aU5Ye5 (30/5/2015).

GAGNON, Éric, "La mise en place des comités d'éthique clinique", en AA.VV., *Hôpital...*, cit., págs. 5-27.

GALATI, Elvio, "Compréhension transdisciplinaire et trialiste des comités d'éthique cliniques", en *Rencontres Transdisciplinaires*, sec. "Pratique de la transdisciplinarité", Paris, CIRET, 2011, en http://goo.gl/ea81hn (10/12/2011).

___, "Introducción al pensamiento jurídico complejo. La teoría trialista del mundo jurídico y el pensamiento complejo de Edgar Morin", en *Revista de la Facultad de Derecho*, n° 20, Rosario, 2012, págs. 157-215.

___, "La complejidad de la ancianidad en el ámbito universitario", en *Zeus*, del 5/3/2012, t. 118, págs. 305-307.

___, *La costumbre en el Derecho Argentino. Análisis jusfilosófico y trialista de la 'razón' del pueblo*, Ciudad Autónoma de Buenos Aires, Teseo-UAI, 2015.

___, "La teoría trialista del mundo jurídico y el pensamiento complejo de Edgar Morin. Coincidencias y complementariedades de dos complejidades", tesis doctoral, Rosario, Fac. de Derecho, Univ. Nac. de Rosario, 2009, 2 t.

___, "Metodología jurídica compleja", en *Frónesis. Revista de Filosofía Jurídica, Social y Política*, 21(2), Venezuela, Instituto de Filosofía del Derecho-Univ. del Zulia, 2014, págs. 305-340; también en http://goo.gl/svgW8L (7/12/2014).

___, "Un cambio paradigmático en salud. Consideraciones sociales de la ciencia jurídica a partir de la Ley Argentina de Derechos del Paciente", en *Eä – Revista de Huma-*

nidades Médicas & Estudios Sociales de la Ciencia y la Tecnología, 2(3), abril 2011, en http://goo.gl/EVqccr (28/4/2011).

GALVANI, Pascal, "Fertilisation croisée des savoirs et ingénierie d'alternance socio-formative. Le programme de recherche-formation-action Quart Monde-Université", en *Transdisciplinarité et formation*, cit., págs. 31-46.

GASS, J. R., "Préface", en AA.VV., *L'interdisciplinarité...*, cit., págs. 7-8.

GEPPERT, Cyntia y COHEN, Mary Ann, "Consultation-Liaison Psychiatrists On Bioethics Committees: Opportunities for Academic Leadership", en *Academic Psychiatry*, nº 30, 2006, págs. 416-421.

GONZÁLEZ JIMÉNEZ, Eduardo e IVANOVICH POLTEV, Valery, "La Biofísica, ¿ciencia básica o aplicada?", en *Elementos: ciencia y cultura*, 12(57), Puebla, México, Benemérita Universidad Autónoma de Puebla, 2005, págs. 47-49, en http://goo.gl/agUQaP (30/5/2015).

GOLDSCHMIDT, Werner, "El filósofo y el profeta", en *Filosofía, Historia y Derecho*, Bs. As., Valerio Abeledo, 1953, págs. 121-122.

___, *Introducción filosófica al Derecho*, 6ª ed., Bs. As., Depalma, 1987.

GÓMEZ VELÁSQUEZ, Luis y GÓMEZ ESPINOSA, Luis, "Los comités hospitalarios de ética clínica", en *Acta Ortopédica Mexicana*, 21(3), 2007, págs. 161-164.

GORDILLO, Agustín, *Introducción al Derecho*, Bs. As., Fundación de Derecho Administrativo, 2000.

___, *Tratado de Derecho Administrativo*, 4ª ed., Bs. As., Fundación de Derecho Administrativo, 2000.

GRACIA, Diego, *Bioética clínica*, Colombia, El Búho, 1998.

___, *Fundamentación y enseñanza de la bioética*, Bogotá, El Búho, 2000.

GUSDORF, Georges, "Pasado, presente y futuro de la investigación interdisciplinaria", en AA.VV., *Interdisciplinariedad...*, cit., págs. 32-52.

HACKING, Ian, "Style pour historiens et philosophes", en AA.VV., *L'histoire des sciences. Méthodes, styles et controverses*, coord. por Jean-François Braunstein, trad. por Vincent Guillin, Paris, Vrin, 2008, págs. 287-320.

HAWKING, Stephen W., *Historia del tiempo. Del big bang a los agujeros negros*, Bs. As., Planeta-De Agostini, 1992.

HEGEL, G. W. F., *Enciclopedia de las ciencias filosóficas*, t. 3, *Filosofía del espíritu*, trad. de Eduardo Ovejero y Maury, Madrid, Librería General de Victoriano Suárez, MCMXVIII (1918).

HOOFT, Pedro, "Bioética y transplante" (cap. VIII), en *Bioética y Derechos Humanos. Temas y casos*, 2ª ed., Bs. A., LexisNexis, 2004, págs. 119-127.

HOSPITAL GRAL. DR. MANUEL GEA GONZÁLEZ, *Manual de procedimientos para la instauración y funcionamiento del comité hospitalario de bioética*, México, 2010, en http://goo.gl/UxQJaV (30/5/2015).

JUARROZ, Roberto, "Quelques idées sur le langage de la transdisciplinarité", en *Bulletin Interactif du Centre International de Recherches et Études transdisciplinaires*, n° 7-8, 1996, en http://goo.gl/oZf2y2 (27/8/2010).

KEMELMAJER DE CARLUCCI, Aída, "Derecho de los consumidores y derecho de la libre competencia", en *Academia Nacional de Derecho*, 2000, en www.laleyonline.com.

KIPMAN, Daniel, "Deuxième entretien", en AA.VV., *Le psychanalyste, le physicien et le réel*, Paris, Poiesis, 1987, págs. 65-132.

LASZLO, Ervin, "L'émergence des théories unifiées en sciences", en AA.VV., *L'homme, la science et la nature. Regards transdisciplinaires*, présenté par Michel Cazenave et Basarab Nicolescu, Aix-en-Provence, Le Mail, 1994, págs. 80-95.

LAUDE, Anne; MATHIEU, Bertrand y TABUTEAU, Didier, *Droit de la Santé*, Paris, Press Universitaires de France, 2007.

LE MOIGNE, Jean-Louis, "La connaissance disciplinée, arbre ou archipel?", en http://goo.gl/9u1ywH (12/8/2009).

___, "Sur l'éthique de la compréhension", en *Inter Lettre Chemin Faisant*, nº 27, 2005, en http://goo.gl/WiFYPE (24/8/2011).

___, "Sur la modélisation de la complexité", en MORIN, Edgar y LE MOIGNE, Jean-Louis, *L'intelligence de la complexité*, Paris, Harmattan, 1999, págs. 269-314.

LECLERC, Bruno y PARIZEAU, Marie-Hélène, "Les comités d'éthique clinique dans l'organisation hospitalière", en AA.VV., *Hôpital...*, cit., págs. 89-111.

LEÓN CORREA, Francisco, "Métodos de análisis de casos ético-clínicos. La Bioética como ayuda en la toma de decisiones clínicas", en AA.VV., *Bioética general y Bioética clínica*, coord. por Francisco León Correa, Santiago de Chile, Fundación Interamericana de Ciencia y Vida, 2010, págs. 131-145.

___, "Las comisiones nacionales de bioética", en AA.VV., *Bioética general...*, cit., págs. 228-260.

LINDBERG, David, *Los inicios de la ciencia occidental*, trad. de Antonio Beltrán, Bs. As., Paidós, 2002.

LOLAS, Fernando, "El desafío bioético de la equidad: su relevancia en la salud pública", en *Revista Española Salud Pública*, 75(3), 2001, en http://goo.gl/xA4ZFl (29/10/2010).

LUNA, Ma. Florencia y otros, *Aborto por motivos terapéuticos: artículo 86, inciso 1º del Código Penal Argentino*, Bs. As., FLACSO-CEDES, 2006.

LUNA y BERTOMEU, "Comités de Ética en la Argentina", en http://goo.gl/nPCbeR (12/5/2011).

MAINETTI, José, "Paradigma bioético de la medicina", en AA.VV., *Bioética en Medicina*, coord. por Oscar Garay, Bs. As., Ad-Hoc, 2008, págs. 25-32.

MARTÍNEZ MIGUÉLEZ, Miguel, "Perspectiva epistemológica de la Bioética", en *Selecciones de Bioética*, nº 14, Bogotá, Pontificia Universidad Javeriana, 2008, págs. 34-52.

MATEOS GÓMEZ, Humberto, "Comités de bioética hospitalarios", en *Archivos de Neurociencias*, 12(4), México, Instituto Nacional de Neurología y Neurocirugía, 2007, págs. 197-199.

MATHIEU, Bertrand, "Les comités d'éthique hospitaliers. Etude sur un objet juridiquement non identifié", en *Revue de droit sanitaire et social*, Paris, Dalloz, 2000, págs. 73 y ss.

MISRAHI, Robert, *La signification de l'éthique. Pour l'application de l'éthique aux problèmes de la vie et de la santé*, Paris, Synthélabo, 1995.

MINO, Jean-Christophe y otros, "A French Perspective on Hospital Ethics Committees", en *Cambridge Quarterly of Healthcare Ethics*, 17(3), 2008, págs. 300-307.

___, "Lorsque l'autonomie du médecin est remise en cause par l'autonomie du patient: le champ hospitalier de l'éthique clinique aux Etats-Unis et en France", en *Revue française des Affaires sociales*, 56(3), págs. 73-102.

MINYERSKY, Nelly, "Futilidad de los testeos", en http://goo.gl/0Lf3i1 (8/2/2013).

MONNIER, Sophie, *Les comités d'éthique et le droit. Eléments d'analyse sur le système normatif de la bioéthique*, Paris, Harmattan, 2005.

MORIN, Edgar, *Articular los saberes ¿Qué saberes enseñar en las escuelas?*, 2ª ed., trad. de Geneviève de Mahieu, con la colab. de Maura Ooms, Bs. As., Ediciones Universidad del Salvador, 2007.

___, *Ciencia con consciencia*, trad. de Ana Sánchez, Barcelona, Anthropos, 1984.

___, "Complejidad restringida y complejidad generalizada o las complejidades de la complejidad", en *Utopía y Praxis Latinoamericana: Revista Internacional de Filosofía Iberoamericana y Teoría Social*, n° 38, Maracaibo, 2007, págs. 107-119.

___, *El Método 1. La naturaleza de la naturaleza*, trad. de Ana Sánchez en colab. con Dora Sánchez García, 3ª ed., Madrid, Cátedra, 1993.

___, *El Método 2. La vida de la vida*, trad. de Ana Sánchez, 7ª ed., Madrid, Cátedra, 2006.

___, *El Método 3. El conocimiento del conocimiento*, (1988), trad. de Ana Sánchez, 5ª ed., Madrid, Cátedra, 2006.

___, *El Método 4. Las ideas. Su hábitat, su vida, sus costumbres, su organización*, trad. de Ana Sánchez, 4ª ed., Madrid, Cátedra, 2006.

___, *El Método 5. La humanidad de la humanidad. La identidad humana*, trad. de Ana Sánchez, 2ª ed., Madrid, Cátedra, 2006.

___, *El Método 6. Ética*, trad. de Ana Sánchez, Madrid, Cátedra, 2006.

___, "Epistemología de la complejidad", trad. de Leonor Spilzinger, en AA.VV., *Nuevos paradigmas, cultura y subjetividad*, ed. al cuidado de Dora Schnitman, Bs. As., Paidós, 1994, págs. 421-442.

___, *Introducción a una política del hombre*, trad. de Tomás Fernández Aúz y Beatriz Eguibar, Barcelona, Gedisa, 2002.

___, *Introducción al pensamiento complejo*, trad. de Marcelo Pakman, Barcelona, Gedisa, 2005.

___, *La cabeza bien puesta. Repensar la reforma. Reformar el pensamiento*, trad. de Paula Mahler, Bs. As., Nueva Visión, 2002.

___, *La complexité humaine*, textes rassemblés avec Edgar Morin et présentés par Heinz Weinmann, Paris, Flammarion, 1994.

___, "Los siete saberes necesarios para la educación del futuro", trad. de Mercedes Vallejo-Gómez, París, UNESCO, 1999, en http://goo.gl/RohSGM (30/5/2015).

___, *Mi camino. La vida y la obra del padre del pensamiento complejo*, Barcelona, Gedisa, 2010.

___, *Sociología*, trad. de Jaime Tortella, Madrid, Tecnos, 1995.

MORIN, CIURANA, Roger y MOTTA, Raúl, *Educar en la era planetaria. El pensamiento complejo como método de aprendizaje en el error y la incertidumbre humana*, Valladolid, UNESCO-Univ. de Valladolid, 2002.

MORIN y PIATELLI-PALMARINI, Massimo, "La unidad del hombre como fundamento y aproximación interdisciplinaria", en AA.VV., *Interdisciplinariedad y Ciencias Humanas*, trad. de Jesús Gabriel Pérez Martín, Madrid, Tecnos, 1983, págs. 188-212.

MORIN y KERN, Anne Brigitte, *Tierra-Patria*, trad. de Ricardo Figueira, Bs. As., Nueva Visión, 2006.

MOTTA, Raúl, "Transdisciplinariedad en acto", en *Complejidad*, n° 1, Bs. As., 1995, págs. 13-14.

MOULIN, Madeleine, "Contrôler la science. Contours-implications-sens", en AA.VV., *Contrôler la science? La question des comités d'éthique*, dirigida por Madeleine Moulin, Bruxelles, Éditions Universitaires, 1990, págs. 9-14.

NAPOLI, Paolo, "Foucault Michel (1926-1984)", en AA.VV., *Dictionnaire des grandes œuvres juridiques*, dirigido por Olivier Cayla y Jean-Louis Halpérin, Paris, Dalloz, 2008, pág. 186-195.

NEITZKE, Gerarld, "Confidentiality, Secrecy, and Privacy in Ethics Consultation", en *Healthcare ethics committee forum*, 19(4), págs. 293-302.

NICOLAU, Noemí, "La intervención judicial en el negocio personalísimo entre médico y paciente – Dos recientes casos judiciales", en *La Ley*, 1998-C, págs.265 y ss.

NICOLESCU, Basarab y CAMUS, Michel, *Les racines de la liberté*, Paris, L'Originel, 2001.

NICOLESCU, Basarab, "Deuxième entretien", en AA.VV., "*Le psychanalyste...*", cit., págs. 65-132.

___, "La transdisciplinarité – déviance et dérives", en *Bulletin Interactif du Centre International de Recherches et Études transdisciplinaires* n° 3-4, mars 1995.

___, *La transdisciplinarité. Manifeste*, Monaco, du Rocher, 1996.

___, "Le tiers inclus. De la physique quantique à l'ontologie", en AA.VV., *Stéphane Lupasco. L'homme et l'œuvre*, dirigido por Horia Badescu y Basarab Nicolescu, Monaco, du Rocher, 1999, págs. 113-144.

___, "Niveaux de complexité et niveaux de réalité: vers une nouvelle définition de la nature", en AA.VV., *L'homme...*, cit., págs. 15-38.

___, *Nous, la particule et le monde*, Paris, Le Mail, 1985.

___, "Premier entretien", en AA.VV., *Le psychanalyste...*, cit., págs. 9-63.

___, *Qu'est-ce que la réalité? Réflexions autour de l'œuvre de Stéphane Lupasco*, Montréal, Liber, 2009.

___, *Science, Meaning and Evolution. The cosmology of Jacob Boehme*, trad. por Rob Baker, New York, Parabola Books, 1991.

___, "The Relationship between Complex Thinking and Transdisciplinarity", en http://goo.gl/OiFcMG (30/5/2015).

___, "Toward a methodological foundation of the dialogue between the technoscientific and spiritual cultures", en http://goo.gl/p7c1F1 (14/1/2010).

___, "Transdisciplinarity – Past, present and future", en http://goo.gl/54zBRx (7/9/2010).

___, "Transdisciplinarity and Complexity: Levels of Reality as Source of Indeterminacy", en *Bulletin Interactif du Centre International de Recherches et Études transdisciplinaires*, n° 15, 2000, en http://goo.gl/0vMKwy (6/9/2010).

PARDINAS, Felipe, *Metodología y técnicas de investigación en ciencias sociales. Introducción elemental*, 14ª ed., Bs. As., Siglo XXI, 1975.

PARIZEAU, Marie-Hélène, "Avant-propos", en AA.VV., *Hôpital...*, cit., págs. 1-4.

PATENAUDE, Johane y BÉGIN, Luc, "Raisonnement moral et argumentation", en AA.VV., *Hôpital...*, cit., págs. 115-125.

PAUL, Patrick, "Introduction", en AA.VV., *Transdisciplinarité et formation*, coord. por Patrick Paul y Gaston Pineau, Paris, Harmattan, 2005, págs. 5-10.

PEDERSEN, R.; AKRE, V. y FØRDE, R., "What is happening during case deliberations in clinical ethics committees? A pilot study", en *Journal of Medical Ethics*, 35(3), London, 2009, págs. 147-152.

PEÑA VERA, Tania y PIRELA MORILLO, Johann, "La complejidad del análisis documental", en *Informa-ción, Cultura y Sociedad*, nº 16, 2007, págs. 55-81, en http://goo.gl/FPxaid (15/7/2012).

PIAGET, Jean, "L'épistémologie des relations interdisci-plinaires", en AA.VV., *L'interdisciplinarité...*, cit., págs. 131-144.

___, *Psicología y Epistemología*, trad. de Antonio Battro, Bs. As., Emecé, 1972.

PUJADAS MUÑOZ, Juan José, "El método biográfico: el uso de las historias de vida en ciencias sociales", colec-ción *Cuadernos Metodológicos*, nº 5, Madrid, Centro de Investigaciones Sociológicas, 1972.

RABINOVICH-BERKMAN, Ricardo, "De médicos y dioses (o de las aporías que a veces construimos)", en *RCyS*, 2006, en www.laleyonline.com.

RACINE, Eric, "Cinq défis pour les comités d'éthique cli-nique: perspectives critiques découlant d'une étude du processus d'analyse de cas réalisée au Québec", en *Ethi-ca Clinica*, nº 36, 2004, págs. 29-38.

RARI, Eirini y FOURNIER, "Strengths and limitations of considering patients as ethics 'actors' equal to doctors: reflections on the patients' position in a French clini-cal ethics consultation setting", en *Clinical Ethics*, nº 4, págs. 152-155.

REN-ZONG QIU, "Introduction: Bioethics and Asian Cul-ture – A Quest for Moral Diversity", en AA.VV., *Bioethics: Asian Perspectives. A Question for Moral Diversity*, Bos-ton: Kluwer Academic Publishers, 2004, págs. 1-9.

RESWEBER, Jean-Paul, *La méthode interdisciplinaire*, Paris, Presses Universitaires de France, 1981.

RODRÍGUEZ MARTÍNEZ, Eduardo, "¿Es posible una sociología jurídica crítica? Elementos para una reflexión", en *Opinión Jurídica*, 9(17), Medellín, Univ. de Medellín, 2010, págs. 19-34.

RODRÍGUEZ, Eduardo, "Los comités de bioética de hospitales", en AA.VV., *Bioética general...*, cit., págs. 235-248.

SALDAÑA, Javier, "Poder estatal y libertad religiosa. Fundamentos de su relación", en http://goo.gl/qgnD0G (30/5/2015).

SEBAG-LANOE, Renée, "Centre d'éthique clinique de l'hôpital Cochin", en *Revista del Centro de Ética Clínica*, n° 133, Paris, 2005, págs. 12-13.

SERRES, Patricia, "Le centre d'éthique clinique, un outil à la disposition de tous à Cochin", en http://goo.gl/ABxr-YA (30/5/2015).

SIMÓN-LORDA, Pablo, "La capacidad de los pacientes para tomar decisiones: una tarea todavía pendiente", en *Revista Asociación Española de Neuropsiquiatría*, XXVIII (102), 2008, en http://goo.gl/6drWhP (29/10/2010), págs. 325-348.

SINACEUR, Mohammed, "¿Qué es la interdisciplinariedad?", en AA.VV., *Interdisciplinariedad...*, cit., págs. 23-31.

SMIRNOV, Stanislav, "La aproximación interdisciplinaria en la ciencia de hoy. Fundamentos epistemológicos y ontológicos. Formas y funciones", en AA.VV., *Interdisciplinariedad...*, cit., págs. 53-70.

SNACKEN, J., "Problèmes de coopération interdisciplinaire", en AA.VV., *Thérapies interculturelles. L'interaction soignant-soigné dans un contexte multiculturel et interdisciplinaire*, dirigido por Johan Leman y Antoine Gailly, Bruxelles, De Boeck-Wesmael, 1991, págs. 117-123.

SOMMERMAN, Américo, "Pedagogia da Alternância e Transdisciplinaridade", en www.cetrans.com.br (5.7.2012).

SOROKIN, Patricia; BENITES ESTUPIÑÁN, Elizabeth; QUIROZ MALCA, Estela y LARA ÁLVAREZ, César, "¿Historia clínica o historia cínica? Aspectos éticos, legales y sociales implicados en el manejo de información genética", en http://goo.gl/Pl9sda (30/5/2015).

SOTOLONGO, Pedro, "El tema de la complejidad en el contexto de la bioética", en AA.VV., *Estatuto epistemológico de la bioética*, coord. por Volnei Garrafa, Miguel Kotow y Alya Saada, México, UNAM, 2005, págs. 95-123.

TEALDI, Juan Carlos y MAINETTI, José, "Los comités hospitalarios de ética", en http://goo.gl/tMTtI0 (30/5/2015).

TINANT, Eduardo, "Bioética jurídica", en AA.VV., *Diccionario Latinoamericano de Bioética*, dirigido por Juan Carlos Tealdi, Bogotá, UNESCO, 2008, págs. 168-171.

VERGARA, Leandro, "Derechos de los pacientes. Especial referencia al derecho a la intimidad, al trato digno y al derecho a la confidencialidad de los datos sensibles", en *DFyP*, 2010, en www.laleyonline.com.

VIDAL, Susana, "Los comités hospitalarios de bioética. Introducción a la bioética institucional", en AA.VV., *Bioética en Medicina*, coord. por Oscar Garay, Bs. As., Ad-Hoc, 2008, págs. 403-439.

___, "Proyecto para la constitución de comités hospitalarios de bioética en las instituciones de salud de la Provincia de Córdoba", en *Cuadernos de Bioética*, año 3, n° 2-3, Bs. As., Ad-Hoc, 1998, págs. 69-92.

B. Artículos periodísticos y otras fuentes

CZUBAJ, Fabiola, "La vida quiere imponerse a la tragedia",
    en *La Nación*, del 27/12/2012, en http://goo.gl/rTfksH
    (9/1/2013).
GINZBERG, Victoria, "Un festejo íntimo", en *Página/12*, del
    15/9/2011, en http://goo.gl/L9YZ5B (18/10/2011).

Este libro se terminó de imprimir en agosto de 2015 en Imprenta Dorrego (Dorrego 1102, CABA).

www.ingramcontent.com/pod-product-compliance
Lightning Source LLC
Chambersburg PA
CBHW021546210326
41599CB00010B/324